Kohlhammer

Judentum und Christentum

Herausgegeben von Ekkehard W. Stegemann

Band 4

Aharon R. E. Agus

Das Judentum in seiner Entstehung

Grundzüge rabbinisch-biblischer Religiosität

Verlag W. Kohlhammer

Für
Dieter de Lazzer
chassid umot ha-olam

Die Deutsche Bibliothek – CIP-Einheitsaufnahme

Agus, Aharon R. E. :
Das Judentum in seiner Entstehung : Grundzüge rabbinisch-biblischer
Religiosität / Aharon R. E. Agus. - Stuttgart ; Berlin ; Köln : Kohlhammer, 2001
(Judentum und Christentum ; Bd. 4)
ISBN 3-17-016422-8

Inhaltsverzeichnis

Vorwort 11

Einleitung 13

1.Kapitel
Biblische Wurzeln rabbinischer Religiosität 33

1. Differenzierte Kanonisierung 35
1.1 Ein frühes heidnisches Schema – das Feiern der Gegebenheit
in Deuteronomium *26 – widui bikurim* 35
1.2 Erlösungstheologie 37
1.3 Jeremias Beschreibung einer echten Prophezeiung als
eine Prophezeiung von Vernichtung 38
1.4 Die Theologie von *ha'asinu* in Deuteronomium 32 40
1.5 Nehemia 9 – Theologie des Trotzes 45
1.6 Die Grundlagen einer neuen Theologie –
die Befreiung von der Vergangenheit 50
1.7 Sünde – Vergangenheit und Zukunft 52
1.8 Die eschatologische Herausforderung des rabbinischen Judentums 54

2. Der Begriff der Sünde und die Wahrnehmung der Person als "Ich" 56
2.1 Ezechiels Begriff der Sünde und Anthropologie –
Individuum, Gegenwart und Handlung 57
2.2 Das Individuum als die neue Substanz der göttlichen Handlung 62
2.3 Die Überwindung des Todes und die Entdeckung der Person –
eine diesseitige Auferstehung. 66

2.Kapitel
Chanukka: Die Reinterpretation des Tempel-Lichts 69

1. Mehrheit und Minderheit und die Wahrnehmung der religiösen
Identität des Individuums 71
2. Die Frage des Kampfes am *shabbat* – Israel als das Volk der *torah* 73
3. Der Begriff der *torah* (Lehre) 75
4. Die Autorität der hermeneutischen Gemeinde als Träger der *torah* 76
5. Megillat Taanit – älteste literarisch-rabbinische Quelle 78
6. Das rabbinische Chanukka als Kommentar des Tempelereignisses 79
7. Chanukka und Schöpfungstheologie –
die Reinterpretation des Tempels 80
8. *Torah* – Weisheit und Eschatologie – Wahrheit und Macht 86

3. Kapitel
Die *torah* und die hermeneutische Gemeinde   89

1. Traktat *Avot*. Hillel der Ältere.   91
2. Das Problem der kanonischen Hierarchie – mündliche
   und schriftliche torah *(torah she-bi-chtaw und torah she-bi-al-pe)*   93
3. Der Begriff *chessed*   96
4. Reinheits- und Unreinheitsgesetze   98
5. Die rabbinische Gemeinde als eine Gemeinde der *torah*   99
6. Traktat *Avot 1, 18 – chessed* oder *Recht?*   103

4. Kapitel
Die *chawerim*: Ältere Formen des rabbinischen Judentums   105

1.   Priesterliche und rabbinische Religiosität   107
1.1 Zur Frage der diachronischen Entwicklung. Das Ethos des *ne'eman*   107
1.2 Frührabbinische Einheitsgemeinde und deren Anforderungen.
     Gemeinde und "Gegengemeinde"   112
1.3 *Am ha-arez* – der ausserhalb der Gemeinde stehende Jude –
     Mit welcher Person darf man Brot brechen?   113
1.4 *Chawerim* – Priesterliche Religiosität bei Laien
     und ausserhalb des Tempels   115
1.5 Rituelle Reinheit und Absonderung   116
1.6 Die *chawerim* und das rabbinische Judentum   119

2.   Reinheit und Unreinheit – zum Selbstverständnis der
     rabbinischen Gemeinde   123
2.1 Rabbinisches Judentum als eine Verwirklichung
     der *halachot* der *chawerim*-Religiosität   123
2.2 Wirklichkeit, Kritik und Veränderung –
     eine Gemeinde der Diesseitigkeit   124
2.3 Die Zerstörung des Tempels in Jerusalem und die
     Weiterentwicklung einer jüdischen Identität   126
2.4 Von den Reinheits-und Unreinheitsgesetzen zu den Speisegesetzen –
     die religiöse Phänomenologie der Entfremdung   128
2.5 Umwandlung der Tempel-Symbolik –
     zum Wesen der rabbinischen Religiosität   130
2.6 Kann ein Zöllner ein *chawer* sein?   133

5. Kapitel
Theologie, Autorität und Wahrheit im frühen
rabbinischen Judentum   135

1.   Die pluralistische Natur der *halacha*   137
1.1 *Shechina*: Theologie   137

1.2 Heilige Gemeinde und heiliger Ort 140
1.3 *Halachot* und nicht *die halacha* – die Pluralität des
     Gesetzesverständnisses 142
1.4 Die Frage der jüdischen Identität und die Proselyten 145
1.5 Die Bedeutung des Lehrer-Schüler Verhältnisses 150
1.6 Die Legende von einem "grossen *sanhedrin*" 153
1.7 *Horajot* – Wissen und die Verantwortung der Person 155

2. *Sanhedrin*: Wahrheit und Rechtssprechung – zur Frage
    einer zentralen Autorität im rabbinischen Judentum 157
2.1 m *Kelim* 5,10 157
2.2 R. Elieser ben Hyrcanos und die Sammlung in Jawne:
     Mehrheit und Minderheit. 158
2.3 Der Bann gegen R. Elieser – Autorität und historische Zwänge 161
2.4 Legitimität der Meinung der Minderheit – inhärente Pluralität der
     halachischen Wahrnehmung 165

3. *Halacha* und die Konstituierung eines Gerichtshofes 169
3.1 *mEdujot* 1,5. Mehrheit und Minderheit in der
     rabbinischen Gemeinde 169
3.2 Unterschiedliche juristische Praxis –
     die Konstituierung eines Gerichtshofes 175
3.3 Ashkenasisches und orientalisches Judentum – die Frage
     der Autorität des Babylonischen Talmuds 179
3.4 Die Quellen des ashkenasischen Verständnisses der Autorität 181
3.5 Halachische Gattung der *halakhot gedolot* und
     Maimonides' *(mishne-torah –) Jad ha-chassaka im Kontrast
     mit der ashkenasischen halacha* 182

6. Kapitel
Hillel, b*eth* Shamai und *beth* Hillel –
Pluralität und Pluralismus in rabbinischer Religiosität 187

1. Rabbinisches Judentum als eine Alternative zur Priester-Religiosität 189
2. Reform und Tradition – Rabbinisches Judentum und die Laien 195
3. Die Auseinandersetzung zwischen *beth* Hillel und *beth* Shamai 196
4. Die *torah* entfaltet und verwirklicht sich in der Vielfalt der
    Meinungsäusserungen.
    Demut und eine *halachische* Entscheidung 199
5. Halachische Fiktionen und eine kritische Frömmigkeit –
    mEdujot 4,8 201

7. Kapitel
Zur Reinterpretation der Tempel-Religiosität   203

  1. Die rabbinische Kritik und Interpretation des Tempels   205
 1.1 Die Entstehung eines nichtörtlichen Judentums –
     Grundlage des Judentums nach der Zerstörung des Tempels   205
 1.2 Auserwählung Jerusalems und die Konzeption eines
     einzigen heiligen Ortes – "König David". Die Wiederkehr der
     Davidischen Theologie der Ortsverbundenheit   209
 1.3 Gott ist an jedem Ort – die Eschatologisierung Jerusalems   211
 1.4 Psalm 22 – Gebete Israels als die eigentliche Substanz
     des Tempels   214
 1.5 Ein Aspekt der Thronwagen (*merkawa*)- Theologie.
     Metaphorisierung des Tempels – geographischer und innerer Ort   215

  2. Vom Tempelritual zur Religiosität der Person   218
 2.1 bTSukka 53a: Selbstverantwortung und Schicksal –
     Die innere Dimension des Menschen als Grund der Freiheit   218
 2.2 Das Herausgehen aus dem Tempel   221
 2.3 *Pesikta de-Rav Kahana*: rabbinisch-hermeneutische Beziehung
     zu den Propheten und Schriften   223
 2.4 Rabbinisches Verständnis des Hoheliedes als ein mystischer Text –
     nichtdualistische Natur des Sehnens   224

8. Kapitel
Die Nichtörtlichkeit des rabbinischen Judentums –
eine neue Anthropologie   231

  1. *Pesikta de-Rav Kahana* zu Chanukka. Die Konkretisierung
     des Individuums und *deus absconditus*   233
  2. Bergpredigt (Matthäus 5,3-12) und der Psalm 37 in seiner
     rabbinischen Auslegung   236
  3. Die Struktur eines nichtentfremdeten Daseins des Menschen   240
  4. Die Reinterpretation des Tempels und die Konstituierung einer
     neuen Anthropologie   240
  5. Örtlichkeit und Ortlosigkeit – "... die Vorväter, sie selbst sind
     der Thronwagen (Gottes)."
     Von Hesekiel zum rabbinischen Judentum   243

Anhang   247
Abkürzungsverzeichnis   249
Verzeichnis der Primärtexte   250
Register   251

O, dieser Streit wird enden nimmermehr,
Stets wird die Wahrheit hadern mit dem Schönen,
Stets wird geschieden sein der Menschheit Heer
In zwei Partei´n: Barbaren und Hellenen.

Heinrich Heine

Vorwort

Das vorliegende Buch stellt ein Ergebnis meiner Forschungs- und Lehrtätigkeit an der Hochschule für Jüdische Studien in Heidelberg, an welcher ich seit 1993 als Ordinarius für Talmud und Rabbinische Literatur tätig bin, dar. In diesem Band soll der Versuch unternommen werden, einem breiteren Leserkreis meine Auffassung hinsichtlich des Wesens des Rabbinischen Judentums, wie sich dieses innerhalb der Geistesgeschichte sowie über die jüdische Gemeinde hinaus entwickelte und sichtbar wurde und wird, zu vermitteln.

Dieses Buch ist Herrn Dieter de Lazzer gewidmet. Er ermöglicht es, aufgrund seines persönlichen Engagements und seiner konkreten Handlungen einigen der hierin entwickelten Ideen eine tatsächliche Glaubwürdigkeit zu verleihen.

Frau Alexandra Rottzoll übersetzte und überprüfte den überwiegenden Teil der biblischen und rabbinischen Texte. Ich bedanke mich sehr bei Prof. Dr. Ekkehard W. Stegemann für seine Anregungen und Hinweise, sowie die Möglichkeit, dieses Buch in der Reihe *Judentum und Christentum* des Kohlhammer Verlages zu publizieren. Ebenso möchte ich mich bei dem Lektor des Verlages, Herrn Schneider, für seine unermüdliche Hilfe und Unterstützung bedanken. Frau Bürki gebührt grosser Dank für die letztendliche Gestaltung des Buches.

Dieses Buch konnte in der vorliegenden Form vor allem nur durch die Zusammenarbeit mit Dr. Iris I. Agus das interessierte Leserpublikum erreichen.

Aharon R. E. Agus
Heidelberg, Chanukka 2000

Rembrandt Harmensz van Rijn: Joseph, seine Träume erzählend

Einleitung

Religion und Religiosität. Zur Frage der Methode
Das vorliegende Buch stellt nicht eine blosse Beschreibung des Judentums in seinem Anfang dar, sondern gilt vielmehr einer Suche nach *einem Judentum in seiner Entstehung*; einem Judentum, welches nur wahrnehmbar wird, insofern es tatsächlich *eine Entstehungsgeschichte* widerzuspiegeln vermag. Dies impliziert eine Wahrnehmung, welche *nicht* durch eine retrospektive Projektion erfasst werden kann, in deren Kontext die vollendete Entwicklung bereits bekannt ist, noch bevor die "Geburtwehen" gestillt werden konnten.

Bereits der Begriff "rabbinisch", welcher hierbei zur Kennzeichnung des frühen Judentums dient, erscheint problematisch. Man könnte meinen, dass ein Wissen, was unter *rabbinischem Judentum* zu verstehen sei, bereits vorläge und es lediglich darauf ankäme, die Anfänge dieser Entwicklung aufzuspüren. Eine Voraussetzung der vorliegenden Darstellung geht jedoch davon aus, dass das *Judentum in seiner Entstehung* nur in der Substanz *seines Werdens* und nicht in einer blossen Rekonstruktion von bereits Bekanntem entdeckt werden kann.

Die Ausgangsthese erscheint zentral, weil dieses Interesse des Buches nicht auf die Geschichte beziehungsweise das Wesen einer Religion, sondern einer ganz anderen Realität – nämlich einer *Religiosität* – gerichtet ist.

Die Religion bildet einen *corpus* von (mündlichen oder geschriebenen) Texten sowie Kommentaren, Gesetzen, Ritualen, Bräuchen, Symbolen, Institutionen und Autoritäten, welche für den Forscher bereits in der Formulierung der wissenschaftlichen Aufgabenstellung offen zutage treten. Die Erkenntnis von Religionen zielt gleichsam auf die Erforschung von Artefakten – wobei der Versuch unternommen wird, aus dem Konvolut von Texten und Biographien eine Konstellation herauszukristallisieren, welche ungeachtet der vorhandenen Unzulänglichkeiten des Materials, im Sinne einer platonischen Methexis ein Entscheidung hinsichtlich einer Teilhabe an dem theoretischen Konstrukt ermöglichen soll. Die Religion bildet eine "Substanz" und der Erfolg ihrer Erforschung gleicht mitunter dem eines Tempel-Baus: Je nachhaltiger der Gläubige durch das Geflecht der filigranen Arbeit in seiner Unvollkommenheit blossgelegt wird, um so erfolgreicher scheint die Investition in diese gelungen zu sein. Gleichsam existiert in Folge dieses Gleichnisses noch ein anderer Massstab des Erfolges: Je nonchalanter die Gläubigen den rekonstruierten Tempel betreten, um so glaubwürdiger erscheint ihr Ergebnis. Als ob die Langeweile der "Gläubigen" zugleich als eine Bestätigung ihrer Authentizität gilt, und der Mangel des Widerstandes der Artefakte selbst jede Spur einer Verfälschung seitens der "Wissenschaft" sowie der kirchlichen Institititutionen verwischen könnte. Die Liebe der "Wissenschaft" sowie der kirchlichen Autoritäten für die "Religion" kommt einer Verehrung für ärchäologische Funde seitens der modernen Israelis gleich: Je lebloser sich die Gegenstände ihrer Anbetung zeigen und je verfügbarer die Teilnehmer dieser Verehrung sind, um so intensiver werden die Paläste ihrer Ehrerbietung umworben.

Religiosität erweist sich jedoch im Gegensatz zur Religion als eine andere Realität. Religiosität wird unsichtbar, beziehungsweise deren Unsichtbarkeit droht insbesondere in dem Vorhandensein ihrer Artefakte. Religiosität beschreibt ein "In-der-

Welt-Sein"; deren Umriss einen sichtbaren Ausdruck der Substanz ihres Wesens und nicht der sterblichen Reste eines Fossils bildet. Aus diesem Grund kann eine begriffliche Bestimmung sowohl von *Religion* als auch *Religiosität* in der Distanz zu einem Kulturbegriff unternommen werden. Die Frage entsteht vielmehr aus der Differenz der jeweiligen Zugänge zu einer religiösen Dimension und weniger in ihrer Abgrenzung gegenüber anderen Gegenständen der geistesgeschichtlichen Entwicklung. Wenn die Religion letztlich einen *corpus* von Artefakten ausbildet, dann reflektiert die Religiosität das Leben selbst (welches die Artefakte andeuten kann, jedoch nur insoweit der Schrecken vor dem Tod die Pathologie – den *post mortum* – nicht unmöglich macht).

Bereits die Frage hinsichtlich eines *corpus* des religiösen Materials, einschliesslich einer Identifizierung eines "Kanons" erweist sich im Kontext der Erkenntnis von *Religiosität* als ausgesprochen komplex. Denn innerhalb eines lebendigen religiösen Daseins zeigt sich die hermeneutische Dimension ungleich dynamischer und differenzierter. Die existentiellen Fragen harren derart dringend auf eine Beantwortung, dass die Frage einer Identifizierung des betreffenden Kanons sowie seiner Hierarchie und Auslegung nicht einmal im abstraktesten Sinne aufgedeckt werden kann, bevor nicht die Aktualität des Weiterlebens oder des Martyriums zum Bestandteil des Gedächtnisses werden. Bereits die vorliegende Verwendung des Begriffes "Hierarchie" in Bezug auf einen "Kanon" verweist auf die Problematik eines Wissens, welches lediglich auf Artefakten beruht: Ein Forscher innnerhalb der Grenzen seiner Stubengelehrsamkeit hält das Buch beziehungsweise die Bücher des Kanons "in seinen Händen" – die religiöse Person hingegen, welche in der Überzeugung ihrer Religiosität in die Wüste hinauswandert, träumt hingegen oft von einzelnen Zeilen, welche tief im Bewusstsein eingebrannt sind, doch in der sich vertiefenden Dunkelheit ihres Exils immer unsichtbarer werden. Texte – mündliche oder geschriebene – *müssen gelesen werden und zwar auf der Achse der Zeit.* Der Befehl des Lebens bildet jedoch für die religiöse Person gleichsam eine Autorität, welcher die hierarchische Ordnung der Priester in ihrer Lächerlichkeit sowie die Geduld des Lesers und des Zuhörers als eine Trägheit des Nicht-Handelns aufzudecken vermag. Die existentielle Hierarchie konstituiert so eine Antithese zur priesterlichen Hierarchie: Der Umriss der Ersteren ist in der Glaubwürdigkeit des Handelns gegeben. Letztere erscheint nur in der Form der Anbetung, etwa der Ästhetik des Tempelbaus überzeugend.

Im Kontext der "Wissenschaft des Judentums", wie die Erforschung zur jüdischen Religion in Deutschland am Ende des 19. und Anfang des 20. Jahrhunderts stolz genannt wird, tritt die Obsession hinsichtlich der Religion als Artefakt beziehungsweise als einem *corpus* von Artefakten deutlich hervor.

In seinen Bemühungen um eine "wissenschaftliche" Darstellung des Judentums setzte sich Leopold Zunz mit der monumentalen Aufgabe einer Abfassung der rabbinischen Midrasch-Literatur auseinander, die er als "gottesdienstliche Vorträge" interpretierte. Im Rückblick stellt das Werk von Leopold Zunz, obwohl fast ein Jahrhundert vor dem Band *Judaism in the first Centuries of the Cristian Era the age of*

---

1   Moore, George Foot, Judaism: *In the First Centuries of the Christian Era. The Age of the Tannaim*, Cambridge, Harvard University Press, 1958. 3 Bände; vgl. auch: ders., A critical and exegetical commentary on Judges by George F. Moore. *Die Eigenart der hebräischen Geschichtsschreibung im alttestamentlichen Zeitalter*, in: Lehranstalt für die Wissenschaft des Judentums (Berlin): Bericht der Lehranstalt für die Wissenschaft des Judentums, 28.1909 (1910).

the Tannaim von G. F. Moore[1] erschienen, eine neue und lebendige Betonung der rabbinischen Quellen-Geschichte dar und erweist sich weniger als eine imaginäre Entwicklung des "rabinischen" aus dem "pharisäischen Judentum". Den Arbeiten von G. F. Moore kommt sicherlich ein grosser Verdienst in der Überwindung neutestamentlicher Vorurteile gegenüber den "Pharisäern" zu. Doch seiner Geschichtsschreibung des Judentums, welche in den Beiträgen von Louis Finkelstein[2], Solomon Zeitlin[3], G. Alon[4] bis in den Arbeiten von Safrai und vieler anderer Autoren erscheint und die auf eine Entwicklung des "normativen Judentum" in einem "pharisäisch-rabbinischen" Kontinuum zielt, ist meines Erachtens eine irrtümliche Schlussfolgerung inhärent, insofern diese eine Wahrnehmung des Judentums in der Entstehung und damit wesentlich aus den biblischen Quellen verhindert.

Leopold Zunz' Schrift *Die gottesdienstlichen Vorträge der Juden historisch entwickelt*[5] stellt eine faszinierende Reise durch die Landschaft einer jüdischen Bibliothek dar. Schon dieses Gleichnis macht auf ein Problem der Zunz'schen Vorstellung aufmerksam: Für den heutigen Leser, erst recht für einen gelehrten, frommen Juden des 19. Jahrhunderts, erscheint die Ausschliessungsstrategie von L. Zunz nicht weniger bedeutsam als der Inhalt seiner Bibliothek selbst. Dabei ist die überzeugend gefasste Ernsthaftigkeit seines Vorgehens interessant. Ohne näher darauf einzugehen, erhält der Leser eine eindringliche Unterweisung in der Lektüre des Zunz'schen Werkes, in welchem das blosse Vorhandensein der Materialien eine Wiedergabe der Taxonomie der jüdischen Religion darstellt. In diesem Verständnis manifestiert das taxonomische Denken ein Merkmal der Religions-Forschung. Auf "der Reise durch die Zunz'sche Bibliothek" verstärkt sich der Eindruck, dass das Problem der Datierung sowie der geographischen Festlegung der Provenienz der literarischen Artefakte und ihrer Redaktion (welche eine machtvolles Abbild der Religion seines Verfassers selbst darstellt) die Möglichkeiten zur *Wahrnehmung der Religiosität der Texte* bis zu gegenwärtigen Arbeiten, unter anderem von S. J. D. Cohen,[6] vollständig überschatten.

· · · · · · · · · · · · · · · · ·

2   vgl. u.a. Finkelstein, Louis, (Hg.), *The Jews*, ed. by Finkelstein, L., 4th ed., New York, Schocken, 1970f.; ders., *The light from the prophets*, New York, Basic Books, 1969; ders., *The Pharisees, the sociological background of their faith*, Philadelphia, Jewish Publ. Soc. of America, The Morris Loeb series, 1966.

3   Dessen wissenschaftliche Leistungen sind leider durch seine strenge Ablehnung der Qumran-Funde teilweise deligitimiert wurden. Vgl. u.a.: Zeitlin, Solomon, (Hg.), (Studies in the early history of Judaism), *Solomon Zeitlin's studies in the early history of Judaism...*, New York, 1973f., 4 Bd.

4   Vgl. u.a., Alon, Gedalyon, *Jews, Judaism and the Classical World: Studies in Jewish History in the Times of the second Temple and Talmud*, Translated from the Hebrew by Israel Abrahams, Jerusalem, 1977; ders., *The Jews in their land in the talmudic age ...*, Transl. and ed. by Gershon Levi, Jerusalem, 1980f.

5   Leopold Zunz, *Die gottesdienstlichen Vorträge der Juden historisch entwickelt*, e. Beitr. zur Altertumskunde u. bibl. Kritk, zur Literatur- und Religionsgeschichte, 2. Auflage Frankfurt a. M. 1892. – (ND: Hildesheim: Olms 1966); vgl. auch: ders, Die vierundzwanzig Bücher der Heiligen Schrift: nach den massoretischen Texten=Tora Neviim Ketuvim, unter d. Red. v. Dr. Zons, übers. v. H. Arnheim, J. Fuerst, 17. Aufl, Berlin 1935.

6   Vgl. u.a.: Cohen, Shaye J. (Hg.), *Diaspora in antiquity*, ed. by Shaye J. D. Cohen, Atlanta, Ga. Scholars Pr., 1993. (Brown Judaic studies; 288); ders.: Smith, Morton, *Studies in the cult of Yahweh*, by Morton Smith, ed. by Shaye J. D. Cohen, Leiden, Brill, 1996.

Damit sollen keineswegs die Potenzen einer klassisch-diachronischen Chronologie der Literaturgeschichte als einer alleinigen Methode zur Erforschung der Religion hervorgehoben werden. Deren Überzeugung ist jedoch nicht zu bezweifeln – die Wahrnehmung der Geschichte als Artefakt liegt in der Wahrnehmung der religiösen Dimension durch den *baryl* der Religion. Die Methode beziehungsweise deren Ausführung mögen fragwürdig erscheinen; die Widerspiegelung der Wissenschaftstheorie in den Werken ihrer Verfechtern ist dagegen authentisch.

Im Kontext der Erforschung der Religion wird jedoch nicht allein eine taxonomische Wahrnehmung der Materialien – auf der Suche nach einer Religiosität – in Frage gestellt. Es gilt vielmehr, das Problem der "Substanz" neu zu überdenken. Dabei ist es nicht ausreichend zu erkennen, dass die Frage einer Verifizierung des Kanons der Religiosität kompliziert erscheint; ebenso muss die Frage gestellt werden, ob der Kanon einer Religiosität überhaupt in "den Zechen" der Hüter des Kanons der Religionen auffindbar ist. Ist einer Religiosität im Sinne eines In-der-Welt-Seins in der Dimension des Seins-als-Artefakt überhaupt noch Leben – und Leben bildet das Merkmal von Religiosität – inhärent? Bildet nicht das Sterben der Religiosität eine Voraussetzung für das Vorhandensein der Artefakte der Religion? Ist nicht eine Entdeckung des Kanons der Religiosität von der Ausradierung oder Dekonstruktion des Kanons der Religion selbst bedingt? Die Anbetung des Kanons der Religion führt (oft) zu einem Unvermögen, die Dimension der Textualität als unechten Ausdruck des menschlichen Willens zur Kommunikation wahrzunehmen, sowie diesen als einen Fetischismus des Textes selbst anzuerkennen, welcher seinen Verfasser ein zweites und drittes Mal tötet; erstens wird er getötet in dem Akt des Schreibens selbst, zweitens in seinem eigentlichen (persönlichen) Tod und drittens in der Verselbständigung seiner Schrift als Artefakt. Diese Unfähigkeit mündet letztlich in einer Dekonstruktion des Sterbens: Das Vorhandensein von Artefakten verwehrt die Möglichkeit eines In-der-Welt-Seins, da diese (Artefakte) weder die Dimension des Werdens noch des Nicht-Werdens offenzulegen vermögen. Doch der Artefakt entsteht nur auf dem *palimpsest* des Daseins. Das Fossil in der Akribie seines Todes lässt die Entfernung zum Leben umso deutlicher sowie dessen Verlust umso endgültiger erscheinen. Es ist aber das Fossil, welches uns in der eindeutigen Unzulänglichkeit seiner Existenz darüber belehrt, dass im Jenseits des Todes – vorher und nicht danach – das Leben pulsiert und in der Auferstehung rekonstruiert werden kann – retrospektiv – und nicht im Kontext einer Vision, im Wunder – und nicht im Aberglaube.

Es ist überraschend und faszinierend zugleich, dass gerade der Begriff der "Auferstehung" eine geeignete Grundlage zur methodischen Überwindung der Materie der Religion darstellt, um zu einem Verständnis von Religiosität zu gelangen. Im Sinne Hermann Cohens, eines weiteren Begründers der *Wissenschaft des Judentums*, war die Vorstellung von einer "Auferstehung" undenkbar. Unabhängig von der Frage der Glaubwürdigkeit einer "Auferstehung" widerspiegelt dieser Begriff den geeigneten Ausdruck hinsichtlich einer Suche, welche einer Erforschung der Religiosität gilt. Dass E. E. Urbach die *eschatologische Dimension des Judentums* erst im letzten Kapitel seines Buches *The Sages: Their Concepts and Beliefs* aufgreift, verdeutlicht, wie unsichtbar die Sehnsucht nach Erlösung (in der Bedeutung und Konsequenz dieses Sehnens) für den Betrachter der religiösen Artefakte verbleibt. Cohens ausgesprochen begrenzte Auswahl seiner Quellen des Judentums einerseits sowie Urbachs Quellenreichtum andererseits bilden letztlich einen Kontext: Beide Autoren sind sich darüber bewusst, welche Momente es auszuschliessen gilt, um das Judentum *nicht* mit einem In-der-Welt-Sein, das die Selbstverständlichkeit des eigenen zeitgenössischen Daseins in Frage stellen könnte, in Verbindung zu bringen. Hinsichtlich des Werkes und Lebens von Hermann Cohen muss jedoch hinzugefügt werden, dass dieser Mangel durch die historischen Ereignisse selbst brutal aufgehoben wurde. Cohens Denken erweist sich deshalb rückblickend im Gegensatz zu dem Zeitgeist, welchen er anstrebte, viel heiliger (wenn es darum geht, diesen Zeitgeist hinsichtlich seiner Wirkung zu beurteilen).

Ein Grundproblem in der Differenzierung von Religion und Religiosität zeigt sich unter anderem in der Frage der Institution. Religion wird am sichtbarsten, wenn deren Institutionen offen zutage treten, so dass die Suche nach ihrem institutionellen Träger selbst zu einem Bestandteil ihrer begrifflichen Bestimmung gerät. Religiosität hingegen wird mit der Verschärfung der Konturen der Institutionen zunehmend nebulöser. Als Merkmale der Institution gelten unter anderem Identifizierbarkeit, Zugänglichkeit, Legitimation und Autorität. Die Merkmale institutioneller Identität stehen in engem Verhältnis zu den unterschiedlichen Graden einer hierarchischen Stufung sowie den Symbolen von Wesen, Wert und Rang. Bereits die Tatsache einer, wenn auch nur relativen Distanzierung, zum Beispiel im Kontext der Etablierung einer priesterlichen Kaste, rückt die Dimension des religiösen Daseins in den Zusammenhang eines Bereiches, welcher nur durch Stufungen (einer "Werthierarchie") und nicht durch die Qualität eines In-der-Welt-Seins erreicht werden kann. Wenn zudem den Signalen der institutionellen Grenzen im Sinne ihrer kommunikativen Wirkung ein objektivierter und damit standardisierter Charakter zukommen muss, entfernen sich diese immer weiter von einem tatsächlichen In-der-Welt-Sein und führen früher oder später zu einer Verwandlung der Religiosität in Religion. Zwar muss jede Religiosität, um Teil einer objektivierten Realität zu sein, ein Gemeinde-Dasein ausbilden. Dies wiederum ermöglicht und erfordert die Ausbildung identitätsstiftender Symbole, welche die Religiosität der Gemeinde zunehmend in einen Charakter des selbstverständlich Vorhandenen zu verwandeln drohen. Das Schicksal der *Religiosität* scheint deshalb in dem Übergang zur *Religion* beschlossen zu sein. Aber solange die Religiosität der Gemeinde lebendig ist, erscheint ihre Differenzierung von ihrer Umgebung stark genug, um die Symbole ihrer Zugehörigkeit dem Wesen der Zugehörigkeit zu unterwerfen. Doch je stärker diese Differenzierung formalisiert wird, desto deutlicher verwandeln sich die Symbole der Abtrennung zu blossen Zeichen. Diese werden priesterliche Zeichen und die Gemeinde, insofern diese zum Träger einer in Religion verwandelten Religiosität avanciert, wird institutionalisiert oder selbst zu einer Institution. In diesem Prozess der Institutionalisierung hören mit den religiösen Personen die institutionalen Träger der Religion selbst auf, tautologisch zu sein. Einer "erfolgreichen" priesterlichen Distanzierung muss eine überzeugende Wahrnehmung vom "Äusseren" zum "Inneren" inhärent sein. Die Trennung der Religiosität von einer, in ihrer Unvollkommenheit wahrgenommenen Welt stellt deshalb eine zwingende Hermeneutik von "Innen" nach "Aussen" dar.

Die Diskussion hinsichtlich des institutionellen Charakters der Religion führt wiederum zu einer massgeblichen Persönlichkeit der "Wissenschaft des Judentums" – zu Leopold Zunz. Wie bereits betont, prägte die taxonomische Forschung von Zunz, mit deren Hilfe er die Frage des Inhaltes des Midrasch bewusst an den Rand der Untersuchung rückte, ein institutionales Verständnis von Texten aus. Diese Überzeugung ist jedoch noch weitreichender. Zunz beschränkte sich nicht allein auf die Wahrnehmung einer Differenz von *halacha* und *haggada*, in welcher zunächst eine religiöse Beschäftigung mit dem Gesetz – des gesellschaftlichen, ritualen und imaginären (insofern die Gegenstände weder einer gegenwärtigen Praxis noch einer historischen Rekonstruktion der Vergangenheit angehören) – erfolgen sollte. Der Formulierung dieser Kategorien ist bereits ein gewisses Unbehagen inhärent: Welcher Kategorie gehören die "imaginären" Gesetze an? Doch Zunz radikalisierte sein in dieser Dichotomie enthaltenes Vorurteil. Er ordnet die *halacha* dem Bereich der institutionalen Autorität und die *haggada* dem Bereich des Subjektiven unter. Im Verständnis von Zunz ist die *halacha* in der Tradition begründet; Insofern deren Charakter die Verbindlichkeit der rabbinischen Normativität im Handeln ausdrückt, muss jede Abweichung von den traditionellen Normen in einer strengen "logischen" Argumentation oder einer sichtbaren Macht von Erlassen legitimiert sein. Die *haggada* hingegen wird im Kontext seines Verständnisses wesentlich den Bedürfnissen aktueller Anforderungen gerecht. Subjektivität wird danach nicht allein in der Dringlichkeit einer analytischen Überzeugung aufgelöst, diese befreit die *haggada* ebenso von dem Anspruch tiefer, traditioneller Gelehrsamkeit, welche für die *halacha* unabdingbar erscheint. In der *haggada*, welche Zunz als eine Art Predigt-Genre interpretiert, (gemäss der die Fähigkeit, von "Schöngeistern" begeistert zu werden, von der Not der Stunde diktiert wird) steht eine einzelner Herausforderer vor jenen, die das Schwergewicht ihrer Existenz einzig in den Fragen des Überlebens beziehungsweise des Erfolges erblicken. In diesem Sinne wird die Hermeneutik der Tradition hintergründig. Allgemeine Aufmerksamkeit ist dadurch gegeben, dass sich ein Zeitgeist konstituiert, der in den wagen Kategorien, wie "Trost" und "Hoffnung" rekonstruierbar wird; oder so ephemer erscheint, dass dieser im Rückblick eher einer Unterhaltung als einer tatsächlichen Auseinandersetzung – also letztlich einer Art frommen "Dekoration" der Religion – gleichkommt. Insbesondere diese, nicht geistesgeschichtlich gefasste Definition der *haggada* erzeugt den Eindruck, dass Zunz´ Interesse wesentlich auf "völkische" Themen gerichtet ist, so dass das Ringen mit "philosophischen" oder "metaphysischen" Problemen, sogar im rabbinischen Midrasch Haggada (welcher eine Auseinandersetzung mit der Heiligen Schrift und nicht bloss einen öffentlichen Diskurs hinsichtlich der Fragen des "kleinen Mannes" oder des "völkischen Volkes" darstellt) für ihn eher eine Randerscheinung widerspiegelt.

Diese dichotonomische Beschreibung des Judentums findet sich nicht erst in den Arbeiten von Leopold Zunz. Der Babylonische Talmud[7] stellt bereits in amoräischen Zeiten (ausserhalb der hellenistischen Welt) ein Zeugnis eines relativen Nicht-Interesses gegenüber den Bereichen, die nicht zum "Gesetz" gehören, dar. Die haggadischen Materialien im Babylonischen Talmud hingegen sind Midraschim (Bibel-Auslegungen), welche in der Regel aus Erez Israel (Palästina) eingeführt wurden. Mitunter erscheinen diese in Formen, welche für denjenigen, der ein religiöses Denken anstrebt, zunächst derart fremd erscheinen, dass die Verlockung, diese als "Legenden" oder "Mythen" (sogar als, mit "magischen" Elementen versetzte Vorstellungen) zu interpretieren, gross ist. Sicherlich gab es auch in Babylonien Gelehrte, die sich kritisch und interessiert mit religiösen Fragen auseinandersetzten. Doch aller Wahrscheinlichkeit nach konnte erst

. . . .
7   C. 3.-7. Jahrhundert v.d.Z. verfasst.

mit dem Untergang des religiös-politischen Establishments im 6. Jahrhundert die Dichotomie von *halacha* und *haggada* teilweise aufgehoben werden, so dass Letztere zu einen Teil des Kanons werden konnte. Trotz dieser Auswirkungen formulierte der Leiter der rabbinischen Akademie, der *gaon* Rav Hai, in Pumbedita am Anfang des 11. Jahrhunderts das Dogma der überlieferten, babylonischen Auffassung, wonach "die Wörter der *haggada* nicht wie eine Überlieferung (sind), sondern jeder (das) predigt, was ihm einfällt, lediglich als Vorschlag, deshalb kommt diesen keine Autorität (zu)."[8] Maimonides gilt als einer der bekanntesten rabbinischen Gelehrten dieser Tradition. Er beabsichtigte, das gesamte talmudische Oeuvre, mit seiner reichen Diskussions- und Argumentationskultur durch eine Sondierung der halachischen Texte auf die Form einer systematischen Darstellung, seine *mishneh torah – jad ha-chasaka* zu reduzieren. In Folge der Beseitigung der traditionellen Vielfalt und Differenziertheit des rabbinischen Denkens wurde das *haggadische* Oeuvre fast vollständig herauszensiert, so dass Maimonides dieses durch seinen eigenen, aristotelisch-philosophischen Denkansatz ersetzen konnte. Alles, was sich vermeintlich nicht in diese Überlegungen integrieren liess, wurde jedoch schroff abgewiesen, was in seiner Bemerkung, wonach das Judentum nicht das sei, was "alte Frauen im Hause der Trauernden" erzählen, zum Ausdruck kommt. In diesem Vorgehen formulierte Maimonides für zahlreiche Juden, unabhängig von ihrer Verbundenheit zur Neo-Orthodoxie oder zum Liberalismus unter der Vorgabe einer abstrakten (metaphysischen) Vernunft eine autoritative Grundlage zur Abweisung und Geringschätzung eines grossen Teils der *haggadischen Literatur* und damit eines talmudisch-religiösen Denkens. Sicher sind der halachischen Tendenz zahlreiche, wenn auch oft verborgene Impulse religiösen Denkens inhärent. Es wird jedoch zumeist übersehen, dass eine juristische Systematisierung der rabbinischen Gesetze,[9] nicht nur unhistorisch ist, sondern Paulus' Obsession bezüglich der *halacha* und seine Furcht vor ihr zu bestätigen scheint. Einer meiner Lehrer, R. Joseph Dow ha-Lewi Soloveitchik, obwohl als ein ausgezeichneter Kenner und Bewunderer der *haggada* bekannt, konnte sich solange nicht mit seiner Interpretationen zufrieden geben, bis sich diese nicht in irgendeiner Weise durch das halachische Werk von Maimonides oder seines Kritikers, R. Abraham ben Dawid von Posquières (*ra´abad ba´al ha-hasagot*) rechtfertigen liess.

Im Kontext eines jüdischen Zeitgeistes, das durch Leopold Zunz repräsentiert wird, erhält das Vorurteil hinsichtlich einer Dichotomie von *halacha* und *haggada*, von Establishment und Spontanität, welches die Formen tatsächlicher Religiosität ausklammert, eine neue Bedeutung und argumentative Bekräftigung.

Die Überlegungen der Generation von Zunz wurden von einer doppelten Suche geprägt. Sie beabsichtigten einen "Volksgeist" im Kontext eines spätromantischen Verständnisses, vergleichbar mit den Überlegungen von Jakob und Wilhelm Grimm, aufzufinden. Dabei wurde die Ausbildung eines Geistes angestrebt, welcher zwar durch eine jüdische Identität begründet werden, nicht jedoch zu einer Entfremdung der Juden in dem deutschen Kulturraum führen sollte. Dies spiegelte zwar ein adäquates Bild des gesuchten Volksgeist wider; doch möglicherweise ist nur in einigen Äusserungen des *Jüdischen Nietzscheanismus* das bedrohliche Echo beziehungsweise der Missbrauch dieser Idee der Spätromantik vernehmbar. Diese Entwicklung lässt die Konzeption

---

8   *Ozar ha-geonim* zur bChag, S. 59.
9   Als ein paradigmatisches Beispiel dafür gelten die Arbeiten von Menahem Alon.

eines "Volksgeistes" wiederum uninteressant erscheinen, zumindest für jene, die an einer geistesgeschichtlichen Auslegung interessiert sind, ganz zu schweigen von einer Suche nach einem *In-der-Welt-Sein*, das als solches nur in der Konfrontation und Angst vor einer möglichen Entfremdung offensichtlich wird.

Die Generation von Zunz erstrebte ebenso die Darstellung einer staatskonformen Geschichte des Judentums. Auch die Antizionisten gingen teilweise davon aus, dass selbst unter der Voraussetzung, dass eine nationale Selbstbestimmung in Folge der Gründung eines eigenen Staates nicht dem erwünschten Schicksal der Juden entspricht, die allgemein akzeptierte Religion eine Geschichte vorweisen muss, in welcher die Elemente der Staatlichkeit zum Ausdruck kommen. Eine Institutionengeschichte schien ihnen so unentbehrlich zu sein, um die Existenz und Entwicklung der Religion beschreiben zu können. Sie akzeptierten vorbehaltlos den historischen Charakter des Christentums sowie des aufkeimenden deutschen Nationalstaates, ohne zugleich die darin impliziten gewalttätigen und bedrohlichen Momente wahrzunehmen. Deshalb scheint es, dass das Interesse von Zunz für solche Begriffe wie "Vaterlandsliebe" eher einer Versuchung entsprach. Eine gewisse Affinität zu diesem Phänomen konnte ebenso innerhalb der zionistischen Realität, insbesondere nach der Gründung des Staates Israel, wahrgenommen werden. Die Inkommensurabilität eines In-der-Welt-Seins mit klar definierten Institutionen (nicht zu sprechen von einem Staat) erweist sich genauso wirksam, wie diejenige gegenüber einer priesterlichen Religion, so dass aus diesem Grund in zahlreichen, gegenwärtigen Forschungen zur Geschichte des Judentums so vielfältige Schwierigkeiten "mit sich selbst" offensichtlich werden.

In den Arbeiten von Leopold Zunz sowie in deren Wirkungsgeschichte kommen dieser Art der Geschichtsschreibung weitreichende Konsequenzen zu, insofern die institutionale Wahrnehmung des Judentums das Phänomen der *Religiosität* weitestgehend ausschloss. Die mit Vehemenz betriebenen taxonomischen Forschungen, unter anderem von solch anerkannten Wissenschaftlern wie David Z. Hoffmann, verstand sich sicherlich als eine direkte Konsequenz der Überzeugung, dass eine Reflexion der grossen Lehrhäuser und Schulen anhand literarischer Artefakte, welche über Generationen funktionierten, eine Perspektive zur Einordnung der überlieferten Materialen sowie zur Feststellung ihrer Chronologie, Einheit und widersprüchlichen Tendenzen darstellt, um die Formgeschichte ihre Texte zu entschlüsseln. Hoffmann war zum Beispiel davon überzeugt, dass er die Schulen von R. Akiva und R. Jishmael nicht nur zeitlich und institutionell identifizieren konnte. Er erhob sogar den Anspruch, eine Katalogisierung von *midrash-halachischen* Werken vorzunehmen, die ebenso eine Beschreibung der differenzierten, exegetischen Methode und Terminologie ans Licht bringen sollte. Dies führte wiederum zu einer nachhaltigen Beschäftigung mit den "hermeneutischen Regeln", unter anderem den sogenannten "sieben Regeln von Hillel". Doch möglicherweise ist nur einem kenntnisreichen Schüler des Talmuds die geringe Rolle, welche diesen Regeln innerhalb der talmudischen Geschichte der *halacha* tatsächlich zukommt, bewusst. Die Grundlage solcher Schul-Differenzierungen konnte jedoch durch verschiedene Forschungsergebnisse, unter anderem von Chanoch Albeck, in Frage gestellt werden, insofern er aufzeigte, dass der *midrashei halacha* in anderer Weise als ursprünglich beschrieben zugeordnet werden musste. Aber das Grundproblem zeigte sich in einer ganz anderen Fragestellung. Die taxonomische Forschung des Judentums leistete und leistet sicherlich einen unverzichtbaren Beitrag zur Darstellung einer historischen Wirklichkeit. Das Problem ergibt sich jedoch aus der Perspektive der Untersuchung selbst. Wenn das Interesse des Forschers wesentlich auf die, in einer konkreten Taxonomie zugeordneten Merkmale ausgerichtet ist, sowie die Chronologie, die Geographie der Länder und Schulen, die Bibliographie und Formgeschichte zum alleinigen Massstab der wissenschaftlicher Untersuchung erheben, dann entsteht (wenn auch unbewusst) eine Darstellung, die nicht einmal die Form von Religion widerzuspiegeln vermag. Die Institutionen im breitesten Verständnis, implizit die Bücher als eine institutionale Erscheinung hören dann auf, Teil des Institutionalisierungs-Prozesses von Religion zu sein und degenerieren zu einer selbständigen Hülle, welche sich lediglich selbst zu repräsentierenvermögen: Von einer Auferstehung *in der Interpretation*, das wird verständlich, kann in diesem Kontext nicht mehr die Rede sein. Selbst die Entstehung von Artefakten im Blickfeld einer reicheren und komplexeren, historischen Realität im Gegensatz zu den "trockenen Resten" der Überlieferungen ist nicht mehr feststellbar. Die Forschungsmethode, erst recht die eigenen Vorstellungen als Grundlage der Forschungsinteressen, werden gerade in ihrer erfolgreichen Entwicklung zur Ausbildung eines "verfeinerten" Wahrnehmungsvermögens selbst zum voraussagenden Herrscher über eine Flut von Informationen, die sich ständig vermehren.

Wenn die, von Zunz formulierte Subjektivität des religiösen Denkens ausserhalb der *halacha* ebenso ins Blickfeld gerät, dann gerät die Unfähigkeit einer geistesgeschichtlichen Forschung zur Unzulänglichkeit der Geistesgeschichte selbst. In diesem Kontext kann ich mich gut an meinen ersten Vortrag im Rahmen der Fakultätsversammlung für Talmud an der Bar-Ilan-Universität in Israel erinnern. Ich versuchte aufzuzeigen, dass der *lex-talionis* einer Entwicklung unterworfen ist, in deren Horizont eine juristische Gewalttätigkeit zu einem Begriff der Selbstbestimmung gegenüber einer göttlichen Vorsehung wird und in deren Rahmen die *Theodizee* die Frage hinsichtlich der menschlichen Verantwortung relativiert, so dass sich diese "Metaphysierung" schliesslich in einer Art homeopatischer, blinder Magie des Schicksals entfaltet. Darauf erwiderte der Vorsitzende des Gremiums: "Solche Ideen findet man sicher in jeder Zeit und an jedem Ort ...." Gemeint war jedoch, dass die Abfassung einer Ideengeschichte nicht möglich erscheint. In der Zunz´schen Strategie wird schliesslich die Auswirkung einer derartigen Abweisung ebenso offensichtlich, wie die Verkürzung des Begriffs der *halacha* selbst: Alles, was nicht *halacha* (Gesetz) ist, erscheint der menschlichen Laune unterworfen oder ist dem Nicht-Historischen verhaftet und bleibt dem, über die Grenzen der historischen Betrachtung weisenden Forscher grundsätzlich unzugänglich.

Als ob diese Selbstverstümmelung der "Wissenschaft" noch nicht hinreichend wäre, wird diese durch eine (zumeist unbewusste) Säkularisierung gegenwärtiger Formen von Religion erweitert. Die Feststellung von Jesaja Leibowitz, einem bekannten Religionsphilosophen Israels, wonach "das Judentum" (für ihn war dieses mit dem orthodoxen Judentum identisch) im Kontext der theologischen Dimension lediglich auf eine Ausübung des Pflichtbewusstsein gegenüber Gott gerichtet ist, verdeutlicht, in welchem Masse die Verstaatlichung des Judentums in Israel vorangeschritten ist. Obwohl Leibowitz als ein Verfechter der Trennung von Staat und Religion galt, wurde sein Verständnis von Frömmigkeit, phänomenologisch formuliert, durch die Physiognomie der *civil religion* (des 18. Jh.) geprägt. Dabei sollte sich Letztere als eine überzeugende Pflicht für jeden, der im Besitz eines "gesunden Menschenverstandes" ist, erweisen. Als jedoch ein bekannter Philosoph in Jerusalem erklärte, dass das

Studium der Gesetze des Tempel-Kultes im Sinne Leibowitz´ einzig in der Logik *der Pflicht* – selbst wenn diese obsolet erscheint – gerechtfertigt werden kann, und diese Pflicht (gegenüber Gott) einer inneren Logik analog den Gesetzen der Astrophysik gleichkommt, wurde mir die Gefahr einer säkularisierten Religion, welche die Leere der ausgehöhlten Fossile der Religion sowie die darin implizite dogmatische Lehre absorbiert, deutlich.

Die Anregungen, welche von dem Werk Leopold Zunz´ sowie seiner Nachfolger ausgingen, stellen jedoch nur einen Aspekt (wenn auch einen wichtigen) des Geistes der *Wissenschaft des Judentums* dar. Einen völlig anderen Impuls kennzeichnen die Schriften Hermann Cohens, welche auf eine Erkenntnis des Judentums ausgerichtet sind.[10] In diesem Kontext kann nicht der Versuch unternommen werden, das Denken Cohens umfassend darzustellen. Wenn man jedoch bestimmte und grundlegende Voraussetzungen seines Werkes hervorhebt, so verweist dies überzeugend auf seinen massgeblichen Beitrag zur Erforschung des Judentums, ohne befürchten zu müssen, wesentliche Aspekte der Philosophie Cohens übersehen zu haben. Eine solche Voraussetzung stellt sein Verständnis des *Begriffs des Seins* dar. In seinem letzten grossen Werk, *Religion der Vernunft aus den Quellen des Judentums*, schreibt Cohen: "Nur Gott hat Sein. Nur Gott ist Sein ... Die Welt ist Schein ... nur Gott ist Sein. Es gibt nur *eine* Art von Sein. Gott ist der Einzige."[11] Diese Aussage ist Teil der Cohen´schen Auslegung des *schema jisrael*- Gebets ("Höre Israel") und verweist auf die zentrale Bedeutung dieses Begriffs in der Wahrnehmung der jüdischen Religion durch Cohen. Und er schreibt weiter: "... das einzige Sein Gottes ... gegen welches alles andere Sein verschwand und zum Nichts wurde. Gott allein ist das Sein."[12]

Freilich steht Cohen in einer langen abendländischen Traditionslinie der antiken, insbesondere der platonischen Philosophie. Doch in dem Bemühen, diesen Begriff des Seins – welcher alles "andere Sein", also auch jedes konkrete Sein, und somit jedes menschliche Leben[13] determiniert beziehungsweise "zum Nichts werden lässt" – in den Kanon des rabbinischen Judentum zu subsumieren, wird deutlich, welche scheinbar verdeckten Widersprüche hierbei zutage treten.

Eine Antithese zur Ontologie Hermann Cohens bildet, wie Franz Rosenzweig richtig erkannt hat, die rabbinische Überzeugung der *Auferstehung der Toten*. In einem Brief an Hans Ehrenberg vom 10. Mai 1918 schreibt Rosenzweig: "So kommt es, dass zunächst an Stelle der geistig-allzugeistigen[14] Unsterblichkeit die tief im Wirklichen eingebettete, an das "Fleisch" und an den Ablauf der Weltgeschichte gebunde-

. . . .

10   Für eine Diskussion zu Cohens Hermeneutik im Rahmen seines religiösen Denkens siehe auch in meinem Buch: *Hermeneutik der Erfahrung – Hermeneutik der Entfremdung. Ein kritischer Dialog mit Hermann Cohens Religion der Vernunft aus den Quellen des Judentums*, in: Agus, Aharon R. E., *Heilige Texte*, Wilhelm Fink Verlag, München 1999.

11   Cohen, Hermann, *Religion der Vernunft aus den Quellen des Judentums*, Wiesbaden 1988, 2. Auflage, I,11.

12   ebd.

13   ... sowie die Wahrnehmung *im Handeln*, in dessen Vergänglichkeit (was im Kontext der Wirklichkeit das alleinige Merkmal des menschlichen Impulses in dem Freiwerden aus der alles nivillierenden Angst vor dem Nichts des Todes bildet).

14   vgl. Nietzsches Schrift *Menschliches-Allzumenschliches. Ein Buch für freie Geister*, (KSA 4.100).

ne Auferstehung tritt. Welch eine Verrohung für den Platoniker! Aber in Wahrheit: Welch eine Kraft der *Wirklichkeit* gegenüber Plato."[15] Cohen zeigte sich jedoch in seiner Ablehnung des Gedankens der Auferstehung philosophisch einsichtiger als zahlreiche Nachfolger des Maimonides. Nicht allein dass die Vorstellung der Unsterblichkeit im Sinne von Rosenzweig "heidnisch" und damit menschenverachtend erscheint. Für Cohen bedeutet diese ein Mythos oder "die Unsterblichkeit der Seele entstammt dem Mythos, der wiederum mit den primitivsten Vorstellungen vom Menschen und Zusammenhängen mit Familie und Stamm in deren Ursprung und Entwicklung verbunden ist."[16] Cohen ahnte möglicherweise, dass die Absage an eine Durchsetzungskraft des "Fleisches" mit einer Verhaftung des Menschen in den Urstrukturen des Seins in Verbindung stand, welches sein Dasein als Person tief berührte; eine Absage, welche die "Unsterblichkeit" lieber in die Vergessenheit des "Mythos" rückt, als diese in der Illusion einer Ewigkeit der Starrheit und Trägheit der menschlichen Zugehörigkeit und Unterordnungsdrang glaubwürdig werden zu lassen. Ungeachtet dessen konnte Cohen als konsequenter Denker zu keiner anderen Schlussfolgerung gelangen als dieser, dass der Mensch letztlich im ewigen Nichts aufgehen wird; da "nur Gott ... Sein (ist)."

Das vorliegende Thema tangiert jedoch nicht die unlösbare Frage hinsichtlich eines "Seins" nach dem Tod. Als das eigentliche Problem der "liberalen" Religionsdenker erweist sich deren fundamentalistische Denkweise selbst. Solange das Bedürfnis hinsichtlich einer Negierung der (in die vorgeblich eigene, überlieferte Religion) nicht-integrierbaren Elemente in der Forschung überwiegt, ist gleichfalls eine Unüberwindbarkeit der eigenen Gegebenheit gesetzt. Das eigentliche Problem zeigt sich jedoch in der Konzeption einer *Anthropologie*, welche dem Gedanken von der Auferstehung inhärent ist.

In seinem *ma´amar techiat ha-metim* ("Zur Auferstehung") formuliert Maimonides den Gedanken, dass die *Frage der Auferstehung* als ein endgültiges Stadium der Überwindung des Todes *wesentlich mit der Frage der Existenz Gottes und dem Begriff der Existenz selbst* verbunden ist. Grundsätzlich geht man davon aus, so schlussfolgert er, dass in dieser Überzeugung der Auferstehung Gottes Existenz gewährleistet bleibt, insofern Er "Etwas", einen "Körper" oder eine "Person" darstellt. "Starkes Sein" ist danach für die Massen mit dem Sein, welches dem Individuum sozusagen ins Gesicht schlägt, identisch. "Diejenigen jedoch, die in Wahrheit als *Weise* "zu bezeichnen sind ... siehe ist es ihnen klar, dass je mehr von der Materie abgegrenzt wird, um so stärker ist die Existenz ... (obwohl) es ist nicht richtig zu sagen ´Stärker´, sondern, (dass) die Existenz des (von Materie) Abgegrenztes mehr wahrhaftig ist, weil es den Formen der Veränderung nicht unterworfen ist ... und (deshalb) ist Gott kein Körper .... Und so ist es mit jedem (von der Materie) geschaffenem Abgegrenztem, das heisst den Engeln und dem Verstand ... und deshalb glauben wir, dass die Engel keinen Körper haben und dass die Menschen in der kommenden Welt (von Materie) abgegrenzte Seelen sind...".[17] Hermann Cohens Denken ist tief in den (von

· · · · · · · · · · · · · · · · · · · ·

15 Rosenzweig, Franz, *Briefe*, unter Mitw. von Ernst Simon, ausgew. und hrsg. von Edith Rosenzweig, Berlin 1935, S. 314.
16 Cohen, Hermann, *Religion der Vernunft aus den Quellen des Judentums*, a.a.O., XV, 1.
17 Maimonides, *ma´amar techiat ha-metim*, Lapsie 1859, Teil II, Folio 8c.

Maimonides formulierten) ontologischen Grundlagen verwurzelt, obwohl seine Philosophie einen entwickelten Versuch[18] darstellt, den hierin verborgenen Dualismus zu überwinden. Dass Cohen wie Maimonides das *Problem der Auferstehung* sowie der Unserblichkeit mit der *Frage des Seins* verbindet, verdeutlicht die unabweisbare Erkenntnis, wonach die Frage des menschlichen Schicksals wesentlich ein ontologisches Problem darstellt. Zugleich verweist dies jedoch auch auf die Unterwerfung der anthropologischen Dringlichkeit unter die Notwendigkeit beziehungsweise den Zwang einer Ewigkeitsontologie. "Alles, was mit Lust und Unlust zusammenhängt, kann nicht als positiver Beweggrund der Religion gültig sein. Lust und Unlust sind die Blutzeugen des animalen Lebens; auf ihren Spuren entsteht nicht die Vernunft."[19] Welche intellektuelle Akrobatik wäre angesichts dieser Auffassung von Hermann Cohens notwendig, um eine Religiosität wie zum Beispiele von Hillel interpretieren zu können?

> *Er (Hillel) pflegte zu sagen: Zu dem Ort, den ich liebe, dorthin bringen mich meine Füsse.*[20]

Wenn im Werk Leopold Zunz´ eine geistesgeschichtliche Entwicklung unmöglich erscheint und das Problem der Anthropologie zu einer unerheblichen Fragestellung gerät, rückt Letztere insbesondere in Cohens Verständnis ebenfalls in den Bereich des Von-sich-selbst-aus Problematischen. Was Hermann Cohen entdeckt, entspricht nicht einer Religion als einem zu erforschenden Artefakt.[21] Doch um eine Darstellung von Religiosität handelt es sich hierbei ebenso wenig. Oder anders formuliert: Hermann Cohens jüdischen Schriften ist zwar eine ernsthafte Aura von Religiosität inhärent, doch seine Konzeption des Menschen (obwohl die Frage der individuellen Verantwortung eine zentrale Säule seines ethischen, religiösen Denkens bildet) impliziert nicht genug "Fleisch", um eine Religiosität des In-der-Welt-Seins darstellen zu können. Erst recht nicht eine Wahrnehmung der Menschlichkeit, welche insbesondere in dem Scheitern der Geschichte sowie dem Bedürfnis nach einer religiösen Einmaligkeit und Konkretheit nachhaltig wird.

Cohens problematisches Verhältnis zur Frage der Anthropologie wird, zumindest im Bereich der Religionsforschung, ebenso in anderen Kontexten deutlich. Marx´ These, dass nach Feuerbach alle Theologie Anthropologie sei[22], sollte deshalb weder angesichts eines gegenwärtigen Zeitgeistes noch in der Folge einer missbräuchlichen, christologischen Interpretation ungeachtet bleiben. Zwar lässt sich im Verständnis der negativen Theologie nichts Positives über Gott, erst recht eines anthropomorphen Diskurses aussagen, und es ist schwer festzustellen, in welchem Verhältnis rabbinische

. . . .

18   Vergleichbar zur Intention Spinozas, welchen Cohen zwar strikt abweist, seine Distanz zu
     ihm jedoch nicht überzeugend nachweist.
19   Cohen, Hermann, *Religion der Vernunft* ..., a.a.O., Einleitung, A 4.
20   bSuk 53a. (vgl. auch Kapitel 11 in diesem Band).
21   Hierzu mangelt es ihm an einer Kenntnis des betreffenden Materials.
22   "Feuerbach löst das religiöse Wesen in das menschliche Wesen auf." in:, Marx, Karl,
     Thesen über Feuerbach, in: Marx, Karl, Engels, Friedrich., Werke, Berlin, 1958, S. 6.

Religion und Religiosität zu dieser Theologie stehen; aber Cohens Behauptung, dass sich "von den ersten Anfängen der mündlichen Lehre[23] an der Kampf gegen den Anthropomorphismus als die Seele der jüdischen Religionsbildung ... bewährte"[24] entspricht in keiner Weise dem Gehalt der Texte. *Denn im rabbinischen Denken ist es absolut unmöglich, über Gott zu sprechen, ohne zugleich den Menschen zu thematisieren.* Dabei würde ich nicht unbedingt Daniel Boyarins These folgen, wonach für die talmudischen Rabbiner Gott "sichtbar" war[25]; es sei denn, dieses "Sehen" wird selbst im Kontext eines geistesgeschichtlichen Begriffes gefasst und relativiert. Doch die Verbindung der anthropologischen Dimension mit der Frage "Wo ist Gott",[26] soll eine nachhaltige Argumentation dafür darstellen, dass Hermann Cohens religiöser Diskurs zur Erforschung der jüdischen Religiosität nicht hinreichend ist. Der theologischen Anthropologie muss ein Aspekt *jeder* Beschreibung des Judentums, insofern diese Anspruch auf Vollständigkeit erhebt, inhärent sein.

Die beschriebene Kritik des Denkens von Hermann Cohen ist nicht als eine Relativierung seiner Bedeutung als ein jüdischer Denker zu begreifen. Cohens Verständnis der ethischen Handlung des Individuums als ein zentraler Begriff der jüdischen Frömmigkeit stellt eine der wichtigsten Voraussetzungen jeder glaubwürdigen Übersetzung des Judentums in eine moderne, gegenwärtig Weltanschauung dar. Insbesondere diese Einsicht erweist sich als unvergleichlich wertvoll in einer Zeit, in welcher der Wahn der Moderne im Sinne einer Neuordnung der Welt noch einmal kraft- und wirkungsvoll auftritt. Die Vernichtungskraft der Technologie vermag die Interessen der Politik als Inbegriff des gesunden Menschenverstandes sowie der selbstverständlichen Moralität darzustellen, eingeschlossen die darin implizite und ebenso offensichtliche Selbstherrlichkeit, welche "die Mächte, die sind" für sich in Anspruch nehmen. Jeder sich widersetzende Aufschrei, das ethische Handeln auf das Wohlergehen der Menschen und nicht auf die Glaubwürdigkeit der Mächte und deren selbst errichteten Glorienschein zu richten, wird als "Ideologie" verkannt. Der menschliche Abscheu vor dem Bösen erfährt eine Instrumentalisierung und die mediengerechte Wiedergabe der atemberaubenden Grandiosität der nackten, vernichtenden Gewalt wird als moralisches Ethos etabliert. Wir erleben eine Zeit, in welcher die menschliche Unfähigkeit zwischen "gut" und "böse" zu unterscheiden, derart machtvoll ist, dass die Frage "Wie konnte etwas in dieser oder jener Weise in der Vergangenheit geschehen" zu reinem Zynismus gerät. Nur die Intensität der Stürme, welche die Instabilität der ethischen "Wetterlage" kontinuierlich beurkunden, verändern ihre Lage. Insbesondere angesichts einer solchen Konstellation sollen keine "Steine" auf die philosophischen, ethischen Entwürfe eines besseren Zeitalters geworfen werden. Die zuvor

---

23 (= die *torah she-bi-al pe*).

24 Cohen, Hermann, *Religion der Vernunft...*, a.a.O., I, 12.

25 Boyarin, Daniel, *The Eye in the Torah: Ocular Desire in Midrashic Hermeneutik*, in: Ocular Desire. Sehnsucht des Auges, Aharon R. E. Agus, Assmann, Jan, Berlin 1994, 30-48. vgl. auch: ders., *Intertextuality and the reading of Midrash*, Indiana University Press, Bloomington & Indianapolis, 1990.

26 Im letzten Kapiteln des vorliegenden Buches, wenn die Notwendigkeit dieser Auseinandersetzung den Leser im Rahmen einer Diskussion zum "Judentum in seiner Entstehung" überzeugt.

entwickelte Kritik hinsichtlich des Cohen'schen Denkens ist deshalb vielmehr auf die Methodologie zur Erforschung des Judentums als auf den Inhalt des Cohen'schen Systems selbst gerichtet.

In diesem Sinne offenbart sich Cohens mangelnde Auseinandersetzung mit der Frage der Anthropologie eher als Symptom eines anderen Problems. Ich bin davon überzeugt, dass ein grundlegender Unterschied zwischen einem *abstrakten Denken* und einem *Denken der Geschichte* besteht. Letzteres meint nicht das Reflektieren über die Geschichte, sondern eher *die Geschichte als eine Physiognomie des Denkens selbst*. Der Mensch handelt nicht ohne Denkkraft und Entscheidungswillen und nur im Handeln erscheinen diese, wie primär sie auch seien mögen, authentisch. Oder mit Wittgenstein formuliert: "Geist", "Ideen", "Wille" erweisen sich als leere Wörter, wenn diese nicht im Handeln des Menschen lebendig sind. Die Sprache, welche die Dichotomie zwischen "innen" und "aussen", Motivation und Bewegung, Denken und Realität festlegt, mag Voraussetzung für einen analytischen Diskurs, insbesondere für einen kritischen Diskurs im Sinne von Wittgenstein selbst darstellen. Aber als ein methodisches Instrument der Geschichtsschreibung bleibt diese unvollendet. Wenn sich der Geist trotz der Geschichte oder neben der Geschichte behaupten soll, wenn die Geschichte als blosse Gegebenheit, ohne die Rolle des Handelns sowie des Handwerks des Bewusstseins und ohne die Widerspiegelung die Einheit des Daseins gefasst wird – in deren Sinne die Dichotomie wie von "Körper" und "Seele" eine darstellt – dann wird Geschichtsschreibung zu einer literarischen Gattung verkürzt und vermag nicht zu einer tatsächlichen Erkenntnis vorzudringen. Cohen's philosophischer Ansatz, als methodischer Impuls für die Religionswissenschaft, entlädt die mangelhafte Ernsthaftigkeit hinsichtlich der anthropologischen Fragestellung in Form einer systematischen Geschichtslosigkeit. Ohne dass dies Cohens Absicht entsprach, wird die kulturelle und religiöse Anthropologie – die Anthropologie, die nicht mit der Frage " Was ist der Mensch?" verbunden ist und welche eigentlich nicht als Anthropologie bezeichnet werden kann – von Cohens Impulsen profitieren und diese zu Parametern der Forschung der Religion entwickeln.

Jene Forschungen, die sich den Überlegungen etwa von R. Patai[27] anschliessen, sollen nicht ausgeklammert werden. Doch die Auffassung hinsichtlich einer unveränderlichen Konstante der menschlichen Natur, in deren Bedürfnis ihre Symbole zu entziffern, die Entwicklung der Schrift, des Schreibens, des Lesens sowie die Obsession der Reflexion und Selbstreflexion wie auch der Kritik übersehen wird, hebt die oben genannte Fragestellungen auf. Es ist nicht sicher, ob die Anthropologen Hermann Cohen rezipiert haben; aber beide scheinen den Glauben und die Hoffnung auf einen "unbewegten Beweger" zu teilen. Wenn man den Philosophen und den geschulten "Anthropologen" zusammenführt, so erhält man die Einsicht, dass Metaphysik niemals so stark ist, wie sie sein kann, die Geschichte aufzuheben oder diese zum Diener eines

---

[27] vgl. u.a.: Patai, Raphael, *The Jewish alchemists: a history and source book*, Raphael Patai. 3. printing, Prineton Univ. Press, 1995; ders.: *Man and temple: in ancient Jewish myth and ritual*. 2 nd, enl. ed. with a new introduction and postscript, New York, 1967; ders., *The Messiah Texts: Jewish: Jewish Legends of Three Thousand Years*, Detroit, Wayne State University Press, 1979; ders., *Sitte und Sippe in Bibel und Orient*, Frankfurt a. M., 1962.

abstrakt-logischen Geistes zu reduzieren. Obwohl Louis Ginzberg nicht dieser Schule angehört, gilt sein monumentales Werk *The Legends of the Jews*[28] als ein Jahrhundert-beitrag einer anti-historischen Perspektive.

Es soll nicht davon ausgegangen werden, dass die vorliegende Darstellung einzig auf eine konkrete Geschichtsschreibung zielt[29]; ich selbst gehöre einer Generation an, welche einem historischen Positivismus ablehnend gegenübersteht. Die hier gefasste Suche einer Religiösität des rabbinischen Judentums ist eher auf eine Art *historische verisimilitude* gerichtet.

Verisimilitude drückt eine Ähnlichkeit mit der Wahrheit aus. Der Begriff *historische verisimilitude* relativiert absichtsvoll das *verus* und hebt das *similis* hervor; wobei die Ähnlichkeit ihre Wahrhaftigkeit aus ihrer Nähe zur Realität bezieht. Dabei handelt es sich um eine Authentizität des In-der-Welt-Seins, nicht jedoch um einen Ersatz von Metaphysik – Es geht um die *Lehre des Geschehenen*. In diesem Sinne zeigt sich noch einmal die Einheit von dem – was nur in der Sprache und Phantasie getrennt ist – *Geist* und *Leben*. Doch die gefasste Suche bleibt eine Ähnlichkeit: Die Frage besteht nicht darin, ob die anzustrebende Rekonstruktion ein Bewusstsein im Sinne einer Substanz des Handelns oder im Gegenteil, eine "tatsächliche", positivisti-sche Vergangenheit widerspiegelt, die mit einem spezifischen Zeit- und Ortsereignis identisch ist. Das Problem besteht vielmehr darin, ob das In-der-Welt-Sein, welches wahrgenommen und rekonstruiert wird, seine Lesbarkeit und Überzeugungskraft als Wirklichkeit in diesem historischen Moment erlangt, und deshalb für den Geschichts-schreiber wesentlich erscheint (auch in dem Bedürfnis, die Scheu vor einem Positivis-mus nicht zu einem ontologischen *a priori* zu erheben). Oder stellt sich diese Wahr-nehmung nur als eine Projektion dar, welche mit zunehmender Abstraktheit an Au-thentizität verliert, um letztlich den Platz der Relativitäten der unkonkreten Möglich-keiten einzunehmen, und die letztlich dogmatischer als jede Geschichte erscheint, da diese immerhin ein *Sein-Sollen* und nicht ein *Gewesen* einbegreift? *Historische verisimilitude* nimmt die Bedeutung der Geschichte ernst; jedoch als ein Mittel und nicht als blosses Ziel. Eine Darstellung vom *Wesen des Judentums*[30] hingegen er-scheint nicht möglich; da das Dasein dem Wesen vorangehen muss und dieses hier-durch unwirklich sein lässt.

Als ein Repräsentant der "metaphysischen" Ablehnung der Geschichtsschrei-bung kann paradoxerweise der Amerikaner Max Kadushin verstanden werden, der

· · · · · · · · · · · · · · ·

28 Ginzberg, Louis, *The Legends of the Jews,* Philadelphia, 1913-1928, 6 Bände (Index von Boaz Cohen, 1938). vgl. auch: ders., *Yerushalmi Fragments from the Genizah,* ed. by Louis Ginzberg, Hildesheim, New York, Olms, 1970. (ND der Ausgabe New York 1909); ders., *Eine unbekannte Jüdische Sekte,* Hildesheim, New York, Olms, 1972; ders., *Saadia´s Siddus,* Philadelphia, 1942.

29 In diesem Zusammenhang soll auf die kenntnisreiche, konkrete und hierdurch authentische historische Darstellung von Stegemann, Ekkehard W. und Stegemann, Wolfgang, *Urchristliche Sozialgeschichte. Die Anfänge im Judentum und die Christusgemeinden in der mediterranen Welt,* 2., durchgesehene und ergänzte Aufl., Stuttgart, Berlin, Köln, 1997 verwiesen werden.

30 Baeck, Leo, *Das Wesen des Judentums,* hrsg. von der Gesellschaft zur Förderung der Wissenschaft des Judentums, Frankfurt a.M., 1906, 1922.

freilich davon überzeugt war, einen antimetaphysischen Standpunkt zu vertreten. Kadushins Ausgangspunkt, insbesondere in *The Rabbinic Mind*[31] ist darauf gerichtet, Religion und Moralität nicht in den Zusammenhang mit dem Bereich der (sinnlichen) Wahrnehmung zu stellen. Diese These liegt in der angelsächsischen Überzeugung von einer positivistischen Geltung der *sense-perceptions* sowie in dem Empirismus John Lockes, John Deweys und anderen begründet. Schon hierdurch scheint die Arbeit Kadushins in Frage gestellt, da mit dem Einsatz von Kant eine Trennung von Wahrnehmung und Erkenntnis nicht aufrechtzuerhalten ist. Kadushins Versuch, die konkrete Sprache, das heisst die Sprache einer spezifischen Gruppe, nicht allein als eine "Spiegelung der logischen Prozesse des menschlichen Verstandes" in bezug auf die *sense-perceptions*, sondern ebenso als Möglichkeit zur Vereinigung der Gruppenidentität, also der Verständigung zu begreifen, mag in der Übersetzung in eine aktuelle Kommunikationstheorie sehr innovativ sein. Seine Auseinandersetzung mit den *value-concepts*, als wesentlich sprachliche Konstrukte, die zwar eine Verbindung mit der Realität eingehen, denen nur auf der Ebene der Abstraktheit eine "Logik" zukommt, schliesst jedoch jede ernsthafte Interpretation eines In-der-Welt-Seins im Sinne eines, von dem körperlichen Sein nicht zu trennenden Geistes aus. Kadushins Hervorhebung einer "organischen" Natur des rabbinischen Denkens reflektiert zwar Isaak Heinemann´s Diskussion[32] über assoziatives Denken in Bezug auf den Midrasch Haggada, was wiederum auf eine gewisse Nähe zu verschiedenen Anthropologen, unter anderem auf Lucien Lévy-Bruhl verweist. Die Erkenntnis, wonach das "abendländische" Denken nur eine Form des Denkens widerspiegelt sowie die Kenntnis von der Existenz verschiedener Kognitionsformen, trug sicherlich zur Erforschung des Judentums bei. In den Arbeiten Max Kadushins gelangt man jedoch zu der (unausgesprochenen) Überzeugung, wonach ein *common-sense*-Denken existiert, welches derart einfach mit einer *sense-perception* der "Realität" verbunden ist, dass diesem eine metaphysische, das heisst absolut unveränderliche Qualität hinsichtlich anderer Denkarten zukommt. Die Ablehnung von Geschichte einerseits sowie des Empirismus andererseits rücken in ihrem Mangel an Differenzierungsfähigkeit in die Nähe einer metaphysischen Konzeption. Ähnlich wie Cohen konnte auch Kadushin die Historizität seines eigenen Geistes nicht wahrnehmen, so dass er deshalb die grundlegende Bedeutung der Geschichte ebenso nicht zu erahnen vermochte.

Leopold Zunz' Intention stand der Abfassung einer Geistesgeschichte entgegen; Hermann Cohens Werk fasste letztlich eine Distanz zur konkreten Realität sowie zu deren Geschichte.

Diese Typologien ermöglichen ebenso eine Reflexion des Werkes von Ephraim Elimelech Urbach, welcher eine Art Summa des talmudisch-rabbinischen Denkens verfasste. Bereits die Tatsache, dass in seinem Band *chasal emunot wi-de´ot*[33] die eschatologische Dimension in das letzte Kapitel rückt, verdeutlicht Urbachs Wahrneh-

. . . .

31 Kadushin, Max, *The Rabbinic Mind*, Bloch Publishing Company, New York 1952, 1965 u. 1972.
32 vgl. Heinemann, Isaak, *Altjüdische Allegoristik*, (*darkei ha-agada*), Leiden, Brill, 1936. vgl. auch: ders., *The Method of the Aggadah*, Jerusalem, The Magnus Press, 1949, (hebr.).
33 Urbach, Ephraim Elimelech, *The Sages, their Ideas and Beliefs*, in 2 Vols., Transl. by I. Abrahams, Jerusalem, The Magnum Press, 1979.

mung des rabbinischen Judentums. Das eschatologische Motiv wird (zumindest) in einem grossen Teil des midraschisch-haggadischen Komplexes angedeutet. Doch nicht allein die quantitative Frage erlangt hierbei Bedeutung. Das eschatologische *displacement*, eine Verschiebung der Örtlichkeit und Zeitlichkeit der rabbinisch-religiösen Person, welche den Ort im Sinne des "hier" immer zu einem Ort des Exils, sowie die Zeit des "jetzt" immer zu einer Qualität des "noch-nicht" wird – bildet in zahlreichen Kreisen rabbinischer Religiosität ein tragendes Element. Die hermeneutische Energie dieses *displacement* (Verschiebung) konstituiert schliesslich die Substanz des rabbinischen Verständnisses der heiligen Person sowie des heiligen Ortes. Wenn die Reinterpretation des Tempels und des Landes Israel zu einem wesentlichen Merkmal rabbinischer Religiosität wird und zwar nicht nur als Resultat eines historischen Ereignisses, sondern unter anderem als eine Vorwegnahme der Vernichtung des Tempels, welcher lange vor seiner Vernichtung als äusserst mangelhaftes Zuhause im Haus Gottes beziehungsweise als blosses Gebäude wahrgenommen wurde, dann erscheint die Aufhebung des Opfer-Kults als ein Charakteristikum des Umzugs von Jerusalem nach Jawne in der Urbach´schen Schule viel zu verkürzt. Das Studium rabbinischer Texte im Kontext zahlreicher, gegenwärtiger Forschungen lässt die unruhige Vermutung aufkommen, dass das zionistisch-religiöse Denken eine Art Atavismus ausbildete. Wenn die Wahrnehmung des (heiligen) *Ortes* sowie der (heiligen) *Zeit* im Sinne eines tatsächlichen "Angekommenseins" mit der (über-) gewichtigen Interpretation der institutionellen Geschichte des Judentums – was auch Urbach unternahm – verbunden wird, erkennt man, dass die Rekonstruktion einer *Religion* keine Möglichkeit zur Wahrnehmung einer Religiosität zulässt. Das eschatologische Sehnen gerät zu einer unzulänglichen Vergangenheit, wie auch die prophetische Kritik an "falschen Religionen" als blosse Aufhebung von ohnehin in Vergessenheit und Bedeutungslosigkeit gerücktem "Heidentum" verstanden wird, so dass weder das Sehnen noch die Kritik eine gesunde Unruhe zu erzeugen vermag, und die Eschatologie in den Bemühungen einer "wissenschaftlichen" Forschung unerreichbar bleibt. Die von Leopold Zunz verfasste Artefaktengeschichte sowie die Anti-Geschichte H. Cohen´s beschreiben damit nochmals eine eigene Unfähigkeit, die Geschichlichkeit der persönlichen, konkreten Situation wahrzunehmen. Wenn man die Darstellungen der jüdischen Institutionen der Antike von H. Mantel in Verbindung mit einem, von der Neo-Orthodoxie formulierten Anspruch, alle *takanot* ("Erlasse") der Rabbiner in Computerprogrammen speichern zu wollen, bringt, wird verständlich, dass den Untersuchungen ein immer "stärkerer" Begriff der Geschichte zugrunde gelegt wird, ein Begriff, welcher vielmehr einem machtvollen Anspruch als der Uneindeutigkeit der Geschichte verpflichtet ist, die nur in kaleidoskopischen Widerspiegelungen als eine kristallklare Struktur erscheint. Die Ablehnung einer geistesgeschichtlichen Entwicklung durch Leopold Zunz sowie Hermann Cohen´s Anspruch (ähnlich seinen Zeitgenossen) die Vernunft durch den Dualismus des Geistes und des (konkreten) Individuums zu inaugurieren, sowie eine Identifizierung dieser (sc. Vernunft) mit Gott – einem Gott, der nicht mehr der des Lebens und des Leidens ist – als *absolutum* vorzunehmen (und diese dadurch zu zerstören), widergespiegelt das Unvermögen, die Entwicklung als Geschichte konkreter (nicht jedoch romantischer) Individuen und nicht lediglich imaginärer Strukturen zu verstehen. Der Hang zum Autoritativen in der Darstellung der Religion – einschliesslich der impliziten säkularen Formen – vermag nicht das antiautoritäre Wesen von Religiosität sowie die eschatologische Suche innerhalb zahlreicher rabbinisch-religiöser Kreise abzubilden.

Urbach trat ebenso einer Wertschätzung und Gewichtung der anthropologischen Fragestellung entgegen, was in seinen Texten zum religiösen Menschen zum Ausdruck kommt – und damit einer Anthropologie des In-der-Welt-Seins und nicht der Differenzierung, in welcher die Dogmatik der Theologie mit dem Dasein der Menschen verwechselt wird. In seiner Auseinandersetzung mit dem rabbinischen Sündenbegriff ist er darum bemüht, sich von einem "christlichen" Verständnis abzusetzen. Er gehörte einer Generation von Wissenschaftlern des Judentums an, welche das Spezifikum der jüdischen Religion in einer grundsätzlichen Abgrenzung zum "Christentum" herausarbeiten wollte. Auf diesem Wege sollte eine Identität, die wesentlich negativ bestimmt ist, festgestellt werden. Ebenso konnten unbequeme Standpunkte von Glaubensbrüdern der Vergangenheit mit dem Hinweis, dass diese von "polemischer Natur" seien, relativiert werden. Hätte er jedoch zum Beispiel Sören Kierkegaards Begriff Angst reflektiert, so hätte er anerkennen müssen, dass auch im Christentum unterschiedliche Arten des Sündenbegriffs existieren, und die Wurzeln dieses differenzierten Verständnisses weit in die Geschichte zurückreichen, zum Beispiel zu Augustin oder Luther´s Auseinandersetzung mit Paulus und Augustin. Urbach ist derart auf einen rein formalen Vergleich mit einer christlichen Vorstellung konzentriert, dass es ihm nicht möglich war, die Phänomenologie, welche zum Beispiel der Aussage: "Vier Menschen starben wegen der Schlange (und alle anderen an ihrer eigenen Sünde)" zugrunde liegt[34], wahrzunehmen. Zwar scheint dieses Zitat die Vorstellung von einer "Erbsünde" für die Mehrheit des menschlichen Geschlechts auszuschliessen, doch auf welche Weise ist die Vorstellung, dass alle Menschen ausser diesen "vier" an den Folgen ihrer eigenen Sünden starben von der Wahrnehmung der Sünde im Sinne eines obsessiven Teiles des menschlichen Lebens und Sterbens in einem Erbsünde-Begriff erhalten? Phänomenologie muss keinen Widerspruch zur Geschichte, und erst recht nicht zur Geistesgeschichte konstituieren.

Urbachs Werk befindet sich in grosser Nähe zur Cohen´schen Ablehnung einer Anthropologie; aber nicht wie dieser, der einem anthropologischen Ansatz misstrauisch gegenüber stand, sondern weil er einen solchen nicht kannte beziehungsweise aus seinen Überlegungen verdrängte. Oder anders formuliert: Urbachs Konzeption des Menschen beschreibt eine grosse Nähe zu Cohen, jedoch eher aufgrund eines konkreten Zeitgeistes als einer bestimmten Geistigkeit. Für Zunz würde meines Erachtens eine Auseinandersetzung hinsichtlich des besonderen Verständnisses des Sündenbegriffs im rabbinischen Judentum[35] einen nicht akzeptablen beziehungsweise nicht nachvollziehbaren Ausgangspunkt für eine Suche nach dem Judentum in seiner Entstehung darstellen, da er dieses im Kontext einer unhistorischen Diskussion begreift. Urbach würde einer solchen Diskussion zum Sündenbegriff möglicherweise befremdend gegenüber stehen. Ungeachtet dessen bleibt Urbach ein Schüler von Leopold Zunz,

· · · · · · · · · · · · · · · ·

34 bBB 17a (S. 376-378). vgl. auch meine Diskussion in: Aharon R. E. Agus, *Hermeneutic Biography in Rabbinic Midrash*, Berlin, New York, de Gruyter, 1996, S. 42-43.
35 vgl. erstes Kapitel dieses Bandes.

da seine artifaktische Systematisierung sowohl von Traditionen als auch Texten zu oft als Ersatz für eine Auseinandersetzung mit einer *geistesgeschichtlichen* Entwicklung des rabbinischen Judentums dient. Die Schüler Urbachs wiederum gleichen oft denjenigen von Gershom Scholem: "Der Meister" machte zumindest seinen Anspruch zur Auseinandersetzung mit geistesgeschichtlichen Fragen geltend; doch zahlreiche seiner Nachfolger kehren zu einer rein "historisch- (ohne Implizierung einer Geschichte !) philologischen"- (welche keine Texte als Zeugen eines tatsächlichen In-der-Welt-Seins duldet) Methode mit grösstem Eifer zurück. Gershom Scholem war die zentrale Bedeutung der eschatologischen Energie bewusst; aber erst ein Aussenseiter des Kreises um G. Scholem, Jakob Taubes, vermochte es, diesen Aspekt in einem Akt der Revanche wieder ans Licht zu bringen.

Die Arbeiten von Jacob Neusner[36] erweisen sich als zu umfangreich, um im Rahmen eines Essays dieser Grösse, ohne den Vorwurf, einen Aspekt ausser acht gelassen zu haben, kommentiert zu werden. Doch bereits J. Neusners Gegenüberstellung von *halacha* und *haggada* sowie die Hervorhebung der *halacha* als das Wesen des rabbinischen Judentums verfehlt das eigentliche Ziel, das Judentum empririsch untersuchen zu können. Peter Schäfer hat auf diesen Umstand zurecht hingewiesen, gleichwohl Schäfers Forderung, die kritisch-philologische Arbeit erst zu vollenden, bevor eine Entschlüsselung der rabbinischen Weltanschauung gewagt werden kann, tendenziös erscheint.[37]

Schliesslich soll betont werden, dass das vorliegende Ringen und die kritische Auseinandersetzung mit den einzelnen Texten (bereits hinsichtlich ihres Stellenwertes in dieser Darstellung) Zeugnis einer Suche darstellen, welches *Differenzierungen* und nicht Verallgemeinerungen (die implizit in den Fragestellungen, zum Beispiel von J. Neusner bereits aufscheinen) hervorhebt. Die nachfolgende Darstellung des "Judentums in seiner Entstehung" ist deshalb weder eine Suche nach den Anfängen eines von vornherein gewussten, eines bereits existierenden, anerkannten Verständnisses des "rabbinischen Judentums" noch eine Entwicklung aus einem vorangegangenen "pharisäischen Judentums". Da es das Schicksal einer *Religiosität* zu sein scheint, in *Religion* aufzugehen, ist die Religiösität in den verbliebenen Zeugnissen lediglich als Fragment auffindbar und nur im Kontext der abweichenden Momente einer früheren Religion beziehungsweise Weltanschauung zu rekonstruieren. Die Geschichte selbst stellte zwar eine Entwicklung und damit ein Kontinuum dar. Für eine adäquate Wahrnehmung jedoch erweisen sich Brüche als notwendig. Auf diese Weise

. . . .

36 u.a. Neusner, Jacob, *Das pharisäische und talmudische Judentum. Neue Wege zu seinem Verständnis*, m. einem Vorwort von M. Hengel, hrsg. von H. Lichtenberger, J.C.B. Mohr (Paul Siebeck) Tübingen, 1884; ders., *Origins of Judaism, Religion, History, and Literature in Late Antiquitity a Twenty-volume Collection of Essays and Articles*, Volume VI, History of the Jews in the First Century of the Common Era, Ed. with a preface by J. Neusner, Garland Publishing, Inc., New York & London, 1990.

37 Schäfer, Peter, *Studien zur Geschichte und Theologie des rabbinischen Judentums*, in: *Arbeiten zur Geschichte des Antiken Judentums und des Urchristentums*, Band XV, Leiden, E. J. Brill 1978, S. 7-12.

stellt die Ausnahme den Beweis, und nicht die Regel dar. Nur ein beinahe obsessive Beschäftigung mit den konkreten Texten[38], die für einen Forscher wie J. Neusner undenkbar erscheint, da sein Blick von dem weiten Horizont, welcher scheinbar über den konkreten Erscheinungen hinausgeht, gefesselt ist, vermag das aus dem breiten Geflecht erzwungene In-der-Welt-Sein ins Auge zu fassen. Ein Rückblick auf, oder durch eine bereits etablierte, auf der Grundlage einer früheren Religiosität entstandenen Religion, sogar jener, welche für J. Neusner eine "Jawne"-Religion darstellt, in deren Kontext die konkreten Standpunkte einzelner Gelehrter nur unzulänglich wahrnehmbar sind (wie J. Neusner betont), vermag lediglich das Übergewicht der Religion zu bestätigen.

Es ist wahr, dass *Religiosität* und *Religion* keineswegs diachronische Begriffe darstellen – sie existieren sehr oft nebeneinander und bilden oft die Voraussetzung für die Existenz des Anderen. Doch wie bereits betont, ist die vorliegende Methode auf die Suche nach einer *historischen verisimilitude* gerichtet, welche mit dem geschichtlich formulierten Phänomen des *Judentums in seiner Entstehung* gefasst und begriffen werden soll.

---

38   Wie ich diese auch in meinen anderen Schriften zugrunde lege, und die "im Kontext der Geschichte" die getroffenen Schlussfolgerungen dieses Band letztlich legitimieren sollen.

Erstes Kapitel

Biblische Wurzeln
rabbinischer Religiosität

1. Differenzierte Kanonisierung

Der Darstellung des rabbinischen Judentums in seiner Entstehung soll ein Text der Hebräischen Bibel vorangestellt werden, dessen Inhalt vor allem auf die tiefe *Verwurzelung der rabbinischen Religiosität im biblischen Judentum* verweist. Insbesondere dieser Ansatz stellt eine der Grundthesen sowohl der klassischen "Wissenschaft des Judentums" zu Beginn des vorigen Jahrhunderts als auch der christlich-apologetischen Forschung des Judentums infrage, wonach eine Trennung zwischen Judentum und Christentum wesentlich von der Annahme getragen wird, dass das rabbinische Judentum *nicht* in der Hebräischen Bibel begründet sei, sondern eine davon abgetrennte, eigenständige Erscheinung widerspiegelt.

Gemäss dieser These wird jedoch die *halacha* (das jüdische Gesetz) dem *Midrasch* vorausgesetzt, so dass das Wesen des rabbinischen Judentums nicht in einer Auslegung beziehungsweise Auslegungspraxis entdeckt werden kann. In diesem Kontext wäre der Kern des rabbinischen Judentums durch eine eigenständige, sich selbst begründende Entwicklung und Dimension des religiösen Denkens zu beschreiben, welche erst nachfolgend der Hebräischen Bibel anzufügen ist. Im Horizont eines einseitig halachischen Judentums erscheint dies möglicherweise glaubwürdig; doch wenn die rabbinische Theologie nicht im Kontext der biblischen Texten verankert ist, die halachische Entwicklung nicht als eine Auslegung biblischer Quellen interpretiert werden kann, so wird der theologische Transformationsprozess in Bezug auf die Bibel wesentlich als eine artifizielle Lesung der Hebräischen Bibel gefasst. Doch nicht nur die "wissenschaftlichen" und hermeneutischen Überlegungen entwickelten und bewahrten die Auffassung, wonach das rabbinische Judentum losgelöst von den Inhalten und Themen der Hebräischen Bibel zu verstehen sei. Im Christentum erschien die Hebräische Bibel – im Kontext eines historischen Aneignungsprozesses – als eine typologische Vorhersage der Heilsgeschichte von Jesus und damit einer Tradition, welche durch das rabbinische Judentum (vorgeblich) fälschlich interpretiert wurde.

Die folgenden zwei literarischen Quellen verweisen jedoch auf die tiefe Verwurzelung des rabbinischen Judentums in der biblischen Religiosität und widerlegen zugleich die zuvor behauptete Trennung und Entfremdung der rabbinischen Texte von der Hebräischen Bibel. In diesem Sinne impliziert das rabbinische Judentum nicht eine blosse Übernahme, sondern zugleich eine kritische Aneignung und Weiterentwicklung der biblischen Texte, so dass erst vor dem geistesgeschichtlichen Hintergrund dieser Schriften und deren Reflexion im rabbinischen Judentum die Einzigartigkeit und der spezifische Charakter des rabbinischen Denkens und Ethos erkannt werden kann.

1.1 Ein frühes heidnisches Schema – das Feiern der Gegebenheit in Deuteronomium 26 – widui bikkurim –

Häufig erfolgt eine Festlegung der Chronologie biblischer Texte durch eine abstrakt formulierte Geschichte der Theologie, deren konstruktiver Charakter und ideengeschichtliche Entwicklung synchron verlaufen. In dieser Weise wird jedoch jede Datierung dieser Texte sogleich mit einem jeweiligen theologischen Ansatz verknüpft. Diesem methodischen Verfahren soll nicht lediglich ein andersartiges historisches Schema entgegengesetzt werden. Vielmehr wird in der hier dargestellten "chronologischen" Auswahl der biblischen Texte die Erkenntnis vorausgesetzt, dass sich die

Geschichte von Ideen und somit Geistesgeschichte im allgemeinen keineswegs nur im Rahmen eines diachronischen Prozesses vollständig entfaltet. Denn historisch später entstandene Texte können mitunter deutlich ältere Ideen enthalten und umgekehrt.

Die Auswahl der nachfolgenden Texte versteht sich deshalb als die Explikation einer geistesgeschichtlichen Argumentation und kann nicht zur Bestätigung eines abstrakten historischen Schemas herangezogen werden. Dabei vollzieht sich die literarische Entstehung dieser Texte nicht immer kongruent zur vorliegenden theologischen Entwicklungsgeschichte. Zunächst erfolgt die Darstellung eines erlösungsgeschichtlichen Textes aus Deuteronomium, in welchem ein ausgesprochen "frühes" Schema zum Ausdruck kommt. Dieser Text wird in der hebräischen Sprache *widui-bikurim* (Bekenntnis der ersten Früchte) genannt:

> *Und es soll geschehen, wenn du in das Land kommst, das dir der Herr, dein Gott, zum Erbe geben wird, und es einnimmst und darin wohnst, so sollst du nehmen von den Erstlinge aller Feldfrüchte, die du von deinem Lande einbringt, das der Herr, dein Gott, dir gibt, und sollst sie in (einem) Korb legen und zu dem Ort gehen, die der Herr, dein Gott, erwählen wird, dass sein Name dort wohne, ...[1]*

Es wird deutlich, dass dieser Text vor der Auserwählung "Jerusalems" als *der* Ort des Tempels verfasst wurde, denn diese Quelle enthält weder einen Hinweis noch eine Andeutung hierzu. Dies bestätigt somit die Vermutung, dass damit ein Text vorliegt, welcher in einer relativ frühen Periode entstand:

> *... und du sollst zu dem Priester kommen, der zu jenen Tagen sein wird, und zu ihm sagen:* [2]

Innerhalb des deuteronomischen Textes wurde eine alte, rituelle Aussage eingebunden und (beinahe) als ein Fossil vergangener Epochen widerspiegelt diese selbst die Form einer ausgesprochen frühzeitig überlieferten Theologie:

> *Ich bekenne heute zum Herrn, deinem Gott, dass ich gekommen bin in das Land, (über) das der Herr, unseren Vätern geschworen hat, (es) uns zu geben. Und der Priester soll den Korb aus deiner Hand nehmen und ihn vor dem Altar des Herrn, deines Gottes, hinstellen.* [3]

1.2 Erlösungstheologie

Wiederum wird eine überlieferte Redewendung aufgegriffen, welche auf eine bereits bearbeitete Fassung einer früh entstandenen Theologie verweist:

> *Dann sollst du anheben und sagen vor dem Herrn, deinem Gott: Mein Vater war ein umherirrender Aramäer, und zog hinab nach Ägypten und wohnte*

- -

1   Dtn. 26,1f.
2   Dtn 26,3.
3   Dtn 26,3f.

> *dort (als Fremdling) mit wenig Leuten und wurde dort zu einem grossen,*
> *starken und zahlreichen Volk. Aber die Ägypter behandelten uns schlecht,*
> *unterdrückten uns und erlegten uns schwere Arbeit auf. Da schrien wir zum*
> *Herrn, zum Gott unserer Väter. Und der Herr erhörte unsere Stimme und*
> *sah unsere Bedrückung, unsere Mühe und unsere Drangsal, und der Herr*
> *führte uns aus Ägypten mit starker Hand und ausgestrecktem Arm und mit*
> *grossem Schrecken, durch Zeichen und durch Wunder, ...[4]*

Schliesslich folgt der Vers, welcher das eigentliche Verständnis dieser Theologie zum
Ausdruck bringt:

> *... und brachte uns an diesen Ort und gab uns dieses Land, ein Land, (das*
> *von) Milch und Honig fliesst.[5]*

Kern dieser Theologie ist eine Erlösungstheologie, deren Intention in die *Vergan-*
genheit – "zurück" – verweist. Erlösung wird hier mit der Erlösung aus Ägypten gleichgesetzt. Zwar ist dieser Erlösungstheologie eine geschichtliche Dimension von Vergangenheit, Gegenwart und Zukunft inhärent, doch selbst die Zukunft dieser theologischen Erwartung wird in den Bereich der Vergangenheit projiziert. In diesem Sinne
wird schliesslich die Überzeugung formuliert: Gott hat uns *in der Vergangenheit* aus
Ägypten erlöst, so dass gleichsam die vollendete Erlösung, also die Eroberung des
Landes Israel, *in der Vergangenheit* stattfinden kann. Die Konzeption von einer Erlösung impliziert deshalb in diesem Text eine *Hermeneutik der Gegenwart*, denn diese
schliesst ein, dass die Gegenwart als ein Resultat der Erlösungsgeschichte erscheint
und aus dieser zugleich deren Legitimation bezogen werden kann. Im Grunde entspricht dies einem Feiern der Gegenwart im Sinne einer *blossen Gegebenheit* und
damit eines affirmativen Aneignungsprozesses der Resultate einer vorangegangenen,
"kontinuierlichen" ("ewigen") Entwicklung. Ein solches Verständnis der Gegenwart
erscheint "heidnisch" und nicht-"heidnisch" zugleich. Denn insofern dieses ein bestimmtes historisches Verständnis reflektiert, ist eine Realität eingeschlossen, welche
in der griechischen Mythologie nur selten vorzufinden ist. Dies verweist nicht allein
auf ein mythologisches Verständnis; doch ein Feiern der Vergangenheit als ein "Goldenes Zeitalter" prägt und determiniert so die Entwicklung in der Gegenwart – eine
Überzeugung, welche der Vergangenheit doch einen mythologischen Charakter verleiht. Eine solche erscheint zwar als eine Gegenwart, welche in der Erlösung selbst
verwurzelt ist, jedoch in der Vergangenheit stattfand. Dies widerspiegelt eine Hermeneutik und zugleich ein *Feiern der Gegenwart* im Kontext einer *Gegebenheit der*
Erlösungsgeschichte, welche durch die Vergangenheit strebt.

---

4   Dtn 26,5-8.
5   Dtn 26,9.

1.3 Jeremias Beschreibung einer echten Prophezeiung als einer Prophezeiung von Vernichtung

Der nachfolgende Text, obwohl dieser im Gegensatz zum Ersteren zunächst unklar und unverständlich erscheinen mag, verweist auf den radikalen Transformationsprozess dieser Theologie in einer "späteren" Epoche.[6]

> *Und es geschah, in jenem Jahr, am Anfang der Herrschaft Zedekias, des Königs von Juda, im fünften Monat des vierten Jahres, sprach Hananja, der Sohn Asurs, der Prophet, der von Gibeon (war), zu mir im Hause des Herrn vor den Augen der Priester und des ganzen Volkes:* [7]

Dies verweist auf die formale Darstellung der ganzen Prophezeiung und beschreibt einen feierlichen Anlass im Kontext einer offiziellen Theologie:

> *So hat der Herr der Heerscharen, der Gott Israels, gesagt:* [8]

Deutlich wird die feierliche Form dieser Theologie:

> *Ich habe das Joch des Königs von Babylon zerbrochen.* [9]

Die Quelle thematisiert die Existenz Israels sowie die beginnende Herrschaft von Babylonien – als den Anfang des Exils. Der "Prophet" aus Gibeon kann die Überzeugung gewinnen:

> *Ich habe das Joch des Königs von Babylon zerbrochen; in zwei weiteren Jahren will ich alle Geräte des Hauses des Herrn, die Nebukadnezar, der König von Babylon, von diesem Ort (weg)genommen und nach Babylon gebracht hat, (wieder) an diesen Ort zurückbringen. Und Jechonja, den Sohn Joakims, den König von Juda, und das ganze Exil von Juda, die nach Babylon gekommen sind, werde ich zurück zu diesem Ort bringen – Spruch des Herrn. Denn ich werde das Joch des Königs von Babylon zerbrechen.*[10]

Erneut wird der feierliche Charakter dieses Ereignisses betont. Zwar handelt es sich zugleich um die Darstellung einer "öffentlichen Theologie"; diese wird jedoch ganz anders charakterisiert, insofern im Kontext eines parallelen Ereignisses eine Alternative zur Entfaltung gelangt:

· · · · · · · · · · · · · · · · ·

6   Die Entstehungszeit eines Textes in einer nachfolgenden Epoche impliziert jedoch nicht, dass die Quelle tatsächlich in einer späteren Periode konzipiert wurde; vielmehr liegt mit dem Text Jer 28,1-11 bereits der Baustein einer Theologie vor, welcher die nachfolgende geistesgeschichtliche Entwicklung beschreiben kann.

7   Jer 28,1

8   Jer 28,2.

9   ebd.

10   Jer 28,3-4.

> *Da sprach der Prophet Jeremia zu dem Propheten Hananja vor den Augen*
> *der Priester und des ganzen Volkes die im Hause des Herrn stehen.* [11]

Der vorliegende Text eröffnet eine völlig andere Perspektive. Die Betonung der Anwesenheit einer breiten Öffentlichkeit die – im Haus des Herrn stehen – ist eine Formulierung, welche darauf hinweist, dass nun eine *"echte Prophezeiung"* offenbart wird:

> *Und Jeremia, der Prophet, sagte: Amen! (= so sei es!) Der Herr tue so; der*
> *Herr lasse dein Wort, das du geweissagt hast, bestehen, dass er die Geräte*
> *aus dem Hause des Herrn und alle Exilierten von Babel an diesen Ort zu*
> *rückbringe. Aber höre doch dieses Wort, das ich vor deinen Ohren rede und*
> *vor den Ohren des ganzen Volkes: Die Propheten, die vor mir und vor dir*
> *von alters gewesen sind, sie haben gegen viele Länder und gegen grosse*
> *Königreiche prophezeit von Krieg, von Unheil und Pest. Der Prophet aber,*
> *der von Frieden weissagt – beim Eintreffen des Wortes des Propheten wird*
> *(über) den Propheten gewusst werden, ob ihn der Herr wahrhaftig geschickt*
> *hat.* [12]

Welche Idee brachte Jeremia hiermit zum Ausdruck? Wird das Gute, die Erlösung oder Frieden prophezeit, so entspricht dies einer blossen Wahrsagung. Im achten Vers formuliert Jeremia die Überzeugung, dass sämtliche Propheten vor ihm allein Krieg, Unheil und Pest vorhersagten, so dass Jeremia folglich allein in *dieser* Perspektive den Ausdruck einer "echten Prophezeiung" entdeckt und auf diese Weise *zugleich eine neue Idee einer "echten Prophezeiung" geboren wird.*

Zwar schliesst die Anerkennung eine Prophezeiung des Bösen und der Vernichtung die Möglichkeit des Guten in einer anderen Zeit nicht aus; doch "echte Prophezeiung" ist wesentlich mit einer Kritik und der offenen Anklage hinsichtlich der Gegebenheit verbunden – während jede andere Prophezeiung lediglich einem Bedürfnis nach Vorhersage des Trostes gerecht wird. Hananja erweist sich danach als ein Prophet im Kontext der Divination, während der Form einer echter Prophezeiung eine spezifische Hermeneutik inhärent ist. Worin besteht jedoch der Charakter dieser neu gefassten prophetischen Theologie? Im Rahmen der entwickelten Theologie in *Jeremia* wird bereits der Unterschied zur Theologie von *widui-bikurim* aus Deuteronomium 26 deutlich. Gemäss der "alten", überlieferten Theologie bot die Erlösung Gottes eine Gewährleistung dafür, dass die Gegenwart und mit dieser auch die Zukunft *unverändert* und in ihrem Ewigkeitscharakter festgeschrieben blieb: "Dieses Land, so wie du es uns gegeben hast, so wird es bleiben ... ." Das gesamte Ritual der ersten Frucht bildet einen Ausdruck dieser geistigen Konstellation: Dies ist unser Land, es wird kontinuierlich so fortdauern und auf diese Weise erhalten bleiben. In *Jeremia* wird hingegen die Zukunft nicht im Sinne einer Gewährleistung des Gegebenen in der Erlösung entworfen. Diese schliesst jetzt vielmehr *eine Infragestellung dessen, was ist, ein*

. . . .

11 Jer 28,5.
12 Jer 28,6-9.

und somit eine Kritik der Gegebenheit als solche; was zugleich die Voraussetzungen für einen originalen theologischen Neuansatz aus *Jeremia* begründet.

1.4 Theologie von ha'asinu in Deuteronomium 32

Der theologische Hintergrund dieser Diskussion wird auf der Grundlage eines weiteren Textes, welcher am Ende von Deuteronomium 32 steht, entwickelt, der als sogenannter Gesang von Mose oder auch als *ha'asinu*-Gesang bekannt wurde. Gemäss der Überlieferung sang Moses diesen Text kurz vor seinem Tod:

> *Schenkt Gehör, Himmel, denn ich will reden; und die Erde höre die Rede meines Mundes.* [13]

Der äusserst formale Kontext des Textes unterstreicht den offiziellen und feierlichen Charakter dieser Theologie, zumal als Zeugen nicht weniger als Himmel und Erde angerufen werden. Im vierten Vers wird schliesslich auf einen entscheidenden Aspekt dieser Theologie verwiesen:

> *Der Fels (ist er), sein Werk vollkommen, denn alle seine Wege (sind) Recht. Ein Gott der Wahrhaftigkeit ist er und es gibt (bei ihm) kein Unrecht; gerecht und aufrecht ist er.* [14]

Das erste Element dieser Theologie findet sich unmittelbar zu Beginn des Gesanges, wonach Himmel und Erde – Symbole für die Ewigkeit und Unveränderlichkeit – als Zeugen dieses Ereignisses in Erscheinung treten. Damit wird diese Idee in einen alles umfassenden kosmologischen Zusammenhang universaler Weltgesetzlichkeit versetzt. Nachfolgend wird der Transformationsprozess dieser Kosmologie in einer anthropologischen Konzeption erfahrbar, welche gleichsam die Unbeweglichkeit und die zyklische Entwicklung des kosmologischen Planes trägt.

    Das zweite Element dieser Theologie ist im Gedanken der Vollendung Gottes enthalten – Gott als ein Fels repräsentiert grundlegend keine Duldung der Endlichkeit und damit Mangelhaftigkeit der menschlichen Existenz. Man gelangt jedoch zu der Einsicht, dass sich diese Konzeption als eine Sackgasse erweist – denn die Theologie wird im Rahmen einer Kosmologie selbst angesichts der Implikation für den Menschen als vollendet dargestellt: "Gott ist der Gerechte" steht am Ende des vierten Verses; und die Konsequenz dieser Aussage wird schliesslich im fünften Vers deutlich:

> *Es verdarb ihn der Makel seiner Nicht-Söhne, ein verkehrtes und falsches Geschlecht.* [15]

In dieser Konstellation zeigt sich ein unmissverständlicher Gegensatz – zwischen dem vollendeten Gott einerseits, sowie dem äusserst fehlerhaften und unvollkommenen Menschen andererseits. Die unerträgliche Spannung innerhalb des Textes verweist zugleich auf die Unmöglichkeit einer Vermittlung dieser beiden Seiten, da ansonsten

---

13   Dtn 32,1.
14   Dtn 32,4.
15   Dtn 32,5.

Gott zu einem fehlerhaften, unvollendeten Wesen geraten müsste, oder der Mensch verurteilt wäre, seine gesamte Existenz als eine in Sünde stehende zu begreifen. Deshalb handelt es sich um eine ausserordentlich klare und kraftvoll formulierte Theologie:

> *Vergilst du dies dem Herrn, törrichtes und unkluges Volk? Ist er nicht dein Vater und dein Schöpfer, der dich erschaffen und dich aufgestellt hat?* [16]

Gott ist der Schöpfer des Menschen, so dass dieser unabdingbar als eine Kreatur Gottes begriffen wird. Er vermag sich aus dieser Beziehung nicht zu lösen, kann diesem alles determinierenden Verhältnis, welches ihn zum Eingeständnis seiner Unvollkommenheit zwingt, nicht entfliehen. Im siebenten Vers wird schliesslich sogar die Geschichte zur Begründung dieser Konstellation bemüht.[17] Zugleich wird in diesem Text jedoch eine grundlegend andere Konsequenz entwickelt:

> *"Erinnere dich an die Tage der Erde oder der Welt. Gedenke (der) Tage der Vergangenheit, gib acht auf (die) Jahre, Generation um Generation. Frage deinen Vater, der wird dir mitteilen, deine Ältesten, und sie werden dir sagen.*[18]
> *Als (der) Höchste den Völkern Erbe zuteilte, als er die Menschen unterteilte, da setzte er die Gebiete der Völker nach der Zahl der Israeliten fest.* [19]

Darin spiegelt sich bereits eine *neue* Erlösungsgeschichte wider – oder anders formuliert – im Grunde liegt gar keine Erlösungsgeschichte vor, denn es wird eine *neue* Geschichte der Vergangenheit, welche bereits im siebenten Vers entwickelt wurde, entfaltet. Obwohl dieser Gedanke nicht überrascht, erweist sich die innovative Kraft von Vers 29 im Vergleich zu den anderen Versen in Deuteronomium:

> *Denn der Anteil des Herrn ist sein Volk, Jakob das ihm zugeteilte Erbe.* [20]

Danach folgt die Darstellung einer Liebesgeschichte im zehnten Vers:

> *Er fand ihn im Land der Wüste und in der Öde (tohu), (wo die) Wildnis heult.* [21]

Das hebräische *tohu* (wie in *tohu wa bohu*) bedeutet Chaos, so dass deutlich die Reflexion einer ursprünglichen Kreationslandschaft, Urzeitlandschaft vernehmbar ist. Ausgerechnet an diesem völlig leeren (Nicht-) Ort kann eine Begegnung mit Gott

---

16 Dtn 32,6.
17 Dies bezeichnet einen entscheidenden Moment, denn im bisherigen Prozess bot die Geschichte die ausgezeichnete Dimension zum Erreichen der Erlösung, welche wiederum die Gegenwart legitimierte.
18 Dtn 32,7. Auch in Kafkas Erzählung *Das Urteil* assoziiert sich mit der Stellung des Verurteilten eine ausgesprochen freudianische Idee, insofern der Vater die Position Gottes und damit des Anklägers vertritt.
19 Dtn 32,8.
20 Dtn 32,9.
21 Dtn 32,10.

stattfinden, allein in dieser Urzeitlandschaft sind die Voraussetzungen für eine Beziehung zwischen Gott und dem Menschen gegeben. Es wird auf einen absoluten Anfang rekurriert – nicht im Sinne der Vorstellung eines Paradieses, sondern einer ursprünglichen Landschaft, welche zugleich einer Schöpfungslandschaft entspricht.

> *Er umgab ihn (schützend) und gab auf ihn acht. Er behütete ihn wie seinen Augapfel.* [22]

Es wird der Ausdruck einer Liebe deutlich, in deren Kontext selbst der Gott Israels nicht frei ist, und es liegt die Versuchung nahe anzunehmen, dass Gott ohne den Menschen nicht zu existieren vermag – derart weitgehend wird diese Beziehung gefasst. Einerseits schliesst dieses gegenseitige Abhängigkeitsverhältnis ein entscheidendes Konfliktpotential ein, andererseits wird insbesondere in dieser Beziehung das grundlegende Verständnis einer Theologie des Pathos entfaltet:

> *Wie ein Adler, der sein Nest aufregt (und) über seinen Jungen schwebt, (so) breitet er seine Flügel aus, nahm ihn und trug ihn auf seinen Fittichen.* [23]

> *Der Herr allein leitete ihn ...*

Dies schliesst ein, dass sowohl Gott als auch Israel allein sind, was im zweiten Teil des Verses zum Ausdruck kommt:

> *... und kein fremder Gott war mit ihm.* [24]

> *Er liess ihn fahren über (die) Höhen des Landes, nährte ihn mit dem Ertrag des Feldes und liess ihn Honig saugen aus Gestein und Öl aus hartem Fels. Butter vom Rind und Milch vom Kleinvieh samt (dem) Fett von Lämmern, und Widder von Bashan samt Weizen (wie) Nierenfett (gab er dir) und Traubenblut trinkst du (als) Wein.* [25]

Das unvermeidbare Scheitern, welches der göttlichen Üppigkeit, dem "Geniessen Gottes" inhärent ist, tritt nun offen zutage:

> *Als aber Jeschurun fett geworden war, schlug er aus – (ja) du bist fett und dick und feist geworden!- verwarf den Gott, (der) ihn geschaffen hatte, und verachtete (den) Fels seiner Rettung. Er machte ihn eifersüchtig durch fremde (Götter), durch Greuel erzürnte er ihn. Sie haben den Dämonen geopfert (und) nicht (ihrem) Gott, (den) Göttern, die sie nicht kannten, (den) neuen, die vor kurzem (erst) auf gekommen sind, die eure Väter nicht scheuten. Den Fels, (der) dich gezeugt hast, hast du ausser acht gelassen und hast vergessen (den) Gott, der dich geboren hat.* [26]

---

22   Dtn 32,10.
23   Dtn 32,11.
24   Dtn 32,12.
25   Dtn 32,13 u. 14.

Die schreckliche Konsequenz der hier entwickelten Theologie, welche schliesslich zur Vernichtung innerhalb einer "echten Prophezeiung" (wie Jeremia diese verstand) führen musste, tritt nun klar hervor:

> Und als der Herr (dies) sah, verwarf er aus Zorn seine Söhne und seine Töchter , und er sprach : Ich will mein Antlitz vor ihnen verbergen, will sehen, was ihr Ende (sein wird); denn es ist ein Geschlecht der Verkehrtheit, Söhne, bei denen es keine Treue (gibt). Sie haben mich eifersüchtig gemacht durch einen Nicht-Gott, sie haben mich erzürnt durch ihre Nichtigkeiten. Ich aber will sie eifersüchtig machen durch ein Nicht-Volk, durch ein törichtes Volk will ich sie erzürnen. Denn ein Feuer ist entbrannt durch meinen Zorn und wird brennen bis zur untersten sheol und wird verzehren (das) Land und seinen Ertrag und wird anzünden (die) Grundfesten der Berge. [27]

Die Auswirkung der ha'asinu-Theologie beschreibt mit literarischen Termini eine furchtbare Vernichtung. Selbst wenn es sich hierbei nur um eine literarische Form handelt, ist man davon überzeugt, dass die gefasste Verheerung nicht radikaler ausfallen konnte und nur von der Wirklichkeit selbst übertroffen wird. Es handelt sich um eine wahrgenommene Vernichtung, welche ein tatsächliches Zurückschauen sowie das Bewusstsein einer Erfahrung aufgrund der Vernichtung impliziert. Theologisch prägnant erscheint, dass sich dieser Prozess nicht als Resultat einer aktuellen Vernichtung, sondern bereits als eine Theologisierung dieser aktualisierten Vernichtung offenbart, so dass die "theologisierte Realität" genauso unausweichlich wie die Realität selbst erscheint.

In der Übersetzung in einen theologischen Kontext wird deutlich, was Jeremia in seinen Prophezeiungen (eventuell auch in anderen Kontexten) als prophetische Zeit fasste. Schliesslich folgt eine umfangreiche Schilderung der katastrophalen Ereignisse, so dass die Intention des Textes vornehmlich auf die Darstellung dieser Vernichtung gerichtet ist:

> Ich will Unheil über sie häufen, meine Pfeile will ich gegen sie aufbrauchen. Vom Hunger Erschöpfte und vom Fieber verzehrte und von bitterer Seuche (Befallene werden sie sein). (Den) Zahn der Tiere will ich gegen sie schicken samt (dem) Gift der (im) Staub kriechenden (Schlangen). Draussen wird (das) Schwert der Kinder berauben und aus den Zimmern (kommt) Schrecken, (er befällt) sowohl (den) Jüngling wie (das) Mädchen, (den) Säugling samt (dem) greisen Mann. [28]

Erst im vierzigsten Vers greift Gott beschwichtigend ein: "Denn ich will meine Hand zum Himmel heben ... ." Und erst im dreiundvierzigsten Vers wird eine Besänftigung Gottes angekündigt, obwohl auch diese nicht gewiss erscheint:

. . . .

26 Dtn 32,15-18.
27 Dtn 32,19-23.
28 Dtn 32,24f.

Ruft laut, Völker, sein Volk; denn er wird das Blut seiner Diener rächen und Rache wird er zurückgeben an seinen Bedrängern und entsühnen den Erdboden das Land seines Volkes! [29]

Es folgt also die Rache Gottes gegenüber jenen, die Israel vernichtet haben, doch auch dies kann erst nach einer weitgehenden Vernichtung Israels geschehen. Damit wird jedoch zunächst ein Moment der Vergeltung, was durchaus keinen glücklichen Ausgang, sondern lediglich die erste Andeutung einer Versöhnung verspricht, formuliert.

Die Elemente, welche im *ha'asinu*-Gesang vorliegen und eine "echte Prophezeiung" von Jeremia begründen, lauten danach:

Die Sünde des Menschen wird als unausweichbar konzipiert. Aus diesem Grund wird bereits eine Differenz zwischen diesen Versen und dem Text in Deuteronomium, Kapitel 26 gesetzt. Anstatt der "alten" überlieferten Erlösungsgeschichte, in deren Kontext die (Liebes-) Beziehung zwischen Gott und dem Menschen eine Gewährleistung sowohl der Gegenwart als auch der Zukunft garantierte, wird diese ursprüngliche Beziehung nun zur *Grundlage der Existenz der Sünde des Menschen.*

Der Mensch ist gegenüber Gott unvollendet – diese Konstellation wird in der gefassten Unerreichbarkeit dieses Verhältnisses implizit gesetzt. Hieraus entstehen jedoch gleichsam die Voraussetzungen für die Notwendigkeit der Vernichtung selbst. Genau diese Schlussfolgerung wird in der Erkenntnis Jeremias deutlich – *das Wesen von Prophezeiung besteht in der Prophezeiung von Vernichtung,* so dass sich die Aufgabe der Propheten nicht in Divination oder Vorhersage erschöpft, sondern vielmehr *die Leistung einer radikalen Kritik der Gegenwart* impliziert. Die Anklage und Offenlegung der Wirklichkeit in der Überzeugung: "Ihr handelt nicht gerecht!" wird unausweichlich. Eine Akzeptanz der Gegebenheit, in deren Kontext das Land "Israel" mit dem Argument göttlicher Vorherbestimmung durch den Menschen "in Besitz" genommen wird, und dies als Erfolg und Ziel der eigenen Existenz begreift, muss notwendig infrage gestellt werden. Die Unvollendetheit des Menschen gegenüber Gott erscheint parallel zur Unvollendetheit des Menschen gegenüber seinem Anspruch zur Inbesitznahme der Welt sowie seinem angemassten Recht zur Unterdrückung und Beherrschung Anderer. Dieser Anspruch des Menschen wird im Kontext einer radikalen Kritik gefasst – jener Konstellation ist eine bestimmte Beziehung zwischen Gott und dem Menschen inhärent und diese kann nicht anders gedacht werden, so dass der Prophet Jeremia einzig an die Einsicht appeliert, diese Konstellation notwendig infrage zu stellen. In seiner Prophezeiung von Vernichtung – dies betrifft den Kern seiner Kritik – schliesst Jeremia das Bedürfnis hinsichtlich einer Aneignung der Welt durch den Menschen und darin eingeschlossen eine Affirmation, Selbstzufriedenheit, sowie den Verlust von Kritik und damit eine Existenz in blosser Gegebenheit aus.

In dieser Überzeugung zeigt sich ein konsequent anderer Denkansatz als in Deuteronomium 26, so dass ein weiterer Kritikpunkt relevant wird: Wenn die "alte" Theologie, welche in der Vergangenheit verankert ist, eine Gewährleistung sowohl der Gegenwart als auch der Zukunft voraussetzt, so zielt diese auf die Form eines

---

29   Dtn 32,43.

statischen Daseins, da diese nicht als ein Moment von Entwicklung und Veränderung gedacht werden kann.

Die Entwicklung der "frühen", überlieferten Theologie wird viel grundlegender und entschiedener in der Polemik von Deuteronomium 32 begründet, so dass sich im Kontext eines modernen Verständnisses die Schlussfolgerung ergibt, dass die bewusste Verankerung in der Vergangenheit in Deuteronomium 32 gleichsam zu einer Verankerung und Gebundenheit im Schicksal der Sünde führt und schliesslich in der Erkenntnis mündet: Der Mensch *hat gesündigt*. Bewusst wird der Aspekt der Vergangenheit ("hat") betont, denn es impliziert zugleich ein Schicksal, welches die Entscheidung des Menschen für oder gegen eine Sünde keinesfalls determiniert. Vielmehr wird der Charakter des Schicksals, der Notwendigkeit der Sünde hervorgehoben, insofern die Vollendung Gottes keine andere Alternative zulässt. Aus diesem Grund entsteht schliesslich die Notwendigkeit des Exils im Sinne einer andauernden Vernichtung. Würde die Perspektive einer Erlösung erachtet, könnte sich diese nur in einem zyklischen Prozess vollziehen – man wird erlöst, gerät jedoch immer zurück in die Vernichtung, was psychoanalytisch formuliert eine ständige Verankerung und Verhaftung in der Vergangenheit impliziert. Die Wahrnehmung der Sünde vollzieht sich somit immer in der Vergangenheit; in der Gegenwart hingegen ist die Aussage "Ich werde nicht sündigen" oder "Es handelte sich nicht um eine Sünde" möglich. Doch sobald eine Handlung als vollzogene Sünde wahrgenommen wird, erscheint deren Entwicklungsprozess abgeschlossen und gerinnt zu einem unverrückbaren Ereignis. Das Individuum kann so eine Distanz zur eigenen Handlung als Sünde nur durch eine fortlaufende Relativierung dieses Ereignisses gewinnen: "Es existierte keine Alternative, man konnte nur so und nicht anders handeln", oder: "Es diente ja einem guten Zweck" etc. Die Anerkennung der Handlung als Sünde projiziert die Beurteilung der Person in die Vergangenheit, so dass die Sünde in diesem Verständnis immer mit einem Verankertsein in der Vergangenheit korreliert. Doch dies verweist zugleich auf einen entscheidenden Kritikpunkt – und tangiert die *Unmöglichkeit des Menschen "zu Werden"*. Die Theologie von der Vergangenheit als einer Gewährleistung der Gegenwart und der Zukunft entwickelt sich so zu einer unerträglichen Last – denn die Erlösungsgeschichte identifiziert sich mit einem "gesündigt haben", damit einer Verankerung in der Vergangenheit, so dass nicht allein die Zukunft (mit der Vergangenheit) belastet wird, sondern ebenso eine Handlung in der Gegenwart irrelevant erscheint.

Diese folgenreiche Theologie fasste sich in dem *ha'asinu* Gesang zusammen und bildet den Hintergrund für Jeremias Beschreibung einer "echten Prophezeiung" als einer Prophezeiung von Vernichtung. Obwohl in Jeremia auch andere Aspekte Relevanz erlangen, wurde insbesondere diese massgebliche Entwicklung seiner Theologie hervorgehoben, um den Wendepunkt zu einem neuen religiösen Selbstverständnis innerhalb des rabbinischen Judentums entdecken zu können.

1.5 Nehemia 9 – Theologie des Trotzes

Der folgende Text findet sich in *Nehemia* 9,1-10 und 10,1. Nehemia erhielt mit seiner Rückkehr von Persien den Auftrag, den Wiederaufbau des Tempels in Israel zu betreiben. Gleichzeitig markierte dies den Beginn der Rückkehr der Juden nach Jerusalem, nachdem der erste Tempel im Jahre 586 v. d. Z. zerstört wurde. In der nachfolgenden, langen Periode besiedelten die Juden erneut Judäa. Im Verlauf dieses lang andauernden Prozesses des Wiederaufbaus des Tempels und Jerusalems spielte Nehemia eine wichtige Rolle. Er kehrte nach Judäa zurück und stellte zunächst die Zerstörung und Bedrohung seines Volkes durch die Feinde fest.

> *Und am 24. Tag dieses Monats[30] kamen alle Israeliten in Fasten zusammen und (sie waren) in Säcke gekleidet und (hatten) Erde auf sich (gestreut). Und es sonderten sich der Same Israels von allen Fremden und sie standen (auf) und sie bekannten sich zu ihren Sünden und (zu den) Vergehen ihrer Väter.[31]*

Im nachfolgenden Text wird der grundlegende Charakter dieser Trennung deutlich. Ebenso wird darin eine Metaphorisierung dieser Entscheidung entdeckt, so dass in den Mittelpunkt der hier dargestellten Sündentheologie das Moment einer Verankerung in der Vergangenheit rückt.

> *Und sie standen auf ihrem Ort auf und man las vor aus dem Buch der torah des Herrn, ihres Gott, ein Viertel des Tages (lang) und ein Viertel des (Tages) bekannten sie (ihre Sünde) und verbeugten sich zum Herrn, ihrem Gott.*
> Und es standen auf dem Podest für die Leviten: ...[32]

Nun werden verschiedene Personen genannt, wobei wiederum der feierliche Charakter des Ereignisses betont wird, insofern der öffentliche Rahmen dieses Anlasses zugleich auf den Status einer "kanonischen" Theologie verweist.

> *Und es sagten die Leviten ...* [33]: *Steht auf, segnet den Herrn, euren Gott, von Ewigkeit zur Ewigkeit. Und man lobe den Namen Deiner Herrlichkeit, denn erhaben ist er über jeden Segen und (jede) Preisung.*
> *Gesegnet sei der Namen deiner Ehre.*
> *Und es ist höher als jeder Segen und jedes Preisgeben.* [34]

Zunächst liesse sich vermuten, dass hiermit eine Wiederholung der bekannten, überlieferten *ha'asinu*- Theologie in der Weise erfolgt: "Gott ist ewig, er ist jedem und allem überhöht, einzig mit ihm verbindet sich der Gedanke von Vollkommenheit ... ." Bewusst wurden zwar die bekannten Formulierungen aufgegriffen, um nun jedoch auf deren Grundlage die Voraussetzungen eines neuen Denkens zu entwickeln:

> *Du allein bist der Herr.*
> *Du hast die Himmel (und) den Himmel der Himmel geschaffen und alle ihre Heerscharen, die Erde und alles, was auf ihr ist, die Meere, und alles was in ihnen ist ...*[35]

. . . .

30   Es handelt sich um den 7. Monat, den Monat *tishre*.
31   Neh 9,1 u. 2.
32   Neh 9,3 u. 4.
33   Nochmals wird eine Namensliste angeführt.
34   Neh 9,5.
35   Neh 9,6.

Und im letzten Teil des sechsten Verses wird der kosmologische Aspekt dieser kosmogonischen Theologie herausgestellt.

> ... und du erhältst alles am Leben. Das Heer des Himmels verbeugen sich zu dir. [36]

Eine Logik, welche "von oben nach unten fliesst" wird erwartet. Im nächsten Teil des Textes wird ebenso der Anschein erweckt, dass nochmals der Inhalt einer bekannten, überlieferten Theologie zitiert wird:

> Du bist der Herr, der Gott, der du Abraham ausgewählt hast. Und ihn aus Ur-Kasdim herausgeführt hast, und seinen Namen Abraham (um) benannt hast.
> Und du hast sein Herz treu vor Dir gefunden, und hast den Bund geschlossen, das Land der Kanaanitier, der Hetiter, Amoriter, Perisiter, Jebusiter und Girgasiter ... zu geben, (es) seinem Samen zu geben;
> Und du liessest dein Wort bestehen, weil du gerecht bist.
> Und du hast die Leiden unserer Väter in Ägypten gesehen und hast ihr Schreien am Schilfmeer erhört.[37]

> Und du hast das Meer vor ihnen (sc. den Israeliten) gespalten und sie gingen im Trockenen mitten durchs Meer, ihre Verfolger aber warfst du in die Tiefe wie einen Stein in starkem Wasser. Du hast sie tags durch eine Wolkensäule und nachts durch eine Feuersäule geführt, um ihnen den Weg zu erhellen, auf dem sie gehen sollten. Auf den Berg Sinai bist du hinabgestiegen und hast vom Himmel aus mit ihnen geredet, und du hast ihnen aufrichtige Gesetze und wahrhaftige Lehren gegeben, gute Satzungen und Gebote. Deinen heiligen Shabbat hast du ihnen kundgetan, und Du gabst ihnen Brot vom Himmel gegen ihren Hunger und liessest Wasser aus (dem) Felsen hervorgehen für sie, um sie zu tränken. Und du hast ihnen gesagt, sie sollen gehen und das Land einnehmen, (über) das du deine Hand erhoben hast, es ihnen zu geben. Sie und unsere Väter aber waren vermessen und hartnäckig und hörten nicht auf deine Gebote.[38]

Die überlieferte Theologie des Feiern der Gegenwart mündet in eine Theologie des Bundes und in eine Theologie der Treue; und diese scheint folgerichtig in einer Unwürde der blossen Unterwerfung zu stagnieren, da wo die Nichtigkeit des Menschen zur Regel werden muss. Doch nun beginnt die nächste Phase einer Entwicklung, denn bisher lag mehr oder weniger die Theologie von Deuteronomium 26 vor. In der Theologie von *Nehemia 9,17* und weiter findet man die Elemente eines neuen religiösen Ansatzes:

---

36 Neh 9,6.
37 Neh 9,7-9.
38 Neh 9,10-16.

> *Und sie weigerten sich zu hören, gedachten nicht deiner Wundertaten, die du mit ihnen gemacht hattest, und waren hartnäckig. Und sie gaben (ihren) Kopf (darein), zu ihrer Knechtschaft in Ägypten zurückzukehren. Du aber bist ein Gott des Verzeihens, gnädig und erbarmend, langmütig und reich an Gnade und hast sie nicht verlassen.*
> *Obwohl sie sich ein gegossenes Kalb gemacht haben, (zu diesem) sagten "Dies ist dein Gott, der dich aus Ägypten heraufführte" und grosse Lästerungen begingen; hast du in deinem grossen Erbarmen sie in der Wüste nicht verlassen ... .[39]*

Damit vollzieht sich bereits eine deutliche Veränderung im Gegensatz zum Text in Deuteronomium 32. Zwar verhält es sich so, dass die Wüste der Ort der Gefahr und der Liebe ist; doch in diesem Fall handelt es sich nicht um die, das soll betont werden, abgründliche Liebesgeschichte. Es wird nicht die ursprüngliche, totale Liebe in der Schöpfungslandschaft des Nichts von Deuteronomium 32 entworfen. Die Liebe Gottes für Israel ist nicht mehr eine Liebe, welche den Abgrund zwischen dem Absoluten und dem Nichts zu überwinden hat. Diese Liebe zwischen Gott und dem Menschen verliert ihre gefahrvolle Implikation, denn die Tatsache des Daseins, obwohl dieses nicht gefeiert wird, vermag die bedrohliche Nichtigkeit zu ersetzen, welche dem Objekt der unendlichen Liebe sonst aufgezwungen ist.

> *Die Wolkensäule wich nicht von ihnen tags, um sie auf dem Weg zu führen und die Feuersäule (wich nicht von ihnen) nachts, um ihnen den Weg zu erleuchten, auf dem sie gehen sollten. Und deinen guten Geist gabst du, um sie verständig zu machen, und dein Manna liessest du von ihren Mündern nicht fehlen und Wasser gabst du ihnen gegen ihren Durst. Vierzig Jahre lang ernährtest du sie in der Wüste ... . Du gabst ihnen Königreiche und Völker ... . Und ihre Söhne vermehrtest du wie die Sterne des Himmels und führtest sie in das Land (über) das du ihren Vätern (ver)sprochen hattest, dass sie (dahin) kommen und (es) einnehmen. Und es kamen die Söhne und nahmen das Land ein ... .*
> *Und sie eroberten befestigte Städte und fetten Erdboden und nahmen Häuser voll mit allem Guten ein, ausgehauene Brunnen, Weinberge, Oliven-(haine), Bäume (mit) essbaren (Früchten) in Fülle, und wurden satt und fett und lebten in Wonne durch deine grosse Güte.[40]*

Man vernimmt deutlich den intertextuellen Nachhall von Deuteronomium 32,15 sowie von dessen Kontext:

> *Als aber Jeschurun fett geworden war, schlug er aus – (ja) du bist fett und dick und feist geworden! – verwarf den Gott, (der) ihn geschaffen hatte, und verachtete (den) Fels seiner Rettung.*

39   Neh 9,17 u. 18f.
40   Neh 9,20-25.

Oder wie Nehemia es ausführt:

> *Und dann wurden sie widerspenstig und empörten sich wider dich, warfen*
> *deine torah hinter ihren Rücken und töteten deinen Propheten .... Du aber*
> *hast sie in die Hände ihrer Bedränger gegeben, die sie bedrängen ... .*[41]

Darin besteht also die Konsequenz der Theologie von Deuteronomium 32 – diese
muss in Vernichtung enden! Aber –

> *Und in der Zeit ihrer Bedrängnis schrien sie zu dir, und du erhörtest (sie)*
> *vom Himmel ... .*[42]

Dies fasst eine intertextuelle Andeutung des Gebetes von Salomo während des Aufbaus des Tempels:

> *" ... und du erhörtest (sie) am Ort deines Wohnens, im Himmel.",*[43] *was*
> *zugleich eine Reflexion des Versprechens einschliesst, dass "Gott hören wird"*
> *(wovon der Text in Vers 27 geprägt ist):*

> *... und gemäss deinem grossen Erbarmen gabst du ihnen Retter, die sie erret-*
> *teten aus ihrer Bedrängnis.*
> *Als sie aber Ruhe hatten kehrten sie um (und) taten (erneut) Böses vor dir.*[44]

Diese, doch zyklisch gebliebene Theologie von *Nehemia* schliesst eine nochmalige
Verschlechterung der Situation ein:

> *Da liessest du sie (nochmals) in die Hände ihrer Feinde (fallen). Und sie*
> *schrien (nochmals) zu dir.*
> *Und du erhörtest (sie nochmals) vom Himmel und errettest sie gemäss dei-*
> *nem grossen Erbarmen viele Male.* [45]

Dies ist ein erneuter intertextueller Nachhall des Gebetes von Salomo. Und weiter
heisst es:

> *Du vermahntest sie, um sie zu deiner torah zurückkehren zu lassen; sie aber*
> *waren widerspenstig und hörten nicht auf deine Gebote und versündigten*
> *sich an deinen Gesetzen, durch die (der) Mensch, (der) sie tut, lebt ... . Und*
> *viele Jahre hattest du mit ihnen Geduld, du vermahntest sie mit deinem*
> *Geist durch in deine Propheten;*

. . . .

41   Neh 9,26.
42   Neh 9,27.
43   1.Kön 8,30.
44   Neh 9,27-28.
45   Neh 9,28.

Sie aber schenkten kein Gehör und (so) gabst du sie (erneut) in die Hände (der) Völker der Länder.

Und in deiner grossen Barmherzigkeit hast du kein Ende mit ihnen gemacht noch sie verlassen; denn du bist ein gnädiger und barmherziger Gott.[46]

Gottes Erbarmen bleibt zwar bestimmend –, aber die bedingte Sichtbarkeit von Gottes Barmherzigkeit verbleibt angesichts der Unüberwindbarkeit der Sünde – vorerst. Denn nachfolgend vollzieht sich eine andersartige Entwicklung.

1.6 Grundlagen einer neuen Theologie – die Befreiung von der Vergangenheit

Die Theologie, welche sich aufgrund der Umwandlung der überlieferten, feiernden Hermeneutik der Gegenwart (als einer Verankerung in der "Vergangenheit", Dtn 26, 1-11) in eine beklagende Wahrnehmung der Gegenwart in Folge einer Vergangenheit der Sünde herauskristallisiert hat – "Wir haben gesündigt" (Dtn 32) – entwickelt sich doch im Kontext der Realität der Geschichte sowie deren Interpretation zu einer neuen Theologie:

Und nun, unser Gott, du grosser, mächtiger und furchtbarer Gott, der du deinen Gnadenbund einhältst, achte nicht gering all die Mühsal, die uns betroffen hat, unsre Könige und Fürsten, unsre Priester und Propheten, unsre Väter und dein ganzes Volk, seit der Zeit der Könige von Assyrien bis auf diesen Tag. Du bist gerecht bei allem, was über uns gekommen ist; denn du hast Treue geübt, wir aber sind gottlos gewesen. Und unsre Könige, unsre Fürsten, unsre Priester und unsre Väter haben nicht nach deinem Gesetze gehandelt und haben nicht achtgehabt auf die Gebote und Mahnungen, mit denen du sie vermahntest. Sie haben dir nicht gedient in ihrem Königtum, trotz den reichen Gütern, die du ihnen verliehen, und trotz dem weiten, fruchtbaren Lande, das du ihnen gegeben, und sie haben sich nicht bekehrt von ihrem bösen Tun. So sind wir denn heutigentages Knechte; ja, in dem Lande, das du unsren Vätern gegeben hast, seine Früchte und Güter zu geniessen, in dem sind wir Knechte.[47]

Deutlich treten die Elemente der Argumentation hervor. Zunächst wurde die Theologie von Deuteronomium 26 entfaltet, wonach wir "... in dem weiten und fetten Lande" sitzen, weil Gott es uns gegeben hat. Durch die Theologie von *ha'asinu* muss jedoch die Verankerung in der "Tatsache" der Vergangenheit in eine allgemeine und vollständige Vernichtung münden – so dass das, was "gewesen-ist" zu einem "gesündigt-haben" gerät. Schliesslich wird der Zustand nach der weitgehenden Zerstörung und des Niedergangs offensichtlich. Wiederum befinden "wir" uns in dem (gleichen) Land und kehren damit zum ursprünglichen Ausgangspunkt zurück. Doch nun ist einzig eine Existenz als Sklaven möglich – "wir" können das Land nicht (unbetrübt) geniessen – eine Überzeugung, welche tatsächlich die Grundlagen einer neu formulierten Theologie beschreibt:

. . . .
46   Neh 9,29-31.
47   Neh 9,32-36.

Und sein Ertrag bringt viel (Gewinn) für die Könige, die du über uns gegeben hast um unserer Sünde willen. Und über unsere Leiber herrschen sie und mit unserem Vieh (tun sie) nach ihrem Willen und wir sind in grosser Bedrängnis.[48]

Hiermit endet das Kapitel auch im massoretischen Text. In *Nehemia* 10,1 wird schliesslich eine der entscheidendsten Ideen im Kontext der rabbinischen Geistesgeschichte hervorgehoben:

Und trotz all dem wollen wir eine feste Abmachung treffen, sie aufschreiben und unsre Fürsten sollen sie versiegeln und unterschreiben.[49]

Die Übersetzung der ersten hebräischen Wörter des Satzes "*u-be-chol sot*" in "Und trotz all dem", womit die Überzeugung, dass die Menschen *trotz allem* einen (neuen) Bund mit Gott schliessen, eindeutig wird, verweist sehr klar auf die brisante Wirkung der zurückliegenden Entwicklung. Israel "unterschreibt" einen (neuen) Bund mit Gott nicht, weil er sie erlöst und ihnen ein weites, fettes Land gegeben hat und geniessen lässt; *sondern dieser (neue) Bund wird trotz der Realität der Geschichte geschlossen!* Die Überzeugung hinsichtlich der Eindeutigkeit der Handlung Gottes wird zu einer Überzeugung in Bezug auf die Eindeutigkeit der Selbstverpflichtung Israels – als das "Volk Gottes". Man kann darüber streiten, ob diese neue Religiösität tatsächlich in dem Moment der wortwörtlichen Übersetzung immanent ist. Doch mit dieser Leseart wird ein entscheidender Schritt im Prozess der Entstehung und Herausbildung der rabbinischen Theologie vollzogen: *Die Gottesliebe, die anstatt der Nichtigkeit, welche durch die Absolutheit Gottes auftritt (in der theologischen Logik und nicht unbedingt in der Chronologie der theologischen Entwicklung), bedingt eine Gotteserfahrung, in welcher die Entschiedenheit Israels im Handeln zum Ausüben der Liebe wird – ein Handeln des Sehnens und nicht der Selbstzufriedenheit.*

In dem Text von *Nehemia* werden anschliessend jene Personen genannt, welche den Vertrag unterzeichneten – eine Handlung, welche einen tatsächlichen Beginn zur Befreiung, eines Freiwerdens von der Vergangenheit einschloss, zugleich jedoch als ein ausserordentlich schmerzhafter Prozess empfunden werden musste.

Die Judäer befanden sich in allgemeiner Not, ohne Hoffnung auf eine Verbesserung ihrer Situation, und trotzdem bildete sich die Fähigkeit zur Konstitution eines neuen Bewusstseins heraus: Dieses Denken rekurrierte nicht auf die Geschenke und Zuwendungen Gottes, sondern anerkennt die eigene Schuld angesichts der Gerechtigkeit Gottes. Trotzdem waren sie dazu bereit, einen Vertrag, *einen neuen Bund mit Gott* zu schliessen. Dies bedeutete einen Wendepunkt und zwar in doppelter Hinsicht: Zunächst wurde eine Wende hinsichtlich einer zukünftigen Entwicklung eröffnet. "Wir unterschreiben *jetzt* einen *neuen* Vertrag." Obwohl zunächst nur die Andeutung eines neuen Prozesses deutlich wird, ist klar, dass das kommende Ereignis *nicht in der Vergangenheit* begründet ist – im Gegenteil! *Dieser Entschluss vollzieht sich trotz der Vergangenheit, was zugleich eine Befreiung von dieser einschliesst.*

---

48   Neh 9,37.
49   Neh 10,1.

In der Vergangenheit schloss Gott das Bündnis mit Israel, doch jetzt ist Israel aufgefordert, die Initiative zu ergreifen, um sich als Akteur und selbstbestimmtes Subjekt dieses Bündnisses und damit seiner eigenen Handlung zu begreifen. In der Überzeugung "Wir schliessen *jetzt* das Bündnis mit Dir" wird die einzige Möglichkeit zur Befreiung sowohl von der Geschichtsteleologie als auch der alten Erlösungsgeschichte erblickt, die ja wie bekannt, in einer schicksalsvollen Vernichtung mündeten. Nehemia und seine Gefolgsleute wurden so veranlasst, ein bescheidenes Dasein zu führen, bis sie die Mauern wieder aufbauten konnten. Doch sie formulierten zugleich die Keime einer neuen Theologie, wodurch eine neue historische Perspektive, die sich im Sinne einer Wandlung beziehungsweise eines geschichtlichen Wendepunktes offenbarte, erst entdeckt werden konnte. Die Barmherzigkeit Gottes ist zum trotzigen menschlichen Handeln geworden – zu einer sehnenden Hoffnung.

1.7 Sünde – Vergangenheit und Zukunft

Eine Veränderung zu einer Konzeption der menschlichen Autonomie wird in der Hebräischen Bibel ebenso innerhalb des *Verständnisses der Sünde* erreicht.[50]

> *Wehe mir, denn es geht mir wie nach dem Einsammeln des Obstes,*
> *wie nach der Nachlese im Weinberg:*
> *keine Traube mehr zum Essen, keine Feige, nach der mein Herz verlangt.*
> *Verschwunden sind die Frommen im Lande, kein Aufrechter ist mehr unter den Menschen*
> *Sie lauern alle auf Blut und stellen einer dem andern das Netz.*
> *Ihre Hände verstehen es trefflich, Böses zu tun;*
> *der Obere fordert, und der Richter ist feil; der Mächtige entscheidet nach seinem Belieben,*
> *und das Recht, das verdrehen sie.*
> *Der Beste unter ihnen ist wie ein Stechdorn, und der Redlichste von ihnen ist wie eine Dornhecke.*
> *Der Tag deiner Späher, deine Heimsuchung, ist gekommen; nun hebt die Bestürzung an.*
> *Vertraue keiner dem Nächsten! verlasse sich keiner auf den Freund!*
> *verwahre die Pforte deines Mundes vor dem Weibe an deiner Brust!*
> *Denn der Sohn verachtet den Vater, die Tochter erhebt sich wider die Mutter, die Sohnsfrau wider die Schwieger; des Menschen Feinde sind die eigenen Hausgenossen.*[51]

Dies gibt bereits den Zustand nach der *ha'asinu-Theologie* wieder. Es ist nicht genug, dass eine äussere Vernichtung stattfand, ebenso zeigen sich die inneren Strukturen

. . . .

50   Es ist nicht beabsichtigt, die folgenden Texte innerhalb eines bereits bekannten, geschicht-
     lichen Schemas einzuordnen. Doch diese stellen eine Widerspiegelung einer bereits entwik-
     kelten Theologie dar, so dass es im Kontext einer geistesgeschichtlichen Entwicklung durch-
     aus möglich ist, dass den literarischen Resten dieser Theologie nicht immer die gleiche
     logische Folgerichtigkeit zukommt, wie der Theologie selbst.
51   Mi 7,1-3.5.

der Gemeinschaft als völlig entleert und zerrüttet, so dass die Bedrohung durch den äusseren Feind gar nicht die eigentliche Gefahr darstellt. Für die Rabbiner implizierte eine solche Situation tiefgehender Entfremdung und allgemeiner Vernichtung zugleich die Voraussetzungen für das Kommen der messianischen Zeit, und im Verständnis eines spezifischen Messianismus erlangte das Eintreten dieser Zeit jetzt tatsächlich höchste Dringlichkeit.[52] Nicht die äussere Vernichtung durch den Feind stellte, wie bereits betont, die eigentliche, massgebliche Gefahr dar. Der Zustand einer allgemeinen Krise innerhalb der Gesellschaft erwies sich ungleich bedrohlicher und in der Konsequenz für das Individuum deutlich verheerender, so dass selbst die Vorstellungen des Autors bei weitem übertroffen wurden und er deshalb im siebenten Vers formuliert:

> Ich aber spähe aus zum Herrn, ich harre auf den Gott meiner Rettung. Mein Gott wird mich erhören.[53]

Dies entspricht einer psalmistischen Theologie, so dass es im achten Vers heisst:

> Freue dich nicht, meine Feindin, über mich, denn bin ich (auch) gefallen, ich stehe (wieder) auf! Denn sitze ich (auch) im Dunkeln, der Herr ist mir Licht![54]

Dies markiert das Ende eines massoretischen Abschnitts; in Vers neun kommt es zur Einleitung eines neuen Aspektes. Doch dieser Wandel wird von der Realität, welche die früheren Verse beschreiben, selbst notwendig herbeigeführt. Anschliessend folgen jene Verse, welche sich für das hier entwickelte Verständnis als zentral erweisen.

> Ich trage den Zorn des Herrn, weil ich mich gegen ihn versündigt habe, bis er meinen Streit streiten wird und mir mein Recht verschafft. Er wird mich hinaus an das Licht führen, ich werde seine Gerechtigkeit sehen.[55]

Noch scheint die überlieferte Sündentheologie auf, doch zugleich wird ein Neuanfang, ein Wendepunkt gesetzt. Der Mensch wird ausgerechnet in jenem Moment der Verzweiflung frei, in welchem die Menschen selbst die Strukturen ihres gemeinschaftlichen Lebens zerstörten und zum Entstehungsgrund des Bösen degenerieren liessen. Gerade in dieser totalen Vernichtung entsteht die Möglichkeit und die Wende zur Herausbildung einer neuen Existenz. Er kann sich damit von seiner Sünde befreien oder im Sinne des Textes von *Micha*: Er kann wagen, seine eigene Gerechtigkeit zu erkennen. Der Mensch ist demnach nicht allein identisch mit dem Wesen, welches "gesündigt hat." Er kann die Überzeugung gewinnen: "Ich bin auch eine Lichtgestalt, ich werde in seiner Gerechtigkeit stehen." Der Autor des Textes verwendet die Begriffe "mein Recht" ("*mischpati*") und "seine Gerechtigkeit" ("*zidkato*") parallel, so dass nicht klar erkennbar ist, ob die Gerechtigkeit Gottes oder die des Menschen

---

52 bSota 49b.
53 Mi 7,7.
54 Mi 7,8; vgl. z.B. Ps 17,9-15; 25,2-3; 27,6; 30,2; 35,19; 71,11-12; 102,9.
55 Mi 7,9.

gemeint ist. In jedem Falle schliesst diese jedoch eine Befreiung und Erlösung des Menschen aus der Verankerung in der Vergangenheit – "Ich habe gesündigt" – und damit von seiner "Unmöglichkeit zu Werden" ein. Obwohl dieser Gedanke in den ausgewählten Versen bereits aufgegriffen wurde (in den nachfolgenden Kapiteln sollen die Konsequenzen dieses Denkens hervorgehoben werden) und zahlreiche andere, gleichlautende Texte der Propheten ebenso hierzu herangezogen werden könnten, zeichnen sich diese durch ihre besondere Prägnanz, Klarheit und Subtilität aus.

1.8 Die eschatologische Herausforderung des rabbinischen Judentums

> *(Wenn) meine Feindin (dies) sehen wird, wird Schande sie bedecken, sie die (jetzt noch) zu mir sagt: Wo ist der Herr, dein Gott?* [56]

Die Verankerung in der Vergangenheit tangiert einen weitreichenden Gedanken; die "Unmöglichkeit zu Werden" impliziert zugleich die Frage "Wo ist dein Gott?". Gott erscheint damit nur in der Eröffnung einer Zukunft, in der "Möglichkeit zu Werden". Ist der Blick jedoch lediglich zurück, also in die Vergangenheit gewendet, wird die Frage "Wo ist dein Gott?" mit der Perspektive "Es gibt keinen Gott !" beantwortet. Der Gott der *ha'asinu*-Theologie in Deuteronomium 32 stirbt jedoch in diesem Moment, er ist kein Gott. Gott wird vielmehr zu demjenigen, welcher sagt:

> *(Der) Tag, deine Mauern zu bauen, (wird kommen), an jenem Tag wird sich deine Grenze weiten.* [57]

Obwohl der ambivalente Grundcharakter dieser Frage immer gewahrt bleibt, wird ebenso die Wendung zu einer religiösen Wahrnehmung und Bewusstwerdung vorbereitet. Im Kontext des rabbinischen Judentums vollzieht sich die Perspektive der Zukunft nicht allein auf einer äusseren, "historischen" Zeitachse, denn zugleich wird die Möglichkeit einer Zukunft auf einer *inneren Achse* eröffnet. In diesem Sinne werden die Grundlagen zur Entstehung eines eschatologischen "displacement" gelegt. Einerseits ist der Mensch entwurzelt, sein Dasein ist in der Gegebenheit, auf der Achse der Vergangenheit, Gegenwart und Zukunft erschüttert, so dass er in die vollständigste und konkreteste Form der Entfremdung, ins Exil gerät. Zugleich jedoch werden in dieser Konstellation auch die Voraussetzungen für eine Befreiung des Menschen entfaltet, so dass er sein Antlitz in eine andere Richtung zu wenden vermag. Es ist genau diese Erschütterung der gesellschaftlichen Verhältnisse sowie die Konstitution eines neuen "Raumes", welche die Perspektive einer neuen, andersartigen (und nicht bloss teleologisch gefassten) Existenz des Individuums ermöglicht. Damit bildet sich jenes Verständnis heraus, vor dessen Hintergrund die Entwicklung des rabbinischen Judentums begreifbar werden kann. Aus dieser Perspektive wird die enge Verbindung zwischen dem *Entstehungsschema der rabbinischen Religiosität* und einem *spezifischen Verständnis der Sünde* überzeugend. [58]

. . . .

56 Mi 7,10.
57 Mi 7,11.
58 Vgl. meine Diskussion in *The Binding of Isaac and Messiah*, SUNY, N.Y. 1988, S. 33-62 und 189-206.

Gegenstand des nachfolgenden Kapitels bildet deshalb vor allem die Umbildung und Weiterentwicklung der Sündentheologie, welche ebenso in der Bibel, insbesondere jedoch in *Ezechiel* vorgenommen wird und dort die wirkliche Basis rabbinischer Religiosität freilegt.

Im Prozess der Auslegung der Texte, welche sich als grundlegend für die rabbinische Religiosität erweisen, bildet der Kanon nicht allein eine Sammlung "heiliger" Quellen. Der Kanon impliziert immer auch das Problem einer bestimmten Hierarchie der Texte. Die vorliegende Auswahl der Texte selbst drückt die Bildung einer kanonischer Konfiguration aus und impliziert damit auch eine Einordnung beziehungsweise Wertung dieser Schriften. In den folgenden Ausführungen zum Charakter des rabbinische Judentums soll deshalb auf die spezifische Bedeutung bestimmter Texte des rabbinischen Judentums eingegangen werden, um auf deren Grundlage die geistigen Strukturen des rabbinischen Judentums erst entdecken zu können.

2. Der Begriff der Sünde und die Wahrnehmung der Person als "Ich"

Es wurde darauf verwiesen, dass das rabbinische Judentum einen bestimmten Kanonisierungs- beziehungsweise Interpretationsprozess einschliesst und deshalb tief in der biblischen Religion verankert ist.[1] Hierbei erlangten insbesondere zwei Aspekte Bedeutung:

1. Kanonisierung betrifft nicht allein das Problem der Aufzeichnung der Bücher des Kanons. Kanonisierung erweitert die Fragestellung ebenso zum *Problem der Aufmerksamkeit hinsichtlich bestimmter Zitate aus der Schrift.* Dies schliesst die Notwendigkeit einer Wertstufung der Texte ein, wobei sich die dogmatische Hierarchisierung der Hebräischen Bibel in ein hinabsteigendes Schema von Pentateuch, Propheten und Schriften nicht als unbedingt treffend erweist. Dabei zeigt sich das Problem der Hierarchie keineswegs vereinfachend, denn die Frage, welche Texte im rabbinischen Judentum grundlegender als andere erscheinen, wurde bis heute noch nicht gültig formuliert oder ausreichend beantwortet. Deshalb besteht die Aufgabe in der Auswahl und Analyse der literarischen Quellen, um die Formierung einer differenzierten kanonischen Auffassung erst entdecken zu können. Für den Schwerpunkt *des Sündenbegriffs im rabbinischen Judentum* wurde eine Auswahl bestimmter Texte vorgenommen, welche m. E. die Möglichkeiten der rabbinischen Lesart bestimmter Teile der Bibel widerspiegeln.

2. Es entsteht das Problem der Interpretation – ein Kanon wird immer interpretiert und selbst die Kanonisierung stellt ein Moment der Interpretation dar. Einerseits ergibt sich also die Frage, auf welche Weise seitens der Rabbiner ein bestimmter Kanon festgestellt wurde, andererseits entsteht das Problem der Auslegung beziehungsweise Interpretation dieses Kanons.

In dem vorangegangenen Kapitel wurden verschiedene Texte aus dem *Deuteronomium* sowie den Büchern *Nehemia* und *Micha* analysiert, in deren Rahmen der Versuch unternommen wurde, die *widui bikkurim*-Theologie – eine Erlösungsgeschichte – zu umreissen. Diese Erlösungsgeschichte ist durch die Grundhaltung gekennzeichnet: "*Wir* befinden uns in dem Land Israel *jetzt*, weil bestimmte Ereignisse in der *Vergangenheit* geschahen." Das Antlitz der neuen Theologie hingegen ist in die Zukunft gerichtet, so dass die Frage nach der "historischen" *Vergangenheit* nicht mehr im Mittelpunkt dieses theologischen Verständnisses steht. Ganz im Gegenteil, diese Frage wird nun in der Perspektive auf die *Zukunft* thematisiert. Den entscheidenden Anlass für diese Wende bildete *das neue Verständnis des Begriffs der Sünde,* so dass das in den biblischen Texten enthaltene Verständnis zum zentralen Ansatzpunkt dieser Wende wurde. *Eine "religiöse" Person konstituiert danach vor allem ein, im*

. . . .

[1]   Im Gegensatz dazu wurde in der christlich-apologetischen Forschung des Judentums der Versuch unternommen, die Hebräische Bibel von der rabbinischen Tradition abzukoppeln. In gleicher Weise wurde von einigen Vertretern der "Wissenschaft des Judentums" zu Beginn dieses Jahrhunderts die Auffassung gelehrt, wonach das rabbinische Judentum als ein völlig eigenständiges und von der biblischen Entwicklung losgelöstes Ereignis zu interpretieren sei.

Bewusstsein der Sünde und in Demut vor Gott stehendes Individuum. Dieses Individuum ist deshalb *nicht* in der Lage, sein In-der-Welt-Sein vorbehaltlos und ohne kritischen Einwand zu feiern. Ein Individuum, das sich "als in Sünde stehend" begreift, erwartet nicht Reichtum und Erfolg. Im Gegenteil, die eigene Existenz wird einer kritischen Beurteilung unterworfen und konsequent infrage gestellt. Als eine Möglichkeit zur Überwindung dieser Konstellation erweist sich die Herausbildung einer eschatologischen Perspektive: "*In Zukunft werden "wir" die Sünde, die "wir" begangen haben, überwinden."* Dies bildet eine Hoffnung, welche sich jedoch ebenso als eine Aufgabe und Herausforderung erweist.

Das rabbinische Judentum, begründet in der biblischen Tradition, entwickelt daher nicht die Grundlagen eines paganen Feierns der Gegebenheit, sondern jene Möglichkeiten, denen eine *eschatologische Herausforderung* inhärent ist, welche schliesslich zur Herausbildung eines spezifischen Charakters *eschatologischer Religiosität* führen.[2] Der substantielle Gehalt dieses Denkens besteht in dem Bewusstsein, dass das In-der-Welt-Sein des Menschen nicht selbstverständlich und bloss gegeben ist, so dass die klare Überzeugung entsteht: Das Sein des Menschen kann einer grundlegenden Veränderung unterworfen werfen, die Individuen können ihre Existenz bewusst gestalten und ein selbstständig gestaltetes Dasein im Gegensatz zu einer bloss gegebenen (unbewussten) Realität anstreben. Das gesellschaftliche und individuelle Sein der Menschen ist damit weder absolut gegeben und vorherbestimmt, noch wird dieses einem blinden Schicksals überantwortet. Das Zuhause-Sein in dieser Welt wird vielmehr zu einem *Sehen*: Die Überzeugung "Ich-habe-gesündigt" gerät zu einer Opferung der immerwerdenden Vergangenheit im Namen der Zukunft. Das Sein beziehungsweise *In-der-Welt-Sein* des Menschen wird eschatologisiert, so dass für dessen Verständnis im Kontext des rabbinischem Judentums zunehmend der *Begriff der Sünde* relevant wird.

2.1 Ezechiels Begriff der Sünde und Anthropologie – Individuum, Gegenwart und Handlung

In der folgenden Darstellung werden zwei biblische Texte aus *Ezechiel* zitiert und erörtert. Von diesen Texten ausgehend erscheint es möglich, zu einem bestimmten Verständnis des Begriffs der Sünde zu gelangen, welches meines Erachtens auf ein zentrales Element im Kontext der Entstehung des rabbinischen Judentums verweist.[3] Diese Einführung in die rabbinische Geistesgeschichte beginnt deshalb zunächst mit der Analyse eines biblischen Textes (zumal diesem Vorgehen, wie bereits erwähnt, eine hermeneutische Legitimation zukommt), da die Entstehungsgeschichte des rabbinischen Denkens direkt auf diese biblische Quelle zurückgeführt werden kann.

> *Sohn eines Menschen, (wenn) ein Land gegen mich sündigt, einen Treuebruch zu begehen und ich meine Hand gegen es ausstrecke ... .*[4]

. . . .

2   Das rabbinische Judentum bildete selbstverständlich nicht die einzige Form einer eschatologischen Religion beziehungsweise eines eschatologischen Denkens.

3   Dieses grundlegende Element rabbinischen Denkens kann ebenso aus der Analyse rabbinischer Quellen gewonnen werden, was sich jedoch ungleich komplizierter gestaltet.

4   Ez 14,13a.

Dabei wird ein früher biblischer Terminus aufgegriffen, insofern Gott ein Land aufgrund der begangenen Sünden straft – ein Verständnis, welches unter anderem auf Texte von *Jesaja* und *Jeremia* rekurriert.

> *... und ihm (den) Stab des Brotes zerbreche und Hunger gegen es ausschicke und aus ihm Mensch und Vieh vertilge.*[5]

Dies fasst eine erschütternde Beschreibung – der Mensch wird letztlich wie ein Tier behandelt und beide fallen der Vernichtung anheim. Ezechiels besondere theologische Einsicht zeichnet sich von Vers 14 ausgehend ab:

> *... und wenn dann diese drei Männer in ihm wären, Noah, Daniel und Ijob ... .*[6]

Dies stellt ein sehr interessante Auswahl von Personen dar, da sowohl Noah als auch Ijob *keine* Israeliten waren und der hier gemeinte Daniel hochwahrscheinlich als eine Persönlichkeit der Antike galt, der als Gerechter bekannt war und nicht mit dem biblischen Daniel gemeint ist.[7] Die Isolation dieser Persönlichkeiten in Israel erscheint demnach ebenso vollendet wie deren Frömmigkeit.

> *... (so) würden sie durch ihre Gerechtigkeit (allein) ihr Leben retten, Spruch Gottes des Herrn*[8]

Diese Vorstellung wird in unterschiedlichen Facetten wiedergegeben:

> *Und wenn ich wildes Getier durch das Land ziehen lassen würde, das es entvölkert, und es (zur) Einöde wird, weil niemand mehr hindurchzieht wegen der wilden Tiere,*
> *(und wenn) diese drei Männer darin wären – so wahr ich lebe – Spruch Gottes des Herrn – sie würden weder Söhne noch Töchter retten, (sondern) sie allein würden errettet werden, das Land aber würde zur Einöde.*
> *Oder wenn ich (das) Schwert über jenes Land kommen liesse und sprechen würde: Schwert, ziehe durchs Land! und würde Menschen und Vieh von ihm (sc. dem Land) ausrotten, und diese drei Männer darin wären so wahr ich lebe – Spruch Gottes des Herrn – sie würden weder Söhne noch Töchter retten, sondern sie allein würden errettet.*[9]

Im zwanzigsten Vers werden die Namen Noah, Daniel und Ijob wiederholt genannt, um die Radikalität ihrer einmaligen Existenz zu betonen. Dabei lässt sich eine Distanzierung zu einer bestimmten Art von Erlösungstheologie feststellen. Während frühere Prophezeiungen zumeist die Erlösungsgeschichte eines ganzen Volkes durch Gott thematisierten, wird in *Jeremia* (u.a.) die Aufmerksamkeit stärker auf den *sarid* (Über-

. . . .

5   Ez 14,13b.
6   Ez 14,14a.
7   Siehe J. B. Pritchard, (Hg.), *Ancient Near Eastern Texts Relating to the Old Testament*, Princeton 1969, S. 149-155.
8   Ez 14,14b.
9   Ez 14,15-20.

lebender) oder *palit* (Flüchtling) gelenkt, und damit auf den verbliebenen Rest einer ursprünglichen Gemeinschaft. In *Ezechiel* steht hauptsächlich das *Individuum* im Mittelpunkt der Darlegung, wobei bestimmte Personen, ungeachtet ihrer religiösen Identität, als wichtig erachtet werden. Dies stellt eine tatsächliche Distanzierung zur früheren, überlieferten Erlösungstheologie dar. In *Ezechiel* wird also die Bedeutung des Individuums zentral und obwohl diese Akzentuierung mit den Grundsätzen rabbinischer Religiösität nicht identisch ist, wird bereits die vorrangige und massgebliche Stellung *des Individuums als die neue Substanz göttlicher Handlung* entdeckt.

> *Und das Wort des Herrn geschah zu mir: Was ist euch, (dass) ihr auf dem Erdboden Israels dieses Sprichwort verwendet: "(Die) Väter haben saure Trauben gegessen, und die Zähne der Söhne sind (dadurch) stumpf"?* [10]

Hierbei findet sich ein Gleichnis, welches die Logik der Sünde im Kontext einer gesellschaftlichen Wirklichkeit zum Ausdruck bringt: Die Eltern sündigten und den Kindern wird zugleich die Verantwortung für deren Sünden auferlegt, so dass auf diese Weise die Zukunft durch die Vergangenheit determiniert wird. Die Gesellschaft vermag somit die Gegenwart durch die Trägheit der Vergangenheit zu rechtfertigen, insofern die früheren Generationen gegen das (individuell-moralische oder gesellschaftliche) Recht verstiessen, und die Nachkommen gleichsam die Auswirkungen ihrer Sünden tragen müssen:

> *So wahr ich lebe, Spruch Gottes des Herrn – dieses Sprichwort soll (man) euch in Israel* **nicht** *(kursiv – d. Verf.) mehr vortragen.* [11]

Denn jetzt werden die grundlegenden Merkmale eines neuen religiösen Selbstverständnisses formuliert:

> *(Denn) siehe, alle Seelen gehören mir; wie die Seele des Vaters so (auch) die Seele des Sohnes – mir gehören sie!* [12]

Damit werden wesentlich die Grundlagen einer (neuen) anthropologischen Theologie entfaltet – doch mit welchen inhaltlichen Bestimmungen? Der Prophet erklärt:

> *Die Seele, die sündigt – sie soll sterben.* [13]

Ezechiel formuliert den Ansatz einer ausgesprochen radikalen Theologie: Allein derjenige, welcher eine Sünde beging, muss die Verantwortung für seine Handlung tragen; weder der Vater, noch der Sohn haften füreinander. Diese Überzeugung findet eine theologische Begründung, insofern jedes lebendige Wesen als *Individuum* vor Gott steht, und deshalb jeder für sich selbst verantwortlich ist oder phänomenologisch ausgedrückt: *Das Wesen des individuellen Stehens vor Gott, welches als eine bestim-*

. . . .

10 Ez 18,1f.
11 Ez 18,3.
12 Ez 18,4a.
13 Ez 18,4b.

mende Form des Seins wahrgenommen wird, beschreibt die eigentliche religiös-ethische Dimension des religiösen Individuums. Dies stellt die Wiederholung einer ausgesprochen radikalen Theologie dar – denn im Mittelpunkt dieser neu gefassten Theologie steht nicht das Volk (Israel), sondern das *Individuum* selbst.

Doch in dieser Schlussfolgerung erschöpft sich nicht die Aussage Ezechiels, so dass es im fünften Vers heisst:

> *Einer, der gerecht ist und Recht und Gerechtigkeit tut, der zu den Bergen (nicht geht), nicht isst (von den dort dargebrachten Opfern), der seine Augen nicht zu den Götzen des Hauses Israel erhebt, der seines Nächsten Frau nicht verunreinigt, der nicht sich einer menstruierenden Frau nähert, der niemand bedrückt, der sein Pfand, (seine) Schuld zurückgibt und keinen Raub begeht ...* [14]

Der Gerechte übt weder eine in Besitz gegründete Ausbeutung des Anderen, noch Macht und Überhebung im Namen eines von Gott erklärten Rechtes oder Anspruches aus. Er lebt nicht auf Kosten der Armen, sichert sein "Darlehen" nicht auf Gegenständen, welche der Andere notwendig für seine Existenzerhaltung bedarf (vgl. Ex 22, 24-26) und wird immer angesichts des ungerechten Reichtums einiger weniger und der daraus resultierenden Gewalt in Unruhe versetzt.

> *... der sein Brot dem Hungrigen gibt und den Nackten mit einem Kleid bedeckt ... .* [15]

Die Nichtakzeptanz des Leidens ersetzt die Notwendigkeit und die Logik der gesellschaftlichen "Ordnung" (vgl. Jes 58,6-7). Die Isolation des Gerechten ist somit wesentlich gesellschaftlicher und nicht menschlicher Natur:

> *... der nicht auf Zins gibt und keinen Wucher nimmt, der seine Hand von Unrecht zurückhält und wahrhaftiges Recht (mishpat emet) tut zwischen einem Mann und einem anderen.* [16]

Mishpat emet bedeutet ein *gesetzlicher Prozess von Wahrheit* oder ein *wahrhaftiges Urteil*, nicht jedoch einen *wahren Prozess*. Die Richter sind danach (gemäss dem rabbinischen Verständnis) nicht unbedingt in der Lage, die tatsächliche Wahrheit in Erfahrung zu bringen. Sie versuchen vielmehr, die Bedingungen zur Aufrecherhaltung einer bestimmten Ordnung zu begründen. Der hier implizierte Begriff des Prozesses, welcher mit einem bestimmten Wahrheitsverständnis in Verbindung steht, verweist hingegen auf einen ganz *anderen* Begriff von Wahrheit, welcher nicht in den juristischen Beweisen und Zeugnissen enthalten ist. Die Suche gilt danach einer wesentlich anderen Realität – nicht der Realität der blossen Gegebenheit. Es handelt sich nicht bloss um *mishpat* (im Sinne eines Urteils), sondern um das Streben nach einem Urteil, welches mit *dem Wahrheitsbegriff* verbunden ist. Welche Bedeutung kommt

· · · · · · · · · · · · · · · · ·
14   Ez 5-7.
15   Ez 18, 7b.
16   Ez 18, 8.

demnach dem Begriff der Wahrheit in der Auffassung Ezechiels zu? Der Text zeigt, dass Wahrheit für Ezechiel die Unmöglichkeit einschliesst, dass eine Person über keine ausreichenden Bedingungen seiner Existenz, wie zum Beispiel Unterkunft und Kleidung verfügt, so dass sich diese (Wahrheit) wesentlich mit einer *Form gesellschaftlicher Gerechtigkeit* verbindet. Ein solches Verständnis, und keine abstrakte, leere Bestimmung einer juristischen Wahrheit ist für Ezechiel notwendig mit einem Begriff der "Wahrheit" verknüpft:

> *... der in meinen Satzungen wandelt und meine Gesetze hält, um Wahrheit zu tun: Er ist dass ein Gerechter, der soll das leben – Spruch Gottes des Herrn* [17]
>
> *(Wenn) er aber einen gewalttätigen Sohn zeugt, einen Blutvergiesser und der – wehe! – eine von diesen (Sünden) tut, während er (sc. der Vater) all diese (Sünden) nicht getan hat ... Er soll nicht leben ... .* [18]

Die Rechtschaffenheit des Vaters erscheint im Kontext der Theologie des Individuums unübertragbar. Doch Ezechiels Theologie erfährt in den folgenden Versen, zum Beispiel in Vers 21, eine weitergehende Radikalisierung:

> *Der Frevler aber, der umkehrt von allen seinen Sünden, die er getan hat, und alle meine Satzungen hält und Recht und Gerechtigkeit übt, so soll er leben und nicht sterben. Alle Übertretungen, die er beging, sollen ihm nicht mehr gedacht werden. Durch seiner Gerechtigkeit, die er (danach) tat, soll er leben. Begehre ich denn den Tod (des) Frevlers? – Spruch Gottes des Herrn – und nicht vielmehr daran dass er sich von seinem Wege umkehre und am Leben bleibe.* [19]

Ist der Mensch bereit, seine Handlungen *in der Gegenwart* zu ändern, dann "vergisst" Gott die Vergehen der Vergangenheit, da *die konkrete Existenz beziehungsweise das Handeln des Menschen* wesentlich die göttliche Substanz und damit "das grundlegende Interesse Gottes" trägt. Die Voraussetzung eines, von Gott gewollten menschlichen Lebens liegt deshalb in der Zeit-Kategorie des *Jetzt*.

> *Und wenn (der) Gerechte von seiner Gerechtigkeit umkehrt und er Unrecht tut gleich allen diesen Greueln, die der Frevler tut, soll er (solches) tun und leben (bleiben)? Seiner ganzen Gerechtigkeit, die er tut, soll nicht gedacht werden. Durch seine Untreue, die er beging, und durch seine Sünde, die er sündigte, durch sie soll er sterben.*
>
> *Ihr aber sagt: Die (Handlungs)weise des Herrn ist nicht richtig! Hört doch, (ihr vom) Hause Israels; Ist (denn) meine (Handlungs)weise nicht richtig? Sind nicht (vielmehr) eure (Handlungs)weisen nicht richtig?* [20]

---

17   Ez 18,9.
18   Ez 18,10.13.
19   Ez 18,21-23.
20   Ez 18, 24-26.

2.2 Das Individuum als die neue Substanz der göttlichen Handlung

Die Theologie von Ezechiel erzeugt demnach, zumindest in dem vorliegenden Kapitel, zwei radikale Ansätze:

1. Im Vordergrund der Analyse steht nicht die Kategorie oder das Verständnis des "Volkes", sondern des *Individuums*.

2. Es wird eine Fokusierung vorgenommen, insofern nicht allein *die Person*, sondern diese in ihrem *Jetzt*, in ihrer *Gegenwart* im Zentrum der Aufmerksamkeit steht.

Dabei handelt es sich um eine weitaus stärkere Betonung: zentral ist nicht allein das Begreifen des Menschen *als Person*, sondern ebenso die Wahrnehmung der Zeit als eine Kategorie des Bewusstseins im Kontext eines *Ich-bin*. Die Gegenwart unterliegt jedoch einem ständigen Wechsel, einer fortwährenden Veränderung; was jetzt geschah bildet im folgenden Moment bereits ein Aspekt der Vergangenheit. Was bedeutet demnach die Kategorie der Gegenwart? Die Vergangenheit entspricht einer Erinnerung – verbleibt diese als Erinnerung, so wird deren Existenz von der Überzeugung im *Jetzt* determiniert. Die Geschichtswahrnehmung wiederum, selbst eine Konstruktion, kann nicht die Gewissheit und Klarheit des real stattgefundenen Vorgangs garantieren, denn der Rückblick selbst schliesst eine hermeneutische Vorgabe ein. Vergangenheit kann damit nicht als eine Seinskategorie fungieren. Sein oder ein Verständnis davon, dass etwas *ist*, bleibt auf den Begriff der Gegenwart gerichtet. *"Ist-sein"* (Dasein) fasst eine Kategorie der Gegenwart, wobei besonders die Konsequenzen dieser Kategorie ins Gewicht fallen, denn das Ereignis, welches in der Vergangenheit stattfand, kann sich ebenso als eine Illusion erweisen. Allein in der Gegenwart ist eine Entsprechung zum Sein, zu einer Seins-Kategorie nachvollziehbar. Um eine weitergehendere und tiefere Formulierung zu gebrauchen: Das Sein des Menschen impliziert wesentlich eine *existentielle* Kategorie und nicht ein Verständnis im Sinne eines blossen Objektes – insofern in diesem der Begriff des "Ich *bin"* und nicht des "Es *ist"* erfasst wird – es sei denn im Rahmen eines Reflexionsprozesses, wie J. G. Fichte richtig bemerkte.[21] Der Abgrund der Illusion umkreist jedes Sein, welches nicht dem *Ich-bin-in-der-Welt* (der Ausschliesslichkeit des Handelns) entspricht. Das Sein des "Ich" kann nicht zu einer Illusion umgedeutet werden, denn wenn es einer Illusion entspräche, müsste ein "Ich" vorhanden sein, welches diese Illusion erfährt.

Die zentrale Kategorie des Seins bildet deshalb das Sein des "Ich-bin". Wird in diesem Sinne Sein reflektiert, so wird zugleich das *Jetzt*, die Gegenwart einbegriffen.

Dies verweist auf einen komplexen philosophischen Hintergrund, welcher jedoch für das Verständnis von *Ezechiel* unabdingbar erscheint und eine theologische Voraussetzung für dieses Kapitel bildet. Aus diesem Grund fungiert *die Gegenwart* als die einzige moralische Kategorie für Ezechiel. Die Handlungen, welche in der Zukunft stattfinden werden, berühren deshalb im Verständnis von Ezechiel nicht die Kategorie des Seins; wie die Vergangenheit bleiben diese immer in der Entschiedenheit des *Jetzt* verborgen.

---

21   J. G. Fichte, *Über den Begriff der Wissenschaftslehre*, § 6 u. 7, Stuttgart, 1991, S. 59-65.

Die ethische Beurteilung des Menschen in seinem Handeln vollzieht sich in der Gegenwart. *Einzig das Individuum und dessen gegenwärtige Handlung bilden die Grundlage für eine moralische Beurteilung – darin besteht die Grundaussage von Ezechiels Anthropologie.* Diese stellt zugleich einen Bruch mit den Umständen dar, welche gemeinhin als ein gesellschaftlich verbindliches Dasein angesehen werden. Denn eine ausschliessliche Existenz in der Gegenwart stellt für eine Gesellschaft eine uneinholbare Herausforderung dar. Gesellschaftliche Bindungen und Verhältnisse konstituieren sich ja zum grossen Teil auf der Grundlage der Formen des Besitzes und des Erwerbes, deren Selbstverständnis und Legitimation sich wesentlich aus "Handlungen" in der Vergangenheit erklären. Es existiert ebenso keine gesellschaftliche Existenzform ohne eine Dimension der Erinnerung. Ezechiel ist jedoch nicht derart unwissend anzunehmen, dass unter dem Verlust einer Form von Gesellschaftlichkeit sowie der Achse von Vergangenheit – Gegenwart – Zukunft die menschliche Existenz als solche nicht möglich wäre. Der in der Entschiedenheit der Gegenwart auferstandene Mensch (vgl. Ez 37,1-14) wird ein gesellschaftlicher Mensch sein, jedoch mit dem Sehnen, *ein neues Mitglied einer neuen Welt* zu sein.

Eine vergleichbare Auffassung findet sich in altägyptischen Texten – wonach die Sünde der Vergangenheit die Gegenwart konstituiert, so dass der in der Vergangenheit vollzogenen Handlung eine unausweichliche Verbindlichkeit für das *Jetzt* zufällt und diese entscheidend prägt.[22] Der gleiche Aspekt trifft auf das Verständnis der Strafe in der Gegenwart zu, denn die Rechtfertigung einer Bestrafung vollzieht sich auf der Grundlage einer Handlung in der Vergangenheit. Grundsätzlich ist ohne eine gesellschaftliche und persönliche Dimension der Erinnerung die psychische Existenz des Menschen nicht zu gewährleisten. Die Voraussetzungen des Bewusstseins bilden eine Verantwortung und setzen einen bestimmten Massstab gesellschaftlicher Gesetzlichkeit voraus. Ezechiels Anliegen besteht vielmehr in der Herausbildung und argumentativen Bekräftigung eines völlig neuen Verständnisses des *Sündenbegriffs*. Die "Sünde" als eine Kategorie der Verantwortung gegenüber Gott wird auf diese Weise durch andere Grundlagen bestimmt, *insofern diese jetzt einzig den Bereich der Gegenwart tangiert.*

In *dieser* Perspektive ist die daraus resultierende Ethik nicht mit der Dimension der Erinnerung, sondern wesentlich mit einem *Dasein in der Gegenwart* und der Frage "Was bin ich als Mensch *jetzt?*" verbunden. In diesem Kontext kann die Möglichkeit einer grundlegend anderen Form religiöser Wahrnehmung sowie des Denkens aufgedeckt werden. Der Mensch *ist* auf diese und jene Weise konkret bestimmt, *in den Augen Gottes,* das heisst religiös-ethisch gesagt, weil er *im Jetzt,* in der Gegenwart entsprechend handelt – vor Gott. Dies konstituiert das menschliche Selbstverständnis bei Ezechiel. Die Entwicklung und Entfaltung der individuellen Handlung bildet sich so zu einer Substanz der automomen (als von Gott gefügten) Identität um. In dieser Form des Daseins erscheint der *Wille* sowie die konkret bestimmte Handlung des Individuums grundlegend und zentral.

Die religiöse Person kann zu der Überzeugung gelangen, dass eine bestimmte Weise der Realität den Charakter *vergangener* Handlungen geprägt hat, doch eine

---

22 Vgl. dazu u.a. die Texte, die J. Assmann in seinem Buch *Ma'at. Gerechtigkeit und Unsterblichkeit im Alten Ägypten,* München 1990, S. 61 ff. zitiert und rezipiert.

Veränderung und Wandlung des eigenen Verhaltens und Handelns kann in der Gegenwart ungeachtet der Resultate der Vergangenheit möglich, ja sogar notwendig werden. Die gesellschaftlichen Strukturen sind hingegen nicht immer imstande, diese Veränderungen und Entwicklungen vorbehaltlos anzuerkennen, da deren Existenz wesentlich auf den Voraussetzungen eines bereits entwickelten und verfestigten Begriffs der Vergangenheit – der Trägheit basiert.[23] Die religiöse Person, deren Existenz immer ein Sein vor Gott bildet, vermag die Möglichkeit und Bedeutung der Gegenwart zu fassen, und wird so in die Lage versetzt, die Entscheidung hinsichtlich einer *anderen Entwicklung des Daseins* selbständig zu treffen.

Diese Form religiöser Ethik schliesst somit eine Anerkennung der radikalen Autonomie des Menschen in der Gegenwart ein.

Sogleich wird deutlich, dass es sich hierbei nicht vorrangig um eine gesellschaftliche Kategorie handelt, da der Mensch in der Gesellschaft nicht über so eine radikale Autonomie verfügt. In *Ezechiel* wird deshalb wesentlich eine *religiöse Handlungs-Kategorie* entwickelt, in deren Kontext *der Mensch als autonom* vor Gott *begriffen wird*. In seinem konkreten und individuellen Verhältnis gegenüber Gott ist er so in der Lage, eine Entscheidung hinsichtlich einer radikalen Veränderung seines eigenen Daseins zu treffen, so dass er eine andere Perspektive im Zentrum seines Seins und in der Ontologie seines Willens anzustreben vermag. Ezechiel gelangt jedoch *nicht* zu der Überzeugung, wonach die gesellschaftlichen Verhältnisse nicht grundlegend wären oder diesen eine unbedingt negative Bedeutung für die Konstitution der menschlichen Existenz zukäme. Seine Argumentation ist im Gegenteil tief in der biblischen Tradition von Gesellschaftlichkeit, Gesetz und Geschichte verankert. Keineswegs stellt er die Bedeutung dieser Kategorien und Verhältnisse bewusst infrage; doch er schliesst den Bereich der Religiosität aus diesem Kreis der Verhältnisse und Erfahrungen aus, insofern diese das Sein als Ich-vor-Gott in den Schatten geraten lassen könnten. Implizit findet sich darin auch eine Kritik gegenüber dem überlieferten theologischen Verständnis[24] wieder.

Hieraus ergeben sich die folgenden Schlussfolgerungen: Ezechiel lenkt sein Interesse auf das *Individuum im Jetzt, in dessen Gegenwart.* Das Resultat für die Ethik lautet danach, *dass der Mensch in der Gegenwart so handeln muss, als ob seine gesamte ethische Existenz von der gegenwärtigen Entscheidung abhängt. Jede Entscheidung, jede Willensäusserung des Menschen ist von dem ethischen Stand-*

. . . .

23   Danach wird ein Mensch gewohnheitsmässig in einer bestimten Struktur erkannt und "eingeordnet", so dass Änderungen, die sich plötzlich vollziehen, entweder nur in eingeschränkter Weise oder aber sehr zögernd wahrgenommen werden können.

24   Wonach zum Beispiel ein "In-dem-Land-Sein" eine religiöse Kategorie darstellt: "Gott hat uns dieses Land gegeben." oder "Gott hat uns auserwählt – Wir sind erfolgreich, weil Gott uns liebt." Ezechiels radikaler Einwand wendet sich ebenso gegen eine solche Form einer religiösen Existenz.

25   In diesem Sinne ist eine Verlagerung der ethischen Handlung auf einen späteren Zeitpunkt: "Ich werde morgen oder in Zukunft anders handeln", oder einer Verlagerung der Verantwortung innerhalb der Gesellschaft, "Alle handelten so, warum nicht ich?" ausgeschlossen. Hinsichtlich der Wahrnehmung Ezechiels bleiben all diese Argumente wirkungslos und sind nicht anwendbar.

punkt derart belastet, so dass die Handlung im Jetzt eine Entscheidung hinsichtlich seiner Existenz vor Gott impliziert.[25] Im Mittelpunkt des Interesses steht das Individuum in der Gegenwart, im *Jetzt*, und die Frage, ob es in diesem Moment ethisch *handelt* oder nicht. Dies fasst eine sehr radikale Ethik. Ezechiel ist sich dieses konsequenten und tiefgreifenden Denkansatzes durchaus bewusst, so dass es in Vers 31 heisst:

> *Werft von euch alle eure Übertretungen, durch die ihr übertreten habt und macht euch ein neues Herz und einen neuen Geist.* [26]

Es erweist sich allerdings als keine leichte Aufgabe, als "ein neuer Mensch" geboren zu werden. In einer reiferen Vision sagt Ezechiel,

> *Und ich werde euch ein neues Herz geben und einen neuen Geist in euer Inneres legen; ich werde das steinerne Herz aus eurem Leibe herausnehmen und euch ein fleischernes Herz geben. (36,26)*

Dem ethisch-religiösen Mensch ist kein Dualismus inhärent. Das "neue Herz" ist ein "fleischernes Herz": nur im Dasein des konkret handelnden Menschen kann Gottes Geist inhärent sein (Vers 27), auch wenn dieses Sein des Menschen eine (fast) eschatologische Überwindung der gesellschaftlichen und persönlichen Trägheit bildet. (Ez 37).

Ezechiel beabsichtigt nicht, die Grundlagen einer dualistischen Anthropologie zu entwickeln, denn in diesem Zusammenhang wird eine Aussage am Ende seines Lebens, in welcher er die Auferstehung der Gebeine beschreibt, zentral. Er begreift dies eschatologisch: ein *neuer Geist* muss von Gott kommen, da der Mensch nicht in der Lage ist, dies aus eigenen Kräften zu bewältigen.

Ezechiel zeigt sich als ein ausgesprochen radikaler Denker, da ihm bewusst ist, dass diese Perspektive letztlich nicht einlösbar ist. Doch ungeachtet dessen geht es ihm nicht um die Möglichkeit oder Unmöglichkeit jener Zielstellung, sondern wesentlich um das Verständnis einer *anderen ethischen Kategorie*. In dieser Hinsicht wird eine Differenz zwischen dem gesellschaftlichen Bereich einerseits sowie der ethisch-individuellen Existenz andererseits gesetzt. Gleichzeitig wird die Überzeugung ausgesprochen, dass diese Ethik einen radikal anderen Anspruch einzulösen vermag. Darin besteht der entscheidende Gesichtspunkt – nur wenn die religiöse Ethik eine andere Realität im Hinblick auf die blosse Gegebenheit der Gesellschaft zu konstituieren vermag, ist dieser eine kritische Funktion inhärent.[27]

---

[26] Ez 18, 31.

[27] Wird jedoch die Religion mit der gesellschaftlichen Gegebenheit identifiziert, so besteht die Gefahr, dass die Religion ihren kritische Aufgabe und Anspruch einbüsst. Offenbarung schliesst ja ein, dass eine bestimmte Wahrheit *nicht* in der Gegebenheit, der alltäglichen Erfahrung wahrgenommen und entdeckt werden kann, insofern dies die Wahrnehmung einer radikal anderen Realität erfordert. Das bedeutet jedoch nicht, dass das rabbinische Denken mit der Argumentation Ezechiels vollkommen identisch wäre.

2.3 Die Überwindung des Todes und die Entdeckung der Person – eine diesseitige Auferstehung

Wie kann der Mensch seiner Verantwortung gerecht und zugleich von Gottes Gnade geheilt werden ? – Dies tangiert ein gemeinsames Kapitel in der Geschichte des Christentums und des Judentums.[28]

Natürlich wird der Mensch zuerst als ein gesellschaftliches Wesen begriffen, allein die Entwicklung von Intelligenz und Sprache erscheint ohne einen gesellschaftlichen Kontext nicht real – das absolut autarke Individuum erweist sich als eine Illusion. Der Begriff und das Verständnis der Gemeinde ist danach auch in der Tradition des rabbinischen Judentums von grundlegender Bedeutung. *Doch im rabbinischen Judentum rückt das Thema der Eschatologie oder Eschatologisierung der Begriffe (im Sinne Ezechiels: ein neues Herz, ein neuer Geist) in den Mittelpunkt.*

Hieraus folgt die entscheidende Erkenntnis: *Wird im rabbinischen Judentum die Frage der Eschatologie relevant, schliesst dies immer die Überzeugung hinsichtlich der Auferstehung der Toten beziehungsweise des Sieges des Individuums über den Tod ein, so dass dieser Auffassung eine Mittelstellung innerhalb bestimmter Eschatologien zukommt.* Dem Begriff der *Unsterblichkeit* hingegen[29] ist nicht die Dimension und Potenz *des konkreten Individuums* inhärent. Das Individuum kann keine (philosophisch formulierte) Unsterblichkeit erlangen, da die unendliche Seele kein "Ich" ermöglicht. Eine Identifikation mit einem "Ich" kann nur im Sinne der Auferstehung selbst, jedoch nicht mit Hilfe des Begriffs der Unsterblichkeit gedacht werden. Der Begriff der Unsterblichkeit, indifferent hinsichtlich jeder zeitlichen Begrenzung, erfasst vor allem den Aspekt der Ewigkeit, so dass der Moment der Gegenwart im Kontext des unendlichen Regresses aufgehoben wird. Die Kategorie "Hier" wird in der Totalität des Ganzen negiert, welches die Gegenwart des "Jetzt" unberücksichtigt lässt.

Im rabbinischen Judentum hingegen erlangt die Frage der Unsterblichkeit im klassisch-griechischen Verständnis keine Relevant, da die Grundlagen eines ganz anderen religiösen Seins entfaltet werden. Wenn der Schwerpunkt einer Religion in einer Überwindung des Todes durch eine Persönlichkeit oder Person liegt, schliesst dies eine *persönliche Eschatologie* ein. Dieser Prozess beschreibt deshalb die *Entdeckung der Person als solche.*[30]

Die zentrale Erkenntnis dieser Auffassung lautet deshalb: *Die Person als Individuum kann den Tod überwinden.* Nicht das Streben nach einer ewigen Existenz des Menschen, sondern die Bedeutung des Individuums selbst steht im Zentrum dieser Überlegungen. Die Grundlagen dieser Einsicht wurden im Kontext des rabbinischen Judentums, gewurzelt in *Ezechiel* konzipiert. Obwohl sich das rabbinische Judentum als ein überaus undogmatisches Lehrgebilde und als Komplex einander wider-

---

28 In diesem Band soll gezeigt werden, dass das rabbinische Judentum auf andere Quellen und Argumente verweist, insbesondere auch auf das Buch *Ezechiel*. Sicherlich erfasst dies nicht das gesamte Verständnis rabbinischen Judentums, andererseits schliesst diese Auffassung auch keine solipsistische Begründung der menschlichen Existenz ein.

29 Wie zum Beispiel bei Maimonides.

30 Zahlreiche Religionen in der Zeit der Spätantike erachteten die Frage des persönlichen Sieges über den Tod als ein zentrales Thema ihrer Überlegungen.

sprechender Argumentationen entfaltet, könnte doch ein Dogma im rabbinischen Judentum herausgestellt werden: – *die Lehre von der Überwindung des Todes durch das Individuum* – *techiat ha-metim* (hebr.).

Die anthropologische Grundhaltung also bildet den zentralen Inhalt dieser religiösen Wahrnehmung: *die Entdeckung der Person als Individuum*. Im rabbinischen Judentum erscheint die Gemeinde oder ein Verständnis der Gemeinde unandingbar, doch der *Begriff der Person als Individuum vor Gott* tritt als eine der zentralen Kategorien deutlich in den Vordergrund. Die Ursprünge und entscheidenden Anfänge hinsichtlich der Entwicklung dieser Kategorie verweisen auf den Text in *Ezechiel*, so dass sich das rabbinisches Judentum im Kontext der religiösen Identität entwickelt, welche bei *Ezechiel* in entwickelter Form vorliegt. Eine Idee wird jedoch erst dann in der Gegenwart rezipiert, wenn diese eine authentische Form des In-der-Welt-Seins widerzuspiegeln vermag.

Die Erschütterung Israels, seines Volkes sowie der Religion und sämtlicher damit in Verbindung stehender gesellschaftlicher Strukturen bildete den historischen Grund für die Entstehung des Textes von *Ezechiel*. Als ein religiöser Denker wurde er unmittelbar mit dieser Realität, in welcher diese Strukturen zusammenbrachen oder aber nicht mehr ausreichende Ansatzpunkte für eine Orientierung bieten konnten, konfrontiert. Die Frage "Wie sollte sich das Individuum in dieser komplizierten Situation verhalten?" war ein zentrales Anliegen für den Propheten.

In dieser Konstellation kristallisierte sich der Begriff *der religiösen Person vor Gott* heraus, so dass in diesem Verständnis der Beginn des rabbinischen Denkens sowie rabbinischer Religiosität begründet liegt.

Zweites Kapitel

Chanukka: Die Reinterpretation des Tempellichts

1. Mehrheit und Minderheit und die Wahrnehmung der religiösen Identität des Individuums

Gegenstand dieses Bandes ist die Entdeckung der rabbinischen Religiosität und damit eine Einsicht in die Verbindung und Rückbezüglichkeit der Texte, die ihrerseits zur Herausbildung des rabbinischen Judentums führten.

Der Text, welcher in diesem Kapitel zitiert werden soll, ist in dem ersten Buch der *Makkabäer* aus dem 2. Jahrhundert v. d. Z. enthalten. In der zweiten Hälfte des 2. Jahrhunderts v. d. Z. begann in Erez Israel ein krisenhafter Prozess, in dessen Kontext man bereits von "den Juden" sprach, was zugleich auf ein entwickeltes Selbstverständnis der Juden hindeutet. Die Griechen und ihre Verbündeten eroberten unter der Führung Alexanders des Grossen einen beträchtlichen Teil der zivilisatorischen Welt, so dass im Jahre 334 v. d. Z. von ihnen die Dardanellen überschritten und im Jahre 333 die heutige Türkei besetzte wurde, was zugleich den Beginn eines neuen Eroberungsfeldzug bezeichnete. Im Jahre 332 v. d. Z. wurde Palästina schliesslich Teil dieses neu entstandenen Imperiums. Im Rahmen der griechischen Herrschaft fand eine neue Strategie der Unterdrückung der eroberten Territorien Anwendung, in deren Betreben die Oberschicht als Mittträger der neuen Ordnung gewonnen werden sollte.[1]

Der begüterten Bevölkerungsschicht wurde so eine fortdauernde Existenz im eigenen Land garantiert, jedoch um den Preis ihrer zunehmenden Entfremdung von dem eigenen Volk; ein Prozess, welcher auch unter dem Begriff der "Hellenisierung" bekannt wurde. Der begüterten Schicht des eroberten Gebietes wurde so die Perspektive eröffnet, sich als neuer Träger der Sprache, Sitten, Traditionen und auch der Religion der neuen Herrschaft zu begreifen. In diesem Prozess wurde die einheimische Oberschicht als privilegierte Schicht selbst zu Griechen, die jedoch in eine immer tiefer gehende Entfremdung zum eigenen Volk, der eigenen Sprache und Religion geriet. Die ohnehin bestehende ökonomische Entfremdung wurde so durch eine kulturelle Entfremdung erweitert. Auf diese Weise reflektierte sich die Oberschicht nicht mehr als ein Teil des eigenen Volkes, sondern identifizierte sich zunehmend mit dem Eroberer sowie dessen Sprache, Ästhetik, Religion selbst. In der Antike geriet die Religion deshalb immer stärker zu einem Ausdruck politischer Interessen.[2]

. . . .

1 Für das griechische Imperium galt es, eine neue Strategie der Eroberung, aber vor allem auch der Verteidigung der eroberten Gebiete zu erproben und anzuwenden. Denn nach der Eroberung fremder Gebiete ergaben sich aus der nachfolgenden Besiedlung, Verwaltung und dauerhaften Kolonialisierung dieses Landes die eigentlichen Schwierigkeiten. Im Kontext der vorangegangen Eroberungen spielte die Stellung der ärmeren Bevölkerungsschichten keine wesentliche Rolle, da sich ihre soziale Lage nur unwesentlich veränderte. Die eigentlichen Überlegungen galten der besonderen Situation der Oberschicht des eroberten Landes, da eine soziale Bindung zwischen der Oberschicht deshalb und dem ärmeren Teil der Bevölkerung natürlicherweise gegeben war, und sich der Oberschicht immer die Möglichkeit bot, das eigene unterdrückte Volk gegen die "Eroberer" aufzuwiegeln oder für ihre regionalen Interessen zu gewinnen. Die Babylonier separierten deshalb die Oberschicht von ihrem Land und der Bevölkerung und verbrachten diese ins Exil. Doch diese Strategie der Entfremdung gestaltete sich ungleich aufwendig und kostspielig, da seitens der Okkupanten natürlich das Interesse bestand, die Potentialität, Fähigkeiten und damit auch einen Teil des Reichtums der exilierten Oberschicht zu erhalten, um nachfolgend von deren Ertrag profitieren zu können.

2 Zu diesem gesamten Komplex soll auf die Darstellung von E. W. Stegemann, W. Stegemann, *Urchristliche Sozialgeschichte. Die Anfänge im Judentum und die Christus-*

Wie im Buch der Makkabäer beschrieben, waren hingegen die ärmeren Schichten der jüdischen Bevölkerung nicht gewillt, die neue griechische Ordnung vorbehaltlos zu akzeptieren oder gar zu unterstützen. Deshalb identifizierten sie sich stärker mit all dem, was gegen die Ordnung der Eroberer gerichtet war, so dass sie auf eine Treue zu ihren Traditionen sowie ihrer eigenen Religion beharrten. Vor dem Hintergrund dieser religiösen Auseinandersetzung vergrösserte sich der Abstand zwischen der reichen jüdischen Oberschicht, welche sich mit der Religion der Eroberer identifizierte und der ärmeren Schicht, die eine zunehmende Distanz zu dieser entwickelte und eine Identität, mit dem von ihnen wahrgenommen Gott der Unterdrückten, anstrebte.[3]

In Folge dieser gesellschaftlich-sozialen Konstellation brach ein lang anhaltender Religionskrieg aus, so dass es schliesslich den hellenisierten Juden und den Syrern gelang, die Macht an sich zu reissen – der Tempel in Jerusalem wurde mit diesem Sieg zu einem Symbol der neuen Ordnung. Die Juden, welche ihrer Religion treu bleiben wollten, erblickten deshalb vor allem in der Rückeroberung Jerusalems und des Tempels ein zentrales Anliegen. Tatsächlich gelang dieses Vorhaben, so dass der Tempel rituell gereinigt werden konnte. Anlässlich der Rückeroberung des Tempels wurde im Jahre 165 v. d. Z. der Feiertag von Chanukka (= Einweihung) begangen. Diese Ereignisse bezeichnen eine wichtige Zäsur in der Entstehungsgeschichte des rabbinischen Judentums.[4] Gleichzeitig stehen diese in Verbindung mit der Ausbildung eines spezifischen religiösen Bewusstseins, in dessen Kontext zweifellos das historische Ereignis im Jahre 165 v. d. Z. einen Wendepunkt bedeutete.

Es gibt vier *"Makkabäer"* Bücher, wovon die ersten zwei vorwiegend historischen Charakter tragen. Das erste *Makkabäer*-Buch stellt wesentlich ein historisches

. . . .
gemeinden in der mediterranen Welt, 2. Aufl., Stuttgart, Berlin, Köln, 1997, S. 58-93, verwiesen werden.

Historisch betrachtet kam es zu einer Akzeptanz der griechischen Religion in Judäa, sowie der entsprechenden Darbringung von Opfern in einem neuartigen Kontext, ja sogar des Feierns der "neugewonnenen" Ordnung, so dass die Religion der Griechen auch den Charakter einer "Koalitionsreligion" (Religion des Kompromisses oder des Ausgleichs) annahm. In diesem Prozess übernahmen die Griechen zahlreiche Göttergestalten verschiedenster Religionen (im Römischen Reich wurde diese Entwicklung fortgesetzt). Sicherlich gestaltete sich der hier skizzierte Vorgang der politischen und kulturellen Eroberung und Aneignung innerhalb der neu entstehenden Stadtstaaten ungleich komplizierter, doch hinsichtlich der oben genannten Themenstellung kristallisierte sich die Einsicht heraus, dass in Folge der historischen und politischen Verhältnisse die verbliebenen Juden in Erez Israel mit den allergrössten sozialen Schwierigkeiten konfrontiert wurden.

3   Dieses neue Bewusstseins, wonach Religion im Grunde Ausdruck einer gewissen "Unterdrückungsmentalität" war, indem sie die bestehende politische Ordnung der Herrschaft legitimierte, schuf zugleich die Voraussetzungen zur Entstehung von "Offenbarungsreligionen". Der wirkliche Begriff Gottes ist danach nicht in der gegebenen Ordnung aufzufinden, sondern wird dieser in Form einer anderen Realität geradezu entgegengesetzt. In diesem Verständnis Gottes sind im Gegensatz zu einer Religion, welche die gegebene Ordnung stützt, die Leiden der Menschen wie auch ihr Sehnen nach einer anderen, gerechteren Wirklichkeit implizit. Dieser Gott trägt nicht zur Erhaltung einer ungerechten Ordnung bei, sondern stellt diese ständig in Frage, ja formuliert, falls erforderlich, eine Aufforderung für deren Aufhebung.

4   Da dies zugleich den Sieg der eigenen, vermeintlich unterlegenen Religiosität und damit ein tiefgreifendes historisch-soziales Bewusstsein der Rabbiner widerspiegelt.

Dokument dar und wurde möglicherweise von einem Zeitzeugen dieses Ereignisses verfasst.[5]

2. Die Frage des Kampfes am shabbat – Israel als das Volk der torah

Das folgende Dokument thematisiert mit hoher Wahrscheinlichkeit das Selbstfeiern der eigenen, neuen Aristokratie. 1. *Makkabäer*-Buch 1, 2. Kapitel, Vers 29 lautet:

> *Damals zogen viele, die Gerechtigkeit und Recht suchten, in die Wüste hinunter, um sich dort niederzulassen. Sie selbst sowie ihre Söhne, ihre Frauen und ihre Tiere, denn die Schandtaten gegen sie hatten sich verstärkt.*[6]

Schliesslich kam es zum Ausbruch eines Krieges, welcher für die Herrschenden wesentlich eine politische Auseinandersetzung darstellte. Sie waren davon überzeugt, dass sie eine Entwicklung dieses, sich separierenden religiösen Bewusstseins nicht zulassen konnten, da es ihre eigene Machtbasis empfindlich erschütterte. Sie beschlossen deshalb, die Verfolgung dieser Religion aufzunehmen – und den verbliebenen Juden blieb einzig der Weg in die Wüste. Tatsächlich war ihnen die Aussichtslosigkeit jeder Form des Widerstandes bewusst.

Obwohl es sich um eine innere Auseinandersetzung handelte, gelangte die Nachricht zu dem herrschenden Syrer. Selbst eine alternative Existenz in der Wüste konnte in der Lage sein, die Fundamente der herrschenden Macht und Religion in Frage zu stellen, so dass die Entscheidung für eine Vernichtung der "Aufständischen" getroffen wurde.

Es war allgemein bekannt, dass die Juden am *shabbat* jede weltliche Tätigkeit und damit auch den Gebrauch von Waffen[7] aus religiösen Gründen ablehnten, so dass der geplante Angriff insbesondere zu Beginn des *shabbat* erfolgen sollte. Ein Teil der jüdischen Gemeinde, welcher sich in einem Schlupfwinkel in der Wüste von Judäa verbarg, verweigerte tatsächlich jede Form der Auseinandersetzung. Chancenlos gegen die Angreifer, wurden alle sofort getötet. Eigentlich wäre damit das Ende dieser Geschichte bezeichnet, da die Juden bereit waren, für ihre Ideale zu sterben. Doch in Vers 39f. heisst es:

> *Als Mattatias und seine Anhänger dieses erfuhren, trauerten sie sehr um sie. Dann aber sprachen sie zueinander: "Wenn wir alle so handeln, wie unsere Brüder taten und nicht für unser Leben und unsere torah (= Lehre) gegen die Heiden kämpfen, werden sie uns bald von der Erde vertilgen.* [8]

. . . .

5   Diese Darstellung entstand zugleich unter den Voraussetzungen eines griechischen Geschichtsbewusstseins, wobei der Autor als Jude gelten muss, zumal Griechisch in dieser Zeit als internationale Sprache Verbreitung fand.

6   1 Makk 2,29–30 (K.-D. Schunck, *I. Makkabäerbuch (Jüdische Schriften aus hellenistisch-römischer Zeit,* Band I: *Historische und legendarische Erzählungen,* Gütersloh, 1980, S. 305). Zwar spiegelt dieser Text eine frühre Periode wider, aber eine ähnliche Entwicklung der Ereignisse zeigte sich wahrscheinlich auch in der Qumran-Gemeinde.

7   Auch zum Zweck der Selbstverteidigung.

8   1.Makk 2,39f. (ed. Schunck, 306).

Nach einer gemeinsamen Beratung trafen sie schliesslich die schicksalsvolle Entscheidung: "Wenn am *shabbat* jemand gegen uns in den Kampf zieht, wollen wir gegen ihn kämpfen, damit nicht alle sterben, wie unsere Brüder in den Höhlen starben."[9] Daraufhin flammte der Krieg erneut auf, und ausgerechnet in diesem Moment erhielten sie Unterstützung von einer Schaar von *chassidim* (Frommen).[10]

Dieser Text ist vor dem Hintergrund des Aufstandes der Makkabäer in Palästina zu begreifen, da es sich hierbei wesentlich um eine bürgerkriegsähnliche Situation innerhalb der jüdischen Gemeinschaft handelte.[11] Zudem kristallisierte sich eine religiöse Auseinandersetzung heraus, da die hellenistischen Juden die Umwandlung des Tempels in Jerusalem in einen Ort des Heidentums (als eine spezifische Verquickung von Religion und politischer Macht) unterstützten. Warum war jedoch ausgerechnet dieses Ereignis so folgenreich für die Entstehung des rabbinischen Judentums?

Zunächst betraf die Beratung der Kämpfer die Entscheidung, ob am *shabbat*, entgegen dem traditionellen religiösen Gebot, doch gekämpft werden kann; womit sich zugleich aber die nächste Frage verband: War dieser Kampf gerechtfertigt?[12] Im 39. Vers findet sich deshalb ein interessantes Argument, welches auf den grundlegenden Sinn einer Auseinandersetzung, selbst angesichts der Möglichkeit einer vollständigen Vernichtung, eingeht: "Wenn wir alle so handeln, wie unsere Brüder taten und *nicht für unser Leben und unsere torah* (kursiv- A.A.) gegen die Heiden kämpfen, werden sie uns bald von der Erde vertilgen."[13] Wenn es sich um einen Kampf zum Zweck der Erhaltung der eigenen Existenz handelt und der Kampf verweigert wird, stirbt man. Man stirbt aber ebenso, wenn man kämpft – wie die Situation war – gegen stark überlegene Kräfte, also sich dem Martyrium stellt. Der Entschluss fiel damit nicht im Sinne der blossen Erhaltung des Lebens, sondern der Stärkung des Arguments: Für die *torah* (= Lehre) darf und muss der Kampf beziehungsweise die Verteidigung aufgenommen werden. Das *Makkabäer*-Buch widerspiegelt zwar nicht die Entstehung des Begriffs der *torah*, mit diesem Thema setzt sich vielmehr die Hebräische Bibel auseinander. Allerdings wird in grossen Teilen des *chumash* (= Pentateuch) die Existenz Israels in der Weise dargestellt, dass Israel existiert, solange die *torah* bewahrt und verteidigt werden kann. In der Argumentation der Propheten erfuhr der Begriff Israel jedoch eine entscheidende Veränderung. So wird bei *Jeremia* der Akzent nicht mehr auf eine *Gegebenheit Israels*, sondern auf einen kleinen Kreis treuer Anhänger gelenkt, *eine Minderheit, welche sich ihre Treue zur torah bewahren konnte* – ein Gedanke, der im *Makkabäer*-Buch schliesslich weiterentwickelt wurde. Danach ist es nicht entscheidend, ob die *torah* für Israel existiert, sondern *Israel*

9   1.Makk 2,41 (ed. Schunck, 306).
10 Vgl. 1.Makk 2,42. Die *chassidim* spielten sowohl für die Geschichte des rabbinischen Judentums als auch in der Entstehung des Urchristentums eine grosse Rolle, und auf ihre Bedeutung soll in einem anderen Kontext eingegangen werden. Mit dieser Entscheidung verlief die Auseinandersetzung zugunsten der "Aufständischen".
11 Zumal die Oberschicht der Juden die Unterstützung der Syrer genoss, und auf diese Weise die herrschende Schicht der Juden selbst konstituierte, die ihrerseits Palästina regierte.
12 Es ist wahrscheinlich, dass zahlreiche Religionen den Weg einer Interpretation in die neue hellenistische Ordnung beschritten, so dass für sie die Frage, ob die herrschende, universale Ordnung anzuerkennen sei oder nicht, gar nicht erst entstand. Lediglich, scheint es, die Juden erkannten in dieser Situation eine tatsächliche Herausforderung, so dass dies die Entscheidung, am *shabbat* zu kämpfen, wesentlich beeinflusste.
13 1.Makk 2,40 (ed. Schunck, 306).

existiert für die torah. Dies drückt eine Radikalisierung des theologischen Begriffs der Propheten aus, wonach mit Israel, "dem Volk Gottes" nicht nur diejenigen zu begreifen sind, die als Nachkommen der Söhne Abrahams, Isaaks und Jakobs geboren wurden, sondern jene, *die sich ihre Treue zur torah bewahrt haben.* Später wird diese Schlussfolgerung noch verstärkt: Die Existenz Israels erscheint einzig in der Bewahrung der *torah* gerechtfertigt. Zum letztendlichen Zweck wird deshalb nicht das Volk Israel, sondern die *torah* selbst erhoben. Obwohl dies auf eine bereits genannte Radikalisierung des theologischen Begriffes Israel verweist, zielt dies nicht unbedingt auf eine mögliche Vernichtung des Volkes. Vielmehr vollzieht sich damit eine Verlagerung des Begriffs der Erlösungsgeschichte, so dass jener nicht mehr in einer Form eigener Verhuldigung verbleibt.

Der vorgestellte Abschnitt des *Makkabäer*-Buches formuliert die Situation – wenn man sich nicht treu zur *torah* verhält, kann man sich nicht als ein Teil des auserwählten Volkes begreifen. Diese tiefe Überzeugung, welche bei den Propheten bereits vorgebildet ist, erfährt eine weitere Zuspitzung: Die *torah* findet als ein gültiges System Anerkennung (wobei es sich nicht um ein abstraktes System mit einem impliziten Anspruch auf eine sogenannte absolute Wahrheit handelt) und zwar als ein derart konkretes, das einen kämpferischen Einsatz konkreter Individuen für die Erhaltung und Bewahrung der Ideale rechtfertigt. Das Individuum erklärte sich sogar bereit, das eigene Leben aufzugeben – was zugleich die *Geburt des Martyriums* beschreibt. Man könnte jedoch den Einwand erheben, dass die Entstehung des Martyriums sogleich die Ausbildung eines antihumanen Verständnisses impliziert, da nun die Bewahrung eines Ideals gegenüber dem Leben, der Existenz des Menschen Vorrang erhielt. Aber phänomenologisch formuliert verhält es sich genau umgekehrt: Da das Individuum seine individuelle Existenz zur Entscheidungsinstanz zwischen "gut" und "böse" sublimiert, wird ausgerechnet im Martyrium das Individuum als solches entdeckt. In der Mentalität des Märtyrers, in seiner Lebensentscheidung erhebt er sich *als Individuum* über das Böse, so dass dadurch die Identität und Garantierung des Guten erst gewahrt wird. Da sich diese Auseinandersetzung zwischen "gut" und "böse" in einer Dimension kosmologischen (apokalyptischen) Ausmasses vollziehen kann und ausgerechnet das Individuum als der Entscheidungsträger dieses Streites bestimmt wird, erscheint die individuelle Existenz ungleich entscheidend und wird als einzige Garantie dafür, dass die Ideale überhaupt zum Ausdruck gelangen können, gewertet.

3. Der Begriff der torah (= Lehre)

Die Differenzierung des Kanons und seiner Autorität einerseits sowie die Funktion und Macht der Institutionen, welche diesen Kanon vertraten andererseits, bildeten oft ein wichtiges Kapitel in der Religionsgeschichte und wurden oft zu den tragenden Inhalten von Reformbewegungen erklärt.[14]

Das Judentum des Zweiten Tempels, welches historisch-schematisch betrachtet vor der Entstehung des rabbinischen Judentums liegt, sollte im allgemeinen als Priester-

---

14 Die Anfänge des Christentums sind ja ebenso von einer Rückbesinnung sowie der Auswahl bestimmter, grundlegender Texte gekennzeichnet, so dass in diesem Prozess ein Aspekt des rabbinischen Judentums im Sinne einer Zugrundelegung und Orientierung an bestimmten Texten zum Vorschein kommt. In der lutherischen Reformationsbewegung wurde der Versuch unternommen, die Konzentration des religiösen Bewusstseins von der institutionellen Trägerschaft hin zu einem Wahrheitsanspruch innerhalb einer textkritischen Auseinander-

religion verstanden werden. Jene zeichnete sich nicht durch einen nachhaltigen und bewussten Gebrauch des Begriffs der *torah* aus. Priester- und Tempelreligionen basieren im wesentlichen auf der Existenz des Tempels und seines Kultes sowie der privilegierten Stellung der Priester selbst. Wenn diese aufgehoben werden, schliesst dies zugleich den Verlust des gesamten Heiligtums ein. Hierin zeigt sich insbesondere die Differenz zum Entstehungsprozess des rabbinischen Judentums, insofern zur entscheidenden Grundlage nicht die Organisationsformen (Institutionen) und hierarchischen Strukturen der Religion erhoben wurden, sondern die *torah* wurde zur Substanz der Religion und deren Aufrechterhaltung zum Wesen der Religiosität. Damit entstand die Frage: "Wodurch zeichnet sich das individuelle Verhältnis der religiösen Person zur *torah* aus?" Damit verblieb einzig die Möglichkeit des Studiums der *torah* sowie deren Ausführung im Handeln und derjenige, der dies leistete, wurde ein "*osek ba-torah*" (wörtl.: einer, der sich mit der *torah* beschäftigt), ein "Gelehrter" oder "Schüler eines Gelehrten" genannt.

Damit wird auch die unterschiedliche Stellung zum Text oder zur *torah* formuliert: im Mittelpunkt steht nicht ein abstrakter Text, sondern immer die Person, welche die *torah* studiert und ausführt. Das Studium des Textes der *torah* selbst erscheint damit grundlegend. *Es kann nur dann von einer* torah *gesprochen werden, wenn diese studiert wird.* Im Buch der *Makkabäer* wurde die oben genannte Fragestellung noch nicht rabbinisch formuliert, da das Schwergewicht der Argumentation eindeutig auf der *torah* und dem damit verbundenen Martyrium lag, sowie der Aufforderung, für die *torah* zu kämpfen.

4. Die Autorität der hermeneutischen Gemeinde als Träger der torah

Wie gelangte man jedoch zu einer, wie im Makkabäer-Buch beschriebenen Entscheidung?[15] Obwohl ein bestimmter Personenkreis zusammentrat und ohne die Autorität eines Priesters entschied, handelte es sich nicht um einen rein demokratischen Prozess. Denn lediglich ein kleiner, ausgewählter Kreis von Personen war zunächst bereit, den Kampf aufzunehmen und eine Diskussion zu führen, in deren Resultat sich ein Begriff herauskristallisierte, welcher im Einklang mit der *torah* stand. Dies implizierte keines-

. . . .

setzung zu lenken. Luthers wesentlicher Reformansatz bestand ja in dem Zurückgehen auf ein grundlegendes Textverständnis (den "Urtext"), so dass er schlussfolgerte, dass *eine Wahrheit innerhalb dieser Texte aufzufinden ist.* Dabei ist dieser Gedanke, zumindest hinsichtlich der Geschichte des Judentums (eventuell findet sich bereits in Ps 119 eine derartige Entwicklung) engstens mit den Grundzügen des rabbinischen Judentums verbunden. Eine Verbindung reformatorischer Ansätze mit rabbinischer Gelehrsamkeit wird ebenso in der persönlichen Verbindung und Zusammenarbeit massgeblicher Vertreter dieser Traditionen sichtbar, so dass u.a. J. Reuchlin (P. Melanchthon war ein Schüler von ihm) einige Jahre gemeinsam mit Obadja Sforno in Renaissance-Italien studierte. Sforno war einer der massgeblichsten rabbinischen Kommentatoren in der Frühen Neuzeit und von ihm hat Reuchlin sowohl die hebräische Sprache als auch eine bestimmte jüdisch-rabbinische Auslegungspraxis erlernt.

15 Vergegenwärtigt man sich die Reaktion in ähnlichen Situationen in der biblischen Periode (bei Jesaja und Jeremia), so traten solche Fragen in den Vordergrund: Soll man gegen die Babylonier kämpfen oder nicht? Der Prophet Jeremia machte diese Frage zum Gegenstand der Auseinandersetzung und verneinte dies klar. Interessant erscheint in diesem Kontext,

wegs eine demokratische Entscheidung, denn ihre Schlussfolgerung im Sinne der Bewahrung der *torah* lautete: Wenn es eine *torah* gibt, dann *müssen* wir gemeinsam für sie kämpfen, denn wenn wir vernichtet werden, dann wird auch die *torah* der Vernichtung anheimfallen.

Dabei waren sie unter dem Einsatz ihres Lebens bereit, für den Erhalt und Schutz der *torah* einzutreten, nicht als Repräsentanten ihres Landes oder des Volkes Israel, sondern wesentlich als Anhänger und Verteidiger der *torah*. Sie trafen die Entscheidung einzig hinsichtlich der Maxime der *torah*. *Deshalb berieten sie miteinander*, innerhalb einer Gemeinschaft, die sich zum Schutz und zur Bewahrung der *torah* zusammenschloss. Obwohl es sich scheinbar um die Darstellung eines abstrakten Begriffs der *torah* handelte, verbleibt doch die Frage hinsichtlich der historischen Entwicklung dieses Begriffs. Eine moderne Interpretation würde lauten: *Es handelt sich um eine torah innerhalb einer bestimmten Gemeinde, einer hermeneutischen Gemeinde.*[16] Deshalb wurde im Kontext dieses Textes nicht allein ein spezifischer Begriff der *torah* konzipiert, sondern zugleich ein konkreter *Begriff der Gemeinde* herausgearbeitet – eine *hermeneutische Gemeinde*, so dass ohne die Interpretationskraft dieser Gemeinde gar nicht auf *die torah* verwiesen werden kann. *Unabhängig von dieser Gemeinde existiert keine torah*; die Gemeinde erscheint unabdingbar, *weil allein die Mitglieder der Gemeinde über die Aussagekraft der torah entscheiden können*. Die *torah* existiert nicht im Sinne eines bloss abstrakten Begriffes, eines abstrakten Kanons, welcher die "Wahrheit" enthält, um nach dieser die persönlichen Handlungen ohne weiteres ausrichten zu können. Vielmehr beraten die Mitglieder einer Gemeinde, die von einer konkreten historischen Situation betroffen sind, *gemeinsam*, so dass schliesslich die Mehrheit zu einer Entscheidung gelangen kann – *und diese schliesslich den Inhalt und Gehalt der torah konstituiert*. Der Text des Makkabäer-Buches zielt deshalb *implizit* auch auf das Verständnis einer "*torah*-Gemeinde", also einer historischen Entstehung der *torah* innerhalb einer Gemeinschaft von Personen. Die Beziehung zwischen der Vorstellung der *torah* im Sinne einer abstrakten Wahrheit sowie einer hermeneutischen Gemeinde soll anhand anderer Texte noch intensiver entwickelt werden, doch bereits im Kontext dieses frühen Textes aus dem 2. Jahrhundert d. Z. wurde die Aufmerksamkeit auf zwei grundlegende Begriffe gelenkt: *die torah und eine Gemeinde*.

. . . .

dass man sich in dieser Frage nicht an ihn als einen Propheten wendete. Vielmehr vertraute er darauf, dass seine Zuhörer ihn als eine vermittelnde Kraft anerkannten, indem er erklärte: Erkennt ihr nicht, dass dies das Wort Gottes ist? Worauf begründete sich jedoch seine eigene Überzeugung und auf welcher Grundlage konnte er davon ausgehen, dass die Zuhörer trotz anderen möglichen Auffassungen stärkeres Vertrauen entgegen bringen würden? – Er verwandte ein implizites Argument: *Ihr wisst, dass dies das Wort Gottes ist!* Schaut in euch selbst, dann werdet ihr es wissen. Doch immerhin erfolgte dies unter Hinzuziehung einer theologischen Rechtfertigung.

16 Als notwendig wird somit eine Interpretation des Textes erachtet und nur damit ist die Antwort auf die Frage "Soll man für die *torah* am *shabbat* kämpfen", "Die *torah* fordert dazu auf!" Dies ist eine Interpretation, deren Schlussfolgerung ja nicht unabhängig von einer konkreten historischen Situation getroffen wurde. Der in diesem Zusammenhang stehende Entschluss war durchaus nicht selbstverständlich – ja gerade deshalb musste eine "Beratung"stattfinden, um die Überzeugung der getöteten Kämpfer aufzuheben!

5. Megillat Taanit – die älteste literarische rabbinische Quelle

Ein zweiter Text zum Feiertag von Chanukka verdeutlicht, dass in anderen literarischen Quellen bereits Hinweise zu einer entwickelten Tradition enthalten sind,[17] da die ersten Ideen in einer relativ frühen Periode formuliert wurden, später jedoch wieder in Vergessenheit gerieten. Als diese Texte erneut aufgegriffen wurden, waren diese schon von einer komplexen Entwicklung und Auslegungspraxis geprägt. Die hier gefasste, spezifische Chronologie dient also vielmehr dazu, die impliziten Fragestellungen und Probleme im Rahmen dieser Texte im Sinne einer *Problemgeschichte* begreifen zu können.

In der folgenden Analyse gelangen wir direkt zur Frage des Wesens des Feiertages von Chanukka. Historisch liegt dieses Ereignis im Jahre 165 v. d. Z., als der Tempelberg in der Auseinandersetzung mit den Hellenisten erneut durch die Juden zurückerobert, gereinigt und neu geweiht wurde.[18] Nach der physischen Neueroberung galt es, den Tempel in das jüdisch-priesterliche Ritual zurückzuführen. Am Jahrestag der Hellenisierung des Tempels wurde schliesslich ein Opfer für den Gott Israels dargebracht – ein Einweihungsereignis, welches historisch den Tag von Chanukka beschreibt. In diesem Kontext erfolgt die Analyse eines frühen rabbinischen Textes, welcher dieses Ereignis berührt, der *Megillat Taanit*.

Ta´anit bedeutet Fasttag und der Text *Megillat Taanit* nennt all jene Tage, an denen *nicht* gefastet werden darf.[19] Der Urtext des *Megillat Taanit* gilt als der älteste überlieferte rabbinische Text, welcher zugleich die Frage hinsichtlich des Charaktes eines rabbinischen Textes aufwirft.[20]

Der Zeitpunkt der Entstehung des rabbinischen Judentums ist rein äusserlich betrachtet eng mit dem Ereignis im Jahre 70 d. Z., also mit der Zerstörung des zweiten

. . . .

17   Einer Analyse der historischen Entwicklungen von Religionen sowie kultureller Prozesse ist das Problem einer chronologischen und diachronischen Darstellung inhärent. Zumeist verlaufen diese Prozesse nicht linear und die Entwicklung von Ideen vollzieht sich oftmals ebenso nicht chronologisch. Latente Entwicklungen und Tendenzen können vorhanden sein, ohne jedoch sichtbar zu werden oder sich in den Formen bewusster Reflexion zu entfalten.

18   Hellenisten bezeichnet in diesem Kontext Juden, die nicht als Griechen geboren wurden, sich jedoch mit der griechischen Kultur und Religion identifizierten.

19   Im Verständnis rabbinischer Religiosität darf an einem Fasttag weder gegessen noch getrunken werden. Die Entstehungszeit dieses Textes wird in der Forschungsliteratur in die Periode vor Jesus von Nazareth verlegt, also ungefähr in die zweite Tempelperiode, vor dem Jahr 70 d. Z.. Dieser Text wiederum enthält einen Kommentar, einen *scholium*, eine Art Talmud zu diesem Text. In dem *megillah* sind jedoch Texte im bibilischen Hebräisch auffindbar, so dass man die Schlussfolgerung ziehen könnte (da es sich nicht um biblische Texte handelt), dass deren Entstehungszeit in der makkabäischen Periode liegt. Es ist bekannt, dass die Hasmonäer zur Beschriftung ihrer Münzen mitunter biblisches Hebräisch verwendeten, was ihren Anspruch zur Begründung einer eigenen Existenz auf einer biblischen Grundlage zum Ausdruck bringen sollte. Wenn man demnach einen Text im biblischen Hebräisch vorfindet, könnte dieser in der Periode der Hasmonäer oder auch späthasmonäischen Zeiten, also des ersten Jahrhunderts vor Jesus von Nazareth verfasst worden sein. Doch diese Schlussfolgerung müsste durch nachfolgende Untersuchungen belegt werden.

20   Zum Zeitpunkt der Entstehung des Feiertages Chanukka im Jahre 165 d. Z. lassen sich noch nicht die Grundlagen zur Herausbildung eines Textes von spezifisch rabbinischen Charakters entdecken.

Tempels verbunden. Inhaltlich betrachtet stellt jedoch bereits Jesus von Nazareth eine Persönlichkeit dar, welche im Sinne einer bestimmten rabbinischen Tradition wirkte. Deshalb ist die Datierung der Herausbildung und Konstituierung des rabbinischen Judentums meines Erachtens so zu betrachten, dass die ursprüngliche Wirkung von Jesus vor dem Hintergrund einer schon entwickelten rabbinischen Religiosität wahrgenommen werden kann (unter Berücksichtigung der Tatsache, dass in der Forschungsliteratur hierzu unterschiedliche Standpunkte existieren). Dennoch kommt der Frage Bedeutung zu, ob in diesem Text ein rabbinischer Problemkomplex entfaltet wird, da zunächst lediglich eine Auflistung der Tage, an welchen *nicht* gefastet werden darf, erfolgt. Im Urtext selbst findet sich zumindest keine Erklärung dafür, weshalb ausgerechnet diese Tage als Festtage festgelegt wurden:

> *An seinem (sc. des Monats Kislev)[21] 25. Tag ist ein Chanukka von acht Tagen, und an diesen Tagen (ist es nicht erlaubt) zu trauern.*[22]

Der Feiertag Chanukka schliesst somit sowohl das Fasten als auch das Trauern aus. Danach folgt ein ausführlicher *scholium* ("Talmud"), welcher in verschiedenen Versionen vorliegt.[23]

6. Das rabbinische Chanukka als Kommentar des Tempelereignisses

Der folgende Text soll die Erkenntniss darüber, was Chanukka als Feiertag insbesondere auszeichnet, vermitteln. Danach handelt es sich um ein Ereignis, welches in engem Zusammenhang mit dem Tempel oder einer Tempelreligiosität steht und sich als ein *Kommentar* zu diesem Tempelereignis erweist.[24] Das Ereignis selbst wird schliesslich in Form eines Festes etabliert und damit zum Gegenstand des Kommentars.

> *Da die Griechen in den Tempel eintraten, verunreinigten sie das ganze Öl, dass im Tempel war ... .*[25]

In einem wichtigen Teil des Tempels stand eine *menorah*, ein siebenarmiger Leuchter. Für diesen Leuchter wurde Öl, zumeist Olivenöl verwendet – was als das beste Öl in der Antike galt. Dieses Öl musste allerdings die Voraussetzungen ritueller Reinheit erfüllen.[26]

· · · · · · · · · · · · · ·

21   Ende November/ Anfang Dezember.
22   *Megillat Taanit* 23 (ed. Lurie, 170).
23   Insbesondere soll hier auf den Text in den Manuskripten von *Megillat Taanit* hingewiesen werden, obwohl dieser Text im Talmud selbst wiederum in Verbindung mit spättalmudischen Quellen steht.
24   Es handelt sich nicht nur um einen theoretisch formulierten Kommentar, sondern um die Abbildung eines bestimmten Ereignisses.
25   *Megillat Taanit* 23 (ed. Lurie, 170). Mit den "Griechen" sind in diesem Fall wie bereits betont die Juden gemeint, welche zur griechischen Kultur und Religion übertraten. Für den Autor des Textes werden diese schon nicht mehr als Juden, sondern als Griechen angesehen.
26   Die Hellenisten, die den Leuchter im Tempel berührten, verursachten im Sinne der rabbinischen Auffassung eine rituelle Unreinheit des Leuchters. Hierbei wird auch der konkrete, soziale Aspekt der Begriffe von Reinheit und Unreinheit, insofern durch die Anwesenheit oder Nichtanwesenheit *bestimmter Menschen* ein Ort rituell rein oder unrein werden kann,

Daher hatte man kein Öl, um im Heiligtum (Licht) zu zünden. Und als das Haus der Hasmonäer erstarkte und sie (sc. die "Griechen") besiegte, (da) suchte man, aber man fand kein Öl – ausser einem (kleinen) Krug, der mit dem Siegel des Hohepriesters (verschlossen) geblieben war, so dass (das Öl in ihm) nicht verunreinigt wurde.[27]

Nur das Öl in diesem Gefäss konnte also, da es verborgen blieb, rituell rein bleiben.

In ihm aber war nur (soviel Öl, wie man brauchte), um einen Tag (lang Licht) zu zünden. Es geschah aber durch es ein Wunder und man zündete von ihm acht Tage (lang) die Lichter. Im nächsten Jahr setzte man sie (sc. diese acht Tage) (als) acht Festtage mit Lob – und mit Dankpreisung(en) fest.[28]

Warum musste ein Jahr vergehen, um die Entscheidung treffen zu können, diese acht Tage jährlich als Feiertage begehen zu können? Offenbar war dieser Entschluss umstritten. Der Text vermittelt eine Andeutung, dass historisch gesagt, dieses Ereignis mit grosser Aufmerksamkeit und Anteilnahme reflektiert wurde. Warum dauert Chanukka acht Tage? – Weil das Öl doch unerwartet acht Tage lang brannte?

Und was sah man (als Anlass), Chanukka acht Tage (lang) zu machen?[29]

Es wird also scheinbar die gleiche Themenstellung wiederholt: Warum dauerte Chanukka acht Tage? Doch sogleich wird offensichtlich, dass eine ganz andere Tradition vorliegt. Der Scholium des *Megillat Taanit*, ähnlich wie andere rabbinische Texte ist offenbar als eine Sammlung und Zusammenstellung *unterschiedlichster, disperater* Quellen und Fragmente aufzufassen. In dem nächsten Text bleibt die Aussage über das Wunder des brennenden Öles, das zuvor die Begründung für die acht Festtage lieferte, aus, und es wird der Versuch unternommen, die bereits genannte Fragestellung mit Hilfe anderer Argumente zu beantworten.

7. Chanukka und Schöpfungstheologie – die Reinterpretation des Tempels

Machte er (sc. Mose) denn nicht (das) Chanukka (sc. das Fest zur Einweihung der Priester), das Mose in der Wüste machte, nur sieben Tage (lang)?[30]

Weshalb wurden jedoch *acht* Feiertage von Chanukka festgelegt? – Diese Frage wird sich als eine wichtige und faszinierende Einsicht in die Perspektive und Entwicklung des rabbinischen Judentums erweisen.

. . . .

deutlich und es sich hierbei nicht um einen abstrakten ritualen Verstand von Reinheit und Unreinheit handelt. Auf das komplexe Thema *ritueller Reinheit und Unreinheit* wird in dem nachfolgenden Kapitel dieses Bandes eingegangen.

27   *Megillat Taanit* 23 (ed. Lurie, 170).
28   ebd.
29   *Megillat Taanit* 23 (ed. Lurie, 170).
30   *Megillat Taanit* 23 (ebd.). Vgl. Lev 8,32.

Moses feierte seinen Chanukka offenbar in Erinnerung und Anlehnung an die sieben Tage der Schöpfung.[31] In diesem Sinne könnte man schlussfolgern, dass der zusätzliche achte Tag die Aufmerksamkeit auf die Erkenntnis richtet, dass in sieben Tagen *der Schöpfungsprozess nicht abgeschlossen ist*. Der achte Tag symbolisiert somit den Prozess einer *neuen Schöpfung*, welche auf der vorangegangenen basiert. Im Sinne der *Vollendung* des Prozesses der ersten sieben Tagen, muss dieser um einen achten Tag erweitert werden, was eine grundlegende Erkenntnis einschliesst: Die Schöpfung wird in der Folge von sechs Tagen erzählt, der siebente Tag schliesslich – der *shabbat* – symbolisiert die vollendete Einheit. Doch auch oder insbesondere diese "vollendete Einheit" bedarf einer Erweiterung und "Vollendung", was auf eine charakteristische rabbinische Argumentation verweist. Danach ist die Schöpfung der Welt in ihrer Gegebenheit niemals vollendet – diese bleibt *in ihrer Gegebenheit unvollendet*. In der Erkenntnis eines eschatologischen Momentes erfährt dieser Aspekt schliesslich eine entscheidende Radikalisierung. Diese Interpretation von Chanukka ist zwar in früh-rabbinischen Texten nicht nachweisbar. Es eröffnet aber die Möglichkeit, die tiefe Bedeutung des Erneuerungsmotivs im Zusammenhang mit Chanukka wahrzunehmen. Die Eschatologisierung der Auseinandersetzung mit den Griechen, wie dies im *Daniel-Buch* geschieht, verleiht aber dieser Sicht eine historische verisimilitude – obwohl die zwei nicht miteinander zu identifizieren sind.

Das Errichten des Tempelzeltes oder des Tempels selbst ist laut rabbinischem Verständnis mit der Existenz der Welt als Ganzes verbunden. Gemäss der talmudischen Tradition wurden für alle Völker der Welt im Tempel Opfer dargebracht, welche die Existenz dieser Völker gewährleisten sollten.[32] Der Tempel bildet auf diese Weise ein Symbol und die Garantie der Existenz der ganzen Welt – parallel zum Schöpfungsgedanken.

Der Leuchter im Tempel verfügte in gleicher Weise über sieben Arme, als Symbol der Schöpfung und des *shabbat*, so dass der Tempel in einen unmittelbaren Zusammenhang mit der Aufrechterhaltung der Schöpfung gerückt wurde.

Schliesslich kam es zur Entfaltung des Begriffs von *acht Tagen*, so dass das überlieferte Verständnis einer siebentägigen Dauer von Chanukka theoretisch und praktisch überholt schien.[33] Chanukka symbolisierte zwar den Schöpfungsbegriff,

---

31 Dies wäre zumindest eine rabbinische Interpretation der Beziehung zwischen der Schöpfung und des Tempels (vgl. GenR zu Gen 1,2 (S. 18) und *Pesikta de Raw Kahana* zu Chanukka (S. 9-11).

32 B *Sukka* 55b.

33 Unterstützend jedoch ist bMeg 10b der den 8. Tag in Lev 9,1, der abschliessende Tag der sieben Einweihungstage von Aaron und seinen Söhnen, als ein Tag der "Freude vor Gott ... wie der Tag, an welchem Himmel und Erd geschffen worden sind" preist. Dieser 8. Tag bezeichnet den Anfang der Einweihungsopfer des Stammesfürsten in Num 7 (vgl. *Seder Olam* 7, pJom 1,1, bGittin 60ab, und bRottash 10b); Num 7 wiederum wird, wie schon in der Mischna erwähnt (mMeg 4,4), in der Synagoge am Chanukka gelesen. Siehe auch GenR zu Gen 1,5 (S. 24-25) und bMeg 31b. Für den eschatologischen Aspekt von Chanukka im rabbinischen Denken muss auch die *haftarra* vom ersten Schabbat von Chanukka (Sach 2,14-4,7, vgl. bMeg 31a) und seine midraschisches Umfeld in Erwägung gezogen werden. Siehe auch Kap. 7 und 8 in diesem Band.

zugleich verwiesen die Rabbiner jedoch auf eine notwendige Ergänzung und Erweiterung dieser Idee:

> *Und so finden wir (es auch) beim Chanukka (sc. beim Einweihungsfest des Tempels), das König Salomo machte. Denn er machte es nur sieben Tage (lang).*[34]
>
> *Was aber sah man (als Anlass), dieses Chanukka acht Tage (lang) zu machen? (Es war) aber (so), dass die Hasmonäer in den Tagen der griechischen Herrschaft den Tempel betraten und den Altar bauten, ihn mit Kalk überzogen und für ihn (neue) Dienstgeräte bereiteten. Sie waren damit acht Tage (lang) beschäftigt.*[35]
>
> *Und was sah man (als Anlass), die Lichter zu zünden?*[36]

Selbstverständlich musste man den Leuchter im Tempel anzünden – also warum wird diese Frage überhaupt formuliert? Dem Autor des Textes war offensichtlich bewusst, dass in jedem Haus die Kerzen für Chanukka angezündet wurden.

> *(Es war) aber (so), dass die Hasmonäer in den Tagen der griechischen Herrschaft den Tempel betraten und acht eiserne Stangen in ihren Händen (mitbrachten), diese mit Holz bedeckten und auf ihnen die Lichter anzündeten. Sie waren damit alle acht (Tage lang) beschäftigt.*[37]

Wieso wurde ausgerechnet ein Leuchter mit acht und nicht mit sieben Armen aufgestellt? Für die Akteure des Textes erscheint dies selbstverständlich, trotzdem findet sich keine exakte Erklärung. Es ist jedoch die Frage zu stellen, weshalb ausgerechnet eine solch gravierende Änderung beinahe unbemerkt blieb. Möglicherweise wurde im Kontext dieser Entscheidung ein ausgesprochen radikaler theologischer Ansatz formuliert. Der neu errichtete und gereinigte Tempel sollte die Perspektive einer Überwindung der Schöpfung selbst symbolisieren, so dass im rabbinischen Judentum diese Überzeugung schliesslich zu einem entscheidenden Bestandteil *eschatologischen* Denkens fortentwickelt wurde.

Bevor jedoch unsere Interpretation abgeschlossen werden kann, sollen folgende zwei Texte analysiert werden. Der vorliegende Text ist bereits Bestandteil des Talmuds, also Teil eines rabbinischen Werkes in bShab 21b. Dieser Text erhielt seine literarische Gestalt spätestens am Anfang des 3. Jahrhunderts:

· · · · · · · · · · · ·

34   *Megillat Taanit* 23 (ed. Lurie, 170) – Vgl. hierzu 2.Chr. 7,9. – Das stellt eine interessante Tatsache dar, denn damit wurden bereits zwei Präzedenzfälle genannt, welche die Dauer von Chanukka auf sieben Tage begrenzten. Aber mit Nachdruck fordert der Autor einen zusätzlichen achten Tag ein.
35   *Megillat Taanit* 23 (ed. Lurie, 170).
36   Ebd.
37   Ebd.

> *Was bedeutet Chanukka? Die Rabbanan lehrten: Am 25. (Tag) im (Monat)*
> *Kislev sind die Tage von Chanukka; es sind acht (Tage), an denen (es) nicht*
> *(erlaubt ist) zu trauern und an denen (es) nicht (erlaubt ist) zu fasten. Als die*
> *Griechen in den Tempel eintraten, verunreinigten sie alle Öle, die im Tem-*
> *pel waren. Und als die Herrschaft des Hauses der Hasmonäer erstarkte und*
> *sie (sc. die Griechen) besiegte, (da) suchte man, aber man fand nur einen*
> *(kleinen) Krug von Öl, der mit dem Siegel des Hohepriesters (verschlossen)*
> *geblieben war. Und in ihm war nur (soviel Öl, wie man brauchte), um einen*
> *Tag (lang Licht) zu zünden. Es geschah (aber) durch es ein Wunder und man*
> *zündete von ihm acht Tage (lang). Im nächsten Jahr setzte man sie (sc. diese*
> *acht Tage) fest und machte sie (zu) Festtagen mit Lob- und Dankpreisung(en).*[38]

Dieser Text, und das scheint interessant, enthält lediglich die Erzählung über das wun-
dersame Öl, welches anstatt einen Tag *acht Tage* brannte.

Der zweite Text stammt aus der Liturgie. In das *shmone-esre*-Gebet, die acht-
zehn (beziehungsweise 19) Segnungen (*brachot*), die ein frommer Jude dreimal am
Tag betet, wird zu Chanukka eine Passage eingeschaltet, die den Anlass des Festes
erklärt.[39]

> *Wegen der Wunder, wegen der Befreiung, wegen der Heldentaten, wegen*
> *der Rettungen und wegen der Kriege, die du für unsere Väter gemacht hast*
> *in jenen Tagen zu dieser Zeit. In den Tagen Matitjahu ben Jochanans,*[40] *des*
> *Hohepriesters, des Hasmonaer und (in den Tagen) seiner Söhne, als die fre-*
> *velhafte griechische Herrschaft gegen dein Volk Israel (auf)stand ... .*[41]

Dabei wird bereits der Charakter eines rabbinischen Verständnisses deutlich: wenn im
Makkabäer-Buch die Auseinandersetzung zwischen den Juden im Vordergrund stand,
so wird im rabbinischen Verständnis wesentlich das Verhältnis zwischen den Juden
und Nichtjuden thematisiert.[42]

Doch worin drückte sich das Wesen dieser Auseinandersetzung aus? Zunächst
handelte es sich um die Voraussetzungen einer politischen Auseinandersetzung, in
deren Verlauf die griechischen Eroberer eine ständige Besetzung Palästinas anstreb-
ten. Mit dieser Zielsetzung wurde auch die Religion zum Bestandteil eines kulturellen
Entfremdungsprozesses. In Israel wurde demnach die klassische Auseinandersetzung

. . . .

38 bShab 21b.
39 Obwohl der gegenwärtig vorliegende Text dieser Komposition aus der Sidur von Raw Amram,
    Gaon von Sura (856- 874) in Babylonia stammt, ist sein Inhalt tief in der altrabbinischen
    Religiosität gewurzelt.
40 Dies ist der Vater der Makkabäer.
41 Ebd.
42 Die Rabbiner erachten denjenigen als einen Juden, der sich treu gegenüber der *torah* ver-
    hielt. Aus diesem Grund findet sich auch im rabbinischen Judentum das Verständnis, dass
    man *ein Jude werden kann*, was die Möglichkeit eines jeden Menschen, sich treu zur *torah*
    zu verhalten, impliziert.

zwischen einer reichen Oberschicht, welche den Prozess der Hellenisierung akzeptierte und einer Unterschicht, die keinerlei Vorteile im Prozess der Hellenisierung erwartete, ausgetragen. Der vorliegende Text thematisiert jedoch vor allem den religiösen Aspekt dieses Konfliktes:

> ... *um sie deine torah vergessend zu machen.* [43]

Was im *Makkabäer*-Buch lediglich angedeutet wurde, bildet hier das zentrale Thema – *die torah*. Damit wurde eine vollkommen andere Perspektive, ein anderer Raum der Betrachtung eröffnet:

> ... *und um sie die Satzungen deines Willens übertretend zu machen. Du aber in deinem grossen Erbarmen standest für sie (ein) in der Zeit ihrer Bedrängnis, du strittest ihren Streit, führtest ihren Rechtsstreit,[44] vollzogst ihre Rache. Du überliefertest starke in (die) Hand von Schwachen, und viele in (die) Hand von Wenigen und Unreine in (die) Hand von Reinen ... .[45]*

Dabei vollzog sich eine Vermittlung des Begriffs von Reinheit, welcher jedoch nicht die rituelle Reinheit des Ölgefässes sowie die Frage, wer dieses berührte, erfasst. Vor allem war der inhaltliche Aspekt entscheidend, wonach die Nichtjuden nicht im Besitz der *torah* waren und *aus diesem Grund* als rituell unrein galten. Wesentlich wurde damit eine veränderte Interpretation der Begriffe von Reinheit und Unreinheit impliziert –

> ... *Frevler in (die) Hand von Gerechten und Böswillige in (die) Hand derer, (die) sich mit deiner torah beschäftigen.[46]*

Dies widerspiegelt eine ausgesprochen rabbinische Ausdrucksweise – "diejenigen, die sich mit deiner *torah* beschäftigen." Dabei schliesst die Formulierung "beschäftigen" sowohl erlernen, studieren (den theoretischen Aspekt) als auch handeln oder tätig sein (den praktischen Aspekt) ein. Die Rabbiner argumentierten überzeugend für eine untrennbare Einheit von Lernen (Studium) und Handlung (Praxis). Dies kennzeichnet die rabbinische Anthropologie, in deren Kontext "inneres" und "äusseres" nicht authentisch getrennt werden können. In der Folge einer Reinterpretation eines historischen Ereignisses wurde der Stellung zur *torah* eine massgebliche Bedeutung zugerechnet, so dass diese Begriffe nicht Teile oder Funktionen eines abstrakten Rituals, sondern die *torah* und ihre Anhänger eine Einheit bilden:

> *Und dir hast du einen grossen und heiligen Namen in deiner Welt gemacht ... .[47]*

---

43 Ebd.
44 Es findet sich doch eine politische Dimension, denn Gott tritt als ihr Schlichter und Richter auf.
45 Ebd.
46 Ebd.
47 Ebd.

Dabei wird das Echo des Martyriums (= Zeugnis) vernehmbar. Die *Makkabäer* Bücher enthalten den ersten Ausdruck einer Martyriumstheologie in der Geschichte von Religionen (zumindest im Kontext der römischen Welt), welche die Person des Märtyrers als ein Resultat der Erfahrungen innerhalb der Auseinandersetzungen der *Makkabäer* akzentuiert.[48]

> *Und deinem Volk Israel hast du eine grosse Rettung gemacht wie an diesem Tag. Danach kamen deine Söhne in das Innere deines Hauses, räumten deinen Tempel aus, reinigten dein Heiligtum, zündeten Lichter in den Höfen deiner Heiligkeit und setzten diese acht Tage des Chanukka zum Dankpreisen und zum Loben deines grossen Namens fest.*[49]

Dem vorliegenden liturgischen Text ist das Wissen um die Erzählung von dem wundersamen Öl nicht inhärent. Eine Interpretation der oben genannten Aussagen muss deshalb folgende Gedanken berücksichtigen: Insbesondere die Nichtaufnahme der Erzählung über das Öl, welches laut der talmudischen Tradition des rabbinischen Judentums acht Tage lang brannte und die gleichzeitige Nichtberücksichtigung anderer Fragmente erscheint beachtenswert. Dabei wurde deutlich, dass die Erzählung im talmudischen-rabbinischen Judentum erst relativ spät entstanden ist, und dass auch die Etablierung des Judentums durch eine Herauskristallisierung des Siddur (= der liturgische Kanon) diese Erzählung nicht als dogmatischen Wunderglauben hineinrücken liess. Wie kann jedoch eine Tradition zugleich genug bedeutsam sein, dass der Babylonische Talmud diese als einzige Erklärung für die acht Tage aufgreift und auch unbedeutend sein? Offenbar widerspiegelt diese Konstellation einen *hermeneutischen Komplex*. Die Lösung dieses Problems besteht vor allem darin, dass diese Erzählung innerhalb des rabbinischen Bewusstseins nicht als eine historische Beschreibung entwickelt wurde – sondern als ein Midrasch, eine Hermeneutik. Das Problem bestand demnach nicht in der Erörterung, warum das Öl im Leuchter acht Tage lang brannte, sondern in der darin eingeschlossenen Auslegung des Feiertages von Chanukka.

Worin bestand also der bedeutungsgemässe Aspekt dieser Auslegung? – eine Frage, welche zugleich einen entscheidenden Moment im Kontext der Geburt des rabbinischen Judentums aufgreift.

Doch zuvor muss auf die Konsequenz eines anderen Autors verwiesen werden. Josephus Flavius war schon im Jüdischen Krieg gegen die Römer (66 – 70 d. Z.) eine bedeutende Persönlichkeit. In seiner späteren Autobiographie dokumentierte er seine Verantwortung für die Vorbereitung dieses Krieges unter anderem in seiner Tätigkeit, zur Errichtung von Befestigungen etc. Mit all seinem Vermögen hatte er den Krieg gegen die Römer vorbereitet. Als jedoch die Römer siegreich aus dieser Auseinandersetzung hervorgingen, wechselte Flavius die Seiten, indem er zum Chronist der Römer wurde. Insbesondere diese Haltung liess Flavius prädestiniert dafür erscheinen, eine Geschichte über diesen Krieg in der Tradition griechischer Geschichtskonzeption zu verfassen. Das Werk selbst wurde zu einem überragenden Dokument dieser Zeitge-

---

48   Die christliche Tradition bewahrte diese Texte, in dem Bewusstsein um eine der frühesten Ausdrucksformen des eigenen Martyriums.
49   Ebd.

schichte, in welchem sich seine eigene Zerrissenheit sowie die Gewissenszwänge von Flavius Josephus[50] selbst widerspiegelten. In seinen späteren Lebensjahren versuchte sich Flavius Josephus von einem Vorwurf des Verrats, durch seine jüdisch-apologetische Schrift "Die jüdischen Altertümer", eine Abhandlung über seine Sicht des Judentums, zu distanzieren.[51] Josephus Flavius schreibt darin zwei knapp gehaltene Sätze über Chanukka, in welchen er dieses als den *Feiertag der Lichter* bezeichnete.[52] Obwohl ihm der talmudische Hintergrund dieser Feiertage nicht bewusst war, berichtete er, dass die Juden in einer bestimmten Zeit des Jahres (Monat Kíslev) einen Feiertag begingen, welcher der Feiertag des Lichts (da man im ganzen Land Lichter anzündete) genannt wurde.

In allen genannten Quellen ist danach ein konstanter Ausgangspunkt wahrzunehmen: *Die Darstellungen der Feiertage von Chanukka reflektieren immer das Thema des Leuchters (oder Lichtes)* im Tempel, selbst im Kontext der frühesten erhaltenen literarischen Quellen. Auch das in der rabbinischen Tradition formulierte Verbot, das Licht der Chanukka-*menorah* nicht für weltliche Angelegenheiten zu verwenden,[53] begründete die Wahrnehmung, dass es sich bei diesem Leuchter (welcher heute in jedem Haus steht) um eine Reinterpretation eines heiligen Gegegenstandes des Tempels handelte. Die Bedeutung, welche die Rabbiner der Existenz dieses Lichtes, in jedem jüdischen Haus, ja sogar für jede Person (!)[54] zumassen (zugleich auch ihr Bedürfnis, diese Tradition lebendig zu bewahren) erforderte eine Interpretation. Deshalb wurden zwei entscheidende Grundlagen zum Verständnis dieses Feiertages herausgestellt: Einerseits wurde die Geschichte des Leuchters im Tempel thematisiert, andererseits stand die Reflexion des Begriffes der *torah* im Vordergrund.

8. Torah – Weisheit und Eschatologie. Wahrheit und Macht

In der bisherigen Analyse war das Verständnis der *torah* im Verhältnis zum Leuchter des Tempels noch nicht entwickelt. Auf welche Weise wurde jedoch der Leuchter im Tempel mit dem Begriff der *torah* in Verbindung gebracht? Innerhalb der biblischen Quellen wurde schon eine Darstellung des Lichtes im Kontext der Bestrebung und des Bedürfnisses nach Weisheit oder Erkenntnis formuliert. Eine Identität von Licht und Weisheit, eine Vorstellung, welche in zahlreichen Quellen der Qumran-Literatur aber auch im Kontext der griechischen Literatur überliefert wurde, zielt auf verschiedene Aspekte der Erkenntnis,[55] während im Gegensatz dazu in der Dunkelheit das Wesen der Dinge verborgen blieb. Für die Rabbiner bildete der Leuchter (im Tempel) den *Inbegriff des Lichtes der Weisheit* und in der rabbinischen Lesart des Sprüche-

---

50 Er nannte sich "Flavius" – nach dem Namen seines Auftraggebers. In wissenschaftlichen Untersuchungen wurden die Beschreibungen von J. Flavius zunächst lange als unrealistisch und überhöht eingeschätzt, doch neuzeitliche archäologische Grabungen erwiesen, dass die Darstellungen von J. Flavius sehr oft äusserst detailgetreu und präzise sind.

51 Seine Werke galten als eine der wichtigsten Schriften jüdischer Geschichtsschreibung überhaupt und war sowohl für die geistige Vorbereitung der Revolutionen in Frankreich als auch in Amerika im ausgehenden 18. Jh. von nicht geringer Bedeutung.

52 Ant. 12,325.

53 vgl. hierzu bShab 22a.

54 vgl. hierzu bShab 21b.

55 Im Denken der Aufklärung wurde insbesondere dieser Gedanke aufgegriffen. Auch in anthropologischer Perspektive wurde hiermit ein sehr altes Thema aufgegriffen.

Buches wurde die Verbindung der Weisheit der Sprüche und der *torah* klar herausgestellt. Die *torah* geriet demnach zum Inbegriff des Weisheits-Begriffs schlechthin. Der rabbinischen Interpretation war somit eine wahrscheinlich frühe, überlieferte Erkenntnis inhärent, wonach der Leuchter des Tempels nicht lediglich einen Gegenstand des Kultes bildete, sondern wesentlich einer Wahrnehmung entsprach, welche ihrerseits nur in geringem Masse mit der Realität des Tempels übereinstimmte. Während der Tempel in seiner Substanzialität den Raum des Ritus symbolisierte, sahen die Vertreter des rabbinischen Judentums darin einen Aspekt der *torah*.[56] Im rabbinischen Judentum wurde deshalb Chanukka zum Inbegriff des Sieges des Lichtes über die Dunkelheit, zu einem Sieg der Erkenntnis und Weisheit über Unwissenheit und Ignoranz. Grundlegend war die implizite Erkenntnis, dass in diesem Zusammenhang zugleich eine *Reinterpretation des Tempels* vorgenommen wurde. Dem Licht des Tempels war hier der Symbolgehalt eines Prozesses inhärent, welcher sich bereits ausserhalb des Tempels vollzogen hatte. *Die Reinterpretation des Tempels bildete schliesslich das zentrale Element für die Herausbildung und Entwicklung des rabbinischen Judentums.*

Das historische Ereignis der Zerstörung des Tempels im Jahre 70 d. Z. selbst rückte deshalb zunehmend als Grund zur Entstehung des rabbinischen Judentums in den Hintergrund.[57]

Das rabbinische Judentum bildete sich demnach nicht an Stelle der verloren gegangenen Tempelreligion heraus, sondern konstituierte sich bereits während der Existenz und der daraus resultierenden Reinterpretation des Tempels, in einem Prozess der De- und Entritualisierung der Tempelreligiosität.

In den nachfolgenden Kapiteln soll dieser Prozess noch umfassender und in seiner ganzen Auswirkung entwickelt werden. Im Mittelpunkt steht dabei die Notwendigkeit einer Hermeneutik und praktischen Verlagerung der Tempelreligiosität aus dem Tempel selbst, so dass ein neues Verständnis des *Tempelereignisses – nun an jedem Ort* entfaltet werden konnte.

In dieser Hinsicht ist auch die Reinterpretation des Leuchters selbst aufzufassen, denn das Öl "brannte acht Tage lang." Demnach verpflichtet diese Legende nicht die Annahme einer Revision der Geschichte. "Weisheit" hingegen kann in einem eschatologischen Kontext, in der symbolischen Auffassung von acht Tagen gedacht werden: *sieben Tage des Schöpfungsprozesses und ein zusätzlicher Tag, welcher eine eschatologische Sehnsucht im Sinne einer Überwindung der blossen Gegebenheit der Natur einschliesst.* Die liturgischen Formulierungen von Chanukka

---

56   Zum Licht und Tempelleuchter-Verständnis bei den Rabbinern siehe Folgendes: bBer 17a und 22a; über 8,6 (12b); bShab 22b und 147b; bTaan 15a; bMeg 14a und16a; bChag 12a; bKet 103 a und 111b; bSot 21a; bBB 4a; GenR zu Gen 1,3 (S. 18-25). Undzu Gen 2,3 (S. 88-89).

57   Neuere Forschungen zeigen sehr klar, dass rabbinisches Judentum auch historisch bereits in der Zeit von Jesus von Nazareth existierte, siehe z.B. Geza Vermes, *Jesus the Jew*, London 1973 (deutsch, *Jesus der Jude*, Neukirchener Verlag, 1997).

verweisen auf den geistigen Inhalt des Sieges über die "Griechen", und dessen Verge-genwärtigung der Dankbarkeit aus der Sterilität der Vergangenheit ist tief in der Allge-genwart der rabbinischen eschatologischen Sehnsucht verwurzelt. [58]

Für diejenigen, die heute diese Entwicklung nicht wahrnehmen wollen (das *Makkabäer*-Buch fasst in diesem Sinne eine ausgesprochen moderne Geschichts-schreibung), wurde der Bericht um die Entwicklung der kriegerischen Auseinanderset-zung immer zentraler.[59] Im rabbinischen Bewusstsein jedoch gerieten diese Erzählun-gen und Dokumente der eigentlichen Kriegshandlung sowie deren historischer Hintergrund jedoch schnell in Vergessenheit; die *Makkabäer*-Bücher bildeten nicht einmal einen Bestandteil des rabbinischen Kanons. Die rabbinisch-liturgische Vorstel-lung hinsichtlich einer Auseinandersetzung zwischen einer martialischen Mehrheit und einer geistigen Minderheit reflektierte die Vorstellung eines altrabbinisches Judentums in seiner Entstehung. Nur in der Dimension der *torah* konnte für die Rabbiner letztlich ein Sieg des Lichtes über die Dunkelheit stattfinden.

· · · · · · · · · · · · · · · ·

[58]   Im Gegensatz dazu gilt Chanukka im heutigen Israel als der jüdisch-nationale Feiertag schlecht-hin, welcher jedoch vor allem als Symbol des Sieges der Juden über seine militärischen Feinde begangen wird.

[59]   Im heutigen Israel rücken deshalb Forschungen hinsichtlich des exakten Ortes der Ausein-andersetzung, der Kriegsausrüstungen sowie des Verlaufes des Aufstandes in den Vorder-grund der Überlegung.

Drittes Kapitel

Die *torah* und die hermeneutische Gemeinde

1. Traktat Avot. Hillel der Ältere

Dieses Kapitel beginnt mit der Analyse des Traktats *Avot* oder auch *Pirkei Avot* genannt, einem Traktat angeblich innerhalb der Mischna. Die Mischna als ein zentraler Text im rabbinischen Judentum wurde von den rabbinischen Gelehrten im Gedächtnis bewahrt, so dass dieser Text auch "unsere Mischna" genannt wurde. Obwohl der Traktat *Avot* als Bestandteil der Mischna überliefert wird, findet sich mitunter die These, wonach dieser Text im Zusammenhang mit einer Tradition steht, welche im Kontext des Hauses der *nasi* redigiert wurde,[1] und nicht unbedingt "unserer Mischna" angehört. Die Verbreitung des Traktats *Avot* unter religiösen Juden bezeugt jedoch dessen Bedeutung für eine Interpretation des Judentums.

Ungeachtet dessen ergibt sich jedoch die Frage, weshalb diese Familie die Abfassung eines eigenen traditionellen Textes veranlasste? Der erste Text oder die erste Mischna lautet:

Mose empfing die torah vom Sinai.[2]

Dies verweist auf eine ausgesprochen rabbinische Formulierung, denn es heisst nicht; "Mose empfing die *torah* von Gott", sondern "vom *Sinai*". Die alten Rabbiner "verwinkelten" oft die Beziehung zu Gott, wenn es sich um die Herausbildung eines eindeutigen "Willen Gottes" handelte.

Und er gab sie Josua, und Josua (übergab sie) den Ältesten.[3]
Und (die) Älteren (übergaben sie) den Propheten, und (die) Propheten übergaben sie den Leuten der grossen Versammlung.[4]

Dem Leser des Textes wird sogleich bewusst, dass es sich hiermit um einen tendenziös verfassten Text handelt, insofern diese Mischna nicht dem Wortlaut der Bibel folgt. Danach empfing nicht Mose in einer ausschliesslich persönlichen Beziehung zu Gott

. . . .

1 Der *nasi* war der Vorsitzende des Gerichtshofes, der über die Aufstellung des Kalenders zu entscheiden hatte. Das rabbinische Judentum bildete *keine zentrale* religiöse Autorität aus – die einzige Ausnahme bildete die Befugnis zur Aufstellung des Kalenders. Für die Existenz der religiösen Gemeinden erwies sich die Aufstellung eines Kalenders als unabdingbar, da es galt, die Feiertage für alle Gemeindemitglieder verbindlich festzulegen. Eine Entscheidung über die Festlegung des Kalenders musste in jedem Monat erfolgen, da die Länge des Mondmonats variierte, so dass sich im rabbinischen Judentum die Stellung dieser "Autorität" zu einer entscheidenden Frage herauskristallisierte. In Erez Israel wurde diese Aufgabe in der Regel einer aristokratischen Familie übertragen, eine Tradition, welche unter anderem auf die Person *Hillel des Älteren* in der Zeit Jesu von Nazareth zurückgeht. Seine Familie errang somit die Vormachtstellung hinsichtlich der Aufstellung des Kalenders und die Geschichte dieser Familie widerspiegelt eine bestimmte politische und kulturelle Entwicklung der rabbinischen Gemeinden, da deren religiöse Auffassungen oft nicht in Übereinstimmung mit denen der Rabbiner standen. Die Familie von Hillel verfügte danach mit hoher Wahrscheinlichkeit über eine eigene Mischna. In den nachfolgenden Kapiteln wird das Thema der "Autorität" im rabbinischen Judentum in den Vordergrund der Analyse rücken.
2 mAv 1,1.
3 Vgl. hierzu Jos 24,31.
4 mAv 1,1.

die *torah* und übergab diese weiter an Josua, *sondern die torah empfang er "vom Sinai", also implizit – all jenen, die sich am Berg Sinai befanden, und deren Nachahmern*.[5] Dass der Ort zum *nexus* der *torah* anstatt des unmittelbaren Gespräches mit Gott wird, jedoch die individuellen "Empfänger" in jeder Generation (wie der weitere Text in *Avot* dies beschreibt) hervorgehoben werden, entspricht einer Typologie. Die biblische Darstellung hebt aber durch die rabbinische Formulierung *nicht das Volk Israel, sondern jene Personen, welche die torah empfingen,* hervor. Nur aufgrund der Empfängnis der *torah* wurden sie in die Lage versetzt, die religiöse Gemeinde zu konstituieren: Das Volk Israel, um seine Identität als Volk Gottes zu erlangen, ist abhängig von dem individuellen Umgang mit der *torah*.

Ausdrücklich verweist diese Mischna jedoch auf die Personen *Mose* und *Josua* (als "Empfänger der *torah* "), um auf diese Weise die Autorität der Familie von Hillel (dem *nasi* = "der Erhabene") zu inaugurieren (wie die Fortsetzung von *Avot* zeigt). Zugleich spiegelt dieser Text die Bestrebung der Familie von Hillel wider, die institutionellen Voraussetzungen einer "Kirche" (im Sinne einer zentralen religiösen Autorität) innerhalb des rabbinischen Judentums zu begründen. Diese Familie beabsichtigte somit, sich als Glied einer weit zurückreichenden Traditionslinie zu begreifen, um hieraus das Vorrecht einer privilegierten, aristokratischen Oberschicht abzuleiten. Der Anspruch einer letztlich zentral verfassten, institutionell bestimmten Religion vermochte sich jedoch nicht durchzusetzen, obwohl ständige Anstrengungen hierzu unternommen wurden.

Weil diese Mischna somit eine bewusste Veränderung des ursprünglichen biblischen Textes enthält, werden einige relevante theologische Begriffe entwickelt, welche sich für das Verständnis des Begriffes der *torah* im rabbinischen Judentum als aufschlussreich erweisen. Der theologische Ansatz dieses Textes selbst erscheint faszinierend, denn allein die Konstitution einer Traditionslinie spiegelt ein grundlegendes, religiöses Verständnis innerhalb des rabbinischen Judentums wider. Mose empfing die *torah* vom Sinai und übergab diese an seinen Nachfolger. Schliesslich überreichte der Nachfolger von Moses die *torah* weiter an den Nächsten etc. Darin zeigt sich bereits die Umdeutung eines ursprünglichen Traditionsverständnisses, insofern die Übergabe der *torah* jetzt ausschliesslich an bestimmte, auserwählte Personen erfolgte. Gemäss dem eigentlichen rabbinisch-religiösen Verständnis vermag *jede Person, welche die torah gemeinsam mit seinem Lehrer studiert, die Stellung von Mose einzunehmen, so dass dieser damit selbst zu einem Glied dieser Traditionslinie und wie*

. . . .

5   Damit soll keinesfalls geschlussfolgert werden, dass mit denen, die sich am Berg Sinai befanden, ausschliesslich das Volk Israel gemeint sei, da sich gemäss der Formulierung der biblischen Erzählung nicht allein sie, sondern zahlreiche andere Personen am Berg Sinai befanden: Ein "grosses Völkergemisch" (Ex 12,38) kam mit Israel aus Ägypten.

6   Die Erbfolge sollte damit den Anspruch zum Empfang der *torah* auf der Basis eines Studiums – der Kenntnis der Texte – sowie eines daraus resultierenden Handelns ersetzen. Der Versuch der Familie der *nasi* scheiterte jedoch, und ihre Bemühungen, eine "Kirche" zu begründen, konnten letztlich nicht realisiert werden. Diese Entwicklung vollzog sich ungeachtet der Tatsache, dass aus der Familie der *nasi* einige grosse Gelehrte hervorgingen und diese über beträchtlichen politischen und religiösen Einfluss verfügten.

Mose zum Empfänger der torah wird.[7] Die Abweichung von dem Pentateuch-Text widerspiegelt damit eine authentischere Darstellung der rabbinischen Religiosität als das aristokratische Festhalten an einer spezifischen Nachfolge.

Keineswegs erschöpft sich ein solches Verständnis der *torah* in einem starren, abstrakten Katalog von Vorschriften und Regeln, sondern stellt vielmehr die Gesamtheit der konkreten und notwendigen Diskussionen (zwischen Lehrern und Schülern) sowie Auseinandersetzungen beziehungsweise Interpretationsleistungen dar. Das rabbinische Judentum begreift sich deshalb im Kontext der traditionellen und interpretatorischen Studien, welche die eigentlichen Grundlagen einer Autorität anzugeben vermögen. Dass es innerhalb des rabbinischen Judentums nicht zur Herausbildung einer autoritativen, kirchlichen Institution kam und sämtliche Versuche, eine solche Institution zu etablieren, letztlich misslangen, verweist auf einen grundlegenden Aspekt des Wesens des rabbinischen Judentums. Den Grund für dieses Scheitern bildet vor allem die historische Entwicklung des rabbinischen Judentums selbst, insofern dieses zumeist eine kleine, oft auch verfolgte Minderheit darstellte, so dass die Voraussetzungen zur Etablierung einer zentralen Autorität zumeist nicht gegeben waren beziehungsweise ständig infrage gestellt wurden.

Wenn das rabbinische Judentum hingegen in stärkerem Masse zu einem massgeblichen Teil der politischen und wirtschaftlichen Machtverhältnisse geworden wäre, hätte sich eine zentral institutionalisierte Entwicklung (des rabbinischen Judentums) durchaus abzeichnen können. Damit rückt nicht die Frage, ob die Rabbiner aus persönlichen Gründen die Bildung einer zentralen Autorität ablehnten, in den Vordergrund der Diskussion, sondern viel wesentlicher erscheinen die konkreten historischen Verhältnisse. Somit spiegelt das rabbinische Judentum zwar eine Geschichte von Ideen wider, es bezieht seine Glaubwürdigkeit jedoch wesentlich aus der Notwendigkeit eines bestimmten, historischen Daseins. Hieraus ergibt sich eine weitere, weitaus komplexere Fragestellung: Was kann unter dem Begriff der *torah* verstanden werden?

2. Das Problem der kanonischen Hierarchie – mündliche und schriftliche torah (torah she-bi-chtaw und torah she-bi-al-pe)

Es existieren unterschiedliche Fassungen des Begriffs der *torah*. Ein stark vereinfachter Begriff der *torah* wäre, diese als identisch mit dem *chumasch* oder *Pentateuch* zu begreifen. Im Rahmen dieses Verständnisses wurde das Dogma entwickelt, wonach der Hebräischen Bibel eine hierarchische Struktur immanent sei. Gemäss dieser Auf-

---

7   Jeder, der die *torah* von seinem Lehrer, welcher keineswegs identisch mit einer *institutionellen* Autorität ist, erlernt, gilt danach als ein Empfänger der *torah*. Diese Überzeugung spiegelt das zentrale Verständnis hinsichtlich der Autorität im rabbinischen Judentum wider, so dass dieser Begriff nicht im Sinne einer Kirche, einer religiösen Institution oder einem Priestertum interpretiert werden kann. Ebenso ist darin ein bestimmter Begriff der *torah* einbegriffen, da es zunächst einer einfachen Erkenntnis entspricht, in der *torah* die Basis von Autorität zu entdecken. Doch bereits anhand der Analyse der Texte, welche der Argumentation des vorangegangenen Kapitels zugrunde lagen (die Entscheidung am Anfang der Makkabäer-Zeit, am *shabbat* zu kämpfen) konnte man erkennen, um welche Art einer Grundlegung es sich hierbei handelt.

fassung werden den unterschiedlichen "Teilen" der Hebräischen Bibel ebenso abgestufte Bedeutungen zugessen, so dass den wichtigsten Rang der Pentateuch als Inbegriff *torah* einnimmt. An zweiter Stelle folgen die *Propheten*, denen gemäss dieser Werteskala eine geringere Bedeutung zukommt. Die dritte und letzte Stufe bildet schliesslich die *Hagiographia*, so dass eine hierarchische Abfolge, beginnend von der *torah* über die *nevinim* (Propheten) und letztlich zur *ktuvim* (Hagiographen) entsteht. Diese Auffassung erweist sich jedoch nach einer eingehenden Analyse grundlegender Texte des rabbinischen Judentums als nicht adäquat. Die zahlreichen traditionellen Texte des rabbinischen Judentums zeigen vielmehr, dass die *Hagiographia* zumindest gleichermassen autoritativ wie der *chumasch* erscheint und dieser eventuell sogar noch eine grundlegender Bedeutung zukommt. In einer zentralen Schrift des rabbinischen Judentums, im Midrasch *Bereshit Rabba* oder auch (Genesis Rabba), welche eine nicht halachische Interpretation der Hebräischen Bibel enthält, nimmt das Psalmenbuch mindestens den gleichen, möglicherweise sogar noch einen höheren Rang wie der Pentateuch ein. Analysiert man den Text *Bereshit Rabba*, so lässt sich feststellen, dass dieser den Pentateuch *auf der Grundlage der Psalmen* und nicht in umgekehrter Weise interpretiert. Damit wird den Psalmen eine viel grundlegendere Bedeutung zugemessen, was eine interessante Tatsache darstellt, zumal im Kontext der protestantischen Theologie den Psalmen eine ähnliche zentrale Stellung eingeräumt wird und die Interpretation dieser den eigentlichen Neuansatz dieser Theologie konstituiert. Die Auffassung, wonach die *torah* wesentlich im *chumasch* (-Pentateuch) und nicht in den Texten der Propheten oder der Hagiographia begründet sei, kann nach einer gründlichen Analyse somit keine Bestätigung finden. Diese dogmatische Überzeugung entspricht eher einer Auffassung des orthodoxen Judentums, welche darauf gerichtet ist, die Interpretationsleistung beziehungsweise Auslegungspraxis und damit den vielfältigen Quellenreichtum der *torah* selbst einzuschränken und auf den *chumash*, d. i. den Pentateuch festzulegen.

Eine weitere orthodoxe These geht davon aus, dass eine strikte Trennung zwischen einer *geschriebenen torah (torah-bi-chtaw)* und einer *mündlichen torah (torah she-bi-al-pe)* gelehrt werden muss. Doch eine solche Differenz und Abgrenzung zwischen der *geschriebenen torah* einerseits und der *mündlichen torah* andererseits erweist sich als artifiziell und vermag die historische Wirklichkeit nicht widerzuspiegeln, da eine derartige Trennung von talmudischen Autoren nicht systematisch vertreten wurde. Ein Studium des Talmud zeigt hingegen, dass den Gelehrten zwar der Unterschied zwischen *geschriebener* und *mündlich überlieferter torah* (oder mündlicher Interpretation) bewusst war, beide Traditionen jedoch in einem ganzheitlichen Kontext zusammenwirkten. In dem Bedürfnis, eine Definition des Begriffs der *torah* festzustellen, erscheint deshalb viel eher das Verständnis der *Tradition* geeignet, welche erstens: die Hebräische Bibel als eine bestimmte Ordnung und Folge von Texten, nicht jedoch eine eindeutige Hierarchie von *torah* (Pentateuch)- *neviim* (Propheten)- *ktuvim* (Schriften) einschliesst. In diesem Kontext erweist sich die hierbei relevante Hierarchie als ungleich komplexer. Und zweitens: dass die verschiedenen Traditionen im rabbinischen Judentum ebenso unterschiedliche Texte und Schriften als massgeblich für ihr theologisches Verständnis erachteten. Diese Textsammlung umfasst ebenso eine "mündliche Tradition", welche jedoch von der *geschriebenen torah* nicht eindeutig unterschieden wurde. Die *torah* spiegelte danach (historisch formuliert) eine bestimmte Integration und Zusammenstellung der überlieferten Traditionen und Interpretationen sowie deren neueste Entwicklungen wider, so dass sich als eine wesentliche Grundlage für eine Definition der *torah* – der Begriff der *masoret (Tradition)* – als viel geeigneter erweist.

Letztlich können folgende Elemente der *torah* bestimmt werden, wobei diese keine unbedingt hierarchische oder chronologische Eigenschaft der *torah*, sondern vielmehr den komplexen Prozess einer polemischen Zusammenstellung der unterschiedlichen Elemente wiedergeben:

1. Zunächst sind in der *torah* Gesetze enthalten, welche zur Klärung und Regelung gesellschaftlicher Prozesse dienten. Da die jüdischen Gemeinden ihre Existenz oft innerhalb einer feindlichen Umgebung garantieren mussten, waren sie auf die Entwicklung möglichst pragmatischer und wirkungsvoller Gesetze angewiesen, die sich, auf der Basis der unterschiedlichen sozialen und gesellschaftlichen Ausgangsbedingungen, mitunter auch im Gegensatz zu den Bestimmungen in den nichtjüdischen Gemeinden herausbildeten. Diese könnten als *nomos* oder *Gesetz* bezeichnet, obwohl dies nicht mit einem abstrakt-griechischen Verständnis des Gesetzes identisch ist. Im Sinne von Paulus kommt diesem (jüdisch-rabbinischen) Verständnis des Gesetzes eine andere, weitergehendere Bedeutung zu, insofern dieses nicht als *Gesetz* im Sinne einer metaphysischen Bestimmung fungiert.

2. Als zweites Element der *torah* können jene Gesetze erachtet werden, welche in engem Zusammenhang mit den Reinheits- und Unreinheitsgeboten stehen. Eine Abhandlung über diese soll in einem eigenen Kapitel erfolgen.

3. Die *torah* umfasst ebenso Gesetze, welche zwar ebenso gesellschaftlicher Natur sind, jedoch nicht auf der Basis pragmatischer Vorsätze, sondern eher *religiöstheologischer Überlegungen* konzipiert wurden. In diesem Teil gesellschaftlicher, sozialer Gesetze kristallisierte sich der zentrale Begriff *chessed* heraus. Martin Luther übersetzte *chessed* mit *Liebe*, eine meines Erachtens nicht zutreffende Wiedergabe des rabbinischen Verständnisses. Adäquater wäre eine Übersetzung des Begriffes *chessed* in *Gnade*, dessen Inhalt in den folgenden Abhandlungen erläutert werden soll.

4. Die *torah* enthält als zentralen Bestandteil die "Erlösungsgeschichte Israels". Als Teil dieser fungiert auch eine Sammlung der Biographien der Ahnen *maasej-avot*, der Gerechten und Frevler.

5. Einen gewichtigen Teil der *torah* muss man als religiöses Denken kategorisieren (also jüdisch gesagt nicht nur als "Theologie").

Die Aufzählung der Elemente der *torah* liesse sich durchaus erweitern, aber bereits diese Schwerpunkte vermitteln einen guten Überblick hinsichtlich des Verständnisses des Begriffs der *torah*. Eventuell müsste noch ein sechstes Element hinzugefügt werden, welches die bereits genannten Bestandteile zusammenzufassen vermag – *die Sammlung von Bräuchen*. Bewusst wird die Bezeichnung *Bräuche (minhagim)* und nicht nochmals *Gesetze (halachot)* verwendet, um den Beitrag der lebendigen Praxis hervorzuheben. Die Betonung liegt deshalb bewusst auf der Bezeichnung *Bräuche*, welche vor allem Traditionen beinhalten, die sich im Verlauf der Geschichte herausgebildet und entwickelt haben und die anderen genannten Elemente der *torah* erst zum Ausdruck zu bringen. Das rabbinische Judentum ist deshalb wesentlich als ein bestimmter, historischer Zusammenhang von *Theorie* (Denken) und *Praxis* (Handlungen) zu begreifen. Die Dimension des Bewusstseins spielt hierbei eine zentrale Rolle, sicher dann, wenn von der Religiosität als religiösem Dasein die Rede ist; aber auch oft darüber hinaus. Zunächst sollen die bereits genannten vier Bestandteile der *torah*, vor allem jedoch die dritte Kategorie – *chessed* – näher bestimmt werden.

3. Der Begriff chessed

Was bedeutet *chessed* ? Um ein Verständnis von diesem Begriff zu gewinnen, soll eine Quelle aus dem Traktat *Avot* zitiert werden:

> *Shimon ha-zadik der Gerechte war einer von den Übriggebliebenen der gros-*
> *sen Versammlung.*[8]

Dabei ist nicht festzustellen, wer mit der Person Shimon, der Gerechte gemeint ist. Ebenso existiert keine eindeutige Vorstellung davon, was der Begriff einer *grossen Versammlung* bezeichnet. Obwohl unterschiedliche Auffassungen hierzu existieren, konnten diese Thesen bisher nicht historisch exakt nachgewiesen werden.

Meines Erachtens bilden diese Begriffe Ansätze des Versuches, im Rückblick eine Autorität innerhalb des rabbinischen Judentums zu konstituieren. Doch allein die Details, welche in der Mischna genannt werden,[9] sind interessant, selbst wenn es sich um eine Legende handeln sollte. Die Person von Shimon ha-Zadik verweist wahrscheinlich auf eine Zeit noch *vor* der hasmonäischen Periode, welche ungefähr im 2. Jahrhundert v. d. Z. begann.[10]

> *Er (sc. Shimon der Gerechte) pflegte zu sagen: Auf drei Dingen steht die*
> *Welt, auf der torah, dem (Tempel)dienst*[11] *und auf gemilut chassadim*[12] *(=*
> *Gnadenserweisungen).*[13]

Welche Bedeutung kommt dem Begriff *chessed* in diesem Kontext zu? Dabei ist entscheidend, diesen Begriff aus dem Verständnis der Texte herauszuarbeiten, da letztlich das Wesen des rabbinischen Judentum grundlegend auf einer Interpretation der Texttradition beruht. Im Mittelpunkt steht deshalb eine Quelle aus dem genannten Traktat *Avot* 5,13:

> *Vier Arten (finden sich) beim Menschen. Derjenige, der sagt, meines ist mei-*
> *nes und deines ist deines.*

. . . .

8   mAv 1,2.
9   Es wird der Versuch unternommen, eine Theologie auf weithin akzeptierten Grundsätzen
      aufzubauen.
10   Eine zeitliche Einordnung des Gelehrten Shimon ha-Zadik ist in der Forschung umstritten.
11   Der Ritus im Tempel ist jedoch im rabbinischen Judentum viel breiter angelegt, und natür-
      lich besteht ein Zusammenhang zu den Formen der Innerlichkeit, Religiosität, so dass *avoda*
      auch mit Gottesdienst übersetzt werden könnte, jedoch in einem breiter angelegten Kon-
      text.
12   Akten der Nächstenliebe.
13   mAv 1,2.

Dies ist (die) durchschnittliche Art – es gibt aber (welche, die) sagen: Dies ist die Art von Sodom.[14]

Anschliessend wird die zweite Art vorgestellt:

Meines ist deines, und deines ist meines. (So spricht der) Ungebildete.[15]

Schliesslich folgt die Aufzählung der dritten Art:

Meines ist deines, deines ist deines. (So spricht der) chassid.[16]

In parallelen Texten verschiedener Manuskripte findet sich die Version: "Das ist die Mischna von (den) *chassidim.*" Die vierte Art lautet:

Deines ist meines, und meines ist meines. (So spricht der) Böse.[17]

Zwar scheint es einfach, von dem Grundsatz auszugehen: "Meines ist deines, und deines ist deines", aber in der Konsequenz könnte diese Haltung bedeuten, dass derjenige, welcher diesen Grundsatz vertritt, selbst zu einem Opfer dieses Verhältnisses werden kann. Ungeachtet dessen wird die Kategorie von *chessed* im rabbinischen Judentum in dem Paradigma erfasst: *Besitz aufgeben ohne die geringste Hoffnung, etwas davon zurückzuerhalten.*

Für die Rabbiner stellt deshalb die Begleitung der Toten ein wesentliches Beispiel von *chessed* dar. Denn gegenüber dem Toten bleibt jede Erwartung einer Gegengabe ausgeschlossen. Obwohl diesem die grösstmögliche Zuwendung und Hingabe entgegengebracht wird, besteht die unabänderliche Voraussetzung, dass dieser Dienst nicht erwidert werden kann. Es handelt sich demnach um die Erfüllung einer Aufgabe ohne den geringsten Anspruch einer Gegenleistung. Ein Nutzen ergibt sich höchstens aus der Einsicht, dass der Moment des Todes eine vollständige Aufgabe von allem impliziert. Sowohl die Rechtfertigung – der Andere in seinem lebendigen Dasein – kann hier nicht der Grund der Herausforderung sein, als auch die gesellschaftliche Dimension der Ethik. Der Tote wird im rabbinischen Verständnis zum Begräbnis nicht um der Lebendigen willen begleitet. Die Frage der Selbstlosigkeit bildet hierbei eine *Energie der Zumutung.*

Shimon der Gerechte ist überzeugt, dass bereits das Fehlen einer der genannten Grundsätze, also *torah*, Ritus des Tempels (Gottesdienst) oder die Spende von *chessed*

. . . .

14   mAv 5,13. Sodom und Gomorra wurden zum Inbegriff der unwürdigsten Orte der Welt. In der gleichen Mischna werden also zwei ziemlich radikal auseinandergehende Meinungen zitiert. Eine, welche in der Aussage: "Meines ist meines, deines ist deines" ein eher vernunftgemässer Standpunkt sieht. Eine andere Stimme verweist jedoch sogleich darauf, dass dieser Grundsatz von den Leuten in Sodom vertreten wurde, jener Stadt, welche einer vollständigen Vernichtung anheimfiel.

15   mAv 5,13. Dies kann eine ebenso bequeme wie unethische "Lösung" bedeuten, insbesondere wenn es gegen den Schwächeren genutzt wird. Doch diese Aussage steht in keinem Zusammenhang mit einer Frage – Wie definiert man Besitz überhaupt?

16   mAv 5,13.

17   Ebd.

bereits eine Unmöglichkeit des Bestehens der Welt hinsichtlich des Charakters der rabbinischen Religiosität einschliesst. Dabei handelt es sich zugleich um eine Religiosität, welche ein Bild des historischen, jedoch nicht des theologisch verstandenen Jesus von Nazareth wiederzugeben vermag, da eine Identifikation von Jesus als Gott oder "Gottessohn" zugleich eine Neutralisierung des gesamten Komplexes von *chessed* impliziert.[18]

4. Reinheits- und Unreinheitsgesetze

Als zweites Element der *torah* wurden die Geboten der Reinheit und Unreinheit benannt. Die Gesetze von Reinheit und Unreinheit werden in der Regel durch zwei Aspekte charakterisiert:

Einerseits vermögen diese einen Ausdruck der Tatsache zu vermitteln, dass die Welt in ihrer Gegebenheit als inadäquat begriffen wird, so dass sich der Mensch in dieser nicht "zu Hause" fühlt, und zahlreiche Aspekte dieser Welt als unrein empfindet. In evolutionärer Hinsicht ist der Mensch, wie auch Heidegger formuliert, ein selbstverständlicher Teil dieser Welt, er ist in diese Welt "geworfen".[19] Doch im Sinne der Wirklichkeit von Reinheit und Unreinheit entfaltet der Mensch keineswegs seine Existenz als einen selbstverständlichen Teil dieser Welt. Die Kategorien von Reinheit und Unreinheit bilden in ihrer Sublimation selbst einen Ausdruck der *Entfremdung in dieser Welt*. Dabei kann die Realität durchaus von Schönheit, Ästhetik, sogar Nützlichkeit gekennzeichnet sein, und doch vermag all dies dem Mass der Reinheit nicht gerecht zu werden. Die Fragen bleiben deshalb bestehen: "Kann dieser oder jener Gegenstand berührt werden und ist das Verständnis von Reinheit und Unreinheit mit den Begriffen "gut" und "böse" gleichzusetzen? Denn problematisch erscheint ebenso die darin implizierte Möglichkeit eines missbräuchlichen Verständnisses dieser Kategorien, insofern sich diese Personen gegenüber Anderen als rituell rein erklären und schlussfolgern: "Wir Reinen haben das Recht auf diese Welt, auf dieses Land, auf diese Ideen und so weiter. Die Anderen sind als unrein anzusehen und es erscheint gerechtfertigt, ihnen Rechte und humanitäre Grundlagen vorzuenthalten."

Ungeachtet dessen ist das Verständnis von Reinheit und Unreinheit von existentieller Bedeutung, insofern hierin eine tiefe, möglicherweise (ethische) Wahrnehmung dieser Welt erkannt wird, die sich sowohl im Sinne einer Entfremdung als auch in dem Willen zur Distanzierung von dieser Welt im allgemeinen manifestieren kann. Diesem Bewusstsein ist nicht eine unbedingte Überlegenheit oder gar "Herrschaft über das Böse" inhärent, sondern darin drückt sich lediglich das Bedürfnis zur Distanzierung von dem "Bösen" und damit zur (ethischen) Bewahrung des eigenen Daseins aus.

. . . .

18   Auch Jesus von Nazareth war davon überzeugt, dass jeglicher Besitzanspruch aufzugeben sei, um ihm selbst folgen zu können. In diesem Kontext soll die *historische Persönlichkeit* von Jesus von Nazareth, und nicht das (verabsolutierte) Symbol, zu dem er im Laufe der Entwicklung des Christentums erhoben und damit zugleich entleert wurde, betont werden. In diesem Sinne vertritt er eine Überzeugung der Mischna der *chassidim*: "Meines ist deines und deines ist deines." Eigener Besitz erscheint danach nicht legitim, man ist aufgefordert, diesen an den Anderen weiterzugeben. Dies stellt natürlich eine radikale ethische Konzeption dar.

19   M. Heidegger, *Sein und Zeit*, Tübingen 1993, § 38, S. 179: "Die Geworfenheit, darin sich die Faktizität phänomenal sehen lässt, gehört zum Dasein, dem es in seinem Sein um dieses selbst geht. Dasein existiert faktisch."

Inwiefern die Reinheits- und Unreinheitsgesetze innerhalb der *torah* Relevanz erlangen, soll in dem nachfolgenden Kapitel anhand eines konkreten Beispiels entwickelt werden. Zunächst wurde diese Frage als ein *Element der torah* diskutiert. Eine Abhandlung dieser Frage ist jedoch nicht ohne die Ausführungen von Paulus über den Begriff der *torah* zu bewältigen.[20] Einerseits geht Paulus davon aus, dass der Mensch nur durch die *torah* zum Sünder wird, andererseits stellt er jedoch die Frage: Ist die *torah* (das Gesetz) Sünde?[21] Wenn man die Ernsthaftigkeit der Bemerkung von Paulus prüft, so begreift man: "Die *torah* ist nicht böse." Wie fasst Paulus jedoch den Begriff *nomos*? Einerseits stellt die *torah* für Paulus meines Erachtens eine Verbindung der Gesetze ritueller Reinheit und Unreinheit sowie dem Verständnis von *chessed* dar. Ausserdem argumentierte Paulus innerhalb einer bekannten, überlieferten rabbinischen Tradition, wonach eine Übernahme oder Aufbürdung des Jochs der *torah zugleich eine Befreiung von einer weltlichen Gesetzlichkeit impliziert.* Für Paulus ist deshalb die *torah* zwar *nomos* (Gesetz), aber derjenige, welcher die Gesetze der *torah* auf sich nimmt, steht nicht mit einer menschlichen (irdischen) Gesetzlichkeit in Verbindung, da sich sein Dasein auf einem anderen, gleichsam höheren Ausgangspunkt entfaltet. Paulus strebte demnach meines Erachtens an, eine dritte (höchste) Stufe der Existenz zu erreichen, welche schliesslich zu der Frage führt: "Wie kann eine Befreiung von der *torah* gelingen?" Zunächst gilt es, sich von der Gesetzlichkeit im Sinne einer pragmatischen, gesellschaftlichen Gesetzlichkeit zu emanzipieren, was jedoch nur auf der Grundlage *torah* erfolgen kann. Die von Paulus gedachte dritte Stufe jedoch schliesst nicht nur eine Befreiung von der pragmatischen, gesellschaftlichen Gesetzlichkeit, sondern ebenso von der *torah*, und damit von den Reinheits- und Unreinheitsgesetzen sowie von *chessed* ein. Damit gelangt ein sehr umstrittener Aspekt zur Diskussion, doch es gilt, die Konsequenz zu überdenken, dass die Elemente von *chessed* für Paulus nicht den Weg zum Heil beschreiben.[22] Mit dieser Begründung des Begriffs der *torah* steht Paulus in einer rabbinischen Tradition, wie allgemein die Konzeption hinsichtlich der Überwindung und Befreiung von der *torah* auf rabbinische Grundlagen verweist.

5.   Die rabbinische Gemeinde als eine Gemeinde der torah

Es wurde bereits im vorangegangenen Kapitel darauf hingewiesen, dass das Anliegen dieser Analyse weniger auf eine historische Chronologie, sondern eine ideengeschichtliche Logik gerichtet ist. Hierfür erweist sich die "Historiographie" des Traktats *Avot* als hilfreich, da zum Zweck des darin formulierten Anspruches grundlegende Texte ausgewählt wurden. Gerade jene Momente, in denen der Versuch unternom-

---

20   Paulus, insbesondere in Röm 7, aber auch in Röm 5-8 ringt mit diesem Begriff (auch deshalb muss darauf hingewiesen werden, dass für Paulus dem griechischen Begriff *nomos* das Wort *torah* zugrunde legt).

21   Röm 7,7.

22   Dies schliesst jedoch nicht ein, dass *chessed* nicht ausgeübt werden sollte, wie Luther auch argumentierte. Die Voraussetzungen jedoch für eine Befreiung sowohl von der weltlichen Gesetzlichkeit als auch von der *torah*, rabbinisch argumentiert, wäre die Erlangung des *Martyriums*. Aus diesem Grund ist im Sinne von Paulus das Martyrium von Jesus von Nazareth keineswegs "stellvertretend" zu interpretieren, denn der Preis, welchen man für die Erlangung dieses Zieles einsetzen muss, ist ausgesprochen hoch und mit dem persönlichen Dasein einer jeden Person verbunden.

men wurde, den Anspruch der Familie der *nasi* zu begründen, bilden eine Zusammenstellung von grundlegenden und für die Entwicklung des rabbinischen Judentums massgeblichen Textstellen.

Im Mittelpunkt der folgenden literarischen Quelle stehen zwei Gelehrte, die als führende Persönlichkeiten in Erez Israel tätig waren.[23] In mAv 1,4 heisst es:

> *Jose ben Joeser, (der) Mann aus Zerada, sagt: Dein Haus soll ein Versammlungsort für die Weisen sein. Und du sollst dich staubig machen durch den Staub ihrer Füsse.*[24]

Dabei handelt es sich um eine Metapher: Man soll demütig und mit innerer Hingabe zu ihren "Füssen" sitzen.

Und du sollst mit Durst ihre Worte trinken.[25]

Dies charakterisiert das rabbinische Judentum: eine Gemeinde, welche sich um die *torah* herauszubilden vermag, diese nicht lediglich im Sinne einer abstrakten Wahrheit begreift, sondern *Personen verbindet, welche die torah gemeinsam erlernen, miteinander diskutieren, interpretieren und in eine praktische Handlung umsetzen. Das rabbinische Judentum beschreibt somit eine Gemeinde, welche sich um dieses Ereignis herauszubilden vermag.*

Die Betonung liegt bewusst auf dem Ausdruck – Gemeinde. Denn es kann nicht davon ausgegangen werden, dass die elementaren Grundlagen des rabbinischen Judentums etwa durch das "jüdische Volk", sondern vielmehr innerhalb eines spezifischen Verständnisses von einer Gemeinde, oder einer Gemeinde von Gemeinden formiert wurden. Personen also, die sich mit ihren Kenntnissen und Erfahrungen in einer Gemeinschaft konstituierten, jedoch in dem Bedürfnis, das Wissen des anderen "mit Durst aufzunehmen." Diese Bedeutung trifft tatsächlich den Kern der Aussage: Im Mittelpunkt dieses Gemeindeverständnisses steht *eine Übergabe, Bildung und Weiterentwicklung von Wissen im Sinne eines Traditionsprozesses*. Zugleich wird diese Entwicklung von einem *Interpretationsprozess* begleitet. Die Rabbiner formulieren diesen notwendigen Prozess: Am Anfang des Studiums der *torah* gehört diese Gott, aber im Prozess des Lernens wird die *torah* zunehmend Eigentum des Menschen, wobei die Möglichkeit der Aneignung der *torah* nur innerhalb eines Interpretationsprozesses, also einer kreativen, eigenständigen Weiterentwicklung der *torah* gegeben ist. Die Notwendigkeit der Interpretation meint jedoch keine Loslösung von den Texten der Tradition. Im Gegenteil, diese begreift jene als Voraussetzung. Ein

---

23 Diese Texte wurden bereits in der Zeit des griechischen Imperiums, frühestens jedoch nach der Herrschaft Alexanders dem Grossen verfasst, also im Kontext einer frührabbinischen Tradition.

24 mAv 1,4. Wohlgemerkt, es handelt sich um *Gelehrte* und keineswegs "Rabbiner". Der Begriff "Rabbiner" bildete sich erst nach der Zerstörung des Tempels im Jahre 70 d. Z. heraus und steht in Verbindung mit dem Versuch zur Begründung der Autorität des *nasi*. Aus diesem Grund zeigt sich die Bezeichnung "Rabbiner" für das Studium des rabbinischen Judentums nicht geeignet, da der "Weise" oder "Gelehrte" die Bedeutung eines Repräsentanten des rabbinischen Judentums adäquater erfasst.

25 ebd.

Text offenbart nicht alle inhärenten Fragen oder gar Antworten im Sinne eines Automatismus, deshalb erscheint eine ständige Interpretation der Texte unabdingbar, jedoch letztlich in dem Bewusstsein, dass die Interpretation in der Tradition und nicht ohne diese notwendig geleistet werden kann.[26] Das kulturelle Vermögen des Menschen besteht ja vor allem in dem Vermögen, das reichhaltige Reservoir vergangener Entwicklungen schöpferisch anzueignen, dieses zu interpretieren und schliesslich weiterzuentwickeln.

Wie war jedoch die Reaktion der Gemeinde angesichts der Möglichkeit vielfältigster, mitunter auch divergierender Meinungen und Interpretationen? Dies kristallisierte sich häufig als ein Problem heraus, konnte letztlich jedoch die Existenz der Gemeinden als solche nicht infrage stellen. Denn die daraus entstehenden notwendigen Auseinandersetzungen führten zu einer ständigen Erneuerungsbewegung der rabbinischen Gemeinden selbst. Ausserdem erschien vor dem Hintergrund der Trennung und Distanzierung gegenüber der Aussenwelt der interne Streit und die Diskussion in ungleich abgeschwächter Form, so dass das Argument des Zusammenhaltes zumeist überwog. *Letztlich band die rabbinischen Juden die gemeinsame Orientierung und Treue zur Einhaltung des Kalenders* derart, dass die Diskussionen und Auseinandersetzungen nicht dazu führten, sich im Gegensatz zu einem anderen Juden, sondern vielmehr gegenüber einer Aussenwelt zu definieren.

Der gemeinsame Kalender bildete somit das zentrale Verständnis der Identität der rabbinischen Juden. Genau dieser Einschnitt zur Schaffung eines neuen Kalenders seitens der Christen markierte somit auch den Trennlinie zwischen Christentum und Judentum.

Im Verständnis der Gemeinde wurde in gleichem Masse der *rabbinische Begriff der Autorität* abgeleitet, welcher nicht im Zusamenhang einer Person, Position oder einem Titel u.ä., sondern wesentlich auf der Grundlage einer Kenntnis der *torah* begründet wurde. Wodurch zeichnete sich jedoch eine, die *torah* studierende Person aus? Auch hierbei handelt es sich um eine Person, welche in der Lage ist, die *torah* selbstständig aufzusuchen, sich für diese zu entscheiden oder wie die Rabbiner in Traktat *Avot* formulieren: "Mache dir einen Lehrer!"[27] Es wurde eine *selbständige Entscheidung* hinsichtlich der Auswahl des eigenen, für massgeblich erachteten Lehrers sowie des Wissens gefordert und allein in dieser Entscheidung lag das Wesen der Autorität im rabbinischen Judentum begründet. *Jemand gilt danach als eine Autorität, wenn er von einer anderen Person als Lehrer anerkannt und ausgewählt wurde, um grundlegende Fragen, die sich für die Existenz der Person oder Gemeinde als massgeblich erwiesen, zu beantworten; und dann nur für diesen Anerkennenden.*

Aus diesem Grund stellt in den jüdischen Gemeinden des Mittelalters die *Respona-Literatur* die wichtigste halachische Literatur dar, da in deren Kontext Fragen formuliert wurden, und derjenige, welcher in der Lage war, eine entscheidende und

---

26 Tatsächlich vollziehen sich die innovativsten Momente ausgerechnet in einem Prozess des Zurückgehens zu einer ursprünglichen Texttradition, so wie geschehen am Beispiel des reformatorischen Einsatzes Luthers. Der neuartige Ansatz reformatorischer Bewegungen liegt danach oft im Auffinden des "Urtextes", einer ursprünglichen Theorie (im Sinne des unverfälschten Textes) sowie der darauf aufbauenden Neuinterpreation.

27 mAv 1,6.

überzeugende Antwort zu geben beziehungsweise eine Interpretation zu leisten, wurde als eine Autorität anerkannt.[28]

Der spanische Gelehrte R. Shlomo ben Aderet zählte zum Beispiel zu den zentralen Autoritäten der mittelalterlichen *halacha*, da sich eine überwältigende Anzahl von Mitgliedern jüdischer Gemeinden mit Fragen an ihn wandten. Maimonides hingegen stellte, relativ zu ihnen, eine viel geringere Autorität der mittelalterlichen *halacha* dar, da er nur von relativ wenigen Personen befragt wurde. Erst zu einem späteren Zeitpunkt und insbesondere unter dem Einfluss der sephardisch-jemenitischen Juden wurde Maimonides zu einer zentralen Autorität erklärt. Die halachischen Schriften sowie die Wirkung des Maimonides sollten eine Garantie gegen die drohende Assimilation der Juden bilden, so dass ihm in dem Bedürfnis nach einem allgemein verständlichen, verbindlichen und leicht zugänglichen Text (insbesondere im 19. – 20. Jahrhundert) eine autoritative Stellung eingeräumt wurde.[29] Keineswegs sollen die Verdienste von Maimonides sowie seine zweifellosen wissenschaftlichen Leistungen in Abrede gestellt werden, doch im rabbinischen Verständnis des Mittelalters wurde er nicht als eine "Autorität" anerkannt, da er in entscheidenden Situationen des jüdischen Gemeindelebens nicht befragt wurde.

In dem folgenden Text sind Formulierungen enthalten, welche das Bedürfnis zur Begründung einer Gemeinde zum Ausdruck bringen. Eine solche *Gemeinde soll jedoch nicht als ein blosses Schicksal gegeben sein*, sondern assoziiert sich vielmehr mit einem konkreten religiösen Selbstverständnis:

> *Jose ben Jochanan, (der) Mann aus Jerusalem, sagt: dein Haus soll weit offen sein und Arme sollen Söhne deines Hauses sein ... .[30]*

Dabei wird die Partikularität in der Aussage des Textes deutlich, indem die Forderung, nicht (lediglich) den "Weisen", sondern (ebenso) den Armen den Zugang zum eigenen Haus zu ermöglichen, erhoben wird.[31] Dies beschreibt die Tradition von *chessed*: Du sollst dein Haus vor allem den Armen öffnen![32]

In der Gemeinde der Essener, in Qumran oder auch im Urchristentum (Bewegungen, die sich im Kontext dieser Tradition, wonach privater Besitz problematisch

· · · · · · · · · · · · · · · · ·

28 Keinesfalls jedoch, weil diese eine bestimmte (Macht)Position inne hatten.

29 Das kodifizierende Werk von Maimonides sollte durch die halachische Festlegung und nicht durch eine pluralistische Diskussion allgemeine Verbindlichkeit erlangen. In diesem Sinne unternahm Joseph Caro in seinem Buch *shulchan aruch* ebenso den Versuch, ein abstraktes Verständnis von "Autorität" innerhalb seiner *halacha* zu etablieren, was letztlich jedoch scheiterte. Auch er ging in seinem Bestreben u.a. von Maimonides als einer zentralen (anti-)rabbinischen Autorität aus. Die weit verzweigte Kommentar-Literatur zu Karos' Kodex bezeugt jedoch eine rabbinische Antipatie gegen eine solche Art der Vereinfachung sowie die Virilität der rabbinischen Streitkultur.

30 mAv 1,5.

31 Man stelle sich vor, man würde die Tür öffnen und alle Armen werden dieser Einladung folgen. In "entwickelten" Zivilisationen bilden die Menschen ohne Obdach zwar eine Minderheit, doch in der Antike waren mehr als neunzig Prozent der Menschen arm. Selbst unter gegenwärtigen Umständen enspräche das Bestreben, allen Obdachlosen im eigenen Haus eine Unterkunft zu bieten, einer äusserst radikalen Forderung.

32 Diese Aussage erscheint jedoch nicht unbekannt, wenn man sich die Lebensgeschichte von zum Beispiel Jesus von Nazareth vergegenwärtigt.

ist, begriffen) wurde der Versuch unternommen, diese Grundsätze in eine gesellschaftliche Praxis zu übersetzen. Damit verblieben diese Forderungen nicht lediglich in einer Form der idealen Projektion. Die bewusste Gründung von Gemeinden auf der Grundlage von Gleichheitsgrundsätzen sowie das Bedürfnis, die verheerenden Folgen von Privatbesitz für die Existenz der menschlichen Gesellschaft abzuwenden, stellte die ganz praktische Seite dieses Erkenntnisprozesses dar. Die Geschichte zeigte jedoch auch die tragische Seite, welche mit dem Selbstverständnis dieser Gemeinden verbunden war, wie derjenigen von Qumran: Da deren Existenz dem geltenden Gesellschaftsbild widersprach, ja dieses direkt infrage stellte, wurde diese einer eventuellen Zerstörung ausgesetzt.

Der Text gibt somit eine Auseinandersetzung (*machloket*) hinsichtlich der Frage wieder, worin das Wesen eines Gelehrten besteht. Einerseits wird das Streben nach der Erkenntnis der *torah* hervorgehoben, andererseits jedoch (ebenso) auf *chessed* (zum Beispiel den Armen die Tür zu öffnen) verwiesen.[33]

Damit soll keineswegs der Versuch unternommen werden, ein Idealbild des rabbinischen Gelehrten zu entwerfen. Interessant erscheint vielmehr das Anliegen und Bestreben, konkrete aber pluralistische Möglichkeiten der Existenz des rabbinischen Judentums beschreiben zu können. Jose ben Jochanan sagte weiter:

> ... *und vermehre nicht (das) Gespräch mit der Frau. ... Von hier sagten die Weisen: Jeder, der (das) Gespräch mit der Frau vermehrt, zieht sich selbst Böses zu, vernachlässigt die Worte der torah und (an) seinem Ende erbt er den gehinnom (Hölle).*[34]

6.　Traktat Avot 1,18 – chessed oder Recht?

Der folgende Text zeigt sehr klar, dass das rabbinische Judentum keineswegs als eine homogene, in sich geschlossene Einheit verstanden werden kann. Viel eher wird deutlich, dass es sich hierbei um eine Vielzahl ganz unterschiedlicher, disparater Gemeinden mit ebenso differenzierten Traditionen und Überzeugungen handelte (und handelt). Trotzdem begriffen sich diese Gemeinden in dem übergreifenden Kontext des rabbinischen Judentums. Doch zwischen diesen Gemeinden kam es zur Austragung grundlegender Konflikte, so dass in dem folgenden Text der Versuch unternommen wird, die Realität dieser Spannungen offenzulegen. Im Mittelpunkt steht Rabban Shimon ben Gamaliel, der zwar als *nasi* eine Persönlichkeit war, jedoch von den Rabbinern nicht als einer ihrer grössten Gelehrten anerkannt wurde. Die Wertschätzung seiner

---

33　In dem oben genannten Beispiel handelt es sich um einen ausgesprochen aussagekräftigen Text, welcher zwei grundsätzlich verschiedene Auffassungen der Religiosität darlegt, die in ihrer konsequenten Anwendung unversöhnlich erscheinen. Sollten diese Standpunkte tatsächlich in einer gesellschaftlichen Praxis verwirklicht werden, ist deren Gegensätzlichkeit sofort offensichtlich. Insbesondere aus diesem Grund erscheint eine Interpretation der Texte unabdingbar, da es sich hierbei nicht um abstrakte Ideenkonstrukte sondern um konkrete, d. h. hier sich einander widersprechende Darlegungen handelt. Diese Texte erfordern damit geradezu eine Übersetzung in eine bestimmte Wirklichkeit, eine Verantwortung, welche die konkrete Person oder Gemeinde ständig trägt.

34　mAv 1,5. Wenn man die Bedeutung, welche echter Liebe zukommt, überlegt, nämlich einen Verzicht auf Freiheit aufgrund eines möglichen Verlustes des Partners, lässt sich die Intention des Textes gegebenfalls besser verstehen.

Person beruhte wesentlich auf seiner Funktion als der Leiter des Kalender-Gerichtshofes.[35]

> *Rabban Shimon ben Gamaliel sagt: Auf drei Dingen steht die Welt, auf der Wahrheit, auf dem Recht (din) und auf dem Frieden.* [36]

Damit wird die oben diskutierte Formulierung aufgegriffen, so dass die Veränderung einer frühen, überlieferten Tradition vollzogen wird. Nochmals die frühere Mischna:

> *Er (sc. Shimon der Gerechte) pflegte zu sagen: Auf drei Dingen steht die Welt, auf der torah, auf dem (Tempel)dienst und auf Gnadenserweisungen (gemilut chassidim).* [37]

In mAv 1,18 lautete das erste Prinzip Wahrheit, anstatt der *torah* (in mAv 1,2), und anstatt *avoda* (Tempel)dienst wird *din* (Prozess, Recht) im Sinne von Gerichtsbarkeit oder auch Gesetzlichkeit gesetzt; und anstatt *chessed* erscheint Frieden.[38]

Der zweite Grundsatz von R. Shimon ben Gamaliel in mAv 1,18 *din* ersetzt also den Gottesdienst. Man könnte meinen, dass hierin ein eindeutig fortschrittlicher Gedanke zum Ausdruck kommt: Gerichtsbarkeit anstatt Kult. Doch dieser Ansatz verweist zugleich auf ein wichtiges Kapitel in einer bestimmten geistesgeschichtlichen Entwicklung, die stets wiederkehrt: denn der Rahmen, in welchem der Begriff des Gerichtsbarkeit entfaltet wird, steht in enger Verbindung mit Strafe und Unduldsamkeit.[39]

Schliesslich lautete der dritte Grundsatz, auf welchem die Welt gemäss der Überzeugung von R. Shimon ben Gamaliel ruht – Frieden. Anstatt *chessed* wird also der Frieden als die dritte Säule der Welt verstanden. Doch Frieden ist nicht mit dem Verständnis von *chessed* identisch. Frieden dient in diesem Kontext, vor allem in der Verbindung mit *din* (Gesetz oder Gerichtsbarkeit) und *Wahrheit* (im Sinne einer abstrakten Wahrheit) eher der Bewahrung und Aufrechterhaltung einer bereits existierenden gesellschaftlichen Ordnung. In dieser Hinsicht wurde jedoch die Radikalität von *chessed* zugunsten einer säkularisierten Auffassung von "Gerechtigkeit" aufgehoben.

. . . .

35   Sein Vater (Gamaliel der Zweite) wurde nach der Zerstörung des Tempels im Jahre 70 und
      einer Rekonsolidierungsphase zum Oberhaupt im Hause der *nasi* erklärt. Der Sohn übernahm die Stellung des Vaters nach dem Bar-Kochba-Aufstand, welcher von 132-135 d. Z.
      andauerte. Seinem Sohn wiederum wurde die gleiche Aufgabe am Ende des 2. Jahrhundert
      d. Z. übertragen – R. Jehuda ha-Nasi (der als einer der grössten Gelehrten seiner Zeit galt),
      so dass sich schliesslich eine Traditionslinie, angefangen von dem Vorfahren Hillel der Ältere (1. Jh.) herausbildete. Dies wird in der Traditionskette von Traktat Avot widergespiegelt.
36   mAv 1,18.
37   mAv 1,2.
38   Damit wurde eine Entwicklung hinsichtlich einer säkularen Grundhaltung und gleichzeitigen
      Begrenzung auf den Aspekt blosser Nützlichkeit vollzogen. Dieser *Prozess* lässt sich vermutlich in sämtlichen Religionen feststellen, wie auch im Christentum, als es unter
      Konstantinus den Gesetzen des römischen Imperiums unterstellt wurde. In dieser Entwicklung fasst sich oft das Schicksal von "Offenbarungsreligionen" zusammen.
39   "Wahrheit" kann auch zur Rechtfertigung von Systemen werden, deren Grundlagen durch
      bestimmte Konstellationen von Interessen geleitet werden: Absolutheitsansprüche streben
      eher gegen Gerechtigkeit und sollten nicht durch ein Ethos der *torah* gerechtfertigt werden.

Viertes Kapitel

Die *chawerim:*
Ältere Formen des
rabbinischen Judentums

1. Priesterliche und rabbinische Religiosität

1.1 Zur Frage der diachronischen Entwicklung. Das Ethos des ne'eman

Die Analyse des Textes in mAv 1,2 und 1,18 zeigte, auf welche Weise die Begriffe *torah* durch *emet* (Wahrheit), *avoda* (Kult)[1] durch *din* (Prozess oder Recht, Gesetz) sowie *gemilut-chassadim*[2] durch *shalom* (Frieden) ersetzt wurden.

Diese Texte tragen damit einen diachronischen Charakter. Während die erste Mischna in einer historisch früheren Periode verfasst wurde, geht die zweite Mischna auf R. Shimeon ben Gamaliel (am Ende des 2. Jahrhundert) zurück. Im Ergebnis des Studiums dieser Texte zeigt sich die Herausbildung und Formierung eines Säkularisierungsprozesses, in dessen Kontext dem Begriff der *Wahrheit* die Stellung der *torah* zukam.

Säkularisierung aber ist nicht nur von einem diachronischen, sondern ebenso von einem synchronischen Aspekt gekennzeichnet. In allen Gesellschaften besteht zunächst das Bedürfnis hinsichtlich der Errichtung und Konstituierung einer pragmatisch orientierten Existenz. Dies beschreibt einen elementaren Lebensprozess, so dass in der rabbinischen Gesetzgebung die Frage berücksichtigt wurde, inwiefern die bestehenden Gesetze Impulse für eine authentische Religiosität sowie die Grundlagen des religiösen Denkens zu gewährleisten vermochten? Doch im Prozess der Säkularisierung wird ebenso ein diachronischer Aspekt deutlich. Das, was sich in der Geschichte der "Offenbarungsreligionen" immer vollzieht, lässt sich auch als unausweichliche Beschränkung der ursprünglichen, authentischen Offenbarung verstehen. Phänomenologisch formuliert schliesst die Offenbarung, im Gegensatz zu einer Existenz in der blossen Gegebenheit, die Möglichkeit zur Wahrnehmung einer *Andersheit* (des Daseins) ein. Dies konstituierte ebenso eine Differenz zu dem, was im allgemeinen als das verbindliche und die Ordnung der Gesellschaft prägende Denken[3] interpretiert werden kann. Erst aus diesem ursprünglichen Impuls entwickelte sich im Prozess der Vergegenständlichung und schliesslich Etablierung der Realverhältnisse eine bestimmte neue Form der Gegebenheit.[4] Doch bereits an dieser Stelle kann sowohl in theologischer als auch philosophischer Hinsicht nicht mehr von einer Offenbarung gesprochen werden. Stattdessen kommt es zur Herausbildung von gesellschaftlichen

---

1 Avoda (Dienst) meint im rabbinischen Kontext (Gottes)dienst: da in rabbinischen Zeiten der Tempel nicht mehr existierte, wird der *Gottesdienst* mit *Gebet* gleichgesetzt.

2 Bedeutet das Schenken von Zuwendung ohne Verpflichtung und ohne jegliche Erwartung einer Gegenleistung gegenüber einer anderen Person.

3 Hierzu zählt unter anderem das theoretische Bewusstsein hinsichtlich einer hierarchischen Struktur des Seins, welchem die Dichotomie von Konkretem und Absolutem inhärent ist, und den Anspruch sowie die Existenz des Konkreten als "Zufälliges" verwirft, somit die eigentliche Grundlage der Existenz, die "Gegenwart" und die "Individuen" in ihrem unmittelbaren Sein, ihrer Wirklichkeit infrage stellt.

4 Dieser Vorgang begründet demnach keinen blossen inneren Funktionszusammenhang von Symbolen, sondern veranschaulicht, auf welche Weise der ursprüngliche religiöse Impuls in eine allgemein verbindliche und akzeptierte Form gesellschaftlicher Handlung übersetzt wird. Doch der Charakter dieser Handlungen wird im wesentlichen durch die pragmatischen Gesetze der Beziehungen von Macht und der Bewahrung der darin eingeschlossenen Interessenverhältnissen bestimmt. In diesem Kontext verwandelt sich der ursprüngliche Impuls theologischer Erfahrung (unter anderem der Offenbarung) in eine andere Realität, welche dieser sogar entgegengerichtet sein kann.

Verhältnissen, die selbst von einem schrittweisen Säkularisierungsprozess charakterisiert werden.

Der Mischna von R. Shimon ben Gamaliel aus dem Haus der *nasi*, einer begüterten und privilegierten Oberschicht, kam (aufgrund ihrer Funktion zur Aufstellung des Kalenders) ein bestimmender politischer Einfluss zu. Somit wurde der Bereich der theologischen und religiösen Fragen zugleich durch eine politische Dimension erweitert, wodurch dieser wiederum einem qualitativen Veränderungs- und Transformierungsprozess ausgesetzt war. Es erscheint deshalb verständlich, dass insbesondere mit der Etablierung dieser (wesentlich politisch geprägten) Interessenkonstellation innerhalb des rabbinischen Judentums ein Säkularisierungsprozess einherging. Somit ist im rabbinischen Judentum, wie auch im Kontext anderer religiöser Bewegungen und Institutionen, insofern diese aktiv praktiziert werden und konkrete Lebensprozesse widerspiegeln, stets eine Spannung zwischen folgenden Tendenzen wahrnehmbar:

1. Das (religiöse) Denken einer "Offenbarung" als Widerspiegelung einer "Andersheit" (der Existenz) beziehungsweise eines Daseins, welches im Gegensatz zu einer blossen Gegebenheit steht, und sich zudem durch eine kritische Bewusstwerdung hinsichtlich der bestehenden Realprozesse auszeichnet.
2. Ein überwiegend pragmatischer und damit säkularer Prozess der religiösen Bewusstwerdung.

Die Realität dieser widersprüchlichen Tendenzen bewirkten eine *Uneinheitlichkeit und Vielfalt innerhalb des rabbinischen Judentums selbst, so dass dieses nicht im Sinne einer widerspruchsfreien Einheit begriffen werden kann.* Vielmehr wird das rabbinische Judentum durch eine Vielzahl ganz unterschiedlicher, religiöser und ethischer Grundüberzeugungen sowie Gemeinden geprägt.

Die Analyse eines weiteren Textes verdeutlicht, in welcher Weise sich die unterschiedlichen Standpunkte in bestimmten Grundfragen zuspitzen konnten. Wie bisher werden Texte aus dem Traktat *Avot* zitiert, doch um die Konsequenzen dieses methodischen Ansatzes aufzuzeigen, soll anhand eines weiteren Textes ebenso auf die Möglichkeiten einer verkürzten Interpretation verwiesen werden:

> *Shmaja sagt: Liebe die Arbeit und hasse die Herrschaft.*[5]

Der Autor des Textes ist davon überzeugt, dass sich ein Individuum erst als ein Handelnder in Freiheit zu konstituieren vermag. Die Arbeit ist somit nicht Selbstzweck, sondern stellt ein Mittel zur Erlangung der menschlichen Freiheit dar, so dass der nachfolgende Text deshalb konsequent lautet: " ... und hasse die Herrschaft!" Diese Aussage tangiert die soziale und politische Relevanz von Herrschaft selbst innerhalb eines demokratischen Gemeinwesens, so dass die Grundsätze "Liebe die Arbeit und hasse die Herrschaft" durch eine dritte Aussage ergänzt werden:

> *Und mache dich nicht der Regierung bekannt.*[6]

. . . .
5   mAv 1,10. Dieser Text wurde ungefähr im 1. Jahrhundert v. d. Z. verfasst.
6   mAv 1,10.

Die (talmudischen) Rabbiner verbanden jedoch mit dieser Aussage nicht eine Differenz zwischen Juden und Nichtjuden, so dass dieser Überzeugung eher ein allgemeines und tiefes Misstrauen gegenüber *allen Mächten, die sind* inhärent ist.

Es könnten andere, anstatt der folgenden Texte angeführt werden, welche die vorgeblichen Grundlagen des rabbinischen Judentums beschreiben. Doch dies würde nicht die erforderliche Methode zur Einführung in den spezifischen Charakter des rabbinischen Religiosität berücksichtigen. Denn ähnlich formulierte Texte liessen sich auch in anderen religiösen Kontexten auffinden. Deshalb erscheint die Analyse solcher Texte aufschlussreich, welche ihren objektiven Charakter und damit ihren sachlichen Aussagewert zu bewahren vermochten. In diesen literarischen Zeugnissen steht die Beschreibung der *realen Lebensprozesse*, wie zum Beispiel der ökonomischen oder rechtlichen Beziehungen im Kontext der Ware-Geld-Beziehungen, der Verhältnisse des Austauschs und des Handels ähnlich der Response-Literatur eines späteren Zeitalters im Vordergrund des Interesses. Ein zunächst völlig unauffälliges Dokument aus der Mischna *Seraim* wird diesen Anforderungen gerecht, doch bezeichnenderweise wird dieses nur selten zum Bestandteil der Lehrinhalte in den *jeshivot* (talmudische Akademien) gerechnet. Im ersten Teil des Traktats *Demai* werden jene Gesetze erörtert, welche in den landwirtschaftlichen Verhältnissen von Erez Israel Anwendung fanden. Im zweiten Kapitel heisst es:

> *Jemand, der auf sich nimmt, ein ne'eman[7] zu sein, muss das, was er isst …*
> *verzehnten … [8]*

Gemäss dem biblischen Gesetz (welches selbst eine komplexe Struktur ausbildete) sollte die Versorgung sowohl für die Priesterschaft als auch des gesamten Stammes von Levi durch die Bevölkerung gesichert werden. Warum erhob der Stamm Levi den Anspruch, für alle Menschen Sorge zu tragen? Der Stamm Levi und die Priester erfüllten in einer bestimmten Periode der Entwicklung der Religion und Geschichte Israels eine wichtige Funktion. Im Kontext ihres Selbstverständnisses wurde die jüdische Identität zum Bestandteil einer Religion entwickelt, welche sich gegenüber dem überlieferten, religiösen Bewusstsein zu definieren und herauszubilden hoffte. Zu einem späteren Zeitpunkt zeichnete sich das Priestertum jedoch durch immer stärker werdende, autokratische Züge aus, insofern diesem zugleich die Stellung einer herrschenden Klasse zufiel, so dass es sich zunehmend selbst seiner integrativen und progressiven Stellung innerhalb der Gesellschaft beraubte.

Die Leviten waren insbesondere in der postexilischen Periode auf das engste mit der Liturgie im Tempel (insoweit man von einer solchen sprechen kann) verbunden. Deutlich wird dies in den Psalmen, welche zum grossen Teil eine Tempel-Liturgie

. . . .

7 Mit *ne'eman* wird eine Person bezeichnet, welche als vertrauenswürdig gilt.

8 mDem 2,2. Der Begriff *ma'aser* schafft die Grundlagen für eine komplexe Diskussion, welche zunächst nicht auf die Schlussfolgerung oder Konsequenz einer theologischen Aussage verweist. Da der Text eine pragmatische und konkrete Frage alltäglicher Praxis zum Gegenstand hat und nicht im Dienst einer absichtsvollen Polemik steht, bietet er ein authentisches Abbild tatsächlicher gesellschaftlicher Beziehungen am Beginn des 3. Jahrhundert d. Z. in Erez Israel.

darstellen. Einige Psalmen gehen sogar auf die erste Tempel-Periode zurück, so dass die Entstehung einer von den Psalmen geprägten Religiosität unmittelbar im Zusammenhang mit dem Wirken der Leviten stand.[9]

Die Bibel sorgt für die Mitglieder der Gemeinschaft in ihrem religiösen Selbstverständnis und aus diesem Grund wurde jeder zur Abgabe des "Zehnten" aus allen wirtschaftlichen Gütern an die Leviten verpflichtet. Darüber hinaus wurden jedoch noch weitere Abgaben erhoben. Die Priester bildeten eine Minderheit im Stamm Levi und ihnen wurde eine besondere Verantwortung für die Ausführung kultischer Aufgaben, die im Zusammenhang mit dem Tempel standen, zuteil. In ihrer Stellung als eine "Elite" unter den Leviten führten sie den Tempeldienst, so zum Beispiel die Darbringung der Opfer aus, in dessen Zusammenhang sie anstatt dem levitischen Zehnten (*ma´aser*), eine andere Abgabe (*trumah*) einbehielten. In der Bibel wurde der Umfang dieser Abgabe (Hebeopfer) nicht festgelegt, so dass die Bevölkerung die Entscheidung hierüber selbst traf. Die oben genannten Leistungen stellten jedoch nur einen Bruchteil der Forderungen dar, welche an die priesterliche Elite zu entrichten war, so dass die Priester in der Verbindung mit dem Tempel-Ritual in Jerusalem mitunter zu relativ grossem Reichtum gelangten.[10]

Da sich die rabbinische Religiosität wesentlich als eine Gegenbewegung zur etablierten Tempel-Religiosität herauskristallisierte, wurden die Gesetze, welche die Abgaben an die priesterliche Kaste festschrieben, zunehmend infrage gestellt. Zwar lässt sich der Zeitpunkt der Herausbildung der kritischen Einwände gegen die priesterlichen Vorschriften nicht exakt ermitteln, doch eine sich stetig verändernde Auffassung hinsichtlich der Bestimmung des *ma´aser* zeichnete sich ab. Zunehmend bildete sich deshalb im rabbinischen Judentum das Verständnis heraus, den *ma´aser* nicht an die Leviten, sondern an arme, mittellose Gelehrte weiterzureichen, selbst wenn diese nicht dem Stamm der Leviten angehörten. Damit kam es zur Herausbildung einer anderen begrifflichen Bestimmung von *ma´aser*, nämlich *zedaka* (für Arme bestimmte Gaben) welche in enger etymologischer Verbindung mit dem Verständnis von Gerechtigkeit (*zedek*) oder *zadik* (der Gerechte) steht.

> *Jemand, der auf sich nimmt, ein ne´eman zu sein, muss das, was er isst, was er verkauft und was er kauft, verzehnten.*[11]

Für ein näheres Verständnis dieses Textes ist der Begriff *demai* (der Titel des Traktats) näher zu erläutern. Alle Juden waren verpflichtet, sowohl *trumah* als auch *ma´aser* zu entrichten. In der Regel kamen jedoch viele Juden dieser Verpflichtung nicht nach, so dass sich deshalb im rabbinischen Judentum der Begriff *demai*[12] her-

---

9　Insofern leistete die Religionswissenschaft mit der Entdeckung und dem Studium der Psalmen einen herausragenden Beitrag, da es sich um eine faszinierende und weitgehend kritisch formulierte Theologie, im Gegensatz zu den etablierten Tempel-Religionen handelte.

10　Die Leviten ausserhalb des Tempels von Jerusalems konnten jedoch in alten Zeiten, insoweit sie nicht andere Berufe ausüben konnten, mitunter der Armut ausgesetzt sein.

11　mDem 2,2.

12　Der Begriff *demai* wird abgeleitet von *da mai?* = Was ist das? d.h.: Sind alle Abgaben davon genommen worden?, wie rabbinische Kommentatoren meinen. Doch dies erscheint nicht überzeugend und deshalb bleibt die genaue Ableitung unklar.

ausbildete. Dem Begriff *demai* lag das Verständnis zugrunde, dass die Frage, ob von allen erzeugten, gekauften oder verkauften landwirtschaftlichen Gütern tatsächlich der Zehnte entrichtet wurde, nicht eindeutig beantwortet werden konnte. Das Selbstverständnis und gegenseitige Vertrauen innerhalb der jüdischen Gemeinde erlaubte jedoch nicht, eine Bestätigung dieser Frage in Zweifel zu ziehen. Wurde eine Jude demnach auf dem Markt befragt, ob er von seinen Waren *ma'aser* entrichtet hat, musste seine Bejahung akzeptiert werden. Anders verhielt es sich jedoch, wenn das Selbstverständnis eines *ne´eman* vorausgesetzt wurde – in diesem Kontext war eine blosse Bestätigung nicht hinreichend.[13]

Denn das Bestreben eines *ne´eman* war darauf gerichtet, als eine Person unbedingten (ethisch-religiösen) Vertrauens innerhalb einer selbstkonstituierten Gemeinde zu gelten. Dies berührte jedoch zugleich die Vertrauenswürdigkeit der nicht zur Gemeinde gehörenden Juden, denn selbst wenn sie versicherten, alle rituell notwendigen Anforderungen erfüllt zu haben, konnte ihnen doch kein vollständiges Vertrauen entgegengebracht werden. Das bis zu diesem Zeitpunkt vielleicht existierende Selbstverständnis der jüdischen Existenz wurde somit nachhaltig erschüttert und konnte nicht mehr als eine blosse Gegebenheit, sondern wesentlich als eine Aufgabe und Herausforderung begriffen werden. Dies führte jedoch zu einem Bruch innerhalb der jüdischen Gemeinde zwischen denen, die ohne ein neues Verständniss des *ma'aser* das gegebene Vertrauen in der Gemeinschaft akzeptierten und jenen, welche dieses Selbstverständnis infrage stellten. Zudem müssen die Konsequenzen dieses Verhaltens, insbesondere in einer antiken Gesellschaft mit einem überwiegenden Anteil in Armut lebender Menschen verdeutlicht werden. Denn von den wenigen (aufgrund der neu verstandenen Reinheitsgesetze) für die *chawerim* erwerbbaren Waren noch einen Zehnten an Bedürftige abzugeben, erforderte zweifellos eine bedeutende Einsicht und stellte eine grosse ethische und materielle Herausforderung dar. Diese Verpflichtung betraf sowohl den Kauf als auch den Verkauf von Waren. Derjenige, welcher ein *ne´eman* sein wollte, nahm somit die Anforderung auf sich, deutlich höhere Verantwortung für die Unterstützung ärmerer Teile der Bevölkerung zu leisten. Umgekehrt war ein *ne´eman* auf Käufer (falls er selbst von dem Verkauf von Waren lebte) angewiesen, welche deutlich höhere Preise zugunsten der Abgabe in Bezug auf *demai* akzeptierten. Wer konnte danach interessiert sein, Waren von einem *ne´eman* zu erwerben, ausser derjenige, der sich selbst als ein *ne´eman* verstand! War man darauf angewiesen, nach den genannten Grundsätzen zu leben, musste dies in einer Gemeinschaft erfolgen, welche bereit war, einen deutlich höheren Mehrbetrag zu leisten. Doch nicht allein ökonomisch ergaben sich eine höhere Last und zahlreiche Einschränkungen. Das Dasein als *ne´eman* bedeutete zugleich, dass eine Existenz nur innerhalb eines kleinen, sehr überschaubaren Kreises gesichert werden konnte, welcher zudem in einer relativen Abgrenzung und Geschlossenheit gegenüber der Aussenwelt existierte.[14]

. . . .

13   Diese Situation beschreibt den inhaltlichen Aspekt der Mischna: wollte eine Person sich als ein *ne´eman* verstehen, so war er verpflichtet, von allen Waren, die er erwarb oder verkaufte, selbst von jenen, die er als ein Gast genoss, den *ma,aser* an Bedürftige zu entrichten. Diese bildet eine Selbstverpflichtung und keine *halacha*.

14   Auf dieser Basis wurde eine erhöhte Kapitalbildung beinahe ausgeschlossen, da ein ständiger sozialer Ausgleich und eine Verteilung des Gewinnes zugunsten der Schaffung und Gewährleistung einer ausgewogenen und gerechten Gemeinschaft stattfand. Es wäre zu

Dies eröffnet eine völlig andere Perspektive zur Erkenntnis der Entstehung des rabbinischen Judentums, insofern dieses nicht eine breite Volksreligion oder alle Personen des Volkes Israel meint, sondern lediglich auf einen kleinen, relativ geschlossenen Personenkreis – die ne'emanim – beschränkt war. Denn wie bereits betont, war die Mehrzahl der Juden keineswegs bereit, ein derart hohes Mass ethischer und materieller Anforderungen und Entbehrungen für diese bewusste Lebensform sowie einem neuen Verständnis von Gemeinschaftlichkeit aufzuwenden.

1.2 Frührabbinische Gemeinde und deren Anforderungen.
Gemeinde und "Gegengemeinde"

Anhand unterschiedlicher Quellen kann nachgewiesen werden, auf welche Art sich in diesem Zusammenhang ein Prozess der Aufnahme in die Gemeinde der ne'emanim im Sinne einer "Akzeptanzentwicklung" vollzog. Innerhalb eines bestimmten Kreises kam es so zu einem öffentlichen Antrag, in den Kreis der ne'emanim aufgenommen zu werden. Im Verlauf einer längeren Prüfungsphase wurden die Handlungen und Ernsthaftigkeit des zukünftigen Gemeindemitgliedes geschätzt und beurteilt. Eine vergleichbare Beschreibung dieses Prozesses findet sich in den Quellen von Qumran, die mitunter eine mehrjährige Prüfung voraussetzten, bis man sich der Vertrauenswürdigkeit der Person sicher sein konnte.

Insofern geschah der Aufnahmeprozess auf der konkretesten Stufe, nämlich innerhalb einer Gemeinde, die sich selbst als abgesondert von der übrigen Gemeinschaft verstand. *Diese Abgrenzung vollzog sich ebenso auch gegenüber Juden*, ja sogar anderen gelehrten Juden, insofern sich diese nicht als ne'eman verstanden. So bildete das, was man als frührabbinisches Judentum bezeichnet, einen sektenähnlichen Bund, wie ja allgemein bekannt, viele religiöse Bewegungen der Spätantike vorwiegend in Form von Sekten auftraten.[15]

Bereits mit der ersten Lektüre des Textes im Traktat *Demai* wurde man mit einer Gruppe von Personen und deren Absicht, sich von der Welt abzusondern, konfrontiert – Personen, die also bereit waren, für dieses Ziel erhöhte Anforderungen auf sich zu nehmen. In einer nachfolgenden Untersuchung soll deshalb versucht werden, die implizite Theologie dieser Gemeinschaft herauszuarbeiten. Die Forderung zur Entrichtung von ma'aser fand nicht allein innerhalb des Kreises der ne'eman Berücksichtigung, sondern charakterisierte ebenso die Beziehungen zu denen, die ausserhalb der Gemeinde standen. Ein ne'eman entrichtete somit ebenso von sämtlichen Waren, die

. . . .

fragen, ob diese bewusste Lebensform bereits eine Kritik hinsichtlich einer krisenhaften, die Gegensätze von Armut und Reichtum offenbarenden Gesellschaft implizierte. Man muss sehr vorsichtig sein in der übertragung von modernem, aus einer reichen Geschichtserfahrung gewonnen kritischen und systematischen Denken auf viel ältere Texte; umgekehrt aber darf man den, in solchen Entwicklungen enthaltenen Einsichten nicht der Antike a priori vorenthalten.

15 In dieser Phase der historischen Entwicklung existierten Juden-Christen, Heiden-Christen, Pharisäer, Sadduzäer und andere, so dass es sich in diesem Kontext um die Herausbildung einer (jüdischen) Religiosität handelte (und handelt), welche durch die Existenz und Wirkung ganz unterschiedlicher und differenzierter Gemeinschaften (somit auch Auffassungen) geprägt wurde (und wird), was sich aber insbesondere für den Erhalt einer Lebendigkeit, Authentizität und Stärke der Religion zur Lösung konkreter Probleme der Gemeindschaft als notwendig erweist.

an Personen ausserhalb der Gemeinde veräussert wurden, den Zehnten, da ohne diese Abgabe die Waren als "nicht koscher" und damit nicht essbar galten. Für den *ne´eman* jedoch implizierte diese Gewissheit der Pflicht kein Vertrauen gegenüber aussenstehenden Juden, so dass er persönlich dafür sorgte, dass der *ma´aser* entnommen wurde. Insgesamt handelte es sich dabei um eine äusserst aufwendige und entbehrungsreiche Haltung, welcher sogar im Zusammenhang mit einem Aussenstehenden höchste Priorität eingeräumt wurde.

Man soll davon ausgehen, (wie wir dies später noch schärfer wahrnehmen werden) dass denjenigen, die nicht als ein *ne´eman* anerkannt wurden, gleichsam die Stellung eines "Nichtjuden" zukam, so dass im Mittelpunkt der beschriebenen religiösen-ethischen Handlung des *ne´eman* nicht die Unterscheidung zwischen einem Juden und einem Nichtjuden, sondern zwischen einem *ne´eman* und demjenigen, der sich nicht als ein *ne´eman* begriff, stand. Die Beziehungen zu anderen, aussenstehenden Juden waren damit hoch ambivalent: man wollte sie in den Handlungen einer Weltanschauung zunächst einbeziehen; man konnte sie in der Notwendigkeit der Gemeindebildung jedoch nicht als Glaubensbrüder akzeptieren.

Es wird deutlich werden, dass sich diese Entwicklung in enger Verbindung mit den *Gesetzen der Reinheit und Unreinheit* vollzog, Gesetzen, welche insbesondere in der Zeit des zweiten Tempels und kurze Zeit danach noch Gültigkeit besassen. Mit der Zerstörung des Tempels im Jahre 70 d. Z. und einige Jahrzehnte später verloren diese jedoch ihre Verbindlichkeit, da der Prozess der "rituellen Reinigung" in der traditionellen Kultstätte (des Tempels) nicht mehr in ursprünglicher Weise ausgeführt werden konnte.

1.3 Am ha-arez – der ausserhalb der Gemeinde stehende Jude – Mit welcher Person darf man Brot brechen?

Bei den vorliegenden Texten handelt es sich um frühere Texte, so dass sie auch als Hintergrund für die Tätigkeit und Polemik von Jesus von Nazareth und seinen Jüngern dienen können. Nach einem Studium der Evangelien[16] sowie einer Analyse der nachfolgenden Gesetze der *ne´eman* (und darüber hinaus) verstärkt sich dieser Eindruck:

> *... und er darf kein Gast sein bei einem am ha-arez.*[17]

Die Bezeichnung *am ha-arez* bildet innerhalb des rabbinischen Judentums einen äusserst wichtigen Begriff mit einer weit zurückreichenden Tradition. *Am* bedeutet Volk und *arez* Land, so dass *am ha-arez* in wortwörtlicher Übersetzung *die Leute vom Land* heisst.[18] Im Kontext der Mischna werden spezifische Bedeutungen dieses Begriffes entfaltet, wie auch im Talmud andere Nuancen hinzugezogen werden. Doch eine Betrachtung dieser Mischna zeigt, dass als *am ha-arez* derjenige verstanden wurde, der kein *ne´eman* war. Jedes Mitglied der Gemeinde, welches die (ursprünglichen)

---

16 Siehe Mat 9,11; Mark 2,16; Luk 15,2 und 5,30. Und siehe auch Apg 11,3; Kor 5,11.

17 mDem 2,2.

18 Dieser Begriff erlangt insbesondere vor dem Hintergrund der Entwicklung des Urchristentums Bedeutung, weil die Bezeichnung die "Heiden" ebenso dasselbe bedeutet. Im Christentum erhält dieser Begriff, wie auch im Judentum, demnach eine negative Wertung. Im Kontext der Entwicklung des rabbinischen Judentums wird allgemein mit dem Begriff *am*

Tempel-Gesetze der Reinheit und Unreinheit im alltäglichen Leben nicht berücksichtigte, galt danach als ein *am ha-arez.* Die daraus resultierende negative Bewertung betraf damit einen breiten Teil der Bevölkerung und es wird deutlich, in welchem ideengeschichtlichen Kontext sich das rabbinische Judentum herausbildete. *Denn die Mischna thematisiert nicht den Unterschied zwischen Juden und Nichtjuden, sondern zwischen den ne´emanim und am ha-arez.* Dabei tangierte die Frage, ob ein *am ha-arez* jüdisch oder nichtjüdisch ist, in keiner Weise die inhaltliche Aussage der Mischna, welche eindeutig feststellt: "... und er darf kein Gast sein bei einem *am ha-arez.*" Damit wurde eine Trennung innerhalb der jüdischen Gemeinschaft selbst und nicht zwischen den Juden und den Nichtjuden vollzogen. Die Radikalität in der Aussage dieser Mischna wird unübersehbar und der Text lässt keinen Zweifel hinsichtlich der Bedeutung dieser Forderung aufkommen.[19] Für das Verständnis dieser Mischna erscheint deshalb insbesondere der soziale Hintergrund einer Gemeinschaft massgeblich, in welcher das gemeinsame Essen als sublimer Ausdruck einer intimen und persönlichen Begegnung gewertet wurde.

Rabbi Jehuda wurde erst nach dem Bar-Kochba Krieg, also ungefähr in der zweiten Hälfte des 2. Jahrhundert d. Z. und beinahe einhundert Jahre nach der Zerstörung des Tempels, als ein Gelehrter bekannt. In dieser Periode setzte sich schliesslich die Tendenz hinsichtlich einer zunehmenden Aufhebung der Trennung zwischen einem *ne´eman* und einem *am ha-arez* durch, so dass diese Entwicklung ebenso den Charakter des rabbinischen Judentums widerspiegelte. Zwar wurden noch nicht die einzelnen Abschnitte dieses Prozesses detailliert erörtert, doch die zitierte Meinung von Rabbi Jehuda verweist bereits auf die grundlegende Differenz hinsichtlich der überlieferten halachischen Auffassung:

> *R. Jehuda (aber) sagt: Auch derjenige der bei einem am ha-arez zu Gast ist, (ist als) ein ne´eman (zulässig).*[20]

Doch das folgende Zitat verweist wiederum auf die Unentschlossenheit des Versuches, die überlieferte halachische Auffassung im 2. Jahrhundert d. Z. zu ändern:

. . . .

ha-arez "Ignoranten", also Personen ohne Interesse oder Kenntnis der eigenen historischen, literarischen, religiösen Tradition bezeichnet. Auch im heutigen Judentum ist die Gleichsetzung von *am ha-arez* mit einem Ignoranten gebräuchlich.

19   Im zivilisatorischen Bewusstsein erfasst dies, wenn man gezwungen ist, Gastfreundschaft abzulehnen, einen grossen Vorbehalt. Es ist bekannt, dass insbesondere dieser Frage im Sinne von Paulus eine entscheidende Bedeutung zukam: Kann man mit einem Fremden gemeinsam essen? Wenn Paulus davon überzeugt ist, dass eine gemeinsame Mahlzeit mit den Heiden möglich ist, so schliesst dies nicht die Annahme ein, dass er die Bedeutung einer gemeinsamen Mahlzeit unterschätzte. Es bedeutet vielmehr, dass diese Frage nicht auf der Basis der jüdischen Identität, sondern grundlegend anderer Voraussetzungen beantwortet werden soll.

20   mDem 2,2. Dies gleicht einer Aufhebung der *halacha,* indem die Möglichkeit, als *ne´eman* bei einem *am ha-arez* Gast zu sein, eröffnet und damit der Bruch und Abstand in den zwischenmenschlichen Beziehungen aufgehoben, zumindest jedoch relativiert wurde.

> *Da sagen (seine Kollegen) zu ihm: (Wenn) er nicht vertrauenswürdig (ne'eman)*
> *gegenüber sich selbst ist, wie soll er vertrauenswürdig (ne'eman) sein gegen-*
> *über Anderen?[21]*

Letztlich führte dieser Prozess jedoch in Folge der entschiedenen Auseinandersetzungen und Diskussionen zu einer Relativierung und schliesslich Abmilderung der
Trennungsmentalität innerhalb des rabbinischen Judentums.

1.4 Chawerim – Priesterliche Religiosität bei Laien und ausserhalb des Tempels

Der Inhalt der dritten Mischna gestaltet sich noch weitaus komplizierter. Sowohl im
alten als auch im modernen Hebräisch bezeichnet der Begriff *chawer* – einen *Freund*
oder *Mitglied beziehungsweise Eingeweihten einer Gemeinde*. Die hier diskutierten
Mischnot stellen eine Hierarchie dar und obwohl sie nur von fragmentarischer Natur
sind, spiegeln diese einen Einweihungsprozess wider, welcher den Lesern der Qumran-
Texte nicht unbekannt sein dürfte.[22] Dieser Einweihungsprozess vollzog sich in mehreren Etappen, wobei die Mischna auf zwei näher eingeht. Die zweite Stufe beschreibt
das Selbstverständnis und die Identität der *chawerim*:

> *Jemand, der auf sich nimmt ein chawer zu sein, verkauft an einen am ha-*
> *arez weder feuchte (d. h. gewaschene und dadurch anfällig für rituelle Un-*
> *reinheit gewordene) noch trockene (landwirtschaftliche Produkte) ... .[23]*

Dies verweist auf ein Selbstverständnis, wonach die Gesetze der Reinheit und Unreinheit nur innerhalb eines besonderen Kreises ausgewählter Personen aufgenommen
und akzeptiert wurden. Im rabbinischen Hebräisch wurden solche Personen *ochlej*
chullin bi-tahara genannt. *Chullin* steht im Gegensatz zum heiligen Essen der Priester, da diese wie bekannt die *trumah* erhielten und unter den Bedingungen der rituellen Reinheit assen. Das alltägliche Essen hingegen vollzog sich nicht unter Berücksichtigung der rituellen Reinheitsgesetze und galt deshalb nur als ein – *chullin* – ein
nicht-heiliges oder auch alltägliches Essen. *Ochlje* sind die "Essenden". Jene, die ihr
chullin bi-tahara zu sich nahmen, assen ihre tagtägliche Nahrung unter Beachtung
der Regeln ritueller Reinheit und Unreinheit. Obwohl sie nicht die Position eines Priesters inne hatten, im Tempel selbst keine Dienste verrichteten, sich nicht einmal unbedingt in unmittelbarer Nähe von Jerusalem aufhielten, praktizierten sie in ihrem Alltag
freiwillig die Formen priesterlicher Religiosität. Sie berücksichtigten in ihrem alltäglichen Dasein mit grösster Sorgfalt die Gesetze ritueller Reinheit und Unreinheit, jedoch in völliger Unabhängigkeit vom Geschehen des Tempels beziehungsweise des
Tempel-Rituals. Im Kontext einer sensiblen Wahrnehmung religionsgeschichtlicher
Entwicklungen wird hier eine entscheidende Veränderung erkennbar. Denn zunächst

---

21   mDem 2,2.
22   Chaim Rabin machte in seinem Buch *Qumran Studies*, Schocken Books, New York 1975
     auf die Parallelität zwischen rabbinischen Texten und den Fragmenten aus Qumran auf-
     merksam. Die aus Qumran stammende *Megillat sirachim* stellt zum Beispiel eine Samm-
     lung von Gesetzen dar, welche in Beziehung zu diesem Einweihungsprozess stehen.
23   mDem 2,3.

oblag den Priestern und ihrer "religiösen Integrität" die Ausübung ritueller Prozesse, einzig ihnen wurde ein hohes Spezialistentum und die Möglichkeit zur Auseinandersetzung mit religiösen Fragen zugeschrieben. Sie galten als die Empfänger der heiligen Speise – der *trumah* – und waren hierdurch zugleich prädestiniert und legitimiert, die Auseinandersetzungen im Bereich der Religion und darüber hinaus zu führen. Zudem bildeten sie eine Kaste (der Priester), deren Zugehörigkeit durch Geburt und nicht etwa durch eine Auswahl oder Prüfung der Kenntnisse und Befähigungen geregelt war.

An diesem besonderen Punkt religionsgeschichtlicher Entwicklung kam es jedoch, wie bereits angedeutet, zur Herausbildung einer neuen Art von Religiosität, deren Träger, obwohl sie nicht mit dem Kultus in Verbindung standen, diesen freiwillig in ihrem konkreten, individuellen Dasein akzeptierten und sich mit diesem identifizierten. In diesem Sinne kam es zu einer Übersetzung der priesterlichen Religiosität in eine andere Realitäts- und Wirklichkeitswahrnehmung. Die *chawerim* konstituierten danach ein Gemeinde, welche ihrem eigenen religiösen Daseins das ursprüngliche Selbstverständnis und die Religiösität der Priester zugrunde legten und damit eine wichtige Phase im Entstehungsprozess des rabbinischen Judentums einleiteten.

1.5 Rituelle Reinheit und Absonderung

Die Aussage in der Mischna wurde, wie bereits betont, keineswegs in einem propagandistischen Ton vorgetragen. Ebenso ist eine moralische Bewertung oder Schätzung des Verhaltens der *chawerim* darin nicht eingeschlossen. Diese gibt lediglich eine Darstellung der Gesetze, denen ein *chawer* zu folgen bereit war, wieder. Die *chawerim* nahmen unter Berücksichtigung zahlreicher Reinheits- und Unreinheitsgesetze, welche auf die Realität des Tempels zurückverweisen, ihre Speisen (die rituell rein sind) zu sich. Diese wertfreie Darstellung bezeugt eine historische Realität und stellt keinen Versuch zur Begründung einer Realität dar.

Was bedeutet jedoch "rituelle Reinheit"? – eine zentrale Fragestellung im rabbinischen Judentum. Rituelle Reinheit assoziiert sich zunächst mit einem Verständnis von Absonderung und Distanzierung, insoweit derjenige, der nicht nach diesen Grundsätzen lebt, als rituell unrein verstanden wird. Im Sinne des biblischen Gesetzes gilt der als rituell unrein, welcher einen Toten oder eine Person, welche mit einem Toten in Kontakt kam und berührt. Gemäss der rabbinischen Gesetzgebung wurden sämtliche Länder und Territorien ausserhalb "Israels" als unrein deklariert.[24] Es finden sich ebenso Aussagen, wonach Gefässe (Gläser, Becher etc.), die von Nichtjuden berührt wurden, aus Gründen der rituellen Unreinheit nicht von Juden benutzt werden durften. Die Gesetze der Reinheit und Unreinheit beruhen damit wesentlich auf zwei Begründungsursachen: Einerseits wurden diese aus einer "Wahrheit", welche in Gott begründet war, abgeleitet. Andererseits erwiesen sie sich als einsichtige und erfahrbare Kategorien, indem sie den Zweck einer Absonderung erfüllten. Die Absonderung von einer äusserlichen Welt, also einer Welt, die nicht laut eigener Wahrnehmung religiös-ethisch bestimmt war, vollzog sich in der Absicht, die gegebene Existenz in eine andere, alternative Lebensform oder Handlung zu übersetzen.[25]

. . . .

24 BSchabbat 14b.
25 Diese mitunter einfach erscheinenden Vorschriften, wonach man bestimmte Speisen nicht essen darf, sich an bestimmten Ort nicht aufhalten kann, einen spezifischen Gegenstand

Nahrung, Speisen wurden danach unrein, sobald diese von Personen, welche als unrein galten, berührt wurden. Aus diesem Grund versuchten zum Beispiel die Essener eine eigene landwirtschaftliche Basis aufzubauen, wozu allerdings Landbesitz und damit ein Selbstverständnis, welches sich auf Landbesitz gründete, erforderlich war.[26]

Die Feststellung eines abgegrenzten Lebensbereiches wurde denmnach in folgender Weise begründet: Früchte am Baum wachsend und ebenso unmittelbar nach der Ernte können nicht unrein sein – sonst bräuchten die Felder ständige Kontrolle. Die Möglichkeit ritueller Unreinheit kann erst im Prozess der Reinigung und Aufbereitung, also in der unmittelbaren Vorbereitung der Nahrung zum Verzehr, eintreten. Wurde zum Beispiel ein Apfel vom Baum geerntet und in einem Korb transportiert, bestand noch nicht die Möglichkeit ritueller Unreinheit. Erst mit dem Eintreffen der Früchte in einem konkreten Lebensbereich, um für den Verzehr vorbereitet zu werden, war die Möglichkeit ritueller Unreinheit gegeben. Im Prozess der Aufbereitung der Nahrung für persönliche Zwecke oder zur Bewirtung von Gästen, also mit der Aufnahme und Einbeziehung "fremder" Gegenstände in einen relativ intimen Lebensbereich, wurden die Gesetze von Reinheit und Unreinheit relevant, so dass es in der Mischna heisst:

> *Jemand, der auf sich nimmt, ein chawer zu sein, verkauft an einen am ha-arez weder feuchte (gewaschene) noch trockene (landwirtschaftliche Produkte).*[27]

Praktisch bedeutete dies, dass Produkte, selbst vor ihrer Reinigung (wenn diese noch nicht unrein werden konnten) nicht an einen *am ha-arez* verkauft werden durften, *so dass damit die Erzielung eines Gewinns* sehr erschwert war. In den gegenwärtigen Industriestaaten stellt die Landwirtschaft nur einen Teil des Bruttoinlandproduktes dar, doch in der Antike galt diese als eine der wenigen Möglichkeiten, einen Mehrwert und damit einen Gewinn zu erzielen. In der Zweischichten-Gesellschaft standen die Landbesitzer den landlosen Armen gegenüber, eine ausgebildete bürgerliche Gesellschaftsform existierte noch nicht und das vorhandene kaufmännische Leben wurde wesentlich über den Verkauf landwirtschaftlicher Produkte realisiert. Doch für die *chawerim* war diese Form des Erwerbs und damit auch einer Profitierung praktisch

- - - - - - - - - - - - - - - -

nicht berühren sollte, waren oftmals für eine, ausserhalb dieser Gemeinde stehende Person in ihrer eigentlichen Dimension nicht nachvollziehbar und bildeten oft ein schwieriges Argumentationsmuster. Diejenigen jedoch, welche diese Gesetze in ihren persönlichen Alltag integrierten, erreichten den beabsichtigten Zweck – sie waren abgesondert, und es war ihnen möglich, eine eigene alternative Lebensform, oftmals auch als Gegenthese zu einer Existenz in der blossen Gegebenheit, zu entwickeln. Einen geeigneten Begriff für "Absonderung" bildet eventuell auch das Verständnis von Distanzierung, da allein die historische Erfahrung die ambivalente Bedeutung und den Gebrauch von Sprache lehrt. Allerdings soll ebenso auf den Unterschied zwischen "distanziert werden" und "sich selbst zu distanzieren" aufmerksam gemacht werden.

26 Die Rabbiner bildeten im wesentlichen die Strukturen einer Stadtbevölkerung aus, so dass die Festlegung einer "Grenze" und damit die Konstituierung eines eigenen Lebensraumes innerhalb einer Stadt den Vorzug erhielt.

27 mDem 2,3.

ausgeschlossen. Ein *chawer*, wie deshalb formuliert wird, durfte Waren an aussenstehende Personen, also an *nicht-chawerim*, nicht verkaufen. Hinsichtlich des Erwerbs von Waren jedoch galt eine Festlegung, welche zumindest die materielle Existenz eines *chawer* ermöglichen konnte:

> *Und er kauft von ihm keine feuchten (wohl aber trockene landwirtschaftliche Produkte).*[28]

Dies betraf alle Produkte vor ihrer Reinigung, ansonsten wäre ihm jegliche Existenzgrundlage entzogen. Bereits gereinigte, gewaschene Produkte waren davon ausgenommen. In der Praxis bedeutete dies, dass der Kauf von Waren innerhalb eines vorwiegend anonymen Bereiches, wie zum Beispiel eines grossen Marktes gestattet wurde. Doch sobald die Produkte in einen öffentlichen Raum gelangten, behandelt und gewaschen wurden, war deren Erwerb nicht mehr möglich. Das Fernhalten von einer intimen Sphäre schuf somit zugleich eine höhere Ebene der Distanzierung und Absonderung. Ebenso wurden die Grundlagen zur Erzielung eines Profits entzogen, was nochmals den authentischen Charakter des eigenen Selbstverständnisses belegen sollte.[29] Die entscheidende Frage betraf somit die Einschränkung des Gewinnstrebens, was sicherlich nicht auf ungeteilte Zustimmung traf. Der reglementierte Kauf von Waren eröffnete die Perspektive eines materiell äusserst bescheidenen Lebensstandards. Bescheidenheit in der Lebensführung wurde damit nicht zum Selbstzweck erklärt, sondern galt als wesentliche Grundlage des Selbstverständnisses, nicht Teil dieser (gegebenen) Welt zu sein.[30] Wenn jedoch diese Möglichkeit zur Erzielung eines Mehrwertes und damit eines Gewinnes eingeschränkt wurde, konnte sich eine neue und ganz andere Dimension der religiösen Wirklichkeit entfalten, so dass der radikale Ansatz dieser Überzeugung in der Mischna deutlich wird:

> *... und (der chawer) darf kein Gast bei einem am ha-arez (Aussenstehenden) sein, und diesen nicht als Gast empfangen wegen seines Gewandes.*[31]

Ein Gast darf nicht empfangen werden, wenn er bekleidet ist! Sollte er etwa unbekleidet die Gastfreundschaft oder das Gastrecht wahrnehmen? Dabei war der Text nur für einen engen Kreis von Personen bestimmt. Es handelte sich hierbei weder um eine ästhetische Literaturform noch um das Bedürfnis, eine öffentliche, absichtsvolle Wirkung zu erzielen. Grundsätzlich spiegelt sich in diesem Text die innere Logik der Gesetze der rituellen Reinheit und Unreinheit wider. Gemäss diesem Verständnis war selbst der Körper einer ausserhalb dieses Kreises stehenden Person als unrein anzusehen, so dass er nicht berührt werden durfte. Die Kleider eines Gastes erhöhten eher

---

28 mDem 2,3.
29 Danach begründeten keineswegs vorrangig Heiratsvorschriften oder die Nutzung einer bestimmten Synagoge etc. den Raum dieser neuen Abgrenzung oder Distanzierung. Für die Rabbiner galten diese Regeln vielmehr als schon selbstverständlich.
30 Unter dieser Voraussetzung (wonach ein *chawer* keine grosszügige, materielle Grundlage innerhalb dieser Welt besitzt) sollte einer unberechtigten Ausbeutung der Welt zugleich die Grundlage entzogen werden.
31 mDem 2,3.

die Gefahr ritueller Unreinheit – gerade das sozialisierte Selbstverständnis der Anderen bildet hier die zu vermeidende dialogische Gefahr für das eigene religiöse Selbstverständnis. Übersetzt man diese Gebote in ein ethisch-religiöses Verständnis, so impliziert der Empfang eines andersgesinnten Fremden in dem eigenen privaten Bereich die Erschlossenheit gegenüber dem Anderen in einem Vektor, der sogar die intimste Verschlossenheit verwahrlosen könnte; eine Gefahr, die nicht wirklichkeitsfern ist für denjenigen, der die Welt in seiner eindringenden entfremdenden und enteignenden Aggressivität wahrnimmt, ohne diese durch einen Gegenangriff der eigenen Schlauheit zu relativieren. Natürlich drückt sich darin eine äusserst radikale Distanzierung von der Welt aus, wobei hervorgehoben werden sollte, dass es sich hierbei nicht um eine beschränkte Form individueller Religiosität handelt, sondern um das Verständnis und die Überzeugung einer Gemeinde, welche nach diesen Grundsätzen ihr eigenes Dasein definierte und gestaltete:

Rabbi Jehuda sagt: (Der chawer) soll auch kein Kleinvieh aufziehen ... .[32]

Interessant ist, dass der Text ausgerechnet auf eine Vorschrift R. Jehudas verweist, welche die Haltung von Kleinvieh ausgerechnet für die *chawerim* verbot. In diesem Fall wird auch auf eine ganz bestimmte Art von Kleinvieh hingewiesen. In Israel kann bis heute die scharfe Grenzlinie zwischen fruchtbarem Land und Wüste, welche sich ständig verschiebt, beobachtet werden. Fallen Niederschläge, wandert diese Grenze ostwärts. Bleibt der Regen aus, so entsteht eine gefahrvolle Situation und die Grenze verschiebt sich in Richtung Westen, welche sozusagen eine "Spur des Todes" bildet. Kleinvieh spielte im Prozess der Eroberung und Kultivierung der Wüste eine wichtige Rolle, da grössere Tiere das Gras schneiden, während Kleinvieh, insbesondere Ziegen, das Gras mit der Wurzel ausreissen. Doch dies barg, insbesondere im Grenzbereich von Wüste und fruchtbarem Land, verheerende Wirkungen, da dortige Pflanzenbestände nur sehr langsam nachwachsen konnten. Insbesondere die schwarze Ziege gefährdete so den Bereich der Vegetation und führte oft zu einer Versteppung bzw. "Ver-Wüstung" des fruchtbaren Landes. Im rabbinischen Judentum wurde deshalb ein Gebot geschaffen, um die Haltung dieser Tiere (in Israel) einzuschränken, was einer durchaus modernen ökologischen Überlegung entsprach.

Hierin kommt die Entstehung eines Bewusstseins zum Ausdruck, welche nicht einzig auf den Lebensbereich und die Existenz der *chawerim* beschränkt blieb. Die Entwicklung der Wüste und die Bewahrung fruchtbarer Regionen in dieser wurde zugleich als ein gesellschaftliches Anliegen begriffen. Für die *chawerim*, welche das Land "Israel" im Sinne einer religiösen Kategorie auffassten, kam eine Schädigung dieses Landes einer religiösen Verfehlung gleich. Eventuell ist dieses Verbot in eine eher Hauptrichtung des rabbinischen Judentum übernommen worden.

1.6 Chawerim und das rabbinische Judentum

Die Grundsätze des oben genannten Textes münden in der Erkenntnis, dass das Land Gott gehört, und deshalb kein Recht besteht, diesem Schaden zuzufügen. Somit

---

[32] mDem 2,3.

wurde diese Form der Religiosität auch auf den Bereich ausserhalb dieses streng definierten inneren Kreises gewendet. Ethisch ist danach nicht nur das, was die *chawerim* selbst tangiert, sondern es schloss eine Reflexion und ein Nachdenken über die Welt als Ganzes ein.

... und soll auch nicht leichtsinnig sein mit Gelübden (nädarim) ... .[33]

Es bedarf einer Kenntnis des rabbinischen Gesetzes, um sich die Tragweite dieser Entscheidung vor Augen zu führen. Ein *nädär* – ein Gelübde bzw. Versprechen, erhielt im rabbinischen Judentum einen beinahe heiligen Status. Dem Versprechen eines Menschen, und damit sämtlichen mündlichen Äusserungen wurde gemäss dieser Überzeugung eine ausgesprochen grosse Bedeutung zugerechnet. Das Versprechen eines Menschen galt als unbedingt verbindlich und schuf zugleich die Grundlage für die Orientierung und das Zusammenleben in der Gemeinschaft.

Da es sich also um eine äusserst ernste Konstellation für den Einzelnen handelt, musste die Möglichkeit eines Missbrauchs eines Versprechens ebenso Berücksichtigung finden. Aus diesem Grund ist diese Frage mit einem der bekanntesten Rituale im rabbinischen Judentum – dem *kol nidre*-Gebet am Vorabend des höchsten Feiertages des Judentums, dem *Jom Kippur* (Versöhnungstag) – verbunden. Nach meiner Auffassung und auch im Sinne des Verständnisses der rabbinischen Texte fasst dies das Bedürfnis der Gemeinde, eine Auflösung aller Versprechen und damit deren Ungültigkeit dieser Versprechen öffentlich zuzulassen und zu bestätigen. Dies diente vor allem dem Schutz bedürftiger und ärmerer Gemeindemitglieder, da diese zumeist die ganze Härte und Konsequenzen eingegangener Versprechen und Zusagen, Verpflichtungen und Verträge trifft. Begüterten hingegen ist eine Entbindung aus diesen Verträgen und Vereinbarungen mit Hilfe eines Rechtsbeistand zumeist möglich. Sie können ebenso von Anfang an die Konditionen der Vereinbarungen entscheidend mitbestimmen, was unkundigen oder mittellosen Personen oft verwehrt bleibt, so dass die Gemeinde zum Schutz dieser Personen am Versöhnungstag *Jom Kippur* auftritt.[34]

Auf einer rein technischen Ebene unterschied man verschiedene, voneinander differenzierte Versprechen. Es war somit möglich, Gott selbst in ein Versprechen einzubeziehen oder gar als verantwortlich zu erklären.[35] Da jedoch diese Frage, wie bereits betont, im rabbinischen Judentum weitreichende Konsequenzen implizierte, ersannen die Rabbiner zahlreiche Möglichkeiten, um ernsthaftere Folgen für die Gemeindemitglieder abzuwenden. Dies führte zum Beispiel in den mittelalterlichen ashkenasischen Gemeinden zu einer Ablehnung des Schwures. Die Rabbiner zogen

. . . .

33 mDem 2,3.
34 Meines Erachtens besteht somit das Ziel dieses liturgischen Abschnittes auf religiöser Ebene in einer Auflösung der gegebenen Vereinbarungen (die Betonung liegt auf religiöser Ebene). Ob diese Entscheidung letztlich auch im gesellschaftlichen Bereich Relevanz erlangte, tangiert eine andere Fragestellung. Denn es war durchaus möglich, dass in der gesellschaftlichen Realität die obengenannten Überlegungen keine Bedeutung erlangten und ebenso eine Auflösung dieser Verträge nicht zuliessen. Doch in dem religiösen (eigentlich gesellschaftlichen) Kontext soll der Versöhnungstag so einen einprägenden Einfluss haben, dass der Mangel an sozialen Auswirkungen die ganze Numinosität des heiligen Tages in Frage stellt.

statt dessen vor, einen finanziellen Ausgleich zu entrichten. Ein Schwur, wonach eine Entscheidung der Wahrheit im Sinne Gottes gleichkäme, erschien und erscheint frommen Juden bis heute unmöglich, so dass sie dem Ausspruch "Ich schwöre" eher den Satz "Ich deklariere" vorziehen. Dieses Bewusstsein für die mögliche Tragweite und Konsequenz eines Schwurs widerspiegelt eine bestimmte religiöse Sensibilität, so dass R. Jehuda die Überzeugung formulierte, dass die *chawerim* niemals leichtfertig urteilen und ein Versprechen nur im Kontext eines entsprechend ausgebildeten Bewusstseins erteilen sollten.

Eine andere Forderung für die Existenz der *chawerim* (nach R. Jehuda) lautet:

> *... (und er soll auch nicht leichtsinnig sein) mit Lachen.*[36]

Und in einer anderen Textstelle heisst es:

> *R. Jochanan sprach im Namen von R. Shimon ben Jochai: Es ist für einen Menschen verboten, dass er seinen Mund in dieser Welt (mit) Lachen füllt.*[37]

Die Masshaltung von Freude reflektiert die Existenz des Menschen in seiner "Nichtvollendung". Denn im rabbinischen Bewusstsein widerspiegelte die gegebene Welt vor allem eine Form entfremdeten Daseins, welche keinen Anlass zur uneingeschränkten Freude bilden kann.[38]

> *... und er soll sich nicht an Toten verunreinigen.*[39]

Diese Forderung berührt die allgemeinen Grundlagen des rabbinischen Judentums und steht im Zusammenhang mit der Rolle des Priestertums. Denn gemäss dem biblischen Gesetz musste ein Priester seine Distanz zu den Toten bewahren, damit er nicht unrein wurde.[40] Die rituelle Reinheit eines *chawer* bezog sich demnach nicht allein auf die Speisen, die er zu sich nahm, sondern tangierte seine ganzheitliche Existenz und damit das Bedürfnis, sich von einem Zustand der Unreinheit im allgemei-

---

35 Ein *nädär* schliesst eine bestimmte Art des Versprechens ein, wonach Dinge, Gegenstände für eine Person verboten sind, ähnlich wie die Opfer auf dem Altar. In diesem Kontext ist ebenso die Polemik von Jesus von Nazareth zu verstehen, insofern sich seine Kritik wesentlich gegen eine Hochschätzung der Opfer wendet: "Was ist denn grösser, das Opfer oder der Altar, der das Opfer heiligt?"(Mat 23,19) Ein *nädär* war danach verachtet, da es selbst eine Art Opfer symbolisierte.

36 mDem 2,3.

37 bBer 31a.

38 Noch waren sie nicht in der Lage, ein freudianische Verständnis des Lachens als eine befreiende, die sozialen Missstände der Gesellschaft anklagende und aufhebende Kraft zu formulieren.

39 mDem 2,3.

40 Hierin drückt sich nochmals der Übergang von der Priesterreligiosität zur Religiosität der *chawerim* aus.

41 mDem 2,3.

nen zu distanzieren: Was prägt jedoch die positive Beschäftigung eines *chawer*? R. Jehuda sagt:

> ... *und (der chawer soll) im Lehrhaus dienen.*[41]

Nicht alle Gelehrten in den rabbinischen Gemeinden verstanden sich als *chawerim*, so dass sie mit dem rabbinischen Judentum als solchem nicht identisch waren. Doch sie standen in enger Verbindung zu diesem, da sie als Personen galten, die im Lehrhaus studierten.

> *(Seine Kollegen) sagten zu ihm: Diese (Dinge) gelten nicht als Regel (für die chawerim).*[42]

Dieser Aussage kommt in dem bezeichneten Kontext eine entscheidende Bedeutung zu, denn zunächst wurden gemäss der Auffassung von R. Jehuda sämtliche Forderungen zur Kennzeichnung der Religiosität der *chawerim* angeführt – schliesslich jedoch gehen seine Kollegen davon aus, dass diese Kriterien nicht die Existenz der *chawerim* kennzeichneten? Im Gegenteil, darin kommt zum Ausdruck, dass diese Anforderungen nicht allein und ausschliesslich Verbindlichkeit für die *chawerim*, sondern für sämtliche rabbinische Juden erlangen sollten. Diese Erkenntnis verweist auf eine entscheidende Entwicklung im rabbinischen Judentum: *eine Aufnahme und Reinterpretation der (ursprünglichen Tempel-) Religiosität, welche von den chawerim ausging und schliesslich im rabbinischen Judentum integriert und weiterentwickelt wurde.*

---

42   mDem 2,3.

2. Reinheit und Unreinheit – zum Selbstverständnis der rabbinischen Gemeinde

2.1 Rabbinisches Judentum als eine Verwirklichung der halachot der chawerim-Religiosität

Im Mittelpunkt der vorangegangenen Analyse stand die Frage, wodurch sich die Handlungen sowie die Existenzweise der *chawerim* im Gegensatz zu den anderen Juden auszeichneten. Die folgende Diskussion soll die Verwandlung einer fast sektenmässigen Religiosität in eine Religion, die das Leben einer breiten Gesellschaft bestimmt hat, thematisieren.

> *R. Jehuda sagt: (Ein chawer) soll auch kein Kleinvieh aufziehen, soll auch nicht leichtsinnig sein mit Gelübden und mit Lachen und er soll sich nicht an Toten verunreinigen und (er soll) im Lehrhaus dienen.*[1]

Nicht alle Gesetze tangieren dann das Thema ritueller Reinheit und Unreinheit, obwohl wiederholt darauf verwiesen wurde, dass ein *chawer* nicht in den Zustand der rituellen Unreinheit geraten darf, da ihm gleichsam die Stellung eines Priesters zukam.

> *(Seine Kollegen) sagten zu ihm: Diese (Dinge) gelten nicht für die Allgemeinheit (der chawerim).*[2]

Gemeint ist nicht, dass diesen Aspekten keine Bedeutung zukam. Vielmehr gingen die Kollegen wohl davon aus, dass diese Forderungen nicht nur und ausschliesslich für die *chawerim* Relevanz erlangten, sondern für die *gesamte rabbinische Gemeinde*.[3] Doch wie im vorangegangenen Kapitel bemerkt wurde, geriet die in der Kritik an der Tempel-Religion gewurzelte Auffassung innerhalb des jüdischen Kontexts in den Mittelpunkt einer weitreichenden und grundlegenden Verwandlung des Selbstverständnisses des religiösen Individuums. R. Jehuda erlangte nach dem Bar-Kochba-Krieg, also in der Mitte und zweiten Hälfte des 2. Jahrhundert d. Z. einen hohen Bekanntheitsgrad. Der letzte Teil der Mischna spiegelt hier deshalb einen sozusagen datierbaren und entscheidenden Moment innerhalb einer langen Entwicklung des rabbinischen Judentums wider, in welchem die *halachot* der *chawerim* schrittweise als eine allgemein verbindliche Existenzweise der rabbinischen Gemeinden entdeckt und akzeptiert wurden.[4] Die Aufnahme der Bräuche der *chawerim* innerhalb der rabbinischen

---

1 mDem 2,3.
2 ebd.
3 Die Freunde von R. Jehuda vertraten danach die Auffassung, dass diese Eigenschaften nicht allein die *chawerim*, sondern jedes Mitglied in der rabbinischen Gemeinde auszeichneten; unter Berücksichtigung einer Ausnahme: die *halacha* hinsichtlich der Vermeidung der Unreinheit im Zusammenhang mit der Berührung der Toten. Hierbei handelt es sich laut ihrer Meinung nicht um ein Gesetz des allgemeinen rabbinischen Judentums, sondern dieses tangierte ausschliesslich die Existenz der Priester.
4 Wenn R. Jehuda darauf verweist, dass diese Bräuche nur den *chawerim* angehörten, so fasst dies das Verständnis einer früheren, überlieferten Tradition. Doch den Zeitgenossen R. Jehudas war bewusst, dass in Folge einer längeren Entwicklung diese Traditionen diese nicht allein im Selbstverständnis der *chawerim* Akzeptanz fanden.

Gemeinden beschreibt deshalb ein zentrales Kapitel in der Geschichte des rabbinischen Judentums, so dass die Entstehung des rabbinischen Judentums unmittelbar mit der Existenz und Kultur der *chawerim* verbunden ist.

Das rabbinische Judentum verwirklichte sich als eine Verallgemeinerung der *halachot*, welche im Prozess der Kristallisation der religiösen Selbstbestimmung der *chawerim* ihren Ursprung fand. Hierdurch findet die These, wonach das Judentum seine Wurzeln in einer Hermeneutik der Ablehnung des religiösen Monopols des Tempels in Jerusalem fand und nicht in der, letztlich mit dem Tempel in Frieden lebendem pharisäischen Auffassung, ihre verisimilitude. Somit ist auch eine Datierung der rabbinischen Entwicklung zurück in eine Zeit, welche als Hintergrund für die Entstehung eines Jesus von Nazareth dienen könnte, glaubwürdig.

2.2 Wirklichkeit, Kritik und Veränderung – eine Gemeinde der Diesseitigkeit

Bereits die aufgezeigten Texte verwiesen auf den spezifischen Prozess einer zunehmenden Verallgemeinerung der Bedeutung des Selbstverständnisses der *chawerim-Kultur und Religiosität* für die Entstehung der rabbinischen Gemeinden und des rabbinischen Judentums. Auf der gesetzlichen (halachischen) Ebene vollzogen die *chawerim* damit sowohl eine Distanzierung gegenüber den Juden als auch gegenüber den Nichtjuden. Religionsphilosophisch ist diese Form der Abgrenzung auf eine Wahrnehmung der Menschen der Welt als einer bösen Gesellschaft, eines bösen "Königreichs" gerichtet. Dies widerspiegelt ein historisch-gesellschaftliches Phänomen im Zeitraum vom ungefähr des 1 Jahrhunderts v. d. Z. bis zum 1. Jahrhundert d. Z., dessen Wahrnehmung ebenso in den Zeugnissen der Qumran-Gemeinde überliefert ist. Die Welt der griechisch-römischen Hemisphäre wurde danach als eine äusserst unakzeptierbare Existenz wahrgenommen, an welcher verschiedene Juden in keiner Weise partizipieren wollten. Da insbesondere diese Überzeugung die Religiosität des rabbinischen Judentums mit-konstituierte und mit-prägte (und auf die Grundzüge dieses Denkens verweist), kann ebenso betont werden, dass sich *als ein hauptsächliches Element dieser Religiosität eine Nichtidentität mit der gegebenen Welt herauskristallisierte.* Eine blosse Affirmation der gegebenen Existenz, diese Überzeugung ist tief im Denken des rabbinischen Judentums verankert, würde diese als vollkommen und ideal erscheinen lassen und damit als nicht reformbedürftig beschreiben; eine zu bequemes Zuhause in der Welt käme für die Rabbiner einer Idealisierung und damit Verabsolutierung der bestehenden Verhältnisse gleich. Insofern entzieht rabbinisches Denken die Grundlagen für die Annahme eines schon erreichten "Endes der Geschichte" oder des Erreichens eines End- beziehungsweise Idealzustandes in der Wirklichkeit. *Die Wirklichkeit unterliegt im rabbinischen Verständnis immer der Notwendigkeit einer kritischen Infragestellung, was vor allem eine Kenntnis der wesentlichen Zusammenhänge (dieser Wirklichkeit) sowie die Möglichkeit und Perspektive zu deren praktischer Veränderung und Weiterentwicklung einschliesst.*

Der Begriff "diese Welt" bildet jedoch keineswegs einen Gegensatz zu einer "jenseitigen" Welt. Im Gegenteil, das Denken der Rabbiner war wesentlich darauf gerichtet, die Gründe und das Wesen *der Diesseitigkeit* zu erfassen. Das vorrangige Ziel bestand deshalb in der Gründung einer *eigenen Gemeinde in der Diesseitigkeit.* Eine gnostische Auslegung dieses Denkens liegt somit nicht vor, gemäss derer ja all das, was in Verbindung mit dem Diesseits steht, als Inbegriff des Bösen interpretiert wird. Ebenso wird im Kontext des rabbinischen Denkens die Vorstellung einer Dichotomie von "Geist" und "Körper" abgewiesen.[5] Der Dualismus zwischen dem Diesseits und Jenseits wurde zugunsten einer Trennung zwischen dem religiösen Individuum innerhalb der rabbinischen Gemeinde und denjenigen, welche ausserhalb dieser Gemeinde stehen, aufgehoben. Die neue Orientierung und Basis dieser Religiosität wurde durch die Konstitution einer Gemeinde, die eine andere Form des In-der-Welt-Seins theoretisch formulierte, für diese eintrat und lebte, erreicht. Diese Entwicklung kann ebenso als ein paradigmatisches Beispiel für die Herausbildung anderer religiöser Strömungen in der Zeit der Spätantike zugrunde gelegt werden, und ist nicht allein für den Prozess der Entwicklung des rabbinischen Judentums selbst charakteristisch.

Worin bestand jedoch die Bedeutung des Übergangs der *chawerim*-Religiosität zu einer veränderten, neuartigen Form des religiösen Bewusstseins? Eine Beantwortung dieser Frage muss die Gründe, welche zur Herausbildung des rabbinischen Judentums aus Religiosität der *chawerim* führten, einbeziehen. Bereits in den Zeugnissen des Josephus Flavius findet sich ein Hinweis darauf, dass sich das Judentum seiner Zeit, also vor der Zerstörung des zweiten Tempels, in verschiedenartigen Sekten zersplitterte. Flavius erwähnt die Existenz von drei Sekten, an anderen Stellen werden auch vier genannt: die Pharisäer, die Sadduzäer, die Essener sowie eine "vierte Sekte". Das Judentum bildete in der Zeit von Jesus von Nazareth keine Einheit, so dass Jesus' Auseinandersetzungen mit verschiedenen Juden eher auf die Realität einer Vielzahl unterschiedlicher Strömungen und Anschauungen innerhalb des Judentums verweist.[6]

Die Teile der Mischna, welche die Gesetze von Reinheit und Unreinheit thematisieren, erfassen deshalb eine Reflexion der Wirklichkeit realer Prozesse in der Zeit des Tempels. Nach dieser Mischna galt es, die Herausbildung einer neuen religiösen Gemeinde zu begreifen. Die Religiosität und Kultur der *chawerim* kann jedoch nicht mit der bisherigen Existenz des Judentums in dieser Zeit gleichgesetzt werden, denn bis zur Herausbildung der *chawerim*-Religiosität wurde die tägliche Aufnahme des Brotes und der Speisen nach den priesterlichen Gesetzen der Reinheit und Unreinheit nicht praktiziert (deshalb muss zwischen der Gemeinde der *chawerim* und der Rabbiner unterschieden werden). Beide Gruppen sind somit nicht identisch, da die Rabbiner erst die Religiosität der *chawerim* der Mehrheit der Gemeindemitgliedern zugänglich machten und somit die Basis für die Annahme und das Verständnis der *chawerim*-Religiosität schufen.

· · · · · · · · · · · · · · · ·

5   Insbesondere die Bedeutung der gemeinsamen Einnahme von Speisen, möglichst innerhalb einer religiösen Gemeinde, bildete danach einen wesentlichen Aspekt des religiösen Verständnisses der Rabbiner. Aber auch im Verständnis der Sexualität, welche für die Rabbiner ein natürlicher und notwendiger Bestandteil der menschlichen Natur bildete, widerspiegelt sich die differenzierte Auffassung zum christlichen Verständnis des Sündenbegriff, wie überhaupt dieser in einer völlig anderen Dimension entwickelt wurde (vgl. auch das erste Kapitel dieses Bandes).

6   Für das Verständnis sowie die Interpretation der Kritik Jesu von Nazareth erscheint deshalb die Frage nach den Adressaten dieser Kritik unabdingbar. Dabei sah sich Jesus selbst als ein Mitglied dieser religiösen Strömungen. In anderen Zusammenhängen wurde bereits auf die unterschiedlichen Momente verwiesen, welche Jesus von Nazareth als einen Vertreter des rabbinischen Judentums auszeichneten, so dass sich dessen Kritik nicht ausschliesslich gegen die eigene Tradition (des rabbinischen Judentums), sondern ebenso gegen andere Gruppierungen und Strömungen, vor allem jedoch gegen die römische Herrschaft richtete.

Innerhalb der Forschungen des Judentums wurde unter anderem die These vertreten, wonach die *chawerim* als eine ausgesprochen kleine und eher radikale Gruppierung innerhalb des rabbinischen Judentums zu begreifen wären.[7] Doch G. Alon[8] gelangte in seiner Darstellung zu der Schlussfolgerung, dass die Tatsache, dass beinahe ein Sechstel der Mischna (die Mischna stellt das Hauptwerk des altrabbinischen Judentums dar), eine Auseinandersetzung mit den religiösen Reinheitsgesetzen, welche zugleich als die Gesetzte der *chawerim* zu verstehen sind, darstellt, eine Aussage über die Auswirkungen dieser Gruppe bildet. Dies zeigt, dass die *chawerim*-Religiosität einen grossen Einfluss auf die Entwicklung des rabbinische Judentums ausübte. Dabei ist nicht genau feststellbar, was deren genauer Anteil des Judentums ausmacht, doch die herausragende Bedeutung der *chawerim*-Kultur zur Konstitution eines neuen religiösen Bewusstseins im 1. Jahrhundert v. d. Z. bis zum 1. Jahrhundert d. Z. ist meines Erachtens unbestreitbar.

2.3 Die Zerstörung des Tempels in Jerusalem und die Weiterentwicklung einer jüdischen Identität

Der bezeichnete Übergang von der Religiosität der *chawerim* zum rabbinischen Judentum vollzog sich also in der Zeit vor und unmittelbar nach der Zerstörung des Zweiten Tempels. Gleichzeitig war dieser Übergang von der Entwicklung eines wesentlich sektiererisch geprägten Judentum[9] hin zu einer neuen Form jüdischer Religiosität gekennzeichnet. Mit der Zerstörung des Tempels im Jahre 70 d. Z. löste sich zum überwiegenden Teil der bis dahin existierenden Sekten auf. Zunächst mussten die Sadduzäer, die ursprüngliche aristokratische Schicht der Priester, den Verlust ihrer religiösen und wirtschaftlichen Basis hinnehmen. Die Sadduzäer bildeten eine religiöse Gruppierung im Umkreis der wohlhabenden Priester in Jerusalem, deren politischer und religiöser Einfluss sich vor allem mit der Ausübung ihres Priestertums innerhalb des Tempels verband. Doch mit der Zerstörung des Tempels wurden gleichzeitig die Quellen ihres Einkommens und Einflusses zerstört, so dass sie aufhörten, als eine wirtschaftlich einflussreiche Kraft innerhalb des Judentums zu existieren. Zunächst bestand die Hoffnung, dass der Tempel wiedererrichtet werden könnte, doch mit der Niederschlagung des Bar-Kochba-Aufstandes im Jahre 135 d. Z. wurden auch diese Absichten zunichte gemacht, so dass die Priester innerhalb einer relativ kurzen Zeit schliesslich gänzlich ihre beherrschende Stellung verloren. Ebenso gerieten die

· · · · · · · · · · · · · · · ·

7   Der quantitative Anteil der *chawerim* im Verhältnis zur Gesamtheit rabbinischen Gemeinden lässt sich heute schwer feststellen und ist in der Forschungsliteratur umstritten. Doch diese Mischna bildet einen *Bestandteil rabbinischer Texte*, so dass die *chawerim* nicht den Sadduzäern oder den Essenern zuzurechnen sind, sondern eine selbständige Gemeinde und ein spezifisches Gemeindeverständnis innerhalb des rabbinischen Judentums konstituierten.

8   G. Alon, *Jews, Judaism and the Classical World. Studies in Jewish History in the Times of the Second Temple and Talmud*, Translated from the Hebrew by Israel Abrahams, Jerusalem, 1977.

9   Das Wort "Sekten" wird verwendet, da die unterschiedlichen religiösen Selbstidentifikationen zu erheblichen Schwierigkeiten, so zum Beispiel bei einer Heirat (zwischen Angehörigen unterschiedlicher Gruppierungen) geführt haben müssen.

übrigen Sekten zunehmend in Vergessenheit.[10] In der hadrianischen Periode identifizierten sich auch jene Juden als Juden, welche ursprünglich *nicht* einen Teil des rabbinischen Judentums (oder sich im allgemeinen nicht "treu" zum Judentum verhielten) bildeten.[11] Danach wurden auch Juden, die nicht der eigenen Sekte angehörten, als Juden angesehen und akzeptiert. Für die rabbinischen Juden, insbesondere die *chawerim* galten ja vor der Zerstörung des Tempels (auch vor dem Ausbruch des Bar-Kochba-Aufstandes) diejenigen, welche sich nicht zum rabbinischen Judentum bekannten, als Nichtjuden. Aber in der äusserst gefahrvollen und für die Juden existentiell bedrohlichen Periode zwischen der Zerstörung des Tempels und dem Ausbruch des Krieges stellten die Rabbiner zu ihrer Überraschung fest, dass ebenso "diese anderen Juden", welche ursprünglich als Nichtjuden angesehen wurden, bereit waren, ihr Leben in der Auseinandersetzung mit den Römern für ein jüdisches Selbstverständnis zu riskieren und sich im religiösen Sinne als Juden identifizierten.[12] In Erez Israel vollzog sich somit eine Polarisierung innerhalb der jüdischen Gemeinden und es kam zur Herausbildung einer neuen jüdischen Identität, welche insbesondere angesichts des drohenden Untergangs der jüdischen Existenz auf diese Weise bewahrt werden konnte. Für die rabbinischen Juden selbst kam diese, sich herausbildende Entwicklung überraschend, so dass sie zunehmend bereit waren, auch die "nichtrabbinischen" Juden als Juden zu akzeptieren. Doch auch diejenigen Juden, welche angesichts der Gefahren ihr Leben riskierten, näherten sich an das rabbinische Judentum an, so dass auch sie die religiöse Hegemonie der rabbinischen Gelehrten mehr und mehr anerkannten, und sich somit eine gegenseitige Annäherung vollzog. Ein *am ha-arez*, der vor dieser Entwicklung von den *chawerim* distanziert war, genoss nach der Zerstörung des Tempels zunehmend die Anerkennung eines rabbinischen Juden. Häufiger als zuvor besuchten sie die Synagoge, was ebenso nicht ohne Auswirkungen auf die "Randgruppe" der *chawerim* verblieb. Auch die *chawerim* wurden in ein allgemeineres Verständnis des rabbinischen Judentums kooptiert und sie hoben so ihre Distanzierung und Separierung gegenüber anderen Juden auf.

Darüber hinaus bildete sich die Religiosität der früheren "Randgruppe" (der *chawerim*) zu einem Vorbild für alle rabbinischen Gemeinden heraus. Die gelehrten Rabbiner übernahmen Grundzüge der *chawerim*-Religiosität, so dass das Judentum im allgemeinen, eingeschlossen das "ignorante" Judentum, zunehmend unter den Einfluss der *chawerim*-Kultur geriet. Auf welcher inhaltlichen Grundlage vollzog sich

. . . .

10 Diese Tatsache steht im Zusammenhang mit einem weiteren Aspekt der Nachgeschichte des Tempels, denn die Auseinandersetzung zwischen den Juden und den Römern, welche schliesslich die Vernichtung des Tempels zur Folge hatte, wurde von solchen inhaltlichen Aspekten gekennzeichnet, die im rabbinischen Bewusstsein später grosse Bedeutung erlangten. Diese traten insbesondere in der Zeit des Bar-Kochba-Krieges, also der zweiten grossen Auseinandersetzung zwischen den Juden und den Römern hervor.

11 Die Aussage in der Mischna zeichnet sich ja durch die Überzeugung für ein authentisches Judentum aus, was sowohl eine Distanz gegenüber den Juden als auch gegenüber den Nichtjuden einschloss.

12 Dieses historische Ereignis beeinflusste somit tief die Entwicklung des rabbinischen Judentums – ein Teil der Juden, die nicht bereit waren, ihr Leben für eine jüdische Existenz zu riskieren, vollzogen einen Assimilationsprozess. Sie wurden hellenisiert und hörten auf, sich als Juden zu verstehen – eine Situation, welche vor allem für die Juden in Erez Israel zutraf.

jedoch eine Annäherung dieser verschiedenen und differenzierten Gruppen? Wodurch zeichnete sich der neue Charakter dieser jüdischen Identität letztlich aus? In der bereits zitierten Mischna werden einige wesentliche Details und charakteristische Rahmenelemente schon formuliert.

2.4 Von den Reinheits- und Unreinheitsgesetzen zu den Speisegesetzen – die religiöse Phänomenologie der Entfremdung

Nach der Zerstörung des Tempels verloren die Gesetze der religiösen Reinheits- und Unreinheitsgebote ihre ursprüngliche Bedeutung, da ohne die institutionellen und religiösen Voraussetzungen des Tempels die bisher geltenden Grundlagen nicht mehr existierten. An deren Stelle kam es zur Herausbildung einer neuen *halacha* – die *halachot der sogenannten Speisegesetze*. Die Speisegesetze stellten grundsätzlich *eine Übersetzung der Tempel-Gesetze hinsichtlich der religiösen Reinheits- und Unreinheitsgebote*, nun jedoch unter veränderten Voraussetzungen, dar.

Um diese Entwicklung begreifen zu können, ist eine kurze Darstellung der biblischen Speisegesetze notwendig. Bereits im Pentateuch wird auf bestimmte Dinge verwiesen, welche von denjenigen, die sich treu zur Religion von Mose verhielten, nicht aufgenommen werden durften. Die Speisegesetze in der Bibel verstehen sich als Reinheits- und Unreinheitsgesetze, in deren Kontext so unter anderem der Verzehr von Schweinefleisch als unrein gilt. *Phänomenologisch formuliert entsprachen die Reinheits- und Unreinheitsgesetze vor allem dem Bedürfnis, eine Trennung von der Welt in ihrer Gegebenheit zu erlangen.* Die tägliche Nahrungsaufnahme wurde demnach als eine kulturelle Voraussetzung zur Konstitution der menschlichen Existenz begriffen, welche sowohl ein bestimmtes (religiöses) Bewusstsein als auch eine konkrete soziale und praktische Erfahrung und Verantwortung einschloss.[13] Bereits in der Bibel finden sich zahlreiche Formulierungen, wonach eine religiöse Person in einer bloss "gegebenen Welt" nicht "zu Hause" sein kann. In diesem Sinne lässt sich ebenso die Schlussfolgerung ziehen, dass im Falle des Fehlens einer bewussten und damit vor allem ethischen Existenz des Menschen, dessen Humanität gefährdet ist. Wobei jedoch der Zustand der Gegebenheit nicht einer Form von Jenseitigkeit gegenübergestellt, und eine "Identität im Jenseits" keineswegs als Alternative gedacht und angestrebt wird. Ziel bleibt immer die *Schaffung einer anderen, wesentlich ethisch-religiös fundierten Existenz in dieser Welt im Gegensatz zu einem Dasein in einer blossen, unbewussten Gegebenheit.*

Was bedeutet jedoch die Formulierung: Nicht in dieser Welt, in ihrer blossen Gegebenheit?

Dass das Wesen des Menschen besteht darin, "seine" Welt im Akt einer kulturellen Leistung selbst zu konstituieren. Der Mensch als ein kulturelles Wesen kann sich nicht ohne Reflexion, Vermittlung und Bewusstheit, als ein bloss "natürliches" Wesen verstehen. Er bildet sich selbst, seine eigene "zweite" Natur in einem kulturellen Akt geistiger und körperlicher Tätigkeit heraus.

---

13   Dabei können die Symbole, welche eine Abtrennung hinsichtlich bestimmten "unethischen" Bereichen dieser Welt bedeuten, letztlich durchaus *zufälliger* Natur sein oder von anderen Kontexten übernommen werden. Mitunter spielten vielleicht auch Gründe zur (angeblichen) physischen und psychischen Gesundung der Gemeindemitglieder eine Rolle.

Die Natur ist für ihn nicht selbstverständlich, er ist kein einfaches, unbewusstes Natur-wesen ohne Reflexion und Bewusstsein. Er fühlt sich *in* der Natur nicht zu Hause, er muss seine kulturelle Natur und Umgebung selbst hervorbringen und schaffen. Das zentrale Anliegen dieser Frage erhebt sich somit vor allem in *einer ethischen Dimension.* Diese Dimension ist nicht in der Natur gegeben, sondern stellt eine kulturelle Leistung und Vermögen des Menschen dar und muss bewusst und verantwortlich gestaltet werden. Mit der Entwicklung als ein kulturelles Wesen verliert der Mensch seinen unmittelbaren, ursprünglichen Bezug zur Natur im Sinne eines einfach Gege-benen. "Die Universalität des Individuums nicht als gedachte oder eingebildete, son-dern als Universalität seiner realen und ideellen Beziehungen ... Daher auch Begrei-fen seiner eigenen Geschichte als eines Prozesses und Wissen der Natur (ebenso als praktische Macht über sie vorhanden) als seines realen Leibes" schreibt Marx.[14] Den Menschen als ein "Kind der Natur" anzusehen, entspricht deshalb einer natur-romantischen Konzeption, auf welche er ebenso kritisch verweist:

> *Der einzelne und vereinzelte Jäger und Fischer, womit Smith und Ricardo beginnen, gehört zu den phantastischen Einbildungen des 18. Jahrhunderts Robinsonaden, die keineswegs, wie Kulturhistoriker sich einbilden, bloss ei-nen Rückschlag gegen Überfeinerung und Rückkehr zu einem miss-verstandenen Naturleben ausdrücken. Sowenig wie Rousseaus "Contrat social", der die von Natur independenten Subjekte durch Vertrag im Ver-hältnis und Verbindung bringt, auf solchen Naturalismus beruht. ... Der Mensch ist im wörtlichsten Sinn ein zoon politikoon, nicht nur ein geselliges Tier, sondern ein Tier, das nur in der Gesellschaft sich vereinzeln kann.*[15]

Bereits in der biblischen Religion wurde ein Bewusstsein entwickelt, welches sich nicht als blosse Voraussetzung und Resultat weder der Natur noch der kulturellen Geschich-te begreift, sondern welches die Differenz des ethischen Subjekts zu seiner bloss gege-benen, natürlichen Umgebung formuliert. Der Mensch gilt insbesondere in ethischer Hinsicht nicht als ein selbstverständlicher Teil der Natur, sondern in der notwendigen Distanz und Trennung von dieser schafft und konstituiert er seinen eigenen Lebens-raum, seine eigene Umgebung. Das eigentliche Vermögen des Menschen zeigt sich jedoch darin, dass er in ethischen, moralischen Beziehungen ein Verhalten entwickelt, welches nicht aus seiner natürlichen oder evolutionären Entwicklung erwächst. Dieser Aspekt wird bereits in der jüdischen Bibel herausgestellt. "Ihr sollt mir heilige Leute sein: In dem Feld gefundenes Fleisch von zerrissenen Tieren dürft ihr nicht essen –, den Hunden sollt ihr es vorwerfen." (2.Mose 22,31; übers. von A. Agus). Ein Tier muss, um überhaupt gegessen werden zu können, in der kulturellen Umgebung der Gemeinde geschlachtet werden, obwohl die Bibel rituelles "Schlachten" nur implizit ausdrückt. Im Sinne der Bibel heisst dies: *der Mensch muss das Tier in seinen kul-turellen Raum führen, es mit Hilfe seines entwickelten, religiös-ethischen Verständnisses aufbereiten.*

. . . .

14   K. Marx, *Grundrisse zur politischen Ökonomie*, in: Karl Marx/ Friedrich Engels Werke, Bd. 42, Berlin 1983, S. 447.
15   ebd.

Insbesonders in der zweiten Tempel-Periode wird mit der Integration der Reinheits- und Unreinheitsgebote in die Sphäre des alltäglichen Lebens und damit der Einbeziehung eines Selbstbewusstseins *als Person*, welche nicht ein selbstverständlicher Teil der gegebenen Welt ist, eine Trennung von dieser vollzogen. Dieser Prozess charakterisiert jedoch nicht allein die natürliche Umgebung des Menschen, sondern ebenso dessen gesellschaftliche. Die religiöse Person begreift sich somit ebenso nicht als ein selbstverständlicher Teil der Gesellschaft, was eine konsequente ethische Dimension eröffnet: Eine Rechtfertigung: "Alle haben so gehandelt und deshalb ist dies religiös gerechtfertigt oder gar von Gott gewollt" wird so abgewiesen. Im Mittelpunkt steht vielmehr die *Wahrnehmung einer Andersheit*, welche innerhalb der Natur und der Gesellschaft nicht vorhanden beziehungsweise gegeben ist, sondern als Offenbarung verstanden werden muss. *Offenbarung schliesst somit die Wahrnehmung einer Dimension der Andersheit, welche nicht in der Trägheit der Natur oder der Gesellschaft gegeben ist, ein.*

2.5 Umwandlung der Tempel-Symbolik – zum Wesen der rabbinischen Religiosität

Mit der Zerstörung des Tempels wurde die Trennung sowohl innerhalb der natürlichen als auch der gesellschaftlichen Sphäre durch die Symbole von Tempel-Reinheit und Unreinheit weitgehend aufgehoben, da diese nicht mehr zu verwirklichen waren. Aus diesem Grund wurde eine *Rückkehr zur biblischen Symbolik der Speisegesetze* vollzogen, so dass diese Speisegesetze, welche insbesondere die Aufnahme von Fleisch regelten, den zentralen Ausgangspunkt der neu gefassten Reinheits- und Unreinheitsgesetze bildeten. In der nachfolgenden Entwicklung kam es zu einer Differenzierung dieser Gesetze von einer Tempel-Religiosität beziehungsweise den Vorgaben des Tempels, so dass die Abfolge des Tempel-Rituals nicht mehr die Bedingungen zur Erlangung ritueller Reinheit konstituierten und auf der Basis einer bestimmten (gelehrten) Auswahl der Speisen der Zustand ritueller Reinheit erlangt werden konnte.

Daraus vollzog sich eine Erweiterung der Trennung und Distanzierung von der Welt in ihrer Gegebenheit auf der Grundlage der Bestimmungen der Speisegesetze. Darin zeigte sich demnach die Logik der Speisegesetze, die ja einen wesentlichen Teil der jüdischen *halacha* beschrieben. – Diese traten an die Stelle der früheren Tempel-Gebote zur Erlangung der rituellen Reinheit oder Unreinheit. Das rabbinische Judentum integrierte damit einen wesentlichen Teil der Überzeugungen und der Weltanschauung der *chawerim*-Religiosität. Diese Akzeptanz religiöser Inhalte der *chawerim*-Religiosität zeigte sich in ganz alltäglichen Handlungen, wie zum Beispiel in der Forderung, dass sich ein rabbinischer Jude mehrmals täglich seine Hände rituell reinigte (beim Aufstehen, vor dem Beten, vor dem Essen etc.).[16] Ursprünglich reinigten sich

---

16 Das Wasser wird zu diesem Zweck, als ein Ausdruck der Tradition der Tempel-Religiosität, aus einem Gefäss, welches zuerst in der rechten Hand gehalten und mit Wasser gefüllt wird, in die linke Hand übergeben und die rechte Hand wird zweimal mit Wasser übergossen. Anschliessend wird das Gefäss mit der rechten Hand gehalten und die linke Hand wird zweimal mit Wasser übergossen. Schliessend wird der Segen (über das Händewaschen) gesprochen und die Hände werden getrocknet.

die Priester vor dem Betreten des Tempels in einer rituellen Handlung die Hände. Zunächst übernahmen die *chawerim* dieses Ritual in ihre alltägliche, religiöse Praxis und später folgten dieser Tradition die Mitglieder der rabbinischen Gemeinden, so dass schliesslich jeder religiöse Jude diese rituelle Handlung ausführte. Die Durchführung des Rituals tangierte somit nicht mehr die Reinigung im Tempel, da dies vom halachischen Standpunkt (des Tempels) nicht mehr möglich war, doch dieses konkrete Beispiel zeigt sehr klar, in welcher Weise die *chawerim*-Religiosität die Entwicklung des rabbinischen Judentums grundlegend determinierte.

Die Integration des *chawerim*-Judentums implizierte darüber hinaus einen grundlegenden Aspekt: *die Reinterpretation des Wesens der Religiosität im allgemeinen.*

Hierdurch war der Übergang von einer Tempel-Religiosität zur Religiosität einer jeden Person in ihrer alltäglichen Existenz gekennzeichnet, was zugleich eine Neuinterpretation der ursprünglichen Auffassung von Reinheit und Unreinheit einschloss. In anderer Weise wurde nun die Bestimmung des "Heiligen" erfasst – das *"Heilige" oder "Heiligtum" wird nicht mit einem bestimmten Ort (Tempel), sondern wesentlich der religiösen Person in ihrer spezifischen religiösen Handlung identifiziert.*

Zunächst soll jedoch näher auf die *Frage ritueller Reinheit und Unreinheit* eingegangen werden. Dies stellt ein grundlegendes Kapitel im Prozess der Entstehung und Herausbildung des rabbinischen Judentums dar. Mit grosser Wahrscheinlichkeit trifft die Erkenntnis zu, dass in der Zeit der Zerstörung des Tempels ein beträchtlicher Teil der Juden ursprünglich Nichtjuden waren, welche erst ihren Übertritt zum Judentum vollzogen. In Josephus Flavius' Schriften wird deutlich, dass vor der Zerstörung des Tempels eine Vielzahl von Nichtjuden, insbesondere Frauen in Coele-Syrien[17] zum Judentum übertraten. Es entspricht ebenso einer historischen Tatsache, dass die Juden in Coele-Syrien eine Minderheit bildeten und auch zahlreiche Juden Nichtjuden wurden. In diesem Kontext existierten eine Vielzahl rabbinischer Traditionen, in denen insbesondere einige grosse Gelehrte nichtjüdische Vorfahren hatten. Daraus kann man die Schlussfolgerung ziehen, dass ein wichtiger Teil der Juden nach der Zerstörung des Tempels Nachfolger von denjenigen waren, die sich auf Grund einer freien Willensentscheidung für das Judentum entschieden.[18] Die Darstellung von Josephus

---

17   Im heutigen Libanon, Syrien, Israel und Teilen Jordaniens, als das Zentrum des Seleukiden-Imperiums. Selbst wenn Flavius' Einschätzung nicht in dieser Weise zuträfe, so ist doch anzunehmen, dass ein wichtiger Teil der Juden in seiner Zeit übergetretene Nichtjuden waren. Siehe dazu Mattäus 23,15.

18   Für Männer war es aufgrund der Notwendigkeit einer Beschneidung sehr problematisch, zum Judentum überzutreten. Frauen hingegen wurden von dieser Tradition nicht tangiert. Ausserdem entsprach es einer historischen Tatsache, dass insbesondere Frauen eine entscheidende Rolle bei der Entstehung und Verbreitung neuer religiöser Impulse in der Spätantike spielten. Den Frauen, oft aus begüterten Oberschichten höherer Offiziere, Kaufleute etc. kommend, wurde oftmals eine eigene Karriere verwehrt oder sie wurden bewusst von einer solchen ausgeschlossen. Dieser Freiraum ermöglichte ihnen jedoch, die inneren, langsam sich anbahnen Krisenprozesse innerhalb der Gesellschaft viel früher und auch intensiver wahrzunehmen. Sie konnten sich über diese bewusst werden, so dass ihre Analyse zu einer Erkenntnis über die Formen des Niedergangs sowie des sich langsam vollziehenden moralischen Verfalls der gesellschaftlichen Strukturen führte.

Flavius erscheint deshalb im Kontext solcher Überlegungen durchaus glaubwürdig. Wenn das Judentum in der Entstehungsphase vom 1./3. Jahrhundert d. Z. im Mittelpunkt dieser Untersuchungen steht, so zeigt sich das Milieu eines unübersehbaren grösseren Teils der Juden derart, dass sie sich nicht als leibliche "Kinder" von Abraham, wie Paulus dies später formulierte,[19] verstanden. Doch die zahllosen, letztendlich gewaltsam ausgetragenen Auseinandersetzungen mit den römischen Okkupanten, die ständige äussere Bedrohung und der daraus entstehende notwendige innere Zusammenhalt bis hinein in das 2. Jahrhundert d. Z. führte zu der Überzeugung, dass eine jüdische Identität nicht auf der Grundlage einer freien Entscheidung, sondern einer schicksalhaften Verkettung historischer Umstände basiert, so dass die jüdische Existenz zunehmend als ein Schicksal "umarmt" wurde. In der Spätantike entfaltete sich jedoch das Selbstverständnis der Juden nicht im Sinne eines genetisch-ethnologischen Volkes, denn das Verständnis der jüdischen Identität wurde so gefasst, dass ein Übertritt in das Judentum aber ebenso aus dem Judentum in eine andere Religion ausgesprochen häufig stattfinden konnte.[20]

In der Periode der Entstehung und Herausbildung des rabbinischen Judentums stand somit eine religiöse Identität im Mittelpunkt, deren Bedingungen sich durch eine freie Willensentscheidung und nicht die Akzeptanz eines blinden Schicksals auszeichnet.[21] In der Gegenwart zeigen sich wiederum Anzeichen für die Herausbildung einer neuen jüdischen Identität, deren Selbstverständnis zum Teil auch aus der Reflexion wesentlicher Elemente des rabbinischen Judentums erwächst (dies vollzieht sich vor allem vor dem Hintergrund einer freien, bewussten Entscheidung und nicht des Glaubens an ein blindes Schicksal jüdischer Existenz). Es bedeutet aber keineswegs eine einseitige Ausrichtung auf die Elemente rabbinischen Judentums, denn wie bereits betont, bezog das Judentum seine eigentliche Kraft aus einer dauerhaften Entwicklung pluralistischer Ansätze, Auslegungen und Interpretationen. Ungeachtet dessen vollzieht sich eine Entwicklung, welche an die Grundzüge rabbinischen Judentums erinnert, insofern sich das Bedürfnis manifestiert, *die eigene jüdische Identität auf der Grundlage bewusster aktiver Handlung* und nicht eines blossen traditionellen Selbstverständnisses zu begreifen.

· · · · · · · · · · · · · · · · · · ·

19   Römerbrief 9,8; undsiehe Galaterbrief 3,7.
20   Zumindest in Erez Israel, aller Wahrscheinlichkeit nach aber ebenso in Babylonia. Das Selbstverständnis jüdischer Existenz im Kontext einer traditionellen Erbfolge vollzog sich erst zu einem späteren Zeitpunkt, ein Prozess, der anhand zahlreicher Aussagen im Talmud und der in diesem Zusammenhang formulierten Gesetze belegt werden kann.
21   In der Zeit der ersten Kreuzzüge, als die Juden in Europa extrem verfolgt wurden, so dass sie oft aus Sicherheitsgründen in Ghettos lebten, kam es zu einer vertieften Trennung zwischen Christen und Juden, so dass sich die Situation grundlegend änderte. Wurde man als Jude im Ghetto geboren, hatte dies auch eine gewisse Trägheit zur Folge – man handelte, kleidete und verstand sich wie ein Jude, weil dies einer bestimmten Gegebenheit entsprach. Als die Juden im 18. Jahrhundert, in manchen Gemeinden erst im 20. Jahrhundert zunehmend die Ghettos verliessen, geriet die jüdische Identität in eine tiefgreifende Krise. Ein beträchtlicher Teil der Juden gab und geben die jüdische Identität auf. Gegenwärtig befinden wir uns im Prozess einer umfassenden und weitreichenden Assimilation, begünstigt nicht zuletzt durch die "Normalisierung" des Lebens der Juden in Israel. Gerade deshalb soll die Frage nach dem Wesen der jüdischen Identität – und gerade in der Diaspora – eine neue Dringlichkeit erhalten.

2.6 Kann ein Zöllner ein chawer sein?

Der folgende Text steht in einem engem Zusammenhang mit der *chawerim-Religiosität* sowie der Entwicklung des rabinischen Judentums. Dabei handelt es sich um eine literarische Quelle aus den *Tosefta*, welche eine parallele Sammlung von tannitischen Quellen zur Mischna darstellt.

> *Anfangs sagte man: Ein chawer, der (zum) Steuereintreiber (Zöllner) gemacht wurde, man stiess ihn aus der Gemeinde der chawerim.*[22]

Staatliche Steuern bildeten im Kontext des rabinischen Judentums den Inbegriff unethischer Bereicherung, da die Steuereintreiber aus ihrer Position selbst das Recht einer zusätzlichen, eigenen Vereinnahmung eines bestimmten Steuerbetrages ableiteten. Das eigentliche Problem bestand jedoch darin, dass mit diesen Mitteln eine gesellschaftliche Ordnung finanziert wurde, die seitens der Rabbiner keine Akzeptanz fand und als illegitim verworfen wurde. Wird ein illegitimes Gesellschaftssystem jedoch durch die eigenen Steuermittel getragen, so entsteht im Sinne eines religiösen Bewusstsein eine ethische Belastung. Die ursprüngliche rabbinische Argumentation lautete deshalb: Wenn eine Person ein *chawer* ist und zum Zöllner ernannt wird, dann ist er aus der Gemeinschaft der *chawerim* auszuschliessen. Er kann kein *chawer* sein, da beide Existenzweisen einander widersprechen. Er kann kein Zöllner sein und damit einen Vorteil aus der ungerechten, grausamen Herrschaft der Römer beziehen, sich jedoch zugleich gegenüber den Grundsätzen der Gemeinde der *chawer* treu verhalten. Er ist aufgefordert, eine Entscheidung für eine Weise der Existenz zu treffen.

Schliesslich jedoch erfolgte eine Änderung dieses Urteils, in dessen Kontext ein deutliches Echo der Geschichte des Evangeliums vernehmbar ist, so dass diese Frage erneut zur Diskussion gestellt wurde:

> *Man änderte (diese Ansicht) und sagte: Solange er ein Steuereintreiber ist, ist er nicht glaubwürdig; wenn er sich aber von seinem Amt als Steuereintreiber trennt, siehe (so) ist dieser glaubwürdig.*[23]

Ursprünglich wurde eine Person, welche selbst nur für einen kurzen Zeitraum ein Zöllner war, grundsätzlich aus dem Kreis der frommen Gemeinden ausgeschlossen, so dass es ihm unmöglich war, wieder ein *chawer* zu werden. In einer späteren Periode wurde diese Auffassung neu interpretiert, so dass derjenige, welcher sich entschloss, seine Existenz aufgrund einer freien Entscheidung zu ändern,[24] und das Dasein eines Zöllners aufgab, erneut in die rabbinische Gemeinde integriert werden und die Religiosität der *chawerim* in der Gemeinde verwirklichen konnte.[25]

· · · · · · · · · · · · ·

22   tDem 3,4.
23   ebd. Er begreift also, dass seine frühere Entscheidung ein Irrtum war und entscheidet, zukünftig diese Handlung nicht mehr auszuführen.
24   Hierbei wird der rabbinische Begriff *teshuwa* (=Umkehr) relevant.
25   Dies reflektiert ebenso einige Episoden der Erzählung über Jesus von Nazareth, siehe Matt 9,10-11; 11,19; Mark 2,15-16; Luk 3,12; 5,29-30; 7, 29; und 15,1-32. Die Überzeugung von Jesus, wonach eine Person imstande ist umzukehren, und sein Leben sowie seine Handlungen unter Berücksichtigung seiner Vergangenheit zu ändern, entspricht einer grundlegenden rabbinischen Wahrnehmung.

Fünftes Kapitel

Theologie, Autorität und Wahrheit im frühen rabbinischen Judentum

1. Die pluralistische Natur der *halacha*

1.1 Shechina: Theologie

Im talmudisch-rabbinischen Judentum stehen der Gottesbegriff, die Wahrnehmung des Individuums und die Frage der Autorität in einem engen Zusammenhang. Diese wiederum bedürfen einer Auseinandersetzung mit dem Begriff der *torah;* nun wird zunächst anhand der Analyse des folgenden Textes diese theologische Fragestellung hinsichtlich des Begriffs der Gemeinde erweitert, was zugleich auf das nachfolgende Thema – *die rabbinische Autorität* – verweist.

Damit gerät der Text des Traktates *Avot* erneut in den Blickpunkt, ein Text, welcher eine grundlegende Darstellung des rabbinischen Selbstverständnisses entfaltet. Im Vordergrund steht ein midraschischer Text, welcher im Kontext eines biblischen Textes zitiert und interpretiert wird. Ziel des Traktats ist es, Texte und Lehrmeinungen früherer Gelehrter zusammenzufassen, wobei der Versuch unternommen wird, die Stellung sowie die Tätigkeit des Gelehrten in einer Einheit darzustellen.[1]

> *R. Chalafta ben Dosa von Kfar Chanania sagt: Zehn (Personen), die (zusammen) sitzen und sich mit der torah beschäftigen, bei ihnen weilt die shechina, wie geschrieben (steht): "Gott steht in der Gemeinde Gottes (Ps 82,1) ...*[2]

Damit tritt der Begriff der *torah* erneut in den Vordergrund. Zehn bildet ein wichtige Zahl im rabbinischen Judentum, so dass unter anderen nach der Zerstörung des Tempels eine Gruppe von zumindest zehn Personen erforderlich wurde, um den Gottesdienst durchführen zu können.

Shechina ist eine rabbinische Bezeichnung für Gott und geht auf die Wurzel *shin-chav-nun* zurück, was in der Übersetzung *wohnen* bedeutet. Der Ausdruck *shechina* bezeichnet Gott in seinem immanenten Aspekt. Eine grössere Adäquatheit kommt jedoch in der Aussage zum Ausdruck, dass im rabbinischen Judentum "Gott" *zahlreiche Bezeichnungen* zugeordnet wurden, jedoch *kein Name*. Insoweit von einem Namen überhaupt gesprochen werden kann, ist dieser nicht erkenn- beziehungsweise begreifbar. Im gelehrten Jiddisch (in Litauen) zum Beispiel wurde in bestimmten Kreisen lediglich eine Umschreibung als der "Öberschte" (der Oberste) ausgesprochen. Obwohl *shechina* also einen Aspekt der Immanenz (Gottes) impliziert, handelt es sich dabei vielmehr eher um das Bedürfnis, Gott bezeichnen zu können.[3]

> *Wenn, gemäss der Ausführung des Textes, zehn Personen zusammen kommen, um die torah zu studieren – dann ist Gott unter ihnen.*

. . . .

1   Traktat *Avot* zeichnet eine bestimmte Parallelität zu der stoischen Lehre aus, wie unter anderem Aharon Kaminka gezeigt hat.
2   mAv 3,7; vgl. mAv 3,3ff.
3   In gegenwärtigen Diskussionen existiert unter anderem die Auffassung, wonach die *shechina* feminin und damit im Sinne eines weiblichen Prinzips zu interpretieren wäre. Zwar wird in der lurianischen Kabbala tatsächlich ein weiblicher Aspekt Gottes erwähnt. Danach existiert jedoch keine männliche oder weibliche Seite Gottes, sondern vielmehr eine aktive und eine passive Seite Gottes. Doch die feministische Argumentation wird einer Auseinandersetzung mit dem Gottes-Namenproblem nicht gerecht, zumal hinsichtlich einen, *das Ganze* umfassenden und *alles* (also auch eines männlichen etc. Aspektes) durchdringenden Gottes.

Die älteren Götter der Griechen waren Naturgötter, da sich der Mensch als ein Teil der Natur verstand und somit seine anthropologische Bestimmung innerhalb dieses religiösen Bewusstseins fand. Die Natur präsentierte sich danach ebenso als eine Quelle zur Wahrnehmung einer ethischen Dimension. In der weiteren Spezialisierung und Ausarbeitung der Religionen vollzog sich schliesslich ein Wandel von einer Interpretation der Götter als Naturgewalten hin zu einem Verständnis der Götter als gesellschaftliche Kräfte beziehungsweise Instanzen, die weltliche Macht und Hierarchie widerspiegelnd.[4]

Es ist wahrscheinlich, dass nicht die wohlhabenden, sondern die weniger vermögenden Juden eine Akzeptanz der hellenistischen Religion verweigerten, da für sie der Prozess der Hellenisierung keinen Vorteil implizierte, im Gegenteil. Weil sich das rabbinische Judentum aus der "Unterschicht" der jüdischen Gemeinde formierte, muss man diese kleine Gruppe von zehn Personen, die die *torah* studieren, eher als eine Art "Antimacht" verstehen, welche ihrer Umwelt relativ gegenüberstand. Damit stellte deren "Göttlichkeit" nicht eine Verkörperung der Strukturen von Macht und Erfolg dar, sondern spiegelte *ihre eigene Existenz und Wahrnehmung im Sinne einer Andersheit* wider. Damit wurde ein Verständnis Gottes formuliert, dessen Existenz – wie seines Volkes – im "Exil" befindlich begriffen wurde.[5] Auch das Land "Israel" im Sinne einer religiösen und nicht örtlich bestimmten Kategorie wurde als der Ort des Exils verstanden, was jedoch ein Thema berührt, welches in einem späteren Kapitel erörtert werden soll.

Zehn Personen kommen zusammen und beschäftigen sich mit der *torah*. Dabei handelt es sich nicht um eine Mehrheit der Juden. In der Zeit Jesus von Nazareth's bis zum Ende der talmudischen Periode verfügte die überwiegende Mehrheit der Juden nur in geringem Masse über eine Kenntnis der *torah*, so dass das rabbinische Juden-

· · · · · · · · · · · · · · · · · · ·

4   Während in der Urantike die Götter ursprünglich als Tiergestalten auftraten, erhielten diese schliesslich eine anthropomorphe Gestalt mit menschlichem Antlitz und Gestalt. Noch im ersten Millennium vor Christus kann man die Abbildung der Götter in teilweiser Tiergestalt wahrnehmen (der Unterkörper wurde zwar einer Tiergestalt entlehnt, aber Kopf und Rumpf waren menschlicher Gestalt) – was auf einen Übergang hindeutet und damit ein verändertes gesellschaftliches Kräfteverhältnis zum Ausdruck brachte. Nachdem sich ein Aneignungsprozess der natürlichen Umwelt vollzog, richtete sich nun die Konzentration auf die Erfassung der gesellschaftlichen Strukturen. Dieser Prozess zeigte sich als ein Eindringen der Götter in den Bereich der Gesellschaft, so dass diese zugleich bestimmte gesellschaftliche Sphären widerspiegelten. Dass sich die Auffassung des Gottesverständnisses als ein Reflex gesellschaftlicher und anthropologischer Prozesse zeigt, entspricht keinem neuen Gedanken. Es reflektiert vielmehr das religiöse Verständnis im allgemeinen, insofern Gott eine machtvolle Bedeutung zugesprochen wird. Sowohl im Judentum als auch im Christentum ist der Gedanke der Immanenz Gottes präsent. Gott ist in der Natur, was hier eine grösstmögliche Aneignung und Unterordnung der Natur einschliesst. Oder Gott ist immanent in der Gesellschaft, was auf eine Aneignung (und ebenso einer religiösen Verehrung) der gesellschaftlichen Strukturen zielt. Danach wurde den weltlichen Gesetzen sowie der herrschenden Macht eine Heiligkeit zugesprochen, als ob diesen ein Aspekt göttlicher Macht inhärent wäre. Deshalb ist das hier entwickelte Denken nicht automatisch auf alle jüdischen Quellen übertragbar.

5   Siehe mein Buch *The Binding of Isaac and Messiah*, S. 193-198, und 246-248; sowie *Heilige Texte*, S. 133-137; und 143-144.

tum eigentlich die Religiosität einer sehr kleinen Minderheit repräsentierte.[6] Innerhalb des Judentums gründeten sich deshalb Gemeinden, deren Anliegen auf ein Studium der *torah* gerichtet war. Und in diesen Gemeinden ist Gott "anwesend", wenn diese sich mit der *torah* beschäftigen. Gott ist danach nicht wie in bestimmten Psalmen in der ästhetischen Ordnung und Schönheit der Natur anwesend; ebenso existiert er nicht innerhalb der Strukturen gesellschaftlicher Macht. In einer *Gemeinde und wie nachfolgende Texte belegen möglicherweise auch bei einer Person, welche sich zum Zweck des Studiums der torah konstituiert – dort ist Gott (die "shechina") anwesend.*

Die Selbstwahrnehmung dieser religiösen Gemeinde erfasst deshalb ein theologisches Bewusstsein. Gott wird hierbei nicht als ein Etwas, oder eine Person wahrgenommen, nicht einmal im Sinne eines "Du"; Gott ist Teil eines Ereignisses – oder viel mehr, Gott wird adverbalisiert: Eine Handlung, ein dynamisches Ereignis ist "göttlich". In der oben beschriebenen Gemeinde ist Gott "anwesend".

Diese Theologie ist mit einer religiösen Sensibilität verbunden, welche nicht allein im rabbinischen Judentum, sondern allgemein, im Prozess der Entstehung religiöser Bewegungen in der frühen Spätantike manifest wurde. In diesem Kontext fand bereits Erwähnung, dass sich in dieser Hinsicht ebenso eine Veränderung des ästhetischen Bewusstseins der Tempel-Architektur vollzog. Die spätantike Periode ist nicht nur die Zeit der Entstehung des Christentums und auch die Blütezeit des rabbinischen Judentums, sondern es ist auch eine Welt der "Mysterienreligionen". Die Tempel dieser religiösen Entwicklung kristallisierten sich als eine Antithese zum Tempel der alten Religionen und Kulte heraus. Ursprünglich wurde eine Teilnahme an dem Ereignis *im* Tempels durch eine Anwesenheit *ausserhalb* des Tempels erreicht. Dieser konnte so als das Zentrum der Welt aufgefasst werden, und der Mensch, als ein "Teil" des kosmischen Universums, partizipierte gleichsam äusserlich (in Form einer Teilhabe) an diesem Ereignis, welches sich jedoch innerhalb des Tempels und für das religiöse Subjekt nicht einsehbar vollzog. Im Sinne des neuen Tempel-Verständnisses jedoch, und dies wurde auch durch architektonische Veränderungen erreicht,[7] gelangte man nur *auf dem Weg zum Inneren des Tempels* zu einer bewussten Teilnahme an dem religiösen Ereignis. Es war notwendig, in das Innere des Heiligen zu gelangen, um auf diese Weise gleichsam in einem internen Raum aufgenommen und integriert werden zu können. Indem auch architektonisch ein innerer Raum geschaffen wurde, verstand sich das religiöse Individuum nicht mehr lediglich als ein abstrakter, äusserlicher Teil des Universums. Es wurde vielmehr zu einem Mitglied einer auserwählten Gemeinde, wobei keineswegs eine jenseitige Existenz angestrebt wurde, da sich die Gemeinde immanent, als "in dieser Welt" existierend, begriff. Aber mit der Konstitution und Schaffung einer eigenen Gemeinde wurde diese Existenz konkret, und dies bedeutete vor allem, sich *bewusst gewählt* zu fühlen.[8] Keine ideale Architektur eines Tempels oder

. . . .

6   Aus diesem Grund bilden auch die Auseinandersetzungen von Jesus von Nazareth keine Ausnahme. Vielmehr drücken sich in diesen der Prozess einer *inneren Genese* des rabbinischen Judentums aus. Aus diesem Grund wurden für Jesus von Nazareth die Juden selbst zu Widersachern des neuen religiösen Selbstverständnisses, welche sich im Kontext des rabbinischen Judentums unter anderen nicht für eine Renaissance der Tempel-Religiosität innerhalb der jüdischen Gemeinden selbst einsetzten.

7   Vgl. die Physiognomie des Mithra-Kultes.

von Statuen vermochte diesem Gottesverständnis einen Ausdruck, eine Form zu verleihen, ohne die aktive Teilnahme einer Gemeinde. Keine Kunst, auch nicht die sublimsten Fähigkeiten, deren Vollendung im öffentlichen Bewusstsein als Ausdruck eines göttlichen Willens gewertet wurde, konnte als ein Abbild dieses Gottesbildes oder Gottesverständnisses verstanden werden, welche nur in der Gegenwart des religiösen Handelns oder der Andacht sichtbar zu werden vermag.

Zahlreiche sakrale Beispiele aus der europäischen Tradition zeichnen sich vor allem durch ihr Bestreben nach oder gar der Formulierung von einem universalen Gottesverständnisses aus, welches sich sowohl philosophisch als auch architektonisch die Darstellung einer idealen Form zum Ziel setzt. Einem derartigen universalen Gottesverständnis ist zu oft auch ein Moment von Herrschaft inhärent, welches das universelle Geschehen begründen und gestalten sollte. Dieser Gott ist ein Gott der "Sieger". Ein Gott hingegen, welcher innerhalb einer kleinen Gemeinde aufgesucht werden muss, versteht sich gleichsam als "fremd", beziehungsweise ist entfremdet innerhalb einer universalen, alles rechtfertigenden Welt.[9]

1.2 Heilige Gemeinde und heiliger Ort

Die Entwicklung der frühen rabbinischen Religiosität hat also mit der Entwicklung eines neuen religiösen Raumverständnisses zu tun – ein Raum, der eingegrenzt wird anstatt ausgegrenzt zu sein: Ein Übergang vom Tempel zur Synagoge, architektonisch ausgedrückt. Es kommt jetzt darauf an, die religiöse Person im Kontext eines *inneren Raumes* zu begreifen. Es ist gleichsam möglich, dass diese neue Auffassung in einem tangierenden Verständnis mit dem *Inneren des Menschen* kohärierte. Dieser Aspekt wird in der Mischna hervorgehoben – innerhalb eines "kleinen Raumes" versammeln sich zehn Personen und *studieren* gemeinsam die *torah*. Und wo befindet sich hierbei Gott, der Schöpfer der Welt und der Herr der Geschichte? – *in dieser kleinen Ansammlung von (zehn) Personen!* Dies entspricht einem, nach innen gerichteten religiösem Verständnis, welches zugleich den Begriff eines spezifischen Selbstverständnisses der Gemeinde und des Individuums widerspiegelte. Eine aktive Teilnahme und Zugehörigkeit zu dieser Gemeinde setzte zugleich ein entwickeltes *Bewusstsein* voraus, welches in engem Zusammenhang mit einem Prozess der *Einweihung* stand und vielleicht auf den Kontext der Mysterienreligion sowie der Einweihungsrituale in der Spätantike verweist.

Der oben zitierte Text enthält eine Auslegung von einem Vers aus Psalm 82. Dieser Psalm wurde grundlegend für das Selbstverständnis der Rabbiner:

Gott steht in der Gemeinde Gottes.[10]

Dies stellt, historisch formuliert, einen Rest eines mythologischen Textes dar. Aller Wahrscheinlichkeit nach sollte damit auf die Möglichkeit, dass Gott in der Gemeinschaft

---

8   Man ist ein Auserwählter, indem man selbst auswählt ...

9   Dies verweist wiederum auf die Entstehung einer neuen Anthropologie. Die Frage: "Was ist Gott ?" entwickelt sich zu dem Problem: "Was ist der Mensch?" In der europäischen Religionsgeschichte vollzogen sich ähnliche Entwicklungen mit der Verbreitung protestantischer und reformatorischer Ideen, eingeschlossen pietistischer und mystisch-schwärmerischer Impulse in der frühen Neuzeit.

10 Ps 82,1.

von Göttern steht, verwiesen werden. Doch die Einbeziehung dieses Textes in den psalmistischen Kontext verändert den Sinngehalt – denn mit der Bezeichnung *adat-el* (zumindest in der rabbinischen Lesung dieses Psalms, eventuell aber auch in der ursprünglichen Kontextualisierung) wurde nun die Dimension der *Gemeinde Israels* als die "Gemeinde Gottes" aufgemacht.

"Gott steht in der Gemeinde Gottes." – diese, anstatt "... der Gemeinde El' s", was eine kanaanaitischen Formulierung wäre, entspricht einer rabbinischen Übersetzung, einer rabbinischen Lesung. Für die folgende Auslegung werden dabei zwei Aspekte entscheidend:

1. In der rabbinischen Auslegung wird mit der Gemeinde Gottes *nicht* das Volk Israel, sondern eine kleine Gemeinde von "zehn Personen", welche sich zum Zwecke des Studiums der *torah* bildet, bezeichnet. Die Kernstruktur des Verses innerhalb des rabbinischen Judentums bildete somit nicht ein abstrakter Begriff des Volkes "Israel", sondern eine konkrete und damit vor allem authentische religiöse Gemeinde (Gottes).[11]
2. Innerhalb des rabbinischen Judentums erfuhr ebenso der Begriff der "Anwesenheit Gottes" eine grundlegende Wandlung. Das Selbstverständnis der rabbinischen Gemeinschaft basierte, wie bereits erwähnt, nicht auf dem Begriff des "Volkes", sondern wesentlich auf einem *neuen Verständnis der Gemeinde*. Diese *Gemeinde Gottes* wurde nicht in ihrer blossen Gegebenheit, im Sinne einer nationalen Identität begriffen. Denn es konstituierte sich nur dann eine Gemeinde heraus, wenn zehn Personen zusammenkamen, um sich mit der *torah* zu beschäftigen und zu studieren – dies erfasst die tatsächliche Auslegung des rabbinischen Verständnisses der Gemeinde im Psalm 82. Die Anwesenheit Gottes ist damit nicht mehr in einer, in dem Anschauen-Anbeten, durch eine selbstrepräsentierende Architektonik zum Ausdruck gebrachten Präsenz *wahr-* oder *zur Kenntnis zu nehmen*, sondern muss jetzt in der Andersheit des eigenen Bewusstseins des Handelns *erfahren* werden.

Die Mischna sagt weiter:

> *Woher (weiss man, dass) selbst (bei nur) fünf (Personen, die sich mit der torah beschäftigen, die shechina anwesend ist)? ... .*
> *Woher (weiss man, dass) selbst (bei nur) zwei (Personen, die sich mit der torah beschäftigen, die shechina anwesend ist)? ... .[12]*

Schliesslich führt die Mischna zur Möglichkeit der Anwesenheit Gottes bei einer Personen, welche die *torah* studiert:

> *Und woher (weiss man, dass) selbst (bei) einer (Person, die sich mit der torah beschäftigt, die shechina anwesend ist)? ... .[13]*

. . . .

11   Eine Gemeinde, welche eine Andersheit des Daseins in der Welt begründet und so die Möglichkeiten für eine andere Existenz in der Welt schafft.
12   mAv 3,7.
13   ebd.

Danach folgt eine interessante Auslegung, welche an dieser Stelle zwar nicht näher diskutiert, zumindest jedoch kurz angeführt werden sollte:

(Dies weiss man daher), dass es heisst: An jedem Ort, da ich meinen Namen erinnern lasse, werde ich zu dir kommen und dich segnen (Ex 20,24 [21]).[14]

Mit diesem "jedem" Ort ist ausdrücklich nicht Jerusalem gemeint. Der Vers entstand, als Jerusalem noch nicht zu dem heiligen Ort schlechthin bestimmt wurde. Bis zu dieser Entscheidung existierten unterschiedliche heilige Orte, ohne eine besondere Akzentuierung oder gar hierarchische Festlegung:

... werde ich zu dir kommen und dich segnen.[15]

Hierbei handelt es sich um einen Vers, in welchem bereits die Grundzüge der Auslegung des *heiligen Ort* formuliert werden. Zwar ist diese Idee innerhalb des biblischen Kontexts begründet, diese wird jedoch in der rabbinischen Literatur auf ganz andere Weise fortgebildet. Interessant erscheint der Text, zumal die Mischna diesen in der Absicht, eine Identität zwischen *dem heiligem Ort und der religiösen Person* festzustellen, interpretiert: *Die religiös denkende und handelnde Person gilt danach als der Inbegriff des heiligen Ortes.*

Wird diese Aussage in den Zusammenhang mit dem aus Exodus zitierten Vers gesetzt, so ergibt sich die Schlussfolgerung, dass derjenige, *welcher sich mit der torah beschäftigt, die Heiligkeit eines Ortes (des Tempels) konstituiert. Das Individuum wird zum Inbegriff und Ort des Tempels, so dass in diesem Verständnis Gott in dem religiös lebenden Individuum anwesend ist.*

Insbesondere hierin wird die *Unverzichtbarkeit* und *einzigartige Bedeutung des Individuums* – auch als der Stoff, aus dem die Gemeinde gebildet wird – hervorgehoben. Im Verständnis des rabbinischen Judentums wird danach sowohl die Gemeinde als auch das Individuum grundlegend. Das rabbinische Judentum beschreibt deshalb immer den engen Zusammenhang von Gemeinde und Individuums im Rahmen einer konkreten Handlung, die sich wesentlich aus einem tätigen, bewussten In-der-Welt-Sein ableitet und von dem Bedürfnis charakterisiert ist, die Gegebenheit der Welt als solche nicht ohne eine kritische Distanz zu bewerten. Dies vermag vor allem die Perspektive und Möglichkeit zur Konstituierung einer Andersheit des Daseins widerzuspiegeln, um die Welt hierdurch praktisch verändern zu können. Somit treten zwei entscheidende, untrennbare Pole im Verständnis des rabbinischen Judentums in den Vordergrund: *die Gemeinde und das Individuum.*

1.3 Halachot und nicht die halacha –
die Pluralität des Gesetzesverständnisses

Die Triade Gott, Individuum und Gemeinde führt unerbittlich zu der Frage der Autorität. Was bedeutet der Begriff der Autorität im rabbinischen Judentum? Diese Frage wurde bereits im Zusammenhang mit dem Verständnis der *torah* im Makkabäer-Buch

---

14   ebd.
15   ebd.

erörtert und soll nun deutlich handlungsorientierter, im Kontext eines historischen Ereignisses verstanden werden. Die Analyse dieses Themas gründet sich auf einen Text aus der Mischna *Edujot*, welcher eine Sammlung von "Zeugnissen" enthält.

Das Hauptwerk im früh-rabbinischen Judentum stellt die Mischna, eine Textsammlung, welche etwa in der Zeit Jesus von Nazareth bis zum 3. Jahrhundert d. Z. entstand, dar.[16] Entscheidend für das Verständnis dieses Textes ist jedoch, dass die Mischna eine Sammlung von Zeugnissen, Berichten und Bräuchen, jedoch grösstenteils kein dezidierendes Werk ist, denn die darin angeführten Meinungen entstanden *nicht* im Kontext einer Entscheidungsinstanz oder bestimmter Massstäbe hinsichtlich einer Bewertung dieser Auffassungen. Historisch formuliert findet sich deshalb in der Mischna nur selten ein Begriff von *der halacha* (Singular), sondern es existieren unterschiedliche *halachot* (Plural), welche ganz unterschiedliche und differenzierte Meinungsäusserungen enthalten und zum Ausdruck bringen. *Die überwiegende Mehrheit der angeführten Auffassungen und Meinungen wurden also ohne die Hinzuziehung einer hierarchischen Werteordnung als gleich legitim vorgestellt.* Äusserst selten finden sich deshalb in der Mischna Begründungen, welche im Kontext der unterschiedlich vorgetragenen Standpunkte eine letztgültige Entscheidung einschliessen. Der Traktat *Edujot* stellt in diesem Sinne eine Ausnahme dar, da offensichtlich nach der Benennung besonderer, ausgewählter Fragen diese einer Entscheidung zugeführt werden sollten. Weshalb? Diese Fragen wurde innerhalb eines polemischen Kontextes erörtert und obwohl das rabbinische Judentum relativ pluralistisch auftrat, und so unterschiedliche Standpunkte gleichwertig nebeneinander existierten, konnten sich einander widersprechende Auffassungen in bestimmten, entscheidenden Fragen als existenzgefährdend für die jüdischen Gemeinden erweisen. Angesichts einer solchen Ausnahmesituation bestand das Bestreben, doch eine verbindliche Entscheidung innerhalb der Gemeinden herbeizuführen.

Dabei stand im Zentrum des Prozesses zur Entscheidungsfindung die Anführung von Autoritäten früherer Generationen, insofern diese für eine Interpretation des gegenwärtigen Problems relevant sein konnten. Die Standpunkte gegenwärtiger Autoritäten wurden hingegen in diesen nicht einbezogen. Mit der Berufung auf historische Autoritäten sollte vor allem die Möglichkeit einer Änderung, Kritik oder gar Aufhebung einer bereits festgelegten Norm ermöglicht werden. In mEd 5,6 heisst es:

Akawia ben Mahalalel bezeugte in vier Dinge:[17]

Akawia ben Mahalalel trägt nicht den Titel "Rabbi", da vor der Zerstörung des Tempels im Jahre 70 d. Z. die Bezeichnung "Rabbi" als Titel keine Anwendung fand. Allein diese Tatsache stellt bereits einen wichtigen Moment hinsichtlich der Frage der Autorität im rabbinischen Judentum dar. "Rabbi" bedeutet in der wörtlichen Übersetzung "mein Meister" und fasst somit zugleich den gesellschaftlichen Status des Gelehrten, während die spätere Verleihung des Titels "Rabbi" auf das Bedürfnis hinsichtlich einer zentralisierten Autorität beziehungsweise der Begründung autoritativer Strukturen verweist. Wurde einem Gelehrten zuvor aufgrund seiner Erkenntnisse und seines

---

16   Die letzte Redaktion dieser Texte erfolgte Anfang des 3. Jahrhundert d. Z..
17   mEd 5,6.

Wissens Ehre und Anerkennung entgegengebracht, so bezeichnete man ihn ohne die Notwendigkeit einer Verleihung eines Titels und der damit verbundenen Privilegien einfach mit seinem Namen.[18]

In der Mischna werden somit vier Fragen angeführt, die für die Gemeinde verbindlich beantwortet werden sollten. Um dies zu erreichen, führte Akawia ein Zeugnis früherer Autoritäten an, wobei insbesondere die Polemik hinsichtlich einer spezifischen Frage grundlegend für die hier angeführte Auseinandersetzung wurde.

Akawia ben Mahalalels Lebenszeit liegt aller Wahrscheinlichkeit nach vor der Zerstörung des Tempels, also vor dem Jahre 70 d. Z.[19]

> *(Seine Kollegen) sagten zu ihm: Akawia, ändere deine (Meinung) in (Bezug auf diese) vier Dinge, die du sagtest, und wir werden dich zum Leiter von einem Gerichtshof (beth-din) für Israel machen.* [20]

Zunächst soll auf die Übersetzung einiger zentraler Begriffe eingegangen werden, um auf dieser Grundlage den Text selbst erläutern zu können. Was bedeutet ein *beth-din* (Gerichtshof) im rabbinischen Judentum? Im heutigen Staat Israel, insbesondere unter Berücksichtigung der Tradition von Maimonides setzte sich zunehmend eine Tendenz durch, die geschichtliche Entwicklung des früh-rabbinischen Judentums wesentlich auf der Grundlage einer zentralen Autorität, des *"sanhedrin"* (angeblich eine Sammlung von siebzig Gelehrten), zu beschreiben. Im Neuen Testament findet sich zwar der Begriff des *sanhedrin* (griech.: *sunedrion*) doch damit wird möglicherweise kein *rabbinischer* Gerichtshof bezeichnet, zumal das Neue Testament nicht den Charakter des rabbinischen Judentums in seiner Ganzheit wiedergibt. Von einem historischen Standpunkt aus betrachtet existierte wahrscheinlich kein zentraler rabbinischer Gerichtshof, in welchem "siebzig (oder auch einundsiebzig) Gelehrte" tätig waren, diese Vorstellung entspricht eher einer Legende. Das rabbinische Judentum, historisch betrachtet, wurde nachweislich *nicht* durch eine solche zentralistische Institution konstituiert beziehungsweise strukturiert. Auch im Kontext anderer Fragestellungen ist die Tatsache von Bedeutung, dass *einzig zum Zweck der Aufstellung des Kalenders eine zentrale rabbinische Gericht einberufen wurde*. Da die Festlegung des Kalenders eine zentrale Entscheidung darstellte, ist es denkbar, dass die Mischna jenen Gerichtshof zur Festlegung des Kalenders erwähnte.

Dieser Gerichtshof bestand aus drei Personen, andere Versionen sprechen auch von fünf oder sieben Personen.[21] Die Führung dieses Gerichtshofes wurde einer allgemein anerkannten Persönlichkeit übertragen, so dass Akawia ben Mahalalel mit der Forderung konfrontiert werden konnte: "Akawia, ändere deine (Meinung) in (Bezug auf diese) vier Dinge, die du sagtest, und wir werden dich zum Leiter von dem Kalender-Gerichtshof für Israel machen."

. . . .

18   Gemäss der Mischna trugen jüdische Gelehrte somit vor der Zerstörung des Tempels nicht den Titel "Rabbi", so dass auch die Bezeichnung Jesu von Nazareth als "Rabbi" im Neuen Testament eher einem Anachronismus entspricht, und der Titel erst nachträglich, in der Zeit nach der Zerstörung des Tempels im Jahre 70 d. Z. hinzugefügt wurde.

19   Möglicherweise aber auch noch früher, in der Zeit von Jesus von Nazareth, seine exakten Lebensdaten sind umstritten.

20   mEd 5,6.

21   MSan 1,3.

(Da) sprach er zu ihnen: Es ist besser für mich, alle meine Tage ein Narr genannt zu werden, als (nur) eine Stunde (lang) ein Frevler vor Gott zu sein.[22]

Akawia ben Mahalalels Standpunkt wird durchaus nicht parteiisch oder vordergründig vorgetragen, im Gegenteil. Die nachfolgende Lesung des Textes zeigt vielmehr, dass die sich entwickelnde Polemik in der Mischna nicht einseitig die Position Akawias herausstellte. Das Anliegen des Textes besteht viel eher darin, eine möglichst objektive Darstellung dieser Auseinandersetzung wiederzugeben, welche letztlich nicht einer "idealisierten" oder gar korrigierten Fassung eines Weisen entsprechen sollte; der Vortrag zeichnet sich durch eine klassische Form aus. In der nachfolgenden Rezeptionsgeschichte schliesslich wurde ein Kommentar verfasst, welcher die Sorge der Rabbiner um ihr eigenes Selbstverständnis zum Ausdruck bringt. Darin wird der Versuch unternommen, den Einwand Akawia ben Mahalalels als einen vorgeblichen Irrtum darzustellen, um eine andere Auslegung seines Standpunktes erreichen zu können. In einer *späteren* Schicht der Mischna findet sich deshalb die Formulierung, dass Akawia nur deshalb ablehnte, seine Meinung zu ändern ...

... damit man nicht sage, er habe seine (Meinung nur) wegen der (Erlangung von) Herrschaft geändert.[23]

Dies verdeutlicht den Versuch, die unerträgliche Spannung innerhalb des Textes aufzulösen. Eigentlich war sich aber Akawia bewusst, dass er seine Meinung ändern konnte, da sich ohnehin jeder der Gemeinde gegen ihn aussprach. Die spätere Schicht des Textes versucht jedoch die Überzeugung zu vermitteln, dass es sich lediglich um eine irrtümliche und späterhin sogar strategische Überlegungen von Akawia gehandelt hat. Doch der frühere Text verweist auf die rabbinische Grundhaltung, die Akawias unbedingten Willen, insbesondere angesichts Gottes seiner Meinung nicht untreu zu werden, formuliert.

Danach folgt die Darlegung der vier, zur Diskussion stehenden Fragen. Die ersten beiden Frage stehen in Verbindung mit der Entscheidung hinsichtlich des Problems der rituellen Reinheit und Unreinheit. Die dritte Frage behandelt das Problem der Nutzniessung eines fehlerhaften, erstgeborenen Tieres. Im Kontext der vierten Frage wird schliesslich ein Thema erörtert, welches in der Mischna grundlegend entwickelt wird, und im Folgenden eigens dargestellt werden soll:

1.4 Die Frage der jüdischen Identität und die Proselyten

Im Pentateuch (Num 5,12-31) wird ein Gesetz formuliert, wonach ein Mann seine Frau aufgrund des Verdachts der Untreue zur Durchführung eines Rituals veranlassen konnte. Die Frau wurde danach zu einem Priester geführt und symbolisch gedemütigt, indem ein Fluch mit folgendem Inhalt ausgesprochen wurde: Wenn die Frau tatsächlich gegenüber ihrem Mann untreu war, wird dies zu einem physischen Zusammenbruch der Frau führen! Falls sich die vermutete Untreue jedoch nicht bestätigen sollte,

---

22   ebd.
23   mEd 5,6.

wird sie ein Kind gebären. Der Fluch wurde mit Tinte auf einen Zettel geschrieben und anschliessend mit Hilfe eines Messers vom Papier gekratzt und im Wasser gemischt. Die in den Verdacht der Untreue geratene Frau war aufgefordert, diese Flüssigkeit zu trinken, damit die Buchstaben des Fluches sozusagen in das Innere ihres Körpers gelangen konnten.

Das entscheidende Anliegen dieses Rituals bestand jedoch darin, wie leicht zu erkennen ist, beide Ehepartner wieder zusammenzuführen, denn um das Ergebnis dieses Verfahrens feststellen zu können, war das weitere Zusammenleben der Ehepartner unabdingbar. Wurde die Frau schwanger, galt dies als Beweis dafür, dass es sich um eine lebensfähige Beziehung handelte. Darin wird die typische Konstellation eines biblischen Rituals deutlich, dessen Aufgabe vor allem darin bestand, die Verantwortung *beider* Seiten des Konfliktes geltend zu machen. Die Frau leistete ihren Anteil zur Klärung der entstandenen Situation, indem sie sich demütigen lässt. Der Mann musste letztlich die wahre Treue seiner Frau anerkennen, auch und insbesondere wenn es zu einer Schwangerschaft kam, wobei nicht in jedem Fall geklärt war, wer der tatsächliche Vater des Kindes war. Das Ritual trug deshalb wesentlich zur Befestigung einer zukunftsfähigen Beziehung bei. Ungeachtet dessen vertraten mehrere Rabbiner jedoch die Auffassung, dass ein Mann seiner Frau ein solches Ritual keineswegs zumuten kann, es sei denn, er ist nicht im Vollbesitz seiner geistigen Kräfte.[24] Die Mischna sagt weiter:

> *Er (Akawia ben Mahalalel) pflegte zu sagen: Man gibt den Proselytinen und den freigelassenen Sklavinnen (das Fluch-Wasser) nicht zum Trinken.*[25]

Im Hintergrund dieser Überlegungen stand die unausgesprochene Tatsache, dass das früh-rabbinische Judentum zu einem wesentlichen Teil von Personen getragen und weiterentwickelt wurde, welche vom Nichtjudentum zum Judentum übertraten. Aus diesem Grund wurde in dieser Mischna die implizite Frage aufgeworfen: Ob das *sota*-Gesetz für Frauen Gültigkeit erlangt, die erst zum Judentum übertraten? Können auch sie veranlasst werden, sich einem solchen Ritual zu unterwerfen? Akawia ben Mahalalel vertrat die Auffassung, dass im Sinne der eigentlichen Bedeutung des biblischen Gebotes ein Gesetz formuliert werden sollte, welche Frauen, die erst zum Judentum übertraten, von diesem Ritual ausschliesst. Man könnte zu der Schlussfolgerung gelangen, dass hiermit Akawias besonders liberale Haltung hinsichtlich der Interpretation und Auslegung dieses Gesetzes zum Ausdruck kommt.

> *(Die) Weisen aber sagten: Man gibt ihnen (das Fluch-Wasser) zu trinken.*[26]

Weshalb geriet jedoch ausgerechnet diese Frage zum Gegenstand einer Auseinandersetzung? Insbesondere in dieser Zeit konstituierte sich ein wichtiger Teil der Juden aus solchen Personen, die zum Judentum übertraten und damit nicht von Geburt jüdisch waren. Den Rabbinern kam es deshalb darauf an, die völlige Gleichheit zwischen

---

24   Siehe bSota 3a.
25   mEd 5,6. Die "freigelassene Sklavin" war auch ursprünglich eine Nicht-Jüdin.
26   mEd 5,6.

denjenigen, die als Juden geboren wurden und denen, die zum Judentum übertraten, zu betonen. Obwohl das Exempel des Rituals auf den ersten Blick marginal erscheint, entwickelte sich die zugrunde liegende Fragestellung zu einem entscheidenden Aspekt der rabbinischen Theologie. Denn wenn geschlussfolgert wird, dass eine übergetretene Jüdin das Wasser gemäss dem Ritual nicht trinken sollte, so implizierte dies zugleich eine differenzierte Bewertung hinsichtlich ihrer jüdischer Identität. Aus diesem Grund traten die Rabbiner vehement für eine Gleichbehandlung ein. Auch wenn zunächst darin ein Mangel an Milde entdeckt werden könnte, weil die übergetretenen Jüdinnen aus dem Ritual des Treuebeweises nicht ausgeschlossen werden konnten, so ist jedoch genau das Gegenteil der Fall. Die Wahl des Themas, in dessen Kontext diese Polemik exemplarisch dargestellt wurde, ist typisch rabbinisch. Die Entscheidung der Rabbiner scheint nur zunächst ein negatives Urteil gegen die zum Judentum übergetretenen Frauen zu implizieren. Abstrakt formuliert ist diesem folgende Schlussfolgerung inhärent: Ein Jude ist vor allem dann ein Jude, wenn er als solcher *handelt*. Dessen Identität wird nur sekundär aufgrund seiner Herkunft beziehungsweise Geburt bewertet und fällt damit nur geringfügig ins Gewicht. Tritt eine Person zum Judentum über, so schliesst dies vor allem die *Akzeptanz, als Jude zu handeln,* ein. Diese Absicht wird offiziell vor einem Gericht erklärt, um eine gesellschaftliche Anerkennung und Akzeptanz dieser Entscheidung zu erreichen, da diese ja nicht allein persönlich bestimmt ist. Mit der Aufnahme in eine Gemeinde findet schliesslich ein Einweihungsprozess statt, obwohl das Wesen der jüdischen Identität in dem Selbstverständnis der eigenen, persönlichen Handlung besteht, gemäss dem man sich verpflichtet, *als ein Jude zu handeln*. Ist eine Frau zum Judentum übergetreten, so muss ihre Identität wie die jeder anderen jüdischen Frau gleich gewertet werden, auch wenn dies auf den ersten Blick wie ein Nachteil für die Betroffene erscheint:

> *(Da) sagten (seine Kollegen) zu ihm: (Es gibt) einen Tat(sachenbericht) über Karkemit, eine freigelassene Sklavin in Jerusalem, dass Shmaja und Awtaljon sie (das Fluch-Wasser) trinken liessen.*[27]

Es wurde also versucht, die getroffene Entscheidung unbedingt durchzusetzen, da es sich immerhin um die Frage des Wesens der jüdischen Identität handelte:

> *(Da) sagte er zu ihnen: Sie liessen sie etwas Ähnliches trinken.*[28]

Auch Akawia ben Mahalalel war sich darüber im klaren, dass dies keineswegs auf eine rein formale, sondern durchaus eine gefahrvolle Auseinandersetzung innerhalb des rabbinischen Gemeindeverständnisses verwies. Er war wahrscheinlich der Meinung, dass die jüdische Rechtssprechung "intern" (laut der inneren Regel der *halacha)* doch eine ungleichartige Anwendung der Gesetze für die Juden von Geburt und denjenigen, welche zum Judentum übertraten praktizieren soll (zumindest theoretisch). Doch dies spiegelte lediglich ein juristisches Verhältnis wider. Äusserlich sollten diese Unter-

---

27 mEd 5,6.
28 mEd 5,6. "Sie liessen sie etwas Ähnliches trinken", um die Gleichheit der freigelassenen Sklavinnen zu demonstrieren.

schiede nicht geltend gemacht werden, so dass das rabinische Judentum nach aussen eine einheitliche Rechtssprechung praktizierten konnte. Auch Akawia ben Mahalalel war also von der Richtigkeit einer öffentlichen Darstellung der rabbinischen Gemeinden überzeugt, doch ihm lag vielmehr an der Bewusstwerdung einer latenten inneren Auseinandersetzung hinsichtlich der Frage der jüdischen Identität. Doch selbst sein Bedürfnis zur Klärung des Konfliktes innerhalb der rabbinischen Gemeinde war riskant, insofern die Rabbiner bei einer Akzeptanz der Auffassung Akawias eine Infragestellung der jüdischen Identität von vielen befürchten mussten. Andererseits war Akawia nicht bereit, die Meinung der Mehrheit seiner Kollegen als bindend zu akzeptieren:

> *Und (daraufhin) bannten sie ihn.*[29]

Akawias Überzeugung, auf den Unterscheid eines Juden von Geburt und einer Person, welche zum Judentum übergetreten ist, hinzuweisen, erwies sich also als äusserst gefahrvoll. In der Konsequenz einer Verurteilung durch den Bann wird deutlich, welch grundlegende Bedeutung dieser Auseinandersetzung hinsichtlich des Selbstverständnisses sowie der Konstituierung des rabbinischen Judentums zukam.

Welche Funktion erfüllte der Bann im Kontext des rabbinischen Judentums? Im rabbinischen Judentum wurde sämtlichen Gremien, Institutionen und Autoritäten das Recht zur Entscheidung abgesprochen, wer als ein Jude "jenseitig" angesehen werden darf beziehungsweise "seinen Anteil an der kommenden Welt" hätte. Die Beantwortung dieser Frage wird einzig von dem Verhältnis des Menschen selbst zu Gott bestimmt. Deshalb vermochte die Ausrufung des Bannes die Frage des Wesens der jüdischen Identität selbst nicht infrage zu stellen. In der Konsequenz der Ausrufung des Bannes erfolgte ein Ausschluss aus einer konkreten Gemeinde sowie das Verbot eines Kontaktes der Mitglieder dieser Gemeinde, mit der in den Bann gerufen Person. Die Rabbiner betonten allerdings, dass sich dieses Verbot nicht auf die Ehebeziehung erstreckte, da die Ausrufung des Bannes ansonsten einer Kapitalstrafe gleichgekommen wäre. Die Ausrufung des Bannes wurde innerhalb einer konkreten Gemeinde beschlossen, doch eine andere Gemeinde konnte durchaus zu einer ganz anderen Auffassung gelangen. Erst in der Neuzeit kam es zu einer Entwicklung, in deren Folge in Grundsatzfragen "eine Gemeinde der Gemeinden" über den Ausspruch des Bannes entscheiden konnte.

Die Mischna weiter:

> *Und er starb in seinem Bann.*[30]

Also hatte er seine Auffassung nicht mehr geändert.

> *Und (die Angehörigen des) Gerichtshof steinigten seinen Sarg.* [31]

. . . .
29 mEd 5,6.
30 ebd.
31 ebd. Die Begrabung der Toten erfolgte in einem Sarg, nur im Sinne einererersten Handlung.
    Dieser Brauch steht vermutlich im Zusammenhang mit der sekundären Bestattung, da in

Es handelte sich demnach um eine äusserst ernsthafte Auseinandersetzung, doch mit dem Akt der "Steinigung" wurde eine rein symbolische Handlung vollzogen. Tatsächlich steinigte man nicht den Sarg, sondern legte einen Stein auf diesen.[32] Demnach war der Charakter des Bannes "stomatisiert", zudem es sich um einen ausgesprochen "eleganten" Schluss handelte. In der Mischna heisst es weiter:

> *R. Jehuda sagte: Es ist nicht möglich, dass Akawia gebannt wurde, denn der Tempel wurde vor niemanden von Israel geriegelt (bei Nacht), der in der Weisheit und in der Sündenscheu (so) wie Akawia ben Mahalalel war.*[33]

Der nachfolgende Satz lautet:

> *Wen aber bannten sie?*

Die konsequente Formulierung im Text verdeutlicht, dass mit hoher Wahrscheinlichkeit nur selten die Ausrufung eines Bannes erfolgte.[34] Die Ausrufung des Bannes verweist deshalb auf die besondere Relevanz und Ernsthaftigkeit der Auseinandersetzung, obwohl das Judentum nicht pauschal mit dem Charakter einer "liberalen Religiösität" identifiziert werden kann. Zahlreiche Quellen und Dokumente bezeugen vielmehr die Schärfe der geführten Diskussionen, da es aber immerhin galt, ein Zusammenleben in einer feindlichen Umgebung zu garantieren, konnte man sich grundlos kaum den "Luxus" gestatten, Mitglieder der eigenen Gemeinde zu verstossen oder mit dem Bann zu belegen. Unsere Auslegung der zitierten Texte erlangt deshalb vor dem Hintergrund des historischen Kontextes eine bestimmte *verisimilitude*.

· · · · · · · · ·

talmudischen Zeiten die Toten zweimal (primär und sekundär) bestattet wurden – zunächst in der Erde oder einer Höhle, solange, bis lediglich die Gebeine verblieben. Danach wurden die Gebeine in der sekundären Bestattung in eine Katakombe gelegt. Es ist allerdings möglich, dass man zum Zweck der Aufbewahrung der Gebeine auch einen Sarg verwendete. Im Zuge einer alten Tradition aber werden Juden in dem Land Israel heute ohne Sarg in der Erde bestattet.

32 Ebd.

33 mEd 5,6. R. Jehuda war in der Mitte und der zweiten Hälfte des 2. Jahrhunderts d. Z. Vertreter einer Generation, in welcher diese entscheidende Auseinandersetzung bereits an Bedeutung verlor, so dass die Erinnerung an Akawia innerhalb der rabbinischen Gemeinden eher durch eine positive Grundhaltung bestimmt wurde. In deren Verständnis vertrat Akawia lediglich seinen Standpunkt, so dass es unerklärlich schien, weshalb man eine solch geachtete Person in den Bann rufen konnte. Ausserdem kommt in dieser Aussage die Überzeugung zum Ausdruck, dass in Israel kein vergleichbarer Gelehrter existierte.

34 Christen wurden nicht mit dem Bann belegt. Die talmudischen Texte enthalten im Grunde keinerlei eindeutige Polemik gegenüber den Christen. Vom *birkhat ha-minnim* im *shmone esre* Gebet wird vorgeblich behauptet, dass es sich gegen die Christen wenden würde, doch dies ist nicht unbedingt zweifelsfrei nachzuweisen. Wie bereits betont, gab es Juden-Christen und Heiden-Christen. Die Juden-Christen waren davon überzeugt, dass Jesus der Messias war; aber sie verstanden sich auch als Juden, und der Umgang mit ihnen war vollkommen unproblematisch, nicht allein deshalb, weil gegen sie kein Bann ausgesprochen wurde, sie waren ebenso im Synagoge willkommen. Die Heiden-Christen hingegen verstanden sich nicht als Juden, sie nahmen nicht am Gottesdienst in der Synagoge teil und empfanden keine Treue gegenüber der *torah*, so dass sie deshalb für die Rabbiner auch nicht zum Gegenstand der Auseinandersetzung wurden.

Sie bannten Elieser ben Chanoch, der an (den) Reinheit(s)vorschriften für die) Hände rüttelte.[35]

Es wurde bereits darauf verwiesen, dass in der rabbinischen Tradition die Hände vor dem Anbrechen (und Essen) des Brotes rituell gereinigt werden. Ebenso fand Erwähnung, dass es sich um einen Aspekt der Religiosität der *chawerim* handelte, wobei die Einbeziehung der Reinheits- und Unreinheitsgebote des Tempels in die Alltagskultur ein neues Verständnis des religiösen Ortes sowie der religiösen Person konstituierte. Eine Übernahme der Tempel-Religiosität vollzog sich jedoch bereits vor der Zerstörung des Tempels, was zugleich eine kritische Erneuerung der religiösen und ethischen Dimension des Menschen einschloss. Schon vor der Vernichtung des Tempels gab es um diese Frage Streit. Die Entstehung des rabbinischen Judentums ist deshalb unmittelbar mit der Entstehung einer Religiosität, welche sich ausserhalb und anstatt des Tempels entfaltete, verbunden. Aus diesem Grund erlangte die Frage hinsichtlich der Akzeptanz der *chawerim*-Religiosität eine solch entscheidende Relevanz; rückblickend von dem Standpunkt des Gelehrten der Nach-Bar-Kochba Zeit.

Und als er (sc. Elieser ben Chanoch) starb, schickten (die Angehörigen des) Gerichtshofes (jemanden) und liessen einen Stein auf seinen Sarg legen. (Dies) lehrt, dass man den Sarg jedes Gebannten, der stirbt, steinigt.[36]

1. 5 Die Bedeutung des Lehrer-Schüler Verhältnisses

In der folgenden Mischna wird eine Sterbeszene thematisiert, wobei es sich um ein Genre in der rabbinischen Literatur handelt, welches durch eine bestimmte Struktur geprägt ist. Die Darstellung einer Sterbeszene offenbart sich oft als die "Stunde der Wahrheit", in deren Kontext mitunter bislang unbekannte Gedanken erstmals öffentlich werden.

In der Stunde seines Todes sagte er (sc. Akawia ben Mahalalel) zu seinem Sohn: Mein Sohn, ändere deine (Meinung) in (Bezug auf die) vier Dinge, die ich gesagt habe.[37]

Er selbst rückte nicht von seiner Meinung ab, doch im Moment des Sterbens bat er seinen Sohn, den Standpunkt zu überdenken und zu ändern.

(Da) sagte (sein Sohn) zu ihm: Und warum hast du deine (Meinung) nicht geändert?[38]
(Da) sagte er zu ihm: Ich habe (dies) aus dem Mund der Mehrheit (meine Gemeinde) gehört, und sie (sc. Akawias Kollegen) haben (dies) aus dem Munde der Mehrheit (ihrer Gemeinde) gehört.[39]

---

35   mEd 5,6.
36   mEd 5,6.
37   ebd, 7.
38   ebd.
39   ebd.

Akawia ben Mahalalel war von der Richtigkeit seiner Auffassung überzeugt, so dass er von dieser nicht abweichen konnte. Der Sohn folgte jedoch lediglich der Auffassung seines Vaters, was keine selbständige Überzeugung implizierte. Wird ein Standpunkt lediglich aufgrund einer bereits existierenden Meinung formuliert, entsteht eine andere Konstellation – denn dies widerspiegelt nicht zwangsläufig eine innere Überzeugung – eine Schlussfolgerung, welche im Kontext einer ausgesprochen rabbinischen Tradition steht.[40]

In dieser Aussage spiegelt sich nochmals die Wirklichkeit rabbinischen Lebens wider, denn das rabbinische Judentum verstand sich keinesfalls als der Inbegriff einer homogenen Gemeinde:

> *Du aber hast (es) aus dem Munde des Einzelnen und aus dem Munde der Mehrheit gehört – es ist besser die Worte des Einzelnen zu lassen und die Worte der Mehrheit festzuhalten.*[41]

Die Treue zum eigenen Vater kann bei der Entscheidung für eine bestimmte Gemeinde nicht von Bedeutung sein. Das Echo der Aussage ist deutlich vernehmbar – insofern diese Situation auf die Notwendigkeit eines entschiedenen Pluralismus verweist. Selbst innerhalb der Gemeinde identifizierte sich lediglich eine *Mehrheit* mit einer bestimmten Entscheidung, keinesfalls schloss dies die Zustimmung aller Mitglieder ein, so dass auch in der Gemeinde oft abweichende Auffassungen vertreten wurden, obwohl dies nicht die Zugehörigkeit zur Gemeinde selbst infrage stellte. Insbesondere bei weitreichenden und für die Gemeinde grundlegenden Entscheidungen, konnten die Standpunkte derart divergieren, dass auch sich daraus ergebende Gefahren für die Gemeinde bewusst werden. So zum Beispiel waren sich die rabbinischen Juden darüber im klaren, dass der Krieg gegen die Römer im Jahre 67 d. Z. mit einer verhängnisvollen Niederlage für sie enden könnte, insbesondere auch deshalb, weil sie einen Bürgerkrieg untereinander führten. Sie waren sich also über die damit verbundenen, weitreichenden Konsequenzen ihrer Streitkultur, die bis zur Selbstvernichtung führen konnte, bewusst, was jedoch nicht zu einer Änderung ihrer Grundhaltung führte. *Danach entspricht es im rabbinischen Judentum einer religiösen Kategorie, nur danach zu handeln, wovon man tatsächlich und zutiefst überzeugt ist.*

> *Es ist besser, die Worte des Einzelnen zu lassen und die Worte der Mehrheit festzuhalten.*[42]

---

40 Wenn eine Person Mitglied einer rabbinischen Gemeinde ist, so gilt seine Treue zu dieser weit mehr als diejenige zu seinem Vater. In diesem Sinne ist auch die Szene zu verstehen, in welcher man zu Jesus sagte, dass seine Mutter, Brüder und Schwestern vor der Tür auf ihn warten. Und Jesus zeigte auf die Personen, welche um ihn in dem Haus sassen und antwortete, "Wer ist meine Mutter und meine Brüder? Siehe, das ist meine Mutter und meine Brüder. Wer Gottes Willen tut, der ist mein Bruder und meine Schwester und meine Mutter." (Mark 3, 33-35). Dies entspricht dann einer rabbinischen Antwort, so dass hinsichtlich eines Wahrheitsanspruches die Auffassung eines Familienmitgliedes, des Vaters und anderen ungleich geringer eingeschätzt wird.

41 mEd 5,7.

42 mEd 5,7.

Eine *freie* Teilnahme in einer Gemeinde zu einer Akzeptanz und Identifikation mit der dort getroffenen Entscheidung führte. [43]

> *Er sprach zu ihm: Vater, empfehle mich deinen Freunden (sc. Kollegen oder Mitglieder der Gemeinde).*[44]
> *Da sagte er zu ihm: Ich werde (dich) nicht empfehlen. Er sagte zu ihm: Vielleicht hast du ein Unrecht an mir gefunden (so dass du mich nicht empfehlen willst)? Er sagte zu ihm: Nein. Deine Taten sollen dich (den Kollegen) nähern und deine Taten sollen dich von (ihnen) entfernen.*[45]

Dies kann tätsächlich als ein Leitmotiv rabbinischer Identität verstanden werden. Allein die Integrität und Anerkennung der persönlichen Handlung bildet danach ein Kriterium für die echte Mitgliedschaft in einer Gemeinde. Selbst der Sohn eines grossen Gelehrten konnte sich danach nicht auf das Recht berufen, diesen Grundsatz aufzuheben. Zumindest bildete diese Überzeugung die Grundlage des religiösen Selbstverständnisses in der rabbinischen Religiösität und wurde auch so praktiziert. Es findet sich sogar eine Textstelle, in welcher die Frage formuliert wird: "Warum ist das nicht üblich, dass die Kinder von Gelehrten Gelehrte sind. Rav Josef sagt, damit man nicht sagen soll, dass sie (die *torah*) eine Erbe ist für sie ... damit sie nicht überheblich gegen die Leute werden sollen ... weil sie überheblich gegen die Leute sind ... weil sie die Menschen Esel nennen ... weil sie nicht die *torah* zuerst segnen."[46] Talmudische Gelehrsamkeit überträgt sich deshalb grundsätzlich nicht vom Vater auf den Sohn im Sinne einer Erbfolge, sondern vom *Lehrer auf den Schüler* im Sinne eines tatsächlichen Bildungs- und Aneignungsprozesses, wobei der Vater durchaus der Lehrer des Sohnes sein kann.[47]

Die Bewegung des Chassidismus, anfangs (Ende des 18. Jahrhunderts) im wesentlichen durch charismatische Führerpersönlichkeiten oder auch Gelehrte geprägt, entstand als ein Widerstand gegen eine entleerte, hierarchische Machtstruktur in den früheren Gemeinden. Aber auch im Chassidismus degenerierte nach einigen Genera-

. . . .

43   An dieser Stelle entdeckt man einen sehr bestimmten Begriff der Gemeinde. Die Möglichkeiten der Existenz einer Vielzahl ganz unterschiedlich geprägten jüdischen Gemeinden erweisen sich gegenwärtig in Deutschland noch als sehr eingeschränkt, doch die Entscheidung für eine bestimmte Synagoge zum Beispiel in dem frommen Teil Jerusalems impliziert die konkrete Wahl der jeweiligen Person und damit deren spezifische, religiöse Vorstellung, Erwartung und Bedürfnis.

44   mEd 5,7. Dieser Text verdeutlicht, dass es keineswegs selbstverständlich war, als Mitglied in einer rabbinischen Gemeinde akzeptiert zu werden. Zwar beruhte die Mitgliedschaft auf einem freiwilligen Entschluss, doch die einzelnen Gemeindemitglieder konnten sich durchaus gegen die Aufnahme einer Person entscheiden. Der Sohn ging jedoch von der Annahme aus, dass die Bitte seines Vaters auf dem Sterbebett, seinen Sohn in die Gemeinde aufzunehmen, nicht abgewiesen werden könne.

45   ebd.

46   bNed 81a.

47   In Europa wird erst im späten Mittelalter und der frühen Neuzeit die Stellung des Stadt-Rabbiners im Sinne einer offiziellen Machtposition konstituiert. Dies ging jedoch oft mit einer Entleerung und Verarmung des jüdischen und insbesondere des religiösen Lebens einher.

tionen die Führerschaft zu einem blossen Erbe, so dass sich die leider oft verhängnisvolle Auffassung durchsetzte, dass nur eine Erbfolge den Streit um einen Nachfolger des Führers der Gemeinde entscheiden könnte.

Auch die überragende Entwicklung und Bedeutung der osteuropäischen *jeshiwot* (talmudische Akademien) ist von einer solchen Entwicklung nicht unbeeinflusst geblieben. Zu Beginn ihrer Entstehung konnten diese noch auf ihre Wirkung und die überragende Qualität ihrer Ausbildung verweisen, da die Führer der *jeshiwot* einzig auf der Grundlage ihrer Gelehrsamkeit ausgewählt wurden. Der Untergang der *jeshiwot* begann oft in der dritten oder vierten Generation, als ein Sohn des Führers vorrangig auf der Basis der Erbfolge, nicht jedoch seines Wissens oder seiner Integrität, die Verantwortung der *jeshiwa* übernahm, was sehr oft zu einem Verlust des Ansehens sowie des Einflusses dieser Institution führte. Glücklicherweise entstanden immer wieder neue Akademien und mehrere von diesen erreichten ihren Höhepunkt nur in der letzten Phase der Geschichte des frommen osteuropäischen Judentums, bevor der Zweite Weltkrieg diese einholte und grösstenteils vernichtete.

1.6 Die Legende von einem "grossen sanhedrin"

Im Kontext der Frage der Autorität im rabbinischen Judentum sollen zwei weitere Quellen erörtert werden, wobei der erste Text im Traktat *Sanhedrin* enthalten ist. Mit einem kurzen Ausblick auf das historische Problem stellt sich die Frage, ob ein grosser *sanhedrin* im rabbinischen Judentum existierte.

Die Legende von einem "grossen *sanhedrin*" (griech.: Sammlung, Versammlung) besagt, dass in der Zeit des Tempels und danach ein grosser Gerichtshof mit siebzig Gelehrten, laut einer anderen Version mit einundsiebzig Gelehrten existierte, welcher an der Spitze einer hierarchischen Ordnung von Gerichtshöfen stand.

Danach entfaltete sich ein ganzes Netzwerk rabbinischer Gerichtshöfe; auf der untersten Stufe mit drei, auf der nächstfolgenden Stufe mit dreiundzwanzig, und schliesslich auf der höchsten mit siebzig Gelehrten. Warum mit *siebzig* Gelehrten? Dies geschah in Anlehnung an die Sammlung der Ältesten um Mose, so dass der höchste Gerichtshof als Spiegelbild des "Ältestenrates" um Mose fungieren sollte, und als eine Heraufbeschwörung eines Mythos von einer Art "Bundesgerichtshof" betrachtet werden kann. Einige literarische Quellen sollten sogar die Existenz dieser, sich gesellschaftlich strukturierenden Institutionen bezeugen, wie zum Beispiel:

> Der grosse *sanhedrin* bestand aus einundsiebzig (Gelehrten) und der kleine (*sanhedrin)* (bestand aus) dreiundzwanzig (Gelehrten) ...[48]

Doch diese Mischna spiegelt aller Wahrscheinlichkeit nach eine rückwärtsgewandte Wunschvorstellung wider, denn die historischen Quellen, welche einen zentralen Ge-

---

[48]   mSan 1,6. Die legendenhafte Natur der Mischnot zum "grossen" und "kleinen" *sanhedrin* wird u.a. in den imaginären Wegen sichtbar, welche einen Teil der angeblichen Zuständigkeiten des *sanhedrin* auflisten: in den früheren Mischnot in mSan 1(siehe auch bSan 71a zum *ben sorrer u-morre* – des "störrischen und trotzigen Sohnes" in Dtn 21,18-21). Die *berraita* in bSan88b ist schon legendenhaft in den anfänglichen Behauptungen von R. Jose, dass "ursprünglich gab es nicht viel Streit in Israel" dank des *sanhedrin*. Der *sanhedrin*, im Neuen Testament, was immer dies gewesen sein mag, war nicht rabbinisch.

richtshof thematisieren, erwähnen nicht einen *"sanhedrin"* sondern einen *"beth-din gadol"*, einen "grossen Gerichtshof". Solch ein Gerichtshof, historisch gesagt, fungierte aber nicht als eine zentrale, allgemeine Autorität im rabbinischen Judentum, sondern erfüllte einzig die Aufgabe, über den Kalender zu entscheiden. Die literarische Quelle, welche einen *sanhedrin* als eine zentrale Autorität beschreibt, entstand im Kontext einer späteren Epoche und dieser kam die Aufgabe zu, erst im Rückblick eine derartige Institution zu konstituieren und zu legitimieren. Als Hintergrund für diesen Versuch diente ein eschatologischer Denkansatz, denn im Ziel dieser Bemühung stand wesentlich die Relativierung bestehender Autoritäten. Indem in einem fiktiven Vergleich der *sanhedrin* als ein "nicht zu erreichendes" Ideal entworfen wurde, konnte die offensichtliche qualitative Differenz hinsichtlich der gegenwärtigen Institutionen artikuliert werden. Lediglich in eschatologischer Zeit wurde danach eine Perspektive zur Verwirklichung eines *sanhedrin* eröffnet. Eine vergleichbare Aufgabe erfüllte ebenso die beschriebene Sehnsucht nach "David" als "dem König der Juden", was mit einer tiefen Kritik und dem Verlangen nach einer Aufhebung der Instanzen der Macht in der Gegenwart verbunden war. Eschatologisches Denken entwickelte in dieser Weise keine autoritären Züge sondern beschrieb im Gegenteil den Prozess einer Delegitimierung jeglicher Autoritäten.[49] In dieser negativen Beschreibung erfüllt die eschatologische Vorstellung eines *sanhedrin* eine gewagte, und nur in einem Hang zur Verwirklichung gefährlicher Kritik eine Begründung allgemeiner, ethischer Gerechtigkeit.

Maimonides war ein zentraler Repräsentant des Versuches, die "Geschichte der *halacha*" institutionell zu fixieren, indem er in seiner *mishne-tora* den Versuch unternahm, die gedankliche Hierarchie eines *sanhedrin* im Sinne einer realen Gegebenheit zu begründen.[50] Vielleicht bildeten auch für Maimonides ebenso eschatologische Überlegungen einen Ansatzpunkt, eine solche hierarchische Struktur zu entwerfen. Er richtete seine Ausführungen auf ein Ideal in der Zukunft, doch mit Hilfe einer "realitätsnahen" Schilderung erhielt diese den Charakter eines tatsächlich zu verwirklichenden Zustandes. Nicht alle Vertreter des Judentums jedoch akzeptierten eine derartige Darstellung, die sich jedoch unter den Nachfolgern Maimonides' etablieren konnte. Andere Beschreibungen, wie zum Beispiel von Rav Sherira Gaon und Raschi begründen ihr Autoritätsverständnis nicht in einer solchen "Erinnerung" an einen zentralen *sanhedrin*, zumindest nicht in einer vergleichbaren systematischen Dimension. Da sich eine einheitliche und implizite Tradition nicht nachweisen lässt, entspricht die Erzählung über einen grossen *sanhedrin*[51] wohl eher einer Legende. Es existiert keine historische Quelle, auf deren Grundlage man die zweifellose Schlussfolgerung ziehen könnte, dass ein *sanhedrin*, wie von Maimonides beschrieben, eine konkrete und reale Existenz gefeiert hat.[52]

. . . .

49   Allerdings ebenso mit dem Ziel der Einsetzung einer höchsten Autorität im Sinne einer eschatologischen Idee, die so überhaupt nicht verwirklicht beziehungsweise konkret werden konnte.

50   *hilkot sanhedrin* 1,1 und 4,1; *mamrim* 1,1-4.

51   Insbesondere vor dem Hintergrund einer praktischen *Theologie eines grossen, zentralen Gerichtshofes.*

52   Wie bereits gesagt, spiegelt die Erscheinung, welche in den synoptischen Evangelien beschrieben ist, wahrscheinlich eine (nicht-rabbinische) Instanz wider, im Sinne eines von den

1.7 Horajot – Wissen und die Verantwortung der Person

Hier soll eine weitere Mischna zitiert werden, welche sogar eine antithetische juristische Auffassung zu derjenigen, die hinter einer "sanhedrinischen Weltanschauung" steht, zum Vorschein bringt. Wobei allerdings eine eher absichtsvolle Textfassung zur Geltung kommt. Diese Mischnot aus dem Traktat *horajot*, "Entscheidungen", enthalten keine Aufzählung bestimmter Entscheidungen, sondern sind vielmehr als eine Anleitung, *wie* mit Entscheidungen umgegangen werden muss, zu verstehen:

> *Entschieden (die Richter des) beth-din ...* [53]

"Beth-din" – kann dies als ein "sanhedrin" verstanden werden? Im rabbinischen Hebräisch bezeichnete dies einen Gerichtshof, der zumeist aus *drei Personen* bestand. Im rabbinischen Verständnis können drei Gelehrte jedoch nur dann einen Gerichtshof konstituieren, wenn diese von einer anderen Person akzeptiert werden. *Die Autorität des Gerichtshofes war dann nur für diejenigen verbindlich, welche diesen Gerichtshof als eine Autorität anerkannten.* Gemäss dem traditionellen Verständnis handelt es sich in dieser Mischna um den "grossen *sanhedrin*". Wenn diese Auffassung akzeptiert wird, ist die anti-autoritäre Wirkung des folgenden Textes um so grösser:

> *Entschieden (die Richter des) beth-din (etwas, das bedeutete), eines von allen Geboten in der torah zu übertreten, und ging (ein) Einzelner (hin) und beging (etwas) irrtümlicherweise (d.h. ohne es besser gewusst zu haben) wegen (des Ausspruchs) ihres Mundes – egal ob sie (sc. die Richter) es auch taten und er (es) ihnen nachtat, egal (auch) ob sie (es) nicht taten, er (es) aber tat – ist er frei (davon, ein Sündopfer darzubringen), weil er vom beth-din abhängig war.[54]*

Im rabbinischen Judentum wird Versöhnung von einer Wiedergutmachung und inneren Umkehr – *teshuwa* – bestimmt. Damit wird eine persönliche und innere Dimension des Menschen relevant. Wenn ein Mensch aber eine Sünde nicht absichtsvoll, sondern aufgrund eines Irrtums beging, wurde die Forderung hinsichtlich einer inneren Umkehr nicht erhoben. Gemäss der rabbinischen Wurzeln in den biblischen Texten musste derjenige ein Sündopfer darbringen. Im rabbinischen Verständnis ist nur dann ein Sündopfer zu leisten, wenn die Person aufgrund eines Übersehens gegen die Norm verstossen hat. Wenn der "Sünder" die Gebote und Gesetze ursprünglich kannte, diese jedoch vergass, nur dann hat er ein Sündenopfer darzubringen. Dabei wird diese Handlung als ein Moment zwischen Schuld und Nichtschuld bestimmt. Wenn der Mensch aber von jeher ignorant ist, kann ihm nur das Lernen und Wissen das Gute nahe bringen. Thema der Mischna ist damit nicht die generelle Problemstellung

. . . .

herrschenden Klassen bestimmten Gremiums. Von den rabbinischen Juden stammte doch Jesus von Nazareth selbst. Ich habe ja mehrfach darauf hingewiesen, dass Jesus von Nazareth als Mitglied eines Kreises angesehen werden muss, der sich treu zum rabbinischen Judentum verhielt. Aus diesem Grund zählten somit z. B. die Sadduzäer zu seinen Widersachern; und vielleicht auch aus dem selben Grund die Pharisäer (sic!)

53 mHor 1,1.
54 ebd.

einer unethischen Handlung, sondern die konkrete Fragestellung: In welchem Fall muss eine Person eine Sündopfer leisten? Und die Antwort lautet: Die Person muss kein Sündopfer darbringen, wenn sie gemäss der Entscheidung eines Gerichtshofes handelte. Voraussetzung dafür ist jedoch, dass dieser Gerichtshof von anderen Personen als eine Autorität anerkannt wurde. Die ethische Dimension der Fragestellung kann in der Mischna nicht erweitert werden. Die Tatsache, dass die eigene Entscheidung gemäss dem Beschluss des Gerichtshofes gefasst wurde, obwohl die Autorität des Gerichtshofes sich nicht als unfehlbar erwies, befreit hier die betroffene Person von der Darbringung eines Sündopfers. In diesem Ausnahmefall kann die Verantwortung der Person bedingt aufgehoben beziehungsweise eingeschränkt werden, in der symbolischen Logik des Opfer-Rituals.

Wenn jedoch eine Person über die Kenntnis verfügte, dass eine Entscheidung im Gerichtshof aufgrund eines Irrtums getroffen wurde, so war die Möglichkeit einer nachfolgenden Berufung auf diesen Gerichtshof ausgeschlossen. Genau diese Schlussfolgerung wird in der Mischna formuliert:

> *Entschieden (die Richter des) beth-din und es wusste einer von ihnen, dass sie irrten, (und dieser) oder ein Schüler, der schon würdig ist zu entscheiden und ging (hin) und tat (etwas) gemäss (dem Ausspruch) ihres Mundes – egal ob sie (sc. die Richter des beth-din) (etwas verbotenes) taten und er (es) mit ihnen tat oder ob sie (etwas verbotenes) taten und er (es) ihnen nachtat, egal (auch) ob sie (es) nicht taten, er es aber tat – siehe, dieser ist schuldig (ein Sündopfer darzubringen), weil er nicht vom beth-din abhängig war.*
> *Dies ist die Regel: Derjenige, der von sich selbst abhängig (also eigenständig) ist, ist schuldig, und derjenige, der vom beth-din abhängig ist, ist frei.*[55]

Den Hintergrund dieser Mischna bildete jedoch eine viel bedeutsamere und möglicherweise auch die eigentliche Fragestellung: *In welcher Situation oder welchem Fall ist der Mensch für seine eigenen Handlungen selbst verantwortlich?*

Handelte eine Person gemäss der Entscheidung eines Gerichtshofes, und er war nicht im Besitz anderer Kenntnisse, so ist er von der Verantwortung der Folgen dieser Entscheidung freizusprechen. Implizit, auf die Frage nach der Forderung eines Sündopfers wird darauf verwiesen, dass kein Aussenstehender, sondern nur die Person gegen sich ein Urteil erheben kann, da allein diese die Gründe der eigenen Handlung kennt. Die Erklärung, dass man es nicht besser wusste und sich darauf beruft, richtig gehandelt zu haben, scheint zwar gegenüber einer gesellschaftlichen Instanz hinreichend zu sein, jedoch nicht für das Selbstverständnis der religiösen Person vor Gott.

Auf der theoretischen Ebene vermittelt der Text der Mischna deshalb die Erkenntnis: *Wenn ein Mensch erkennt, dass eine Autorität irrt oder, wie in diesem Kontext, der Gerichtshof eine Entscheidung aufgrund fehlender oder falscher Einsichten trifft, so wird von demjenigen, der dies erkennt, eine Handlung gemäss der eigenen Erkenntnis und Überzeugung gefordert.* Zumeist bildeten deshalb reli-

----

55   mHor 1,1.

giös-ethisch relevante Entscheidungen den Gegenstand der Auseinandersetzung innerhalb der rabbinischen Gemeinden, da diese von authentischen Gründen determiniert wurden, die das Dasein einer konkreten Person eminent berühren könnten und deren Leid auf das äusserste tangierten. Die Perspektive einer echten, religiös-ethischen Freiheit wurde deshalb vor allem in der Integrität der Person gegenüber Gott, und somit in der Begründung einer eigenen, persönlichen Überzeugung entdeckt, selbst wenn dies ein Alleinsein vor Gott, das heisst eine Auseinandersetzung mit allen anderen Gemeindemitgliedern implizierte.

2. *Sanhedrin*: Wahrheit und Rechtssprechung – zur Frage einer zentralen Autorität im rabbinischen Judentum

Welche Bedeutung kommt dem Begriff der "Autorität" im rabbinischen Judentum zu? Mit der Beantwortung dieser Frage wird ein Problemkomplex entfaltet, welcher mit zahlreichen Vorurteilen besetzt ist. Denn im gegenwärtigen Israel wird das Verständnis hinsichtlich einer religiösen Autorität vor allem aus der Tradition des Maimonides abgeleitet. Maimonides´ Verständnis unterscheidet sich jedoch von der im rabbinischen Judentum entwickelten Auffassung grundsätzlich, so dass es sinnvoll und notwendig erscheint, zu den ursprünglichen Spuren und Quellen der rabbinischen Argumentation zurückzugehen, um die Entwicklung des Begriffs der Autorität aus diesen Grundlagen entdecken zu können.

Ausserdem wird der Begriff der "Autorität" zu einem wichtigen Thema innerhalb der neutestamentlichen Forschung gerechnet.[1]

Der Text *tanur shel achnai* erweist sich als ausgesprochen komplex und erfordert deshalb eine Analyse auf unterschiedlichen Ebenen. "Der Ofen (*tanur*) von achnai" stellt eine Mischna aus *Masechet Kelim* 5,10, dar. Der Traktat *Masechet Kelim* wiederum ist ein Text aus dem *Seder Toharot,* welcher eine Darstellung der rituellen Reinheitsgesetze enthält.

2.1 *mKelim 5,10*
Können (rituell) unreine Gefässe in einem vorgeschriebenen Prozess wieder rituelle Reinheit erlangen? Diese Frage schliesst selbst einen ganzen Komplex verschiedener ritueller Handlungen ein, da die Möglichkeiten zur Reinigung dieser Gefässe mit den Gründen verbunden sind, die zu deren ritueller Unreinheit führten. Die erneute Erlangung ritueller Reinheit wurde unter anderem in einem Akt der "Taufe" erreicht, so

---

[1] Im synoptischen Evangelium zum Beispiel liegt eine spezifische Darstellung eines vorgeblichen jüdischen Verständnisses der Autorität vor, doch im Sinne einer kritisch-historischen Methode ist es erforderlich, diese literarischen Quellen mit der Realität rabbinischer Gemeinden zu vergleichen.

dass zum Beispiel Glasgefässe[2] in eine *mikwe*, ein rituelles Bad, getaucht werden mussten. Tongefässe unterlagen wiederum einer anderen Vorschrift. Aufgrund ihrer Porösität konnte selbst in einem Reinigungsprozess der ursprüngliche Zustand ritueller Reinheit nicht wiederhergestellt werden, so dass diese in Scherben gebrochen und weggeworfen werden mussten. In der Antike war die Herstellung von Tongefässen vergleichsweise günstig, doch in wirtschaftlich schwierigen Zeiten wogen auch diese geringen Herstellungskosten schwer. Aus diesem Grund entstand innerhalb der rabbinischen Gemeinden eine Diskussion, ob zumindest die Scherben der zerbrochenen Gefässe weitere Verwendung finden konnten. Gemäss der *halacha* waren die Scherben noch nutzbar, da mit dem Brechen des Gefässes ebenso dessen "Name" negiert wurde. Trotzdem entstand eine Auseinandersetzung um die halachischen Vorschriften und obwohl diese Frage zunächst nur von geringer Bedeutung erschien, wurde damit ein grundlegendes religiöses Problems aufgeworfen:

> *Hat man ihn (sc. den Ofen aus Ton) in Ringe zerschnitten und Sand zwischen einen Ring und (den anderen) Ring gegeben, (so) erklärt (ihn) R. Elieser für rein, die (anderen) Weisen aber erklären (ihn) für unrein.*[3]

R. Elieser ben Hyrcanus galt schon in der Zeit der Zerstörung des zweiten Tempels, also um das Jahr 70 d. Z. als ein anerkannter Gelehrter, so dass man ihn in Verbindung mit seinem Lehrer R. Jochanan ben Sakai zitierte. Er war es auch, der zusammen mit R. Jehoshua ben Chananja gemäss einer Legende, R. Jochanan ben Sakai zur Flucht aus dem belagerten Jerusalem, verborgen in einem Sarg, verhalf.[4]

R. Jochanan ben Sakai wurde insbesondere nach der Zerstörung des Tempels eine zentrale rabbinische Persönlichkeit und er trug wesentlich zur Begründung einer neuen Phase im rabbinischen Judentums bei. Als einer seiner bekanntesten Schüler galt R. Elieser ben Hyrcanus, welcher insbesondere in der Gemeinde von Jawne wirkte. Es handelte sich hier demnach um eine Diskussion, welche in der Periode von Jawne stattfand.[5]

2.2 R. Elieser ben Hyrcanus und die Sammlung in Jawne: Mehrheit und Minderheit

In Folge der Zerstörung Jerusalems im Jahre 70 d. Z. wurde das Zentrum rabbinischer Gelehrsamkeit in Jawne wiederbelebt. Diese wichtige Gelehrten-Gemeinde unternahm nach der gewaltsamen Auseinandersetzung mit den Römern den Versuch zur Begründung einer zentralen rabbinischen Autorität.[6] Vor diesem Versuch existierte kein rabbinischer "grosser *sanhedrin*", dieser entsprach, wie bereits betont, lediglich einer

· · · · · · · · · · · · · · · ·

2   Für Metallgefässe galten andere Vorschriften.

3   mKel 5,10.

4   Dies war möglich, da auch die Römer die Vorschrift der Juden, wonach Tote nicht innerhalb der Stadtmauern begraben werden durften, akzeptierten. In diesem Kontext erscheint deshalb die Bedeutung der Grabeskirche in der Altstadt von Jerusalem als eine Legende, da eine Grablegung innerhalb der Stadtmauern zu jenem Zeitpunkt nicht erlaubt war.

5   Die Jawne-Periode liegt im Zeitraum zwischen den Jahren 70 bis c.a. 135 d. Z. Jawne liegt südlich vom heutigen Tel Aviv.

6   Schliesslich musste auch ein geschlossener Auftritt in der Frage des Bar-Kochba Aufstandes versucht werden.

historischen Fiktion. Die "Institution" eines *sanhedrin* trat also erst mit dem Versuch zur Begründung einer rabbinischen Autorität in der Jawne-Periode in den Vordergrund. Ebenso wurde der Titel "Rabbi" erst in dieser Periode etabliert, denn die Begründung einer hierarchisch strukturierten Rangfolge musste von einer zentralen Autorität ausgehen, da der Träger dieses Titels zugleich legitimiert wurde, zum Beispiel Entscheidungen hinsichtlich der Fragen der rituellen Reinheit oder Unreinheit zu treffen.[7]

Der Versuch zur Schaffung einer zentralen rabbinischen Autorität, wie die nachfolgenden Ereignisse zeigten, scheiterte jedoch am Ende. An der Spitze dieser zentralen, rabbinischen Autorität stand Rabban Gamaliel II.[8] Zwar wurde er als *"unser Meister"* (= Rabban) akzeptiert, schliesslich jedoch bezeichnete dieser Titel nur sein Amt als Leiter des Kalender-Gerichtshofes. Das hier beschriebene Ereignis symbolisiert somit das Scheitern des Versuches zur Begründung einer zentralen rabbinischen Autorität.

Neben dem Begründer der Lehrgemeinschaft in Jawne, R. Jochanan ben Sakai, wirkten noch andere herausragende Gelehrte, wie zum Beispiel R. Jehoshua oder R. Akiva. R. Elieser ben Hyrcanus zählte ebenso zu den einflussreichen Persönlichkeiten der Zeit, dessen Popularität möglicherweise auf seiner Distanz zur Gemeinschaft in Jawne beruhte, da er dem Versuch zur Schaffung einer zentralen rabbinischen Autorität entschieden widerstand. Sein Freund und Mitstreiter, R. Jehoshua ben Chananja fungiert in diesen Texten als ein Gegenspieler in den genannten Auseinandersetzungen um eine zentrale Autorität. Der folgende Text geht auf die Beziehung dieser drei Gelehrten ein; er stammt aus dem babylonischen Traktat aus *Bava Mezia* 59b.

Und das ist der Ofen von achnai. Was (bedeutet) achnai?[9]

Der Talmud verweist auf eine Erklärung, die Rav Jehuda und Shmuel gaben.[10]

Es sprach Rav Jehuda, (dass) Shmuel sprach: (Dies ist so) weil sie Worte (der Diskussion um den Ofen) wanden, wie (sich) diese Schlange (achna (um etwas windet) und ihn für unrein erklärten.[11]

Dabei wird eine negative Akzentuierung deutlich. Doch R. Elieser ben Hyrcanus vertrat ungeachtet dessen die Auffassung, dass dieser Ofen rituell rein sei.[12]

· · · · · · · · · · · · · · · · ·

7   Im heutigen Verständnis entspräche dies einer Art Lehrbefugnis, um auf deren Grundlage halachische Fragen zu beantworten.

8   Der Lehrer von Paulus (Apostelgeschichte 22,3) war nicht Rabban Gamaliel, sondern dessen Grossvater.

9   bBM 59b. *Achnai* impliziert (auch gemäss der Auffassung von Rashi) aller Wahrscheinlichkeit nach eine Ableitung des Wortes *achan* und bedeutet "Schlange". Die Bezeichnung "Schlange" wurde verwendet, da sich das Tongefäss aus Ringen, ähnlich gewunden einer Schlange zusammensetzte. Möglich ist aber auch, dass der Besitzer (oder der Erzeuger) des Ofens *"Achnai"* genannt wurde.

10 Sie wirkten bereits in der zweiten Hälfte des 3. Jahrhundert d. Z. und waren von den Ereignissen, welche die Diskussion erst hervorbrachten, distanziert.

11 bBM 59b.

12 Man könnte diese Meinung auf sehr formalistische Argumente zurückführen, und dadurch den Eindruck erringen, dass R. Elieser eine sehr konservative Position darstellt. Man soll aber nicht ausseracht lassen, dass für arme Personen die Reinheitserklärung des Ofens von wirtschaftlicher Bedeutung war.

> An jenem Tag hat R. Elieser allen möglichen Einwendungen entgegnet[13]
> Aber sie nahmen von ihm keine (Belehrung) an.[14]

Hier wird die babylonische Version dieser Erzählung reflektiert,[15] denn die Version aus Erez Israel unterscheidet sich, wie man später unschwer erkennen kann, grundlegend von dieser.

> (Da) sagte R. Elieser zu ihnen: Wenn die halacha gemäss meiner (Aussage ist[16], so) soll dieser Johannisbrotbaum (es) beweisen. (Der) Johannisbrotbaum wurde von seinem Ort herausgerissen (und stand danach) 100 Ellen (von seinem ursprünglichen Ort entfernt). Und (einige) sagen hierüber, (dass es) 400 Ellen (waren). Sie (sc. die Kollegen) sagten zu ihm: Man (er)bringt keinen Beweis von dem Johannisbrotbaum. (Darauf) sagte er erneut zu ihnen: Wenn die halacha gemäss meiner (Aussage ist, so) soll dieser Wasserarm (es) beweisen. (Da) zog sich der Wasserarm zurück. Sie (aber) sagten zu ihm: Man (er)bringt keinen Beweis vom Wasserarm. (Darauf) sagte er erneut zu ihnen: Wenn die halacha gemäss meiner (Aussage ist, so) sollen die Mauern des Lehrhauses (es) beweisen. (Da) neigten sich die Mauern des Lehrhauses (und drohten) einzustürzen. R. Jehoshua (aber) schrie sie an und sagte zu ihnen: Wenn Schüler von Weisen (sc. Gelehrte) einander bezüglich der halacha bekämpfen – was geht es euch an? (Da) stürzten sie nicht ein wegen der Ehre von R. Jehoshua, richteten sich aber (auch) nicht auf wegen der Ehre von R. Elieser – und sie stehen (auch heute) noch krumm. (Darauf) sagte (R. Elieser) erneut zu ihnen: Wenn die halacha gemäss meinem (Ausspruch ist, so) soll man (es) vom Himmel (her) beweisen. (Da) ging ein Echo (bat-kol) hervor und sagte: Was habt ihr mit R. Elieser (zu schaffen)? Denn die halacha ist stets gemäss seinem (Ausspruch). (Da) stellte sich R. Jehoshua auf seine Füsse und sagte: "Sie (sc. die torah) ist nicht im Himmel!"[17] (Dtn 30,12).[18]

Damit wird der Vers aus Dtn 30,12 zitiert, in welchem Moses zu Israel sagt: "Sie[19] ist nicht im Himmel, (so dass wir) zu sagen (hätten): Wer steigt für uns in den Himmel und nimmt sie für uns ... ?"[20]

> Was (bedeutet): "Sie ist nicht im Himmel" (Dtn 30,12)? R. Jirmja[21] sprach: Weil die torah schon vom Berg Sinai her gegeben wurde, kümmern wir uns

. . . .

13   Er wollte demnach seine Position, dass der Ofen als rituell rein erklärt werden kann, verteidigen.
14   bBM 59b.
15   Die Betonung liegt bewusst auf der Formulierung *babylonische* Version.
16   D.h.: Wenn dieser Ofen rituell rein ist.
17   D.h.: Der Himmel kann über diese Frage nicht entscheiden.
18   bBM 59b.
19   Im Bibeltext bezieht sich dies jedoch nicht auf das Wort *torah*, sondern auf *mizwa* (=Gebot).
20   Dtn 30,12. – Es existiert keine unüberwindbare Distanz zwischen dem Menschen und der göttlichen Herausforderung.
21   Ein *amora*, der von Babylonien nach Israel übersiedelte. Da er im Lehrhaus in Israel zu kritisch auftrat, wurde er aus diesem verwiesen (bBB 23b).

> nicht um ein Echo (vom Himmel), denn du (sc. Gott) hast bereits auf dem
> Berg Sinai in die torah geschrieben: "(Sich) nach der Mehrheit zu neigen"
> (Ex 23,2.[22]

Dies entspricht einer bekannten Fehldeutung, da in Ex 23,2 eine gegenteilige Auffassung formuliert wird: " Du sollst nicht hinter der Mehrheit her zum Bösen sein und nicht (so) antworten im (Rechts)streit, um dich zu neigen nach der Mehrheit, (dich) zu neigen."[23] Im Anschluss wird von R. Natan einem Gelehrten, der im 2. Jahrhundert d. Z. aus Babylonien nach Erez Israel kam, eine Begegnung mit dem Propheten Elijahu geschildert.[24]

> R. Natan traf Elijahu, er sagte zu ihm: Was tat der Heilige, gesegnet sei Er,
> in jener Stunde (als ihm R. Jehoshua die Entscheidungsgewalt absprach mit
> dem Argument, dass die torah nicht im Himmel sei)? Er (sc. Elijahu) sagte zu
> ihm: Er lächelte und sagte: Meine Söhne haben mich besiegt, meine Söhne
> haben mich besiegt.[25]

Gott bringt gemäss diesem Zitat seine Freude darüber zum Ausdruck, dass die Gelehrten in ihrer Argumentation überzeugend auftraten, sogar gegen die göttliche Logik selbst.

2.3 Der Bann gegen R. Elieser – Autorität und historische Zwänge

Nachfolgende wird ein Text aus einer frühen Periode zitiert, dessen Auslegung kompliziert erscheint, da dieser aus ganz unterschiedlichen Teilen unterschiedlicher Epochen besteht. Möglicherweise handelt es sich hierbei auch um tannaitische Quellen:

> An jenem Tag brachte hat man alle Reinheiten, die R. Elieser für rein erklärte hatte, zusammen[26] und verbrannte sie im Feuer.[27]

Man beabsichtigte in einer öffentlichen Demonstration, den (vorgeblichen) Irrtum von R. Elieser ben Hyrcanus anzuprangern.

> Und sie (sc. die Gelehrten in Jawne) stimmten über ihn (sc. R. Elieser ben
> Hyrcanus) ab und verbannten ihn.[28]

Der rabbinische Bann bedeutet vor allem ein Ausschluss aus der Gemeinde. Zwar wurde es der betroffenen Person freigestellt, Mitglied einer anderen Gemeinde zu

---

22 bBM 59b.
23 Ex 23,2.
24 Elijahu gilt als der Verkünder des messianischen Ereignisses, so dass man sich (in der Begegnung mit ihm) mit schwierigen Fragen an ihn wendete.
25 bBM 59b.
26 Im Zusammenhang mit dem berüchtigten Ofen bedeutet dies wahrscheinlich, dass alle Gegenstände, die man in diesem Ofen gebacken hatte, zusammengetragen wurden.
27 bBM 59b.
28 Ebd.

werden, doch ein Zutritt zu seiner früheren Gemeinde war ihm verwehrt. Allerdings konnte mit der Auferlegung des Bannes die religiöse Überzeugung von R. Elieser nicht tangiert werden.

> *Und sie (sc. die Gelehrten) sagten: Wer wird (zu ihm) gehen und ihm kund-tun, (dass er gebannt wurde)?*[29]

Schliesslich war es ihm nicht erlaubt, das Lehrhaus beziehungsweise die Synagoge zu betreten.

> *R. Akiva sagte zu ihnen: Ich werde gehen, (denn sonst) wird vielleicht ein Mensch, der nicht geeignet ist, (hin)gehen und (es) ihm kundtun, und es würde die ganze Welt zerstört gefunden werden.*[30]

Dies entspricht einer typisch rabbinischen Schlussfolgerung: die Kompromittierung, das heisst eine ungerechtfertigte Behandlung gegenüber einem Gelehrten oder jeder anderen Person, kann zu einer allgemeinen Zerstörung der ganzen Weltordnung füh-ren! Dabei war klar, dass es sich hierbei nicht allein um die Demütigung eines Gelehr-ten handelte, sondern um eine wesentliche Konstitutionsbestimmung der rabbinischen Gemeinde: *Im Mittelpunkt stand die Frage zu Legitimität einer zentralisierten rabbinischen Autorität.* Die Durchsetzung der Meinung der Mehrheit, welche sich gegen R. Elieser ben Hyrcanus richtete, konnte so die Grundlagen zur Konstituierung einer solchen religiösen Instanz legen. Würde jedoch die Herausbildung eines Mehr-heitsverhältnisses abgesagt, stellte dies wiederum die Möglichkeit einer zentralen Rats-versammlung infrage. Deshalb wurde die Auseinandersetzung über den Fall des Ofens zum grundsätzlichen Problem: Existiert eine Notwendigkeit und Möglichkeit zur Be-gründung einer aufzuzwingenden Meinung? Die Konsequenzen, welche mit dem Ausschluss abweichender Meinungen auch eine Restriktion gegenüber den eigenen Gemeindemitgliedern implizierten, bilden die Basis einer zentralistischen Institution, die jedoch abweichende Meinungen nicht zu integrieren vermochte.

> *Was tat R. Akiva? Er legte schwarze (Kleider) an und hüllte sich schwarz ein ...* [31]

Schwarze Kleidung gilt in der rabbinischen Tradition als ein Ausdruck der Trauer.

> *und setzte sich vor ihm (sc. vor R. Elieser) in einem Abstand von vier Ellen nieder.*[32]

Hierbei handelt es sich um einen symbolischen Akt – der Abstand von vier Ellen zeigt äusserlich den Ausschluss aus der Gemeinde an.

· · · · · · · · · · · · · · · · · ·

29　Ebd.
30　Ebd.
31　Ebd. Rabbi Akiva, als eines der anerkanntesten Mitglieder der Gemeinde, trug durch seine Zustimmung dazu bei, dass zumindest die Selbstachtung der Gemeinde gegenüber dem berühmten Gelehrten R. Eliezer ben Hyrcanus gewahrt werden konnte.
32　Ebd.

> *R. Elieser sagte zu ihm: Akiva[33], was (unterscheidet diesen) Tag von (den anderen) Tagen? Er sagte zu ihm: Rabbi, es scheint mir, dass sich die Gefährten von dir trennen. (Da) zerriss auch er (sc. R. Elieser) seine Kleider, zog seine Schuhe aus, glitt hin und setzte sich auf (den) Boden.[34] Seine Augen troffen (von) Tränen, (da) wurde die Welt geschlagen (an) einem Drittel von den Oliven, (an) einem Drittel vom Weizen und (an) einem Drittel von der Gerste. [35]*

Eine weitere Quelle im Anschluss verweist darauf, dass in jenem Moment selbst der Teig in den Händen der Frauen sauer wurde.[36] Und eine anderen tannitischen Quelle berichtet, dass es an jenem Tag ein "grosses Weh" gab:

> *Es wird gelehrt: Ein grosses Weh gab es an jenem Tag, denn jeder Ort, auf den R. Elieser seine Augen richtete, wurde verbrannt. Und auch Rabban Gamaliel (war von diesem Weh betroffen). Er war auf (ein) Schiff gekommen, (da ent)stand gegen ihn eine Welle und (drohte) ihn zu ertränken. Er sagte: Es scheint mir, dass dies nur aufgrund von R. Elieser ben Hyrcanus (geschieht). Er stellte sich auf seine Füsse und sagte: Herr der Welt, offenbar und bekannt ist es vor dir, dass ich nicht um meiner Ehre willen handelte und (auch) nicht um der Ehre (meines) Vaterhauses willen handelte, sondern (nur) um deiner Ehre willen, damit sich die Streitigkeiten in Israel nicht vermehren! (Da) beruhigte sich das Meer von seinen Stürmen.[37]*

Ima Shalom, die Frau von R. Elieser, war die Schwester von Rabban Gamaliel. Von jenem Ereignis an und weiter liess sie R. Elieser nicht auf sein Gesicht fallen.[38]

Aufgrund ihrer verwandtschaftlichen Beziehung zu beiden Gelehrten geriet Ima Shalom in einen Widerspruch der Sympathien. Das *tachanun*-Gebet stellt einen liturgischen Text dar, welcher in der rabbinischen Tradition nach dem *shmone esre* Gebet gelesen wird. Dieser Text fasst einen Ausdruck tiefer Trauer und Klage, so dass man sich als ein Zeichen des Zusammenbruchs während des Gebetes symbolisch zum Boden niederneigt.[39] Die Frau R. Eliesers erlaubte ihm nicht, das *tachanun*-Gebet zu sagen, da sie fürchtete, ihr Mann könnte in dem Beten des im *tachanun* enthaltenen sechsten Psalms, (in welchem die tiefste Verzweiflung des Verfolgten in dem Zuschanden und Erschrecken des Feindes münden soll) ihren Bruder, Rabban Gamaliel einschliessen und Gehör finden. Nicht grundlos musste sie befürchten, dass er in die-

---

33   Er war der Schüler R. Eliesers und deshalb wird er nicht mit "Rabbi" angesprochen.
34   Das Zerreissen der Kleider, das Ausziehen der Schuhe und Sitzen auf dem Fussboden sind jüdische Bräuche der Trauer.
35   bBM 59b.
36   "Und es gibt welche, (die) sagen: Auch (der) Teig, der in den Händen einer Frau war, wurde sauer" (bBM 59b.).
37   bBM 59b.
38   Dies bedeutet: Das *tachanun*-Gebet zu sprechen.
39   Da gemäss der rabbinischen Tradition das Niederknien auf die blosse Erde verboten ist (da dies einer heidnischen Anbetung der Erde gleichkäme), wird stattdessen der Kopf auf den linken Arm gelegt.

sem Gebet in eine, für *ihn* gefahrvolle Situation der Verzweiflung geraten und sein seelisches Gleichgewicht verlieren konnte.

> *An jenem Tag (dachte sie), es sei Neumond[40], denn sie verwechselte einen vollständigen (mit 30 Tagen) mit einem unvollständigen (Monat mit 29 Tagen) ... Sie traf ihn an, (als) er auf sein Gesicht gefallen war, (und) sprach zu ihm: Steh auf! Du hast meinen Bruder getötet!*
>
> *Währenddessen war ein Horn aus dem Hause Rabban Gamaliels ertönt, (um kundzutun), dass er entschlafen war. Er (sc. R. Elieser) sagte zu ihr: Woher wusstest du (dies)? Sie sagte zu ihm: So habe ich es aus dem Hause des Vaters meines Vaters empfangen: Alle Tore (des Gebets) könnten verschlossen werden – ausser den Toren des Leidens.* [41]

Rabban Gamaliel hatte versucht, eine zentrale rabbinische Autorität in Jawne zu konstituieren. Damit sollte eine allgemein anerkannte Institution zur Entscheidung halachischer Fragen inauguriert werden, welche insbesondere das schwierige Verhältniss zur römischen Vorherrschaft klären könnte. Der erste Krieg zwischen den Juden und den Römern brach im Jahre 66 d. Z. aus. Den Grund dieser Auseinandersetzung bildete die Forderung hinsichtlich einer absoluten Unterordnung unter die römische Gewaltherrschaft.[42] Der Konflikt endete schliesslich mit der Zerstörung des Tempels – einem besonders einschneidenden Ereignis in der Geschichte der jüdischen Identität sowie des Gemeindeverständnisses.

Deshalb wurde der Versuch unternommen, die damit verbundenen Fragen erneut zur Diskussion zu stellen. Die Problematisierung der Steuerzahlungen an die Römer bedeutete im Kontext der historischen Erfahrung eindeutig eine Gefährdung der eigenen Existenz und implizierte die Möglichkeit einer totalen Zerstörung der rabbinischen Gemeinden. Die Begründung einer zentralen Institution geriet deshalb zu einer Frage des Überlebens. Nach 70 d. Z. und vor dem Ausbruch des Bar-Kochba Aufstandes entstanden wiederholt Diskussionen darüber, ob die Gefahr eines Krieges überhaupt heraufbeschworen werden sollte.[43] R. Elieser ben Hyrcanus, Repräsentant der konservativen rabbinischen Tradition, lehnte trotzdem die Verbindlichkeit einer einheitlichen zentralen Entscheidungsprozess für alle jüdischen Gemeinden ab. Denn der klassische rabbinische Begriff der Autorität lautet: Autorität kommt nur demjenigen zu, der von einem Anderen befragt und um dessen Rat nachgesucht wird. "Autorität"

- - - - - - - - - - - - - - - -

40 An Neumond wird kein *tachanun* gebetet. Es wird auch eine andere Version zitiert, wonach ein armer Mann zu ihrer Tür kam und um Brot bat. Sie brachte ihm Brot, und in diesem Moment sagte ihr Mann das Gebet. Diese Konstellation ist durchaus bedeutsam, denn die Erscheinung eines armen Mannes, der auf der Schwelle steht und um Brot bittet, symbolisiert oft eine Erscheinung des Propheten Elijahu.

41 bBM 59b.

42 Wie bekannt, stellte man bereits Jesus von Nazareth die Frage, ob man an die Römer Steuer zahlen soll oder nicht. Matt. 22, 17-21; Mark 12,14-17 und Luk 20,22-25. Für die rabbinischen Juden stellten die Römer den Inbegriff des "bösen Königtums" dar. Es widersprach ihren religiösen Standpunkt, an eine ungerechte und ungerechtfertigte Regierung Steuern zu entrichten.

43 Bestimmten Gruppierungen, unter ihnen auch den Christen (die als untreu verdächtigt wurden) war es, so dachte man möglich, geheime Vereinbarungen mit den Römern zu treffen.

impliziert im rabbinischen Gemeinde-Kontext stets, dass die Auffassung einer Person für notwendige und wichtige Entscheidungen in der betroffenen Gemeinde anerkannt und akzeptiert wird. Wird eine Person jedoch nicht befragt, und von einem Individuum oder von einer Gemeinde nicht anerkannt, so kommt dieser keine Autorität zu.[44] Die Basis des Verständnisses einer Autorität in dem rabinischen Leben bildete also die Akzeptanz der Auffassung einer konkreten Person (eines Gelehrten), die zur Entscheidungsfindung in wichtigen Fragen für ein Individuum oder der Gemeinde diente.[45]

R. Elieser ben Hyrcanus vertrat die klassische rabbinische Tradition und er war nicht bereit, die neu entstandene Situation in Jawne zu akzeptieren. Oder anders formuliert, er war davon überzeugt, dass insbesondere in der Situation einer Krise der jüdischen Gemeinde an dem Prinzip eines dezentralistischen Verständnisses rabbinischer Religiosität festgehalten werden sollte.

2.4 Legitimität der Meinung der Minderheit – inhärente Pluralität der halachischen Wahrnehmung

In der religiösen Diskussion im heutigen Israel bildet der "Ofen von *achnai*" ein zentrales Dokument, welches umstritten, und für die unterschiedlichsten Beweisführungen herangezogen wird.[46] Zunächst wird der Versuch unternommen, diesen Text im Sinne einer vorgeblich rationalen Beweisführung auszulegen. In diesem Kontext wird die Schlussfolgerung, wonach die Veränderung eines Johannisbrotbaums keine Entscheidungen beeinflussen kann, sondern einzig die Argumentation der Rabbiner, als eine besonders rationale Entscheidung gewertet, was jedoch ein Missverständnis hinsichtlich der Bedeutung rationaler Argumentation zum Ausdruck bringt. Denn darin ist eine subjektive Darstellung des Problems der Rationalität eingeschlossen. Die Suche nach einer rationaler Argumentation verweist hingegen auf das eigentliche Motiv der Diskussion: die unzureichende Reflexion eines Demokratieverständnisses, welches Demokratie als eine Realisierung der Meinung der Mehrheit begreift. Doch, mit Jean-Jaques Rousseau gedacht, kann Demokratie nicht als ein Ausdruck blosser Mehrheitsverhältnisse verstanden werden, sondern schliesst vielmehr das Bedürfnis und die Notwendigkeit zur Wahrung der legitimen Rechte eines *jedes einzelnen Mitgliedes der Gemeinschaft*.[47] Der Rechtsbegriff und eine Überzeugung gemäss einer Wahrheit, die auch dem lieben Gott nicht verborgen bleiben sollte, können sehr nahe beieinander liegen.

. . . .

44   Ein Lehrer besitzt nur dann Autorität und wird als "mein Meister" "Rabbi" bezeichnet, wenn *Andere* ihn als eine Autorität anerkennen.

45   Eine ähnliche Auffassung hinsichtlich des Verständnisses der Autorität wird in der Figur des Jesus von Nazareth deutlich, insofern er Anhänger hatte, welche ihn als "Autorität" akzeptierten.

46   Hat zum Beispiel David Hartmann recht, dass diese Erzählung eine Kritik an R. Elieser ben Hyrcanus formuliert, so dass R. Elieser blossgestellt, ja eventuell sogar lächerlich gemacht werden sollte, insofern er annahm, dass ein Johannisbrotbaum vermag, den Wahrheitsgehalt einer Meinung zum Ausdruck zu bringen?

47   Demokratie bedeutet kein Mehrheitsrecht, sondern es sind die Rechte, die aus dem "Gesellschaftsvertrag" resultieren. "Offenbarungs"-Religion sollte immer in Verbindung mit einer inneren Wahrheit stehen, denn ein religiöses Verständnis kann sich nicht an der Auffassung einer Mehrheit ausrichten, um so mehr, als eine Trennung zwischen Religion und politischer Macht stets zugrundegelegt werden muss – um die Stimme der Offenbarung zu hören.

Eine andere Möglichkeit schliesslich geht davon aus, dass der talmudische Text eine Zusammenstellung verschiedener Meinungen über R. Elieser ben Hyrcanus darstellt. Aus diesem Grund soll eine parallele Textstelle zitiert werden, welche unabhängig von der ersteren entstand. Diese beiden Texte wiederum beziehen sich auf eine dritte Quelle (die primäre, verlorengegangene Quelle), so dass beide als "Zeugen" des originalen Textes fungieren können. Vergleicht man beide Quellen miteinander und stellt einen Zusammenhang zwischen ihnen her, so lässt sich der Gehalt eines objektiven Tatbestandes aus den widersprüchlichen Tendenzen rekonstruieren. Die erste Quelle ist im *Babylonischen Talmud* enthalten, die parallele Quelle hingegen stammt aus dem *Talmud Jeruschalmi*, aus Erez Israel.[48] Der Text der palästinischen Version aus dem Traktat *Moed Katan* lautet:

> *Sie (sc. die Gelehrten) wollten R. (E)lieser bannen.*[49]

Hier wird bereits ein Unterschied zur ersten Quelle deutlich. Denn es heisst, "Sie (sc. die Gelehrten) *wollten* (kursiv- d.Verf.) R. (E)lieser bannen.", was einschliesst, dass die Ausrufung des Bannes doch nicht ausgeführt wurde. Gefragt wird nur, ob diese Schlussfolgerung von der Fortsetzung des Textes nicht in Frage gestellt wird.

> *Sie sagten: Wer geht (und) tut (es) ihm kund? R. Akiva sagte: Ich werde gehen und (es) ihm kundtun!*[50]

Während die babylonische Version mit der Erzählung über den Ofen von *achnai* begann, konzentriert sich die palästinische Version auf den Moment der (versuchten) Ausrufung des Bannes. Als eine grundsätzliche Frage innerhalb der palästinischen Version ergibt sich deshalb, ob über R. Elieser überhaupt der Bann ausgerufen werden muss. Sollte er aus der Gemeinde ausgestossen werden, nur weil er eigene Meinung vertritt?

> *Er kam zu ihm und sagte zu ihm: Rabbi, Rabbi, deine Gefährten bannen dich! (Da) nahm (R. Elieser) ihn, ging mit ihm nach draussen und sagte: Johannisbrotbaum, Johannisbrotbaum, wenn die halacha gemäss ihren (sc. der anderen Gelehrten) Worten ist, reisse dich heraus! Aber er riss sich nicht heraus. (Da sprach R. Elieser): Wenn die halacha gemäss meinen Worten ist, reisse dich heraus! Und er riss sich heraus. (Es sprach R. Elieser erneut): Wenn die halacha gemäss ihren Worten ist, kehre an deinen Ort) zurück! Aber er kehrte nicht zurück. (Da sprach R. Elieser): Wenn die halacha gemäss meinen Worten ist, kehre (an deinen Ort) zurück! Und er kehrte zurück.*[51]

R. Elieser reagierte hier nicht deshalb, weil er von vornherein beweisen wollte, dass die *halacha* in seinem Sinne allein ausgerichtet werden sollte, sondern er beabsichtig-

---

48 Zunächst wurde die babylonische Version zitiert, und zwar in einem Kontext, welcher in Erez Israel seinen Ursprung fand, jedoch einen babylonischen Charakter zum Ausdruck bringt.
49 pMK 3,1 (81c/d).
50 ebd.
51 ebd.

te, die Aufmerksamkeit auf die schwerwiegenden Folgen der Nutzung des Bannes zur Begründung *einer* zentralen Autorität zu lenken, so dass diese grundsätzliche Frage zum eigentlichen Problem der Auseinandersetzung geriet. Dies verweist auf den Unterschied zwischen der babylonischen und der palästinischen Version. Gemäss der babylonischen Version wurde auf R. Elieser der Bann ausgesprochen, da er (vorgeblich) verlangte, dass die *halacha* gemäss seiner Meinung ausgelegt werden sollte, obwohl auch diese Version nicht eindeutig ist, da eine Chronologie nicht exakt wiedergegeben werden kann. Gemäss der babylonischen Version wäre es ebenso möglich, dass sich R. Elieser hinsichtlich der eigentlich interessierenden Frage, nämlich einer zentralen Autorität, bewusst war, und er damit nicht seine Überlegenheit in der Auseinandersetzung um den Ofen, sondern vielmehr in der Frage der Ausschliesslichkeit der Autorität zum Ausdruck bringen wollte.

Im Talmud Jerushalmi ist die Situation eindeutiger, denn R. Elieser setzt seine Strategie des "Johannisbrotbaumes" ein, einzig zu dem Zeitpunkt, als man versuchte, ihn aus der Gemeinde zu verstossen. Deshalb kann man sagen, dass die palästinische Version eigentlich von Anfang an mit der Auffassung von R. Elieser ben Hyrcanus sympatisiert, weil anhand dieser Darstellung die Unausgewogenheit des Standpunktes der anderen Gemeindemitglieder deutlich wurde.

(Obwohl) all dies Lob (für die Richtigkeit von R. Eliesers Worten ist), ist die *halacha* dennoch nicht gemäss den Worten R. Eliesers. Es sagte R. Chananja: Wenn (eine Entscheidung) gegeben wird, wird sie nur (gemäss folgendem Vers) gegeben: "(Sich) nach der Mehrheit zu neigen" (Ex 23,2).[52]

Deshalb folgt die *halacha* nicht der Auffassung von R. Elieser ben Hyrcanus. In der palästinischen Version wird das Urteil nicht gegen den Johannisbrotbaum gewendet, da die Reaktion des Baumes den Ausschluss R. Eliesers aus der Gemeinde verhindern sollte, und nicht, um die *halacha* gemäss seiner Auffassung festzusetzen.

Wusste R. Elieser nicht, dass (der Vers): "(Sich) nach der Mehrheit zu neigen" (Ex 23,3) (gilt)?[53]

Wahr ist, dass es sich hierbei nicht um eine Frage der Erkenntnis handelte, sondern R. Elieser dies *nicht akzeptieren konnte*. Der Palästinische Talmud formuliert dies auf andere Weise.

Er war nur ärgerlich, dass man die von ihm für rein erklärten (Dinge) vor ihm verbrannte.[54]

Dies greift die entscheidende Erkenntnis auf: Wenn die Mehrheit eine bestimmte Meinung vertritt, so erscheint dies legitim, und es ist ihnen ebenso freigestellt, andere Gemeindemitglieder aufzufordern, gemäss der mehrheitlich beschlossenen Auffassung zu entscheiden. Aber sie haben kein Recht, diejenigen, welche die Autorität des

---

52 ebd.
53 ebd.
54 ebd.

Gelehrten R. Elieser ben Hyrcanus achteten, zu verfolgen. Ihnen kommt nicht das Recht zu, diese Gegenstände als "unreine (Dinge)" zu verbrennen! Wenn ein Mitglied der Gemeinde die Auffassung von R. Elieser ben Hyrcanus akzeptierte und diese zur Grundlage des eigenen Handelns erklärte, so galt dies im rabbinischem Verständnis als legitim und durfte nicht infrage gestellt werden. Deshalb konnten die Grundlagen des rabbinischen Verständnisses zerstört werden, als die Gegenstände verbrannt wurden und die Meinung von R. Elieser als nicht legitim verworfen wurde. Im Talmud Jerushalmi[55] wird deshalb die eigentliche Problemstellung formuliert: R. Elieser ben Hyrcanus vertrat einen gerechtfertigten Standpunkt, da einem Gelehrten, welche als Autorität von anderen Mitgliedern der Gemeinschaft anerkannt wird, das Recht zusteht, eine eigene Auffassung zu formulieren und zu lehren, so dass es nicht möglich ist, die Gemeinde von dieser anderen, aber gleichsamen "Autorität" zu entfremden.[56]

Damit rückt erneut die Frage in den Vordergrund: Wer hat diese Geschichte erzählt? Vermutlich die Anhänger von R. ben Hyrcanus selbst, welche zum Ausdruck bringen wollten, dass sich die Meinung der Mehrheit nicht mit dem Standpunkt der Wahrheit vereinbaren liess. R. Elieser ben Hyrcanus als Vertreter der alten rabbinischen Tradition war davon deshalb überzeugt, *dass keine, auf einer zentralen Autorität beruhende Entscheidung hinsichtlich der halacha existieren kann.*

. . . .

55 Dieser entspricht hier einem wirklichen Urtext.
56 Neoorthodoxe Kreise in Israel versuchen jedoch, diese Texte im Sinne einer vorgeblich gefassten Demokratie auszulegen. Der Bereich der Religion ist in Israel allgemein eng mit politischen Interessen beziehungsweise politischen Bewegungen verbunden, was auch in der Existenz eines zentralen Hauptrabbinats zum Ausdruck kommt. Parteien, welche mit dem Rabbinat verbunden sind, haben ein Interesse, dieses als eine zentrale Autorität zu inaugurieren. Einem Staat ist es zwar vorbehalten, Entscheidungen in politischen, wirtschaftlichen und auch sicherheitspolitischen Fragen gemäss der Auffassung der Mehrheit (seiner Bürger) herbeizuführen, *keinesfalls* jedoch in Gewissensfragen oder hinsichtlich religiöser Einstellungen.

3. *Halacha* und die Konstituierung eines Gerichtshofes

3.1 *mEdujot 1,5. Mehrheit und Minderheit in der rabbinischen Gemeinde*

Im Mittelpunkt der nachfolgenden Analyse steht ein Text aus Traktat *Edujot*. Die Untersuchung der literarischen Quelle über Akawia ben Mahalalel zeigte, dass eine Sammlung von Auseinandersetzungen vorliegt, welche verdeutlicht, dass nicht jede Auffassung von den Gemeindemitgliedern akzeptiert wurde. Schliesslich setzte sich manchmal doch die Tendenz durch, eine verbindliche Entscheidung zu etablieren, so dass der Traktat sowohl die Art der Entscheidungssituationen als auch die Beschreibung des Gegenstandes dieser Diskussion wiedergibt:

> *Warum aber erwähnt man die Worte des Einzelnen unter (denen) der Mehrheit, da doch die halacha nur gemäss den Worten der Mehrheit (gilt)?*[1]

Im Talmud wird eine Regel "*jachid wi-rabim, halacha ki-rabim*"[2] formuliert,[3] wonach innerhalb einer Auseinandersetzung in der *Mischna* die Meinung der Mehrheit Priorität gegenüber der Minderheit gewinnt, so dass eine halachische Entscheidung herbeigeführt werden kann. Doch neuere Untersuchungen zeigen, dass:

1. Diese Aussage stammt aus nachtalmudischer Zeit (gaonisch);
2. Die *Mischna* im allgemeinen *keine Abfassung oder Sammlung von Entscheidungen* darstellt, sondern lediglich eine Anführung unterschiedlicher und zum Teil *gegensätzlicher Auffassungen* ist, ohne eine Entscheidung zwischen diesen herbeizuführen.
3. Die als Auseinandersetzung zwischen Mehrheit und Minderheit formulierten Meinungsbildungen in der *Mischna* sind sehr oft in einem parallelen Text genauso im entgegengesetzten Meinungsverhältnis formuliert, so dass sich eine vergleichende Textanalyse als unverzichtbar erweist.

Was wie widersprüchliche Mehrheitsverhältnisse in parallelen Texten aussieht, stellt ein Ergebnis des Prozesses dar, in welchem die Texte entstanden sind. Ein Text in der *Mischna* zum Beispiel wurde in einem bestimmten Lehrhaus erarbeitet und formuliert, ein paralleler Text hingegen im Rahmen einer anderen *jeshiwa*.

Die Meinung eines bestimmten Lehrhauses etwa wird in ihren Texten als die Meinung des "Weisen" oder "Gelehrten" dargestellt. Dagegen wird der abweichenden Meinung, die oft in einem anderen Kreis akzeptiert wird, im Namen seines Autors oder Verfechters zitiert. Genau das Gegenteil unternimmt das konkurierende Lehrhaus. Deswegen ist die plurale Bezeichnung etwa "die Weisen" nur ein Ausdruck der Tatsache, dass diese Auffassung derjenigen des Lehrhauses entspricht. Wenn solche Texte

. . . .

1   mEd 1,5
2   Dies bedeutet: (Wenn) ein Einzelner und (die) Mehrheit (eine halachische Auseinandersetzung haben, so gilt) die *halacha* gemäss (der) Mehrheit.
3   bBer 9a.

in die Mischna übernommen werden, die eine Sammlung von Texten aus verschiedenen Formulierungsquellen bildet – ohne dass diese Quellentexte wesentlich geändert werden – repräsentieren ihre pluralen Formulierungen keineswegs eine gemeinsame autoritative Meinung; weder von den Redakteuren der Mischna noch von deren Zuhörerschaft.

Deshalb ist nicht allein die Tatsache relevant, dass die *Mischna* keine Entscheidung hinsichtlich der unterschiedlichen Meinungen herbeiführen wollte. Die Darstellung der unterschiedlichen Texte enthält ebenso keine eindeutige Aussage *einer allgemeinen Mehrheit*, da eine solche innerhalb der Vielfalt der Auffassungen und Argumentationen in Wirklichkeit zu oft *nicht* existierte. Dies bedeutete wiederum, dass die Redakteure der *Mischna* nicht daran interressiert waren, den Standpunkt der Mehrheit herauszustellen, *da sie grundsätzlich von einem pluralistischen Verständnis der halacha ausgingen.* Worin bestand demnach die Intention der Aussage der Mischna in *Edujot,* dass der Auffassung der Mehrheit gegenüber einer Minderheit Priorität zukäme? Aller Wahrscheinlichkeit nach steht dies im Zusammenhang mit dem Inhalt der *in diesem Traktat* getroffenen Entscheidung. Denn darin sind mehrere Themen enthalten, denen ein pluralistisches Verständnis vorenthalten wurde, weil sie von polemischen Charakter waren. Die Mischna sagt weiter:

> *Und warum erwähnt man (jedoch) die Worte des Einzelnen unter der Minderheit?:*

> *... da doch die halacha nur gemäss den Worten der Mehrheit (gilt)? Damit, wenn ein Gerichtshof die Worte des Einzelnen (als richtig an)sieht und sich auf ihn stützt;da ein Gerichtshof die Worte eines anderen Gerichtshofes nicht als nichtig erklären kann, essei denn es ist grösser als jener in (Hinblick auf die) Weisheit und (die) Zahl (seiner Mitglieder) ist.*[4]

In den Manuskripten findet sich eine andere Version. Obwohl es zunächst nicht einfach scheint, den geringen sprachlichen Unterschied im Hebräischen festzustellen, muss man bemerken, dass sich in der gedruckten Version der Ausdruck *"wejismoch"* findet. In bestimmten Manuskripten fehlt das *waw,* so dass statt *"wejismoch" "jismoch"* steht. Obwohl es sich lediglich um den Unterschied eines Buchstabens handelt, führt dies zu einer anderen Übersetzung:

> *Damit, wenn ein Gerichtshof die Worte des Einzelnen (als richtig an)sieht, es sich auf ihn stützen kann*[5] *... (jismoch)*[6]

Sogar in einer nachfolgenden Periode kann ein Gerichtshof also die Auffassung des Einzelnen zur Grundlage seiner Entscheidung erklären. *Selbst hinsichtlich existentiell notwendiger und grundsätzlicher Fragestellungen ist deshalb keine Institution (Autorität) berechtigt oder dazu legitimiert, die Auffassung des Einzelnen nicht zu berücksichtigen beziehungsweise nicht anzuerkennen.*

. . . .

4   mEd 1,5.
5   Kursiv: A.A.
6   ebd.

Die vermutlich originale und unzweideutige Version dieser Texte kommt demnach ans Licht. Natürlich ruft ein Text der *Mischna*, welcher davon ausgeht, dass die Auffassung des Einzelnen selbst angesichts einer wesentlichen Auseinandersetzung legitim erscheint und im Prozess einer Entscheidungsfindung notwendige Berücksichtigung finden muss, den Widerstand der Mehrheit hervor. Diese gegensätzliche Haltung bildete schliesslich die Grundlagen für die "Korrektur" der ursprünglichen Textfassung, so dass nur durch die Veränderung eines Buchstabens eine andere Version entstand, die nicht mehr unzweideutig ist. Der nachfolgende Text in der *Mischna* lautet:

> *... da ein Gerichtshof kann die Worte eines anderen Gerichtshofes nicht als nichtig erklären, es sei denn er grösser als jener in (Hinblick auf die) Weisheit und (die) Zahl (seiner Mitglieder) ist.*[7]

Es ist möglich, dass diese *Mischna* zu einem späteren Zeitpunkt entstanden ist, als die Legende von einem "grossen *sanhedrin*" bereits Verbreitung fand. Danach existierte in der Tempelperiode vorgeblich ein "grosser *sanhedrin*" mit siebzig oder auch einundsiebzig Gelehrten und die Entscheidungen dieses Gerichtshofes konnten danach von keinem anderen Gerichtshof, auch nicht in einer späteren Periode revidiert werden. Dabei wird jedoch der legendenhafte Charakter dieser Vorstellung betont, da in keiner *Mischna* die Überzeugung formuliert wird, wonach ein "grosser *sanhedrin*" eine bestimmte Entscheidung traf (die in keinem Fall aufgehoben oder revidiert werden konnte).

Es ist aber auch möglich, dass diese Aussage die Möglichkeit untergraben will, dass irgendeine Instanz die Pluralität der Gesamtheit der Entscheidungen auflösen würde. In Bezug auf die Zahl der Mitglieder lassen sich immer grössere Instanzen aufstellen; die Weisheit von anderen Dezisoren jedoch in Frage zu stellen, oder sogar für nichtig zu erklären, erscheint suspekt. Wenn die aufzulösende Pluralität aus der Vergangenheit stammt, grenzt ihre Verneinung, im Namen der Weisheit, immer mehr an Hybris und Torheit.

Die Mischna betont weiter:

> *(Wenn) er grösser als jener in (Hinblick auf die) Weisheit, nicht aber in (Hinblick auf die) Zahl (seiner Mitglieder) ist, oder (grösser als jener) in (Hinblick auf die) Zahl (seiner Mitglieder), nicht aber in (Hinblick auf die) Weisheit ist, kann er seine Worte nicht aufheben.*

Wenn man diese Auffassung unbedingt als antipluralistisch lesen will, stellt sich die Frage: In welcher historischen Periode entstand eine Text, in welchem auf die Feststellung eines unabänderlichen Urteils gedrungen wurde? - Es handelt sich um eine literarische Quelle aus der Phase der Entstehung des Textes *tanur von achnai*. Die Jawne-Periode[8] bildete den Versuch, eine zentrale rabbinische Autorität zu

---

7   mEd 1,5.
8   Diese reicht von der Periode nach der Zerstörung des Zweiten Tempels bis zum Bar-Kochba Aufstand.

konstituieren. In dieser Periode entstand das Interesse an einer Legende, welche die Feststellung einer ewig gültigen und verbindlichen Entscheidung rechtfertigen sollte. Diese sollte als Präzedenzfall der eigenen Urteilssprechung dienen: Wenn ein *sanhedrin* eine bestimmte Entscheidung traf, so ist jede Änderung dieser Entscheidung im Kontext eines nachfolgenden Urteils abzuweisen. [9]

Dieser Beschluss fand jedoch nicht die ungeteilte Zustimmung aller Rabbiner, so dass sich zahlreiche Vertreter, unter anderem R. Elieser ben Hyrcanus, wie wir gesehen haben, entschieden gegen diese Auffassung wandten. Zwar wurde (laut dem Babylonischen Talmud) gegen R. Elieser ben Hyrcanus der Bann ausgesprochen, doch die Texte hoben ungeachtet dessen die differenzierten Standpunkte hervor und gingen ausführlich auf die Auffassung von R. Elieser ein. Der Versuch, R. Elieser aus der rabbinischen Gemeinde sowie der Autorität der Mischna auszuschliessen, muss vor dem Hintergrund der historischen Wirklichkeit der *Mischna* schliesslich als ein Misserfolg verstanden werden. R. Elieser ben Hyrcanus blieb nicht nur in der *Mischna*, sondern es zeigte sich ebenso, dass Autoritäten und Gelehrte nachfolgender Generationen der Auffassung von R. Elieser zustimmten. *Damit scheiterte letztlich der Versuch in Jawne zur Konstituierung einer zentralen rabbinischen Autorität:*

> *Es lehrten die Rabbiner[10]: Eine Geschichte über einen Schüler, der vor R. Johoshua kam (und) ihm sagte: Das Abendgebet - ist es freigestellt oder verpflichtend? Er sagte zu ihm: Es ist freigestellt! (Da) kam (der Schüler) vor Rabban Gamaliel (und) sagte zu ihm: (Das Abendgebet – ist freigestellt oder verpflichtend? Er sagte zu ihm: Es ist verpflichtend! (Da) sagte er zu ihm: Aber hat nicht R. Jehoshua zu mir gesagt, es sei freigestellt? (Darauf) sagte (Rabban Gamaliel) zu ihm: Warte, bis (die) Verteidiger der torah (sc. die Gelehrten) in das Lehrhaus eintreten. Als (die) Verteidiger eintraten, stand der Fragende (auf) und fragte: Das Abendgebet - ist es freigestellt oder verpflichtend? Es sagte Rabban Gamaliel zu ihm: Es ist verpflichtend. Es sprach Rabban Gamaliel zu den Weisen: Gibt es irgendeinen, der bezüglich dieser Sache anderer Meinung ist? R. Jehoshua sagte zu ihm: Nein! (Rabban Gamaliel) sagte zu ihm: Sagte man mir nicht in deinem Namen, es sei freigestellt? Er sagte (auch) zu ihm: Jehoshua, stelle dich auf deinen Füsse und man zeuge wider dich! (Da) stellte sich R. Jehoshua auf seine Füsse und sagte: Wenn ich lebendig, er aber tot wäre, (so) könnte der Lebende den Toten verleugnen. Nun jedoch, da ich lebe und er lebt - wie könnte der Lebende den Lebenden verleugnen? Rabban Gamaliel sass und lehrte, während R. Jehoshua auf seinen Füssen stand, bis das ganze Volk murrte und zu Chuzpit, dem Über-*

. . . .

9   Ebd. Deutlich erkennbar wird bereits an diesem Beispiel der pluralistische Charakter der Mischna. Zu Beginn wird die Überzeugung zitiert, dass ein Gerichtshof die Entscheidung doch auf der Grundlage der Auffassung eines Einzelnen treffen kann. Ein anderer Text hingegen verweist auf den Grundsatz, dass ein Urteil eines grossen *sanhedrin* nicht anfechtbar sei. Es handelt sich also um zwei verschiedene Interpretationen, welche zugleich dargestellt werden. Aus diesem Grund musste im Sinne der Rabbiner eine Änderung des ersten Textes erfolgen, da sich sonst ein Widerspruch offenbart hätte (siehe Manuskriptversion oben).

träger, sagte: Halt ein! Und er hielt ein. (Die Leute) sprachen: Wie lange (noch) wird er ihn quälen und (wie weit) wird er gehen? An Rosh haShana (im) letzten Jahr quälte er ihn (vgl. bRHSh 25a), bezüglich der Erstlinge bei der Geschichte mit R. Zadok quälte er ihn (vgl. bBer 36a), (und) hier quälte er ihn (eben)so! Auf, wir wollen ihn absetzen! ... Wir wollen R. Elasar ben Asarja einsetzen ... Es wird gelehrt: (An) jenem Tag entfernte man den Türwächter (des Lehrhauses) und gab (allen) Schülern (die) Erlaubnis einzutreten. (Dies war zuvor anders), denn Rabban Gamaliel liess ausrufen und sagte: Jeder Schüler, dessen Inneres nicht (so) ist wie sein Äusseres, darf nicht ins Lehrhaus eintreten. - (An) jenem Tag (aber, da man Rabban Gamaliel abgesetzt hatte) kamen viele (Schüler)bänke hinzu. ... (Da) wurde der Sinn von Rabban Gamaliel schwach (sc. er wurde ermutigt) (und) er sagte: Vielleicht habe ich - Gott behüte - die torah von Israel ferngehalten! ...[11] Es wird gelehrt: Der Traktat Edujot ist an jenem Tag gelehrt worden ...[12] Da) sagte Rabban Gamaliel: Wenn es so ist, will ich zu R. Jehoshua gehen und ihn besänftigen. Als er zu seinem (sc. R. Jehoshuas) Haus kam und sah, dass die Mauern seines Hauses schwarz waren, sagte er zu ihm: Von den Mauern deines Hauses erkenne ich, dass du ein Köhler[13] bist. (Da) sagte (R. Jehoshua) zu ihm: Wehe der Generation, deren Versorger du bist, dass du dich nicht mit der Bedrängnis der Schüler der Weisen (sc. der Gelehrten) auskennst (und nicht weisst) durch was sie für ihren Unterhalt sorgen und durch was sie sich ernähren! ... .[14]

Anhand dieser Erzählung sind die Folgen eines autoritären Stils und eines undemokratischen Verhalten in rabbinischen Kreisen zu erkennen. Deshalb überrascht es nicht, dass in der Mischna vermieden wurde, "absolute" und "ewig" verbindliche Urteile im Kontext der zahlreichen Meinungsunterschiede zu formulieren.

Ein paralleler Text zu mEd 1,5, wobei es sich um einen Text aus den *tosefta* handelt, die eine weitere Sammlung tannaitischer Quellen darstellt, lautet:

Stets (gilt) die halacha gemäss den Worten der Mehrheit.[15]

. . . .

10   bBer 27b-28a.
11   Hierauf folgt schliesslich ein Streitfall, bei dem Rabban Gamaliel und R. Jehoshua unterschiedliche Ansichten vertreten, sich die Gelehrten aber für die Meinung R. Jehoshuas entscheiden.
12   Diese Behauptung widerspiegelt die Tatsache, dass Traktat *Edujot*, in seinem Versuch, eine endgültige Entscheidung herbeizuführen, den Ausnahmefall repräsentiert: Am Tag der Absetzung von Rabban Gamaliel konnte man, so wird behauptet, über das in diesem Traktat enthaltene Material sich einigen (wegen seines polemischen Charakters), trotz des Scheiterns von Rabban Gamaliels Zentralismus – und gerade deshalb musste diese Einigung an "jenem Tag" stattfinden.
13   Andere mögliche Übersetzung: "Schmied".
14   BBer 27b-28a. Im Folgenden versöhnen sich R. Jehoshua und Rabban Gamaliel wieder, und dies wird den anderen Gelehrten mitgeteilt. Man einigt sich – um niemanden zu verletzen – darauf, dass Rabban Gamaliel an drei *shabbaten*, R. Elasar ben Asarja an einem *shabbat* im Monat vorträgt.
15   tEd 1,4.

Dies betraf jedoch nur solche Situationen, in denen absichtsvoll die Meinung einer Mehrheit (vorwiegend in einem polemischen Kontext) demonstrativ herausgestellt wurde. Deshalb enthält dieser Text nicht eine allgemein zutreffende Aussage, obwohl zu einem späteren Zeitpunkt wiederum der Versuch unternommen wurde, eine allgemein verbindliche Entscheidung herbeizuführen.

> *Man erwähnt die Worte des Einzelnen unter (denen) der Mehrheit nur, um sie aufzuheben.*[16]

... und um damit deren vorgebliche Irrelevanz aufzuzeigen. Das entspricht der Auffassung des *tana kama*, des ersten Gelehrten dieser *b´reita* (= nicht zur Mischna gehörende tannaitische Quelle). R. Jehuda, der nach dem Bar Kochba Aufstand in den rabbinischen Kreisen bekannt wurde,[17] erwiderte jedoch:

> *R. Jehuda aber sagt: Die Worte eines Einzelnen werden unter (denen) der Mehrheit nur erwähnt, (weil) man sie vielleicht (in einer bestimmten) Stunde benötigt.*[18]

Deutlich spürbar wird hierbei das Bedürfnis (nach der Jawne-Periode), zu dem früheren pluralistischen Charakter des rabbinischen Judentums zurückzukehren. Wiederum wurde die Überzeugung formuliert: Die Auffassung des Einzelnen kann selbst in entscheidenden und für die Gemeinschaft grundlegenden Konfliktsituationen nicht delegitimiert werden. Im Kontext dieser Überzeugung wurde die Meinung von R. Elieser ben Hyrcanus letztlich akzeptiert, so dass es in der Fortsetzung des Textes heisst:

> *Und die Weisen sagen,*[19] *Man erwähnt die Worte eines Einzelnen unter (denen) der Mehrheit nur, wenn dieser sagt, (etwas sei) unrein, und jener sagt, (etwas sei) rein. (Derjenige, der) sagt: (Es ist) unrein gemäss den Worten R. Eliesers - Man sagt zu ihm: Gemäss den Worten R. Eliesers hast du (dies) gehört.*[20]

Dieses Beispiel zeigt, in welcher Weise sich die Bedeutung eines Textes im Kontext der historischen Entwicklung verstanden werden muss.[21] In der Zeit von Jawne (vor

. . . .

16 ebd.
17 Also in der zweiten Hälfte des 2. Jahrhunderts d. Z., das heisst nach der Jawne-Periode.
18 tEd 1,4.
19 Man könnte meinen, dass es sich bei den impliziten Widersachern R. Eliesers um eine Mehrheitsmeinung handelt. Doch das Studium parallele Textstellen zeigen, dass etwa "die Weisen" nicht als Repräsentanten einer allgemeinen Meinung gemeint werden, sondern die einer *jeshiwa* gelten. Innerhalb einer *jeshiwa* entsprach dies eventuell der Meinung der Mehrheit, was jedoch keiner absolut getroffenen Entscheidung gleichkam. In anderen *jeshiwot* (Lehrhäusern) konnten durchaus ganz andere Mehrheiten entwickelt werden. Die Rabbiner stellten deshalb die Feststellung von Mehrheiten nicht in den Mittelpunkt, ausgenommen in grundlegenden, für die Gemeinschaft existentiellen Situationen. Deshalb ist die Annahme, von sogenannten Mehrheitsentscheidungen innerhalb der rabbinischen *halacha* in der Zeit der Entstehung der *Mischna* und des Talmuds auszugehen, verfehlt.
20 tEd 1,4.
21 Dabei handelt es sich wahrscheinlich um einen früheren Text.

dem Scheitern Rabban Gamaliels) wäre die Feststellung: "Dein Standpunkt folgt der Auffassung von R. Elieser ben Hyrcanus" - auf die entschiedene Kritik der Autorität von Jawne gestossen. Später verlor diese Aussage jene gefahrenvolle Intention, so dass dieser eine ebensolche Legitimität zugesprochen wurde. Vor der Jawne-Periode wurde die Identität der rabbinischen Autorität im Kontext eines ausgesprochen pluralistischen Verständnisses begriffen, während in der Jawne-Periode der Versuch unternommen wurde, diese deutlich einzuschränken. Da jener Versuch jedoch letztlich scheiterte, versuchte die rabbinische Gemeinde nach der Jawne-Periode, an die ursprüngliche Denkweise und damit das pluralistische Traditionsverständnis anzuknüpfen.

3.2 Unterschiedliche juristische Praxis – die Konstituierung eines Gerichtshofes

Um dieses Problem nicht allein auf einer theoretischen Ebene zu analysieren, soll die folgende Frage beantwortet werden: Welche Institutionen und welche gesetzlichen Grundlagen regelten danach die alltäglichen Beziehungen der rabbinischen Juden?

Zur teilweisen Beantwortung dieser Frage soll ein weiterer und deutlich komplexerer Text aus dem Traktat *sanhedrin* herangezogen werden. Man könnte die Vermutung aufstellen, dass es sich bei der Vorstellung um einen *sanhedrin* tatsächlich um eine historische Wirklichkeit handeln würde, doch insbesondere die tannaitischen Quellen in diesem Traktat verweisen deutlich auf den legendenhaften Charakter dieser Institution.

In dieser *Mischna* wird zunächst der überlieferte Text einer älteren *Mischna* vorangestellt, aus dem hervorgeht, dass im Falle einer Auseinandersetzung in finanziellen Fragen ein Gerichtshof von drei Personen zu befragen sei.[22] Doch wer waren diese drei Personen und auf welche Weise konnte sich aus diesen drei Personen ein Gerichtshof konstituieren?

> *Gerichte, (die über) Geld(angelegenheiten urteilen sollen, müssen) aus drei (Personen bestehen). Dieser wählt sich einen (Richter), und jener wählt sich einen (Richter). Sie beide (zusammen) wählen sich noch einen (dritten Richter).*[23]

Der Inhalt dieses Textes verdeutlicht, dass in der Zeit dieser Mischna kein ständiger Gerichtshof existierte.

Rituelle Fragen sind dezidiert durch eine Anfrage an einen von den Fragenden anerkannten und akzeptierten Gelehrten. Straffragen ohne festgelegte Gerichtshöfe gestalteten sich sicherlich problematisch; die Möglichkeit der Rabbiner in Erez Israel, jemanden mit physischer oder Geldstrafe zu belegen, muss immer aufgrund von konkreten, zeitgenössischen und örtlichen Zeugnissen bewiesen werden. Die Ausführung der biblischen Todesstrafe wurde sowieso bei den Rabbinern unpraktizierbar – in bewusster Absicht.[24]

---

22 Dabei handelt es sich um einen Gerichtshof gemäss der rabbinischen Tradition.
23 mSan 3,1.
24 MSan 5,1 ff; bSan 40ff.; bMak 7a.

Ein Gerichtshof für Geldangelegenheiten wurde erst im Moment eines zu klärenden Rechtsfalles auf der Basis eines freiwilligen Entschlusses der (vom Rechtsstreit) betroffenen Personen gebildet. Dabei wählte jede Person zunächst einen eigenen Vertreter, denen die Wahrnehmung der Verteidigung beziehungsweise der Anklage oblag. Allerdings konnte auf dieser Grundlage noch keine Entscheidung herbeigeführt werden, so dass *beide* Parteien eine dritte Person wählten, welchen gleichermassen das Vertrauen entgegengebracht werden konnte, beziehungsweise deren Urteilsfähigkeit Akzeptanz (von denen, die sie wählten) fanden. Erst auf dieser Grundlage war die Konstitution eines funktionsfähigen Gerichtshofes gegeben:

> *(Das sind) Worte R. Meirs. Die Weisen aber sagen: (Die schon gewählten) zwei Richter wählen sich noch einen (dritten Richter).*[25]

Danach klingt die Forderung sehr einsichtig und man könnte zu der Schlussfolgerung gelangen, dass damit die Frage hinsichtlich der Bildung eines Gerichtshofes gelöst sei. Doch in der Analyse des Talmuds erweist sich dies als problematisch:

> *Was (bedeutet): "Dieser wählt sich einen und jener wählt sich einen?" Drei (Richter) sind (doch) genug!*[26]

Gemäss dieser Auslegung werden nach der Wahl der Vertreter jeder Seite nicht drei, sondern insgesamt neun Richter tätig. Auf welche Weise entstand dieses Missverständnis? Die Antwort ergibt sich vermutlich aus der Tatsache, dass diese *Mischna* in Erez Israel entstand, wo die Konstituierung des Gerichtshofes in der oben genannten Weise erfolgte. In Babylonien galt jedoch eine andere juristische Praxis. In Babylonien wurde den Juden seitens der Herrschenden ein autonomer Status zugebilligt, so dass auf dieser Basis die talmudischen Gesetze gegenüber der allgemeinen Rechtssprechung ihre Gültigkeit behielten. Als der allgemein anerkannte Gesetzgeber für die Juden in Babylonien fungierte damit das talmudische Gesetz und seine Gelehrten. Die politische Autorität der Babylonier erlaubte die Bildung jüdischer Gerichtshöfe, jedoch im Sinne einer zentralistischen Macht, als Spiegelbild der politischen Verhältnisse der babylonischen Politik. Aus zahlreichen talmudischen Quellen kann die Existenz der Juden in Babylonien im Laufe des 3. bis zum 6. Jahrhunderts d. Z. rekonstruiert werden. Danach wurden sowohl offizielle Gerichtshöfe als auch zentrale *jeshiwot* begründet, die selbst ein kompliziertes, soziales Geflecht bildeten. So reichte es keineswegs aus, dass die talmudische *halacha* als gültige *halacha* anerkannt wurde. Vielmehr war die Tatsache, um welchen Repräsentanten der *halacha* es sich dabei handelte, entscheidend. Deshalb stand nicht die Anerkennung einer abstrakten *halacha*, sondern stets bestimmter, konkreter Gruppen und Versammlungen im Mittelpunkt. Die autoritative Sammlung der Gelehrten in Babylonien in der Zeit der Amoräer[27] konzentrierte sich hauptsächlich in zwei *jeshiwot*: in *Sura* und zunächst in *Nehardea*. Als *Nehardea* vernichtet wurde, übersiedelte die dortige *jeshiwa* nach

---

25   ebd.
26   bSan 23a.
27   3. bis 6. Jahrhundert d. Z.

Pumbidita, und für einen beträchtlichen Zeitraum galt diese *jeshiwa* sowohl für die Juden als auch für die Babylonier als zentraler Ort der Gelehrsamkeit in Babylonien.

Während sich das Judentum in Erez Israel mehr pluralistisch begriff, war in Babylonien unter der Herrschaft der Babylonier eine vorwiegend autoritativ begründete Herrschaft bestimmend, auf deren Basis es schliesslich zur Herausbildung einer hierarchischen Strukturierung der jüdischen Gemeinden kam. So wurde zum Beispiel ein *rosh gola* (aramäisch: *resh galuta*) zum Leiter der Juden im Exil nur unter der Voraussetzung der Anerkennung der babylonischen Herrschaft ernannt, was die Schaffung der Position eines Leiters bzw. eines Führers der Juden in Babylonien implizierte. In talmudischen Zeiten entfaltete sich diese Autorität jedoch nicht immer unangefochten, so dass die Gelehrsamkeit der *jeshiwot* in Sura und Pumbidita auch anerkannt werden musste. Obwohl die Strukturen damit nicht mehr eindeutig erkennbar waren, kann man doch von einer hierarchischen Begründung der Autorität in der Person des *resh galuta* des "Leiters des Exils" und den von ihm ernannten oder anerkannten Richtern beziehungsweise Gerichtshöfen ausgehen. Im 6. Jahrhundert verloren die Juden zeitweise ihre Autonomie. Mit der Einsetzung der islamischen Eroberung beginnt ein neues Zeitalter für die babylonischen Juden. Von dem Kalifat wurde nochmals die Position des *rosh gola* anerkannt, wodurch es erneut zu einer gelegentlichen Auseinandersetzung um die Stellung der Autorität in Babylonien kam. In Babylonien bildete sich deshalb trotz der Spannungen eine relativ hierarchische Machtstruktur sowie offiziell anerkannte Gerichtshöfe heraus. Aus diesem Grund ist es verständlich, dass literarische Quellen aus Erez Israel innerhalb der jüdischen Gemeinden in Babylonien in anderer Weise aufgefasst und interpretiert wurden, als sie ursprünglich gemeint waren. So war in Babylonien die Bildung eines Gerichtshofes nicht Gegenstand eines demokratischen Prozesses, da ein solcher als ständige Institution bereits existierte. Gleichermassen fand keine Auswahl der Richter seitens der Streitparteien statt, da diese längst innerhalb der juristischen Realität integriert waren. Deshalb stiess die Forderung einer Mischna aus Erez Israel zur freien Auswahl einer Vertretung für jede Streitpartei auf Unverständnis. In Babylonien existierten weder die Grundlagen für ein theoretisches Verständnis noch für die praktischen Auswirkungen der *Mischna*, so dass dieser Text dort nicht interpretiert werden konnte. Die "Unlesbarkeit" dieses Textes spiegelte deshalb offensichtlich die unterschiedlichen Realverhältnisse in Erez Israel und in Babylonien wider; vielleicht stiess diese Formulierung sogar auf Ablehnung innerhalb der Machtkämpfe in Erez Israel selbst. Ungeachtet dessen wurde die grundlegende Bedeutung des Problems der Autorität erkannt, denn es wurden folgende Fragen formuliert: Wie lautete die Entscheidung, wenn zwei Streitparteien unterschiedliche Gerichtshöfe wählten? – Beide Seiten, so lautet die Interpretation im Talmud zu dieser *Mischna,* müssen sich auf einen dritten Gerichtshof einigen. Ausserdem musste Berücksichtigung finden, dass keine parteiische, sondern möglichst eine objektive Instanz gewählt wurde, zumindest theoretisch.

Dabei wurden die Konsequenzen einer Herauslösung der *Mischna* aus einem völlig anderen sozialen und historischen Kontext, in diesem Fall aus Erez Israel und nach Babylonien, deutlich. Die *Mischna* erforderte hierdurch eine grundlegende Uminterpretation. Die Konstituierung eines Gerichtshofes auf Grundlage einer freien Entscheidung konnte so nicht gestattet werden, da dies die hierarchische Autorität infrage gestellt hätte. Doch im Rahmen der *jeshiwa*, des Lehrhauses, konnte eine grundlegende Diskussion zu diesem Thema bzw. der Gehalt der *Mischna* sowie der inhärente Charakter dieser Aussage nicht vollständig unterdrückt werden, so dass es am Ende der Diskussion heisst:

> *Was (bedeutet): "Dieser wählt sich einen, und jener wählt sich einen"? (Dies meint nicht, dass sie sich Gerichtshöfe wählen), vielmehr sage man so: Wenn sich dieser einen Richter wählt und jener sich einen Richter wählt, (dann) wählen sie beide (zusammen) sich noch einen (dritten Richter).[28]*

In der *Mischna* handelte es sich nicht um die Darstellung einer Ausnahmesituation, sondern um den rabbinischen Alltag in Erez Israel, wie der Autor dieses Textes diesen erfahren hat.[29] Den Redakteuren der Mischna gelang es, jene Texte in der *Mischna* als das zentrale rabbinische Selbstverständnis in dieser Frage herauszustellen.[30]

Im Kontext des Babylonischen Talmud wurde diese Erkentnis nicht in ihrer ganzen Konsequenz geschätzt, so dass im Talmud die Frage formuliert wird: Warum sollte jede Seite einen eigenen Richter und *beide* eine dritte, unabhängige Person frei wählen können?:

> *(So) sagt man im Westen (= Erez Israel) im Namen R. Seras: Da dieser sich einen Richter wählt und jener sich einen Richter wählt und beide (zusammen) sich noch einen (dritten Richter) wählen, geht ein wahrhaftiges Urteil hervor.[31]*

. . . .

28 bSan 23a.
29 Zwar gab es in Erez Israel offizielle Gerichtshöfe, wobei als der anerkannte Leiter oder Führer der Juden gegenüber den Römern der *nasi* fungierte, insoweit die jüdische Autonomie zum Einsatz kam. Dabei handelte es sich um den Leiter des Gerichtshofes, der über die Festlegung des Kalenders entschied. Das war der einzige Fall, in welchem die Rabbiner selbst eine zentrale Autorität akzeptierten. Das Interesse seitens der Römer, den *nasi* als eine zentrale Autorität zu etablieren, zeigte sich sehr problematisch. Es wurden seitens der *nasi* selbst Versuche unternommen, sich als eine zentrale Autorität zu begreifen. Besonders hervorzuheben sind in diesem Kontext die Bemühungen von Rabban Gamaliel, dessen Vorgehen allerdings scheiterte (vgl. bBer 27b-28a). Sein Enkel, R. Jehuda Nasi, wurde durchaus als ein grosser Gelehrter anerkannt und er fand Unterstützung auch bei den Römern. Auch ihn könnte man demnach am Ende des 2. und zu Beginn des 3. Jahrhunderts d. Z. als einen Versuch, einezentrale Autorität zu etablieren, verstehen, aber auch er stiess auf Widerstand. Die Versuche von R. Jehuda III., als *nasi* (275-320) in der Aura seiner Vorfahren Macht auszuüben, scheiterten. Für den rabbinischen Juden in Erez Israel war Gelehrsamkeit die Voraussetzung für Autorität.
30 Wenn man den *nasi*, R. Jehuda I (170- c. 220) als eine relativ zentralisierte Persönlichkeit verstehen kann, zusprechen kann, so traf dies nicht für seine Kinder und Enkelkinder, als seine Generationenfolge zu. Der Talmud berichtet, dass seine Enkel, oder Urenkel versuchten, den *nasi* als eine zentrale Autorität zu legitimieren, was jedoch misslang. Sogar das Ansinnen, die Autorität des *nasi* mit Gewalt herbeizuführen, musste aufgegeben werden. Auch wenn es in Erez Israel den Gerichtshof der *nasi* gab, so waren dieser nur hinsichtlich der Frage des Kalenders allgemein akzeptiert. Dem Schiedsgericht oder rabbinischem Gericht oblag nicht allein die Aufgabe zu entscheiden, ob eine Person schuldig zu sprechen ist oder nicht, sondern diese Entscheidung musste gemäss dem Gesetz getroffen werden (es sei denn, die streitenden Parteien verzichteten darauf).
31 bSan 23a.

Dabei wurde die deutliche Differenz des Gesetzesverständnisses und der darauf basierenden Rechtssprechung in Babylonien und in Erez Israel offensichtlich.

In Erez Israel existierte nicht allein das theoretische Verständnis, wonach jede Person in der Lage sein musste, eine Entscheidung zu treffen, wer für seine eigene Rechtssprechung herangezogen werden soll. Auch in der Praxis, insofern die Rabbiner ihre Unabhängigkeit gegenüber den Römern und anderen Interessen bewahrten, wählte jede Seite frei einen Gelehrten. Die Vertreter beider Seiten[32] mussten in der Lage sein, die Grundlagen zur Durchführung des Rechtsstreites zu legen.[33]

Durch diese Diskussion erkennt man, dass das Problem der Autorität im rabbinischen Judentum zwei unterschiedliche Paradigmen implizierte.

3.3 Ashkenasisches[34] und orientalisches Judentum – die Frage der Autorität des Babylonischen Talmud

Die Texte des rabbinische Judentums wurden *ursprünglich*[35] fast ausnahmlos in Erez Israel verfasst, so dass der Ausgangspunkt der Geschichte des rabbinischen Judentums dort begründet liegt.[36] Das ursprüngliche Modell oder Verständnis einer rabbinischen Autorität folgte demnach einem pluralistischen Prinzip.

1. Zunächst handelte es sich um ein pluralistisches Verständnis innerhalb der rabbinischen Gemeinde und somit um ein pluralistisches Selbstverständnis. Wenn man die Texte des rabbinische Judentums analysiert, so stellt man fest, dass innerhalb der Gemeinde eine relativ grosse Pluralität als Grundlage des eigenen Selbstverständnisses gelehrt und praktiziert wurde.
2. Dieses pluralistische Verständnis war ein Resultat sowohl der historischen Entwicklungen als auch der damit verbundenen sozialen, überhaupt gesellschaftlichen Zwänge, da sich das rabbinische Judentum in der Minderheit gegenüber einem priesterlich geprägten Judentum und zu oft inmitten einer feindseligen Umwelt befand. Zudem waren die rabbinischen Gemeinden gezwungen, die Autorität der römischen Herrschaft zu akzeptieren, was die Bildung von zentralen jüdischen Machtstrukturen nach der Zerstörung des Tempels (im Jahre 70 d. Z.) zusätzlich erschwerte.

. . . .

32 Ich sage bewusst nicht "die Rabbiner", da dies bereits einen offiziellen Titel assoziiert. Die Mitglieder eines Schiedsgerichtes mussten keine offizielle Anerkennung haben.

33 Die Gesellschaft konnte auch fordern, dass ein Rechtsstreit ausgetragen wurde, denn ein schwelender Konflikt konnte das Leben der Gemeinschaft erheblich beeinträchtigen. Beide Seiten wurden deshalb aufgefordert, den Kontakt zur anderen Partei aufzunehmen, und manchmal einen annehmbaren Kompromiss auszuhandeln. Die Gesellschaft nahm jedoch keinen Einfluss auf die Personen, die zur Entscheidungsfindung herangezogen wurden. Dies geschah eher indirekt durch eine gesellschafliche Bildung der Gelehrten oder der Gelehrsamkeit in den *jeshiwot* und Lehrhäusern. Man muss die Frage stellen, wie es sich hinsichtliche des Strafrechts verhielt. Zu diesem Thema wird eine ausführliche Diskussion im Traktat *Sanhedrin* entfaltet. Strafgesetze stellten, historisch gesagt, einen sehr problematischen Bereich für die Rabbiner in Erez Israel dar.

34 = Jiddisch sprechendes, also europäisches Judentum.

35 Bis zum 3. Jahrhundert d. Z.

36 Über das jüdische Leben in Babylonien bis zum 3. Jahrhundert d. Z. existieren hingegen wenige literarische Quellen, zumindest was die Geschichte und Herausbildung des rabbinischen Judentums betrifft.

Im Rahmen des rabbinischen Judentums bildeten sich voneinander differenzierende Gemeinden heraus, so dass sich die Akzeptanz einer zentralen Autorität in der Institution eines Gerichtshofes zum Beispiel auch als unrealistisch erwiesen hätte. Die historische Realität zwang die rabbinischen Gemeinden also zu einer bestimmten Akzeptanz der Pluralität der Meinungsäusserungen, so dass ihre Religiosität der Widerspiegelung einer konkreten, historischen Realität entsprach. Die Entwicklung dieser historischen Prozesse wiederum bedingte die Entstehung tatsächlich begründeter Traditionen, so dass selbst bei einer Änderung der historischen Wirklichkeit diese fortwirkten.

Die Paradigmen, die durch den Kontrast zwischen Erez Israel und Babylonien zum Vorschein kommen, bedingten wiederum die Herausbildung von zwei unterschiedlichen theologischen Verständnissen. Denn mit der Verwirklichung der Überzeugung, wonach jede Person, zumindest jede gelehrte Person, eine Autorität darstellen kann,[37] entstand ein religiöses Denken, das nicht mit demjenigen der babylonischen Juden identisch war.

In Babylonien, wo die religiöse Praxis durch eine relativ zentralistisch strukturierte Ordnung geprägt wurde, bildete sich parallel dazu ein ebenso zentralistischeres Verständnis hinsichtlich theologischer Fragestellungen heraus. Ungeachtet dessen stellt sich der Babylonische Talmud letztlich nicht durchgängig als Surrogat einer zentralistischen Theologie dar, da dieser nicht ausschliesslich von babylonischen Autoren verfasst wurde. Vielmehr lebten mehr als die Hälfte der im Babylonischen Talmud zitierten Gelehrten in Erez Israel, was auch den oftmals disparaten und mitunter widersprüchlichen Charakter der vorliegenden Textsammlunen erklärt. Insoweit der Babylonische Talmud eine existierende (juristische, ökonomische etc.) Praxis beschreibt, handelt es sich um die Widerspiegelung der sozialen Verhältnisse in Babylonien. Wird jedoch ein Text aus dem Umkreis der *jeshiwot* zitiert (wie in den meisten Fällen), so zeigt sich dies oft als eine Befreiung von der geltenden Praxis. Der innere Kreis des Lehrhauses ermöglichte in gewisser Weise eine freiheitliche und tolerante Diskussion. Ungeachtet dessen galt im Babylonischen Talmud oft das Prinzip: in Handels- und Geldangelegenheiten wurde die *halacha* gemäss der babylonischen Tradition zugrunde gelegt, in Religionsfragen jedoch die halachische Tradition aus Erez Israel. Im 3. Jahrhundert d. Z. wirkten in Babylonien die Gelehrten *Rav* und *Shmuel* und im Talmud findet sich die Feststellung: Im Rahmen der der Handels- und Geldbeziehungen wird die *halacha* gemäss der Auffassung von Shmuel zugrunde gelegt, in rituellen Angelegenheiten jedoch ist die *halacha* nach der Auffassung von Rav verbindlich.[38] Da Rav sein religiöses Studium in Erez Israel absolvierte, gelangte somit in rituellen Fragen die Autorität aus Erez Israel zur Anerkennung. In den Handels- und Geldbeziehungen jedoch war, wie bereits betont, die Autorität von Babylonien massgebend, da diese die Zwänge der bestehenden Realität und Normen berücksichtigt. Die wirtschaftlichen Verhältnisse in Babylonien waren eine historische Gegebenheit, die die Bräuche und Gesetze aus Erez Israel nicht streitig machen konnten.

. . . .

37   Eine Person galt nur als Autorität für denjenigen, welcher diese in theoretischen und praktischen Angelegenheiten befragte und dessen Meinung akzeptierte.

38   BBekhorot 49b.

In rituellen Fragen hingegen hielt man (zumindest am Anfang der talmudischen Periode, also in den ersten Generationen der *Amoraim*), an dem Verständnis aus Erez Israel fest. Sowohl der Babylonische als auch der Palästinische Talmud spiegeln in ihrer Zitierweise eine weitgehend pluralistische Meinungs- und Interpretationsvielfalt wider. Ungeachtet dessen wurde aber in den jüdischen Gemeinden in Babylonien, anders als in Erez Israel ein deutlich autoritativeres, religiöses Verständnis praktiziert, welches bis in die Gegenwart das offensichtlich differenzierte Geschichts- und Entwicklungbild der orientalischen Juden einerseits und der ashkenasischen Juden andererseits erklärt.

Die ashkenasischen (Jiddisch sprechenden, europäischen) Juden wanderten ursprünglich aus Erez Israel aus. Bereits in der Periode der Hasmonäer, Alexander Jannai's, am Beginn des 1. Jahrhunderts v. d. Z., mussten aufgrund starker innenpolitischer Auseinandersetzung ein Teil der Juden Erez Israel verlassen.[39] Ebenso fanden in Folge der Auseinandersetzungen mit den Römern vor und nach dem Jahre 70 d. Z. grössere Auswanderungswellen der Juden aus Erez Israel nach Italien beziehungsweise Rom statt.[40] Mit dem beinahe vollständigen Untergang des organisierten jüdischen Lebens in Erez Israel etwa im 5. Jahrhundert d. Z. gerieten die Juden in Europa in nachtalmudischer Zeit in Vergessenheit.[41] In Folge von Eroberungen befand sich die überwiegende Mehrheit der Juden unter der Hegemonie des Islam,[42] nur in ausgewählten Gebieten Italiens, Deutschlands und Frankreichs lebten jüdische Gemeinden ausserhalb dieses Herrschaftsbereiches.

Die Juden im Bereich des Islam, in den Gebieten Nordafrikas, Irak, Iran und Teilen Spaniens, die als *sephardische* Juden (oder *orientalische* Juden) bezeichnet werden,[43] haben die Autorität des Babylonischen Talmud akzeptiert, da sie wesentlich als die eigentlichen Nachfolger der babylonischen Tradition gelten.[44] Die sich in der Minderheit befindlichen ashkenasischen Juden dagegen, obwohl auch sie den Talmud aus Babylonien, so wie die grosse Mehrheit der Juden, als den Talmud schlechthin akzeptierten, bewahrten viele Traditionen aus Erez Israel.

3.4 Die Quellen des ashkenasischen Verständnisses der Autorität

Im 9. Jahrhundert d. Z. erlangten die Juden in Europa unter der Herrschaft der Karolinger eine neue Bedeutung. Die Juden in Deutschland und Frankreich stammten von den, aus Erez Israel ausgewanderten Juden in Italien ab. Die Erfolge dieser Judenbasierte wesentlich auf wirtschaftlichen Grundlagen, da sie über ein relatives Handels-

. . . .

39 Zum Teil wanderten sie nach Syrien aus.

40 Bereits in der Zeit von Paulus existierten rabbinische Gemeinden in Rom.

41 Bis zur Gegenwart existieren nahezu keine Untersuchungen bzw. Forschungsergebnisse über diesen Zeitraum.

42 Seit dem 7. Jahrhundert d. Z. begann die territoriale Ausdehnung des Islam, und der Islam war in beinahe allen Ländern, in denen Juden lebten verbreitet.

43 Da *sephardisch* in der Übersetzung "spanisch" bedeutet, ist die Bezeichnung irreführend. Zwar lebte ein bedeutender, aber nicht der grösste Teil der Juden in Spanien, so dass die hebräische Bezeichnung *jahadut ha-misrach*, das *Judentum des Orients* vorzuziehen ist.

44 Unter dem Kalifat musste die Autorität des Babylonischen Talmud akzeptiert werden, da das Kalifat seinerseits die gaonische *jeshiwot* anerkannte.

monopol mit dem Osten verfügten.[45] Die Erfahrungen in Rechtsverkehr und Kreditwesen, in der sozialen Gestaltung des Gemeinwesens sowie den massgeblichen Leistungen zur Entwicklung einer urbanen Stadtkultur in Europa, insbesondere in Deutschland, bildeten den Beginn und die Voraussetzungen für die Entwicklung der
"Ashkenasim" – ein spätrabbinischer Begriff zur Bezeichnung der Juden im deutsch-
sprachigen Raum. Die *ashkenasischen Juden*, die von Erez Israel nach Italien aus-
wanderten und schliesslich in deutschen und französischen Gebieten ansässig wurden,
sprachen (und sprechen teilweise bis heute) Jiddisch. Das bevorzugte Wirtschafts- und
Siedlungsgebiet der Juden wurde der Rhein, die grösste Wasserstrasse Europas und
gleichzeitig ein günstiger Handelsweg quer durch die Länder dieses Kontinents. Die
Entwicklung einer urbanen Städtekultur, die zugleich eine Blüte im Handel, in den
Wissenschaften, wie der Jurisprudenz, der Medizin und anderen implizierte, zeugt bis
in die Gegenwart in Basel, Strassbourg, Worms, Speyer, Mainz, Köln, Rotterdam und
vielen anderen Orten von diesem kraftvollen Impuls und Resultat einer internationalen Urbanitäts- und Handelskultur.[46]

Auch die ashkenasischen Juden wurden zum Teil dazu verpflichtet, die Autorität
des Babylonischen Talmud anzuerkennen, da sie im Vergleich zu den orientalischen
Juden in der deutlichen Minderheit waren,[47] so dass es beinahe zu einem vollständigen Verlust des Palästinischen Talmuds kam. Möglicherweise könnten ebenso soziolo-
gische Untersuchungen zeigen, dass in den Gemeinden der orientalischen Juden ein
deutlich autoritäres Verständnis, auch in religiösen Fragen vorherrschte. In Ashkenas
bildete die Frage der Autorität immer ein Bereich der Auseinandersetzung.

3.5 Halachische Gattung der halakhot gedolot und Maimonides´ (mishne-torah -) Jad ha-chasaka im Kontrast mit der ashkenasischen halacha

Spanien bildete eine Kulturbegegnung zwischen der islamischen und christlichen Hemisphäre und stellte zu Beginn der Renaissance ein kulturelles Zentrum der Welt dar.
Das Werk des aus Spanien stammenden, und in Ägypten tätigen Maimonides,[48] als

. . . .

45 Die jüdischen Kaufleute waren prädestiniert für einen internationalen Handel, nicht allein
im Raum Europas, da sie durch ein weitverzweigtes Netz jüdischer Gemeinden in der ganzen Welt vor allem die Sicherheit der Warentransporte über ausgesprochen weitreichende
Distanzen, unter anderem bis nach China und Indien, garantieren konnten.

46 Siehe: Irving A. Agus, *Urban Civilization in Pre-Crusade Europe*, New York 1965 (2 Bände) und ders., *The Heroic Age of Franco-German Jewry*, New York 1969. Die
ashkenasischen Juden sprachen im Alltag vornehmlich Deutsch (woraus sich später Jiddish
entwickelte), während Hebräisch als heilige Sprache nur dem Gebet und den Talmudstudien
vorbehalten blieb.

47 Nach heutigen wissenschaftlichen Erkenntnissen lebten im Europa des ausgehenden 9.
Jahrhunderts nicht mehr als zehntausend Juden, also eine relativ kleine Gruppe von etwa
eintausend Familien. Zwar existierten im Ergebnis der Auswanderung aus Erez Israel zahlreiche Juden im Römischen Reich, doch mit der Christianisierung und der Verfolgung der
Juden verschwand zunehmend auch deren kulturelle Identität, so dass schliesslich nur eine
kleine Minderheit der ashekenasischen Juden verblieb, ursprünglich; später vermehrten sie
sich.

48 Er lebte von 1135-1204.

eines sephardischen Juden, ist massgeblich durch die orientalische Tradition geprägt, so dass er in seiner Schrift *mishne-torah,* auch *jad ha-chasaka* genannt, auf "mustergültige Weise" ein autoritatives Verständnis jüdischer Religiosität entfaltet. In einem einzigen Buch wurde damit der Versuch zur Begründung eines einheitlichen, halachischen Konstrukts auf der Basis einer unerbittlichen Autorität unternommen. Vor der Verbreitung dieser Schrift galt im Verständnis der ashkenasischen Juden *die Autorität des eigenen Lehrers* als massgebend. In gleicher Weise kam es zur Herausbildung von Bräuchen und Traditionen, so dass in Ashkenas (in der Zeit von Maimonides und danach) mehrere Sammlungen unterschiedlichster Traditionen, jedoch zunächst kein zentrales halachisches Werk existierte. Aus diesem Grund bildeten vor allem die historisch konkreten Normen und Überzeugungen, Traditionen, also vor allem die Argumentationskraft und das Wissen der Lehrer und Gelehrten, wie auch die Bräuche in den unterschiedlichen Gemeinden die Grundlage für die halachischen Entscheidungen.

Maimonides hingegen konstruiert eine selbstbestimmte zentrale "Autorität", welche den Versuch zur Abfassung eines halachischen Werkes auf der Grundlage einer zentralen Wirkungs- und Entscheidungsbefugnis unternahm.[49] Dieser Versuch bildet jedoch nur einen, wenn auch grossen Moment innerhalb einer sich in Babylonien und dem Orient entwickelnden Tradition der orientalischen Juden. In dieser Traditionslinie steht gleichfalls als Beispiel die *halachot gedolot*, eine Schrift aus dem 8. Jahrhundert d. Z., welche ebenso als ein früher Versuch zur Konzipierung eines einheitlichen halachischen Werkes zu begreifen ist. Maimonides ist in seinem Verständnis der jüdischen Religion sehr in der gaonischen Tradition des Ostens verwurzelt, obwohl er diese zum Teil auch kritisierte und zu überwinden versuchte.

Da im Kontext des ashekenasischen Judentums ein vergleichbares, zentralhalachisches Werk bis zur Mitte des 14. Jahrhunderts nicht existierte, und ein solches (der *turim*) als Reaktion auf den Einfluss von Maimonides entstand, waren viel eher die *Schriften über die Bräuche* oder die *Response-Literatur*[50] grundlegend. Während Maimonides ein auf allgemein verbindliche Festlegungen gegründetes halachisches Verständniss anstrebte, *basierte die Rechtsauffassung beziehungsweise das halachaische Werk des ashkenasischen Judentums viel stärker auf einer sich stän-*

---

49   Maimonides´ Versuch, sein Werk als eine zentrale *halacha* zu begründen, scheiterte zum grossen Teil. Ausserhalb des Wirkungskreises der jemenitischen Juden wurde Maimonides *nicht* unbedingt hinsichtlich halachischer Fragen ausschliesslich konsultiert. Als eine halachische Autorität im rabbinisch-*ashkenasischen* Verständnis gals er nur mit starker Einschränkung; nur in bestimmten, vom praktischen Leben entfernten litauischen Kreisen des 19. und 20.Jahrhunderts erlangte er eine besondere Stellung.

50   Antworten anerkannter rabbinischer Gelehrter auf konkrete Fragen des jüdischen Rechts beziehungsweise religiösen Gesetzes. Diese Literatur diente zur Grundlage für die Entscheidungs- und Urteilsfindung (im Sinne von Präzedenzfällen), so dass sich die Gesetzgebung im Verständnis des ashkenasischen Judentums auf einer viel konkreteren und damit zugleich pluralistischeren Grundlage konstituierte. Die Responsen waren meistens Antworten auf Fragen, welche einen Streit hervorriefen. Die Autorität der Responseverfasser basierte darauf, dass die streitenden Parteien bereit waren, dessen Entscheidung zu akzeptieren – vergleichbar einem Schiedsgericht.

dig entwickelnden Auslegungspraxis.[51] Bereits in der Gesetzgebung der *halacha* trat somit eine deutliche Differenz zwischen dem ashkenasischen und dem orientalischen Judentum (personifiziert in Maimonides) hervor.[52] Oder anders formuliert: Die hier entwickelten verschiedenen Verständnisse der *halacha* bildeten zwei Paradigmen, die bis auf talmudische Zeiten zurückreichen. [53]

In gleicher Weise entwickelte sich die Behauptung des autoritativen Charakters des Buches *shulchan aruch* von R. Josef Karo. Zunächst wird der Leser mit dem apodiktischen Stil dieser Schrift konfrontiert: Gemäss dem halachischen Verständnis muss etwas so und nicht anders sein! Doch dann liest man kommentierende Texte von R. Moshe Isserles.[54] Er verweist auf eine Relativierung des Haupttextes: "Ja, aber bei uns existiert eine andere Tradition ... ." Ähnlich verhält es sich mit den Kommentaren wie der *turei sahaw (tas)* (von R. David ha-Lewi von Galizien) oder der *sifsei cohen (schach)* (von R. Sabbatai Kohen von Vilnius). In beiden stösst man oft auf Bemerkungen wie: Es ist möglich, dass dies der Brauch ist. Auch in unserer Gemeinde ist dieser gültig. Doch es ist ein absurder Brauch. Ein tiefgründiges Studium der Texte des Talmud verweist auf die Problematik dieser Tradition, so dass dieser Brauch einer Veränderung unterworfen werden muss. Und so weiter. Im Kommentar *magenavraham* von R. Abraham Abli von Kalisch wird folgende Auffassung formuliert: Ein Gelehrter vertritt diese Meinung, eine zweite Person eine weitere Meinung, ich selbst

. . . .

51   Erst in der Periode zunehmender und sich ständig verschlechternder Lebensbedingungen der ashkenasischen Juden in Europa im 14. Jahrhundert, welche die Juden schliesslich zur Auswanderung aus Deutschland und Frankreich zwangen, wurde ein Versuch zur Schaffung einer zentralen *halacha* unternommen. In der nachfolgenden Entwicklung kehrte man jedoch oft zu einer deutlich pluralistischen Wirklichkeit der Existenz des europäischen Judentums zurück.

52   Im 16. Jahrhundert verfasste R. Josef Caro seine bekannte Schrift *shulchan aruch*, welche gleichsam ein für alle Juden verbindlicher halachischer Text darstellen sollte. Doch dieses Werk wurde in *Ashkenas* nicht ohne weiteres akzeptiert. Vergleichbares vollzog sich mit dem halachischen Werk von R. Jaakow ben Rabbenu Ascher, *turim* genannt. Beide Werke, das von dem ashkenasischen R. Jaakow und das von dem sephardischen R. Josef, mussten von immer neuen Kommentaren begleitet werden, um aktuell bleiben zu können.

53   Anhand eines Beispiels soll der komplizierte Charakter der "halacha" verdeutlicht werden: In Palästina existierte schon vor der Gründung des Staates Israel die Institution des *rav rashi* (=Hauptrabbiner) deren ashkenasischer Amtsinhaber Rabbi Avraham Jizchak Kook war. Er schreibt unter anderem in seiner *sidur* (Gebetbuch), dass am *shabbat* unbedingt drei Mahlzeiten eingehalten werden müssen, wobei die dritte Mahlzeit als die wichtigste anzusehen ist. Die dritte Mahlzeit soll mit Brot eingehalten werden; es ist furchtbar, wenn man dies nicht tut. Wenn man kein Brot hat, kann man aber stattdessen Früchte essen. Wenn man die Mahlzeit ohne zumindest Früchte ausrichten muss, ist es furchtbar, aber wenn man keine Früchte hat, so kann man auch irgend etwas anderes essen. *Aber* wenn man gar keine Mahlzeit durchführt, ist es furchtbar, aber wenn man nichts zu Essen hat, kann man die dritte Mahlzeit auch durch das Studium ersetzen. In dieser Art formuliert dies Raw Kook ungefähr. Zunächst wird die Forderung formuliert: "Es muss so und so sein!"; doch sogleich folgt eine Einschränkung, welche die Forderung relativiert oder zumindest *zum Gegenstand einer Diskussion beziehungsweise Interpretation erklärt.* Das klingt vielleicht wie eine böse Parodie der *halacha.* Aber es bildet ein gutes Beispiel für ein, in seinen eigenen Zwängen zögerndes System. Ein guter Kenner der "Systematischen Theologie" im Christentum könnte sicherlich vergleichbare Beispiele anführen.

54   Ein Gelehrter des 16. Jahrhunderts.

jedoch rate, auf diese und jene Weise zu handeln. Und nicht zu vergessen – das Werk von R. Mordechai Jaffe, *liwwush* genannt, eine Zusammenfassung, die vollständiger als Karo's Kompendium ist und sich gegen ihn wendet. Die genannten Schriften bilden unter anderem die Grundlage für das Studium zur Erreichung des Titels "Rabbiner" in der *jeshiwot*, so dass jede Entscheidung in halachischen Fragen eine tiefgründige Kenntnis dieser Texte voraussetzt. Zugleich vermitteln insbesondere diese Schriften die Einsicht, dass sich ein autoritatives Verständnis von "der *halacha*" im ashkenasischen Judentum als eine Fiktion erwies, *und der Begriff einer allgemein verbindlichen, unabänderlichen halacha nicht existiert.* [55]

· · · · · · · · · · · · · · · ·

55 In diesem Zusammenhang soll noch eine andere Erzählung wiedergegeben werden. Einstmals entstand eine Streit über die Herstellung der *mazzot* (das ungesäuerte Brot zum Pessach-Fest). Ursprünglich wurden die *mazzot* in Handarbeit hergestellt, bis man im 19. Jahrhundert zur maschinellen Herstellung überging. Die *chassidim* vertraten die Auffassung, dass diese "Maschinenmazzot" nicht koscher für die Feiertage von Pessach seien. Die *mitnagdim,* die Gegener der *chassidut,* vertraten hingegen die gegenteilige Meinung. Danach käme den *mazzot,* welche maschinell hergestellt wurden, sogar eine höhere Qualität zu. Es kam zu einer heftigen Auseinandersetzung und die *chassidim* vertraten schliesslich die Überzeugung, dass derjenige, welcher "Maschinenmazzot" isst, kein "koscherer" Jude sei. In der folgenden Erzählung wird über einen bekannten Jerusalemer *prushi*, ein Nachfolger der überlieferten ashkenasischen Tradition des Gaon von Wilna (Vilnius) welcher im 18.Jahrhundert lehrte (seine Schüler begründeten die ersten Ansiedlungen europäischer Juden in Jerusalem in der Moderne), Folgendes berichtet: Am ersten Pessach-Abend, als alle Juden den *seder* feierten, begab sich ein chassidischer Jude auf die Strasse neben das Haus des bekannten *prushi* und rief: "In diesem Haus sitzt ein Jude am Pessach-Abend und isst *chametz*(=gesäuertes Brot, weil der *prushi* maschinell gefertigte *mazzot* ass)". Schliesslich jedoch fiel derjenige (der es wagte, den *prushi* aufgrund dieses Vorwurfes zu verunglimpfen), plötzlich tot zu Boden.

Sechstes Kapitel

Hillel, *beth* Shamai und *beth* Hillel – Pluralität und Pluralismus in rabbinischer Religiosität

1. Rabbinisches Judentum als Alternative
zur Priester-Religiosität

Im Mittelpunkt des folgenden Kapitels steht die Geschichte des rabbinischen Judentums im Kontext der Texte über Hillel beziehungsweise über *beth*[1] Hillel und *beth*
Shamai. Sowohl das Studium der literarischen Quellen als auch die Frage der Autorität im rabbinischen Judentum erfahren hierdurch eine weitere Vertiefung.

Hillel ("der ältere" genannt) stammte aus Babylonien und war am Anfang des
ersten Jahrhunderts d. Z. aktiv. Im Kontext der talmudischen Tradition wurde er in
Erez Israel nicht ohne Diskussion als solcher anerkannt. Im Talmud existiert eine Tradition, welche Hillels Anerkennung in Erez Israel beschreiben soll. Der Tempel in
Jerusalem wurde im Jahre 70 d. Z. zerstört. Hillel galt nicht nur als eine zentrale Figur
in der Geschichte des rabbinischen Judentums, sondern mit seinem Wirken verbindet
sich ebenso eine massgebliche Etappe in der Entwicklung des rabbinischen Judentums in der Zeit Jesu von Nazareth´s.

In der nachfolgenden Darstellung steht nicht das Verhältnis zwischen den Rabbinern und den "Pharisäern" im Vordergrund. Aber auf die Frage, welchen von beiden
Gruppen Hillel zuzurechnen sei, zeigt sich, dass sich in seinem Denken bereits die
inhaltlichen Grundsätze des rabbinischen Judentums herauskristallisieren. Dabei stellen die "Rabbiner" und die "Pharisäer" nicht identische Gruppierungen dar und reprä-
sentierten jeweils unterschiedliche Standpunkte innerhalb des Judentums.

Der folgende Text thematisiert die zunehmende Popularität Hillels in Erez Israel
sowie die grundlegende Frage der Autorität. Diese literarische Quelle befindet sich im
Talmud von Erez Israel, oder auch "Talmud Jerushalmi", im Traktat *Pesachim*.[2] Die
erste Mischna im sechsten Kapitel geht auf jene Handlungen ein, welche im Rahmen
der Schlachtung des Pessach-Opfers (am 14. Tag des Monats von *nisan*) auch am
shabbat durchgeführt werden konnten.[3] Die folgende Geschichte soll den historischen Hintergrund für die Ausbildung der in der Mischna enthaltenen Überzeugung
bilden.

Der 14. Tag des Monats *nisan* beschreibt den Tag vor Pessach, also Erev Pessach.
Ursprünglich kann man wahrscheinlich von zwei Feiertagen ausgehen: 1. Der
14. *nisan* entsprach dem Pessachfeiertag. 2. Am 15. *nisan* beginnt der *chag ha-
mazzot*, der Feiertag des *mazzot*. Historisch betrachtet lag der präisraelitische Feiertag am 15. *nisan*. Israel selbst fügte den 14. *nisan*, Erev Pessach, als den *Erlösungs-*

. . . .

1   *Beth* bedeutet (Lehr)haus von; hier sind also die Lehrhäuser von Hillel und von Shamai
    gemeint.
2   Dabei handelt es sich um einen Traktat über das Pessach-Fest.
3   Der erste Tag von Pessach, der 15. Tag *nisan* konnte durchaus auf einen *shabbat* fallen, so
    wie auch *Erev Pessach*, der 14. des Monats mit einem *shabbat* zusammentreffen kann.
    Aufgrund des Studiums der "Chronologie" des Neuen Testaments sollte bekannt sein, dass
    es sich hierbei um eine wichtige Frage der Auslegung von diesem handelt.

feiertag hinzu. Letztlich verschmolzen diese beiden Tage in der rabbinischen Tradition zu einem Feiertag.[4] Die Erzählung im Talmud beginnt demnach mit den folgenden Worten:

Diese halacha war vor den Ältesten von Betera verborgen.[5] Einmal fiel der 14. (nisan) auf shabbat.[6]

Ursprünglich galt der 14. von *nisan* als der Feiertag des Pessachfestes schlechthin, da an diesem Tag das Pessach-Opfer dargebracht wurde, so dass *erev pessach*[7] in der Periode des Tempels als der wichtigste Tag des Pessachfestes galt.

Und sie wussten nicht, ob das Pessachopfer den shabbat verdrängt oder nicht.[8]

Selbst wenn eine solche Konstellation nur selten eintraf, so hätte man doch davon ausgehen können, dass bereits eine traditionelles Verständnis für diese Situation vorlag. Möglicherweise sollte damit nicht das Vergessen einer durchaus bekannten Tradition, sondern vielmehr der polemische Charakter der inhärenten Fragestellung betont werden. Parallele Quellen bestätigen schliesslich diese Vermutung. Die Priester begriffen sich als eine Art religiöse Elite und das Privileg der Priester, am *shabbat* im Tempel Opfer darzubringen, sollte ihnen und nicht den Laien vorbehalten bleiben.

In diesem Zusammenhang ergaben sich weitere Fragen: Darf man die *chibbut-awarot* (ein Ritual des Abschlagens der Weidenzweige am siebenten Tag von *sukkot*) ausführen? Auch in diesem Fall sprach sich die priesterliche Kaste gegen eine Änderung des traditionellen Verständnisses aus. All diesen Fragen war das Problem, ob auch die Laien und nicht ausschliesslich die Priester *selbst* das religiöse Ritual am *shabbat* durchführen können, inhärent. Schrittweise kristallisierte sich so in der Geschichte des rabbinischen Judentums das Wissen um die Notwendigkeit einer Neuinterpretation der Tempel-Religiosität heraus. *Das rabbinische Judentum ist somit als ein Herausgehen aus dem Tempel sowie als eine Reinterpretation der Tempel-Religiosität zu verstehen.* Parallel zu dieser Entwicklung wurde ebenso eine Neuinterpretation der Priesterstellung angestrebt. So wurde die Stellung der Priester im Kontext des rabbinischen Judentums zunehmend von den Gelehrten, unabhängig von ihrer Stellung und Herkunft übernommen und losgelöst von dem Prinzip der Erbfolge

· · · · · · · · · · · · · · · ·

4 Obwohl sich anhand überlieferter Texte nachweisen lässt, dass der 14. *nisan* im frühen rabbinischen Judentum noch eine eigenständige Bedeutung besass.

5 pPes 6,1 (33a) Wer sind die "Ältesten" von *betera*? (*betera* bezeichnet hier wahrscheinlich einen Ort.) Zur näheren Charakteristik dieser "Ältesten" existiert ein umfangreicher wissenschaftlicher Diskurs. Insbesondere die Versuche zur Rekonstruktion der Geschichte des rabbinischen Judentums *im Sinne einer Institution*, weckte das Interesse zur Erforschung dieses Personenkreises. Da jedoch eine institutionelle Entwicklung des rabbinischen Judentums allgemein infrage gestellt werden muss, erscheint es problematisch, ob sie überhaupt Aufschluss hinsichtlich des Charakters des rabbinischen Judentums zu geben vermögen.

6 pPes 6,1 (33a).

7 Nicht aber in der späteren Tradition.

8 pPes 6,1 (33a).

ausgefüllt. Dies offenbarte bereits im Ansatz eine zunehmende religiöse und soziale Konfliksituation, da eine aktive Teilnahme der "Laien" an der Schlachtung der Opfer und somit eine Reinterpretation des Tempelrituals immer dringlicher eingefordert wurde. Damit kündigte sich innerhalb dieser Fragestellung ein Konflikt zwischen den Priestern und den Rabbinern an, zumal die öffentliche Polemik zeigte, dass die Priester gedachten, an einem eigenen, vorgeblich schriftnahen Traditionsverständnis und damit vor allem ihrer eigenen Privilegierung festzuhalten.

Hillel, als Vertreter des rabbinischen Judentums in Erez Israel, stellte das Selbstverständnis der Priester gleichfalls öffentlich infrage. Eine andere, neue Tradition sollte das Bewusstsein, wonach eine Trennung zwischen Priestern und "Laien" sowohl theoretisch als auch praktisch überholt war, ausprägen. Damit spiegelte sich jedoch bereits ein bestehender Konflikt wider, der nicht erst durch die Aktivitäten von Hillel ausgelöst wurde. Denn die Juden, die sich traditionell vor dem Pessach-Fest am Eingang des Tempels einfanden, waren zunächst von der Überzeugungskraft und der Persönlichkeit Hillels keineswegs überzeugt.

Es gibt hier einen Babylonier, und sein Name ist Hillel ... .[9]

Die Sprachführung im Talmud Jerushalmi ist ausgesprochen lebendig, zumal dieser Text im Verhältnis zum Babylonischen Talmud weniger einer Redigierung unterworfen wurde. Deshalb ist die deutlich abschätzige Bemerkung unüberhörbar: "Es gibt hier einen Babylonier!"

... der Shmaja und Avtaljon diente (sc. bei ihnen lernte). Er weiss, ob das Pessachopfer den shabbat verdrängt oder nicht. Vielleicht gibt es von ihm Hoffnung? Man schickte (nach ihm) rief ihn und sagte zu ihm: Hörtest du in deinen Tagen, (was geschieht), wenn der 14. (nisan) auf shabbat fällt, ob das Pessachopfer den shabbat verdrängt, oder nicht? Er sagte zu ihnen: Gibt es für uns denn nur ein einziges Pessach im ganzen Jahr, (das) den shabbat verdrängt? Gibt es nicht viele Pessachim im ganzen Jahr, (die) den shabbat verdrängen?[10]

Schliesslich begann zwischen Hillel und den anwesenden Gelehrten (eventuell den "Ältesten" von Betera) eine langwierige und komplizierte Diskussion. Hillel versuchte sie davon zu überzeugen, dass man das Pessach-Opfer, selbst wenn die Vorbereitungszeit des Pessach-Festes auf den *shabbat* fällt, schlachten darf. Der folgende Teil des Textes wird absichtlich nicht zitiert. In diesem kommen die sogenannten "sieben Regeln von Hillel" zum Vorschein.[11]

---

9   pPes 6,1 (33a).

10 pPes 6,1 (33a). – Gemeint ist hier: Es gibt viele Opfer, die am *shabbat* dargebracht wurden.

11 Die Aufgabe dieser Regeln besteht angeblich darin, die geschriebene *torah* auszulegen (eine These, welche unter anderem durch Maimonides' *mishne torah* Verbreitung fand, siehe *hilkhot mamrim* 1,2 u. 2,1). Nach Maimonides existiert eine klar voneinander zu unterscheidende "geschriebene" und "mündliche *torah*. Die geschriebene *torah* bildet in diesem Kontext eine Quelle für bestimmte mündliche *halakhot* aufgrund bestimmter hermeneutischer "Regeln". Diese Regeln müssen die Art und Weise, wie die schriftliche *torah* ausgelegt wird, enthalten, so dass die geschriebene *torah* nur gemäss dieser Regeln zu

Nach dieser Auseinandersetzung sagten jene, welche mit Hillel diskutierten:

> Sie sprachen zu ihm: Wir sagten bereits, wenn es Hoffnung von einem Baby-
> lonier gebe![12]

Damit sprachen sie noch deutlicher ihre Verachtung gegenüber Hillel aus, so dass
den, von Hillel formulierten *sieben Regeln*[13] letztlich keinerlei Überzeugungskraft
zugemessen wurde. Die Vorstellung, wonach die sieben Regeln von Hillel eine Basis
für einen Teil der mündlichen *torah* bilden könnten, stiess danach sogar im Kontext
der talmudischen Quellen auf eine klare Ablehnung. Dies wurde im Text selbst zum
Ausdruck gebracht: die *gesera-shawa*[14] von Hillel lieferte keine entscheidende Antwort auf das gestellte Problem.[15] Tatsächlich sind die Regeln aufgrund ihrer abstrakten und allgemeinen Abfassung und damit einer implizit unflexiblen Auslegungs-
möglichkeit wenig geeignet, als Grund einer Entscheidung herangezogen zu werden.

> R. Jose bej R. Bun sagte im Namen von R. Aba bar Mamel: Wenn jemand
> kommt, um eigenständig nach einer gesera-shava zu richten (würde er absur-
> de Ergebnisse erzielen) ... .[16]

. . . .

interpretieren ist. Nur in diesem Sinne kann die geschriebene *torah* eine Quelle ein Teil der
mündlichen *torah* bilden. Nach Maimonides sind diese Regeln: *halacha le-moshe-mi-sinai*,
sie stellen eine mündliche Tradition dar, welche auf den Berg Sinai zurückgeht. Darin besteht der Kern von Maimonides´ These. Der grosse Teil der mittelalterlichen Gelehrten
vertrat jedoch eine ganz andere, mitunter auch gegensätzliche Auffassung. In der gegenwärtigen wissenschaftlichen Diskussion findet die historische Entwicklung und Behandlung
dieser Fragestellung sowie die kritische Auseinandersetzung mit dem Standpunkt von
Maimonides jedoch nur sehr geringe Berücksichtigung. Mehr noch, der Standpunkt von
Maimonides wird als der einzig gültige und massgebliche Beitrag hinsichtlich der oben genannten Fragestellung in bestimmten orthodoxen Kreisen gelehrt und gewertet.

12 pPes 6,1 (33a).

13 siehe frühere Fussnote.

14 Eine von den "sieben Regeln Hillels". Diese bringt eine midraschische Strategie zum Ausdruck, wobei das gleiche Wort in zwei verschiedenen Kontexten Anhaltspunkt für eine neue
halacha ist.

15 In der "wissenschaftlichen" Literatur werden solche Regeln doch hervorgehoben und mit
dem vorgeblichen Unverständnis des Lesers (bzw. Hörers), in diesem Fall der Rabbiner,
begründet. Oder es wird die These formuliert, wonach Midraschim, worin diese Regeln
doch zum Ausdruck kommen, eine absurde Auslegung biblischer Texte darstellen oder gar
einer ausgesprochen "modernen", im Sinne einer Dekonstrution des Textes, entsprechen,
einzig um die Gültigkeit des Regelkanons aufrecht erhalten zu können.

16 pPes 16,6 (33a). Im Folgenden werden Beispiele für derartige Auslegungen angeführt. Die
gesera shava-Regel entspricht allerdings einer äusserst eingeschränkten Möglichkeit der
Textauslegung. Denn kein Gelehrter soll eine derartige Verfahrensweise gelten lassen, ohne
auf den Gesamtkontext, sowie die parallelen Textstellen und auf die nachhaltige geistesgeschichtliche Entwicklung der zu behandelnden Fragen zu verweisen. R. Jose bej R. Bun
vertrat im Namen von R. Aba bar Mamel die im gesamten Talmud akzeptierte Meinung,
dass eine solche Regel nur Gültigkeit besitzt, wenn deren Anwendung und Resultat bereits
in der Tradition gegeben ist. Damit kann jedoch keine Begründung für eine neue Interpretation geleistet werden. Die Entwicklung einer neuen Auslegung aus dem biblischen Text
muss hingegen in der rabbinischen Tradition *überzeugend*, d. h. aufgrund seiner hermeneutischen Argumentation, erfolgen. Starre und unveränderliche Regeln vermögen diese
Interpretationsleistung nicht zu ersetzen.

Der gleiche Gelehrte drückt somit die Ablehnung hinsichtlich einer Gültigkeit dieser Regeln klar aus:

> *R. Jose bej R. Bun (sagte) im Namen von R. Aba bar Mamel: Man richtet (nach) einer gesera-shava, um (etwas in) seiner Lehre zu bestätigen[17]; man richtet nicht nach einer gesera-shava, um (etwas in) seiner Lehre aufzuheben.[18] R. Jose bej Bun (sagte) im Namen von R. Aba bar Mamel: Man richtet eigenständig (nach) einem kal wa-chomer,[19] aber man richtet nicht eigenständig (nach) einer gesera shava.[20]*

Es steht somit ausser Frage, dass jene, auf eine Dogmatik basierende "Regeln" im Kreis der Rabbiner keine Akzeptanz fanden, da diese vor allem zu einer Begründung und Herausbildung von *neuen* Erkenntnissen, wie im Falle dieser Auseinandersetzung jedoch notwendig, nicht beizutragen vermochten.

Aufgrund dieser Diskussion wurde bereits zu Beginn des letzten Jahrhunderts die These formuliert, *wonach die halachot (Gesetze) als Quelle der Midraschim fungieren und die halachot somit vor dem Midrasch-halacha existieren.* Dies wiederum zeigt, dass die Rabbiner in einer eigenständigen Interpretationsleistung neue *halachot* entwickelten. Insoweit sich eine Entwicklung der *halachot* tatsächlich aus einer überzeugenden, biblischen Hermeneutik heraus vollzieht, kann erst von einer Entfaltung der biblischen Religiosität im Rabbinischen Judentum ausgegangen werden.[21]

Im Talmud wird deshalb ein anderer Erkenntnisweg konzipiert. Dieser zeichnet sich nicht durch erstarrte Regeln, sondern eine Erkenntnis aus, welche vor allem das Denken der Identität und Differenz der Standpunkte zum Gegenstand hat. Im Talmud heisst es deshalb weiter:

> *Obwohl (Hillel) den ganzen Tag (lang) sass und auslegte, (und versuchte die Leute zu überzeugen) nahmen (die Leute seine Meinung) nicht an, bis er zu ihnen sagte: Es (sc. diese Meinung) kam so auf mich – Ich hörte sie von Shmaja und Avtaljon. Sobald sie (di)es so von ihm hörten, standen sie (auf) und bestimmten ihn (als) nasi über sich.[22]*

. . . .

17   D.h.: um die jeweilige rabbinische Tradition zu bestätigen.
18   D.h.: um die jeweilige rabbinische Tradition aufzuheben.
19   Eine Argumentation, die einen Schluss von einem leichteren auf einen schwierigeren Fall beinhaltet.
20   ebd.
21   Die sogenannten "sieben Regeln von Hillel" repräsentieren eher einen randseitigen als einen grundlegenden Text innerhalb der beiden Talmudim. Eine Zugrundelegung dieser Regeln schliesst jedoch den Versuch ein, jede mögliche andere Auslegung und Interpretation auf diese (begrenzten) Regeln zurückzuführen, was ein tiefgründiges und ernsthaftes Studium auch der parallelen Texte sowie die Leistungen einer bereits vorliegenden Textauslegung unberücksichtigt lässt. Dieses Vorgehen vereinfacht jedoch in unzulässiger Weise den Erkenntnisprozess und verhindert so die Wahrnehmung der eigentlichen Vielfalt und Wirkung der talmudischen Literatur sowie der Möglichkeit, deren aktuelle Bedeutung zu ermessen. Ausserdem wird ebenso eine weitere Entwicklung der *halacha* in einer der konkreten Realität adäquaten und angemessenen Weise verhindert. Jedoch genau aus diesen Gründen finden diese "Regeln" eine breite Akzeptanz in der gegenwärtigen, neoorthodoxen

Der *nasi* fungierte, wie bereits ausgeführt wurde, als Leiter des Gerichtshofes, welcher über die Festlegung des Kalenders entschied. Gemäss einer Tradition besass dieser Gerichtshof drei, laut anderen Auffassungen fünf oder sieben Mitglieder und es war die einzige Institution, welche die alten Rabbiner im Sinne einer zentralen Autorität akzeptierten.

Hillel repräsentiert hier die Entwicklung einer nachhaltigen Überzeugung, nämlich dass nicht nur die Priester sondern ebenso die Laien an der Schlachtung des Pessach-Opfers teilnehmen müssen, während die Priester eher an der Aufrecherhaltung ihrer Privilegien interessiert waren. Die Verwirklichung einer neuen Denkweise erforderte jedoch eine geeignete Strategie. Wenn sich zeigen liesse, dass der notwendige Erneuerungsprozess auf einem traditionellen Verständnis beruht, dieses sogar authentischer zum Ausdruck zu bringen vermag, könnten die bisherigen Einwände widerlegt werden.[23]

Auch Hillel unternahm den Versuch, seine Argumente auf eine bereits existierende Tradition zurückzuführen. Doch bis das herauszubildende Bewusstsein selbst als Glied einer bereits bestehenden Traditionlinie begriffen werden konnte, verging einige Zeit:

> *Sobald sie ihn (als) nasi über sich eingesetzt hatten, begann er gegen ihre Worte zu sticheln und sagte: Wer bestimmte euch (dazu), diesen Babylonier zu benötigen? (Ist es) nicht, weil ihr den beiden Grossen der Welt, Shmaja und Avtaljon, die bei euch sassen, nicht dientet (sc. bei ihnen nicht lerntet)? Als er (so) gegen ihre Worte stichelte, wurde die halacha vor ihm verborgen (sc. er vergass sie).*[24]

. . . .

Dogmatik. Obwohl die talmudischen Rabbiner ihrer Textauslegung ein analytisches Verständnis zugrunde legten, lässt sich dieses jedoch nicht auf einen Katalog von Regeln reduzieren. Ebenso lässt sich nicht die These vertreten, dass die Rabbiner keine neuen *halachot* herausgebildet und begründet hätten; vielmehr wurden ständig neue *halachot* entwickelt. Diese spiegelten vor allem die Grundlage einer veränderten, neuen Realität oder tatsächlicher Bedürfnisse und Interessen der Menschen wider, jedoch keinesfalls unter Zugrundelegung abstrakter, "ewiger" und damit unveränderlicher Regeln. In diesem Sinne kann auch nicht von *dem* Gesetz (*die halacha*) als solchem gesprochen werden, da das Rechtsbewusstsein im Rahmen eines historischen Prozesses einer ständigen Veränderung und Vielfalt unterworfen ist; es sei denn, die Zwänge von Macht oder Zentralismus schränken diese ein.

22 pPes 16,6 (33a).

23 Dies entspricht sehr oft den Strategien von Reformbewegungen. Wenn man zum Beispiel die Reformen Luthers reflektiert, so erkennt man, dass Luthers Erneuerung tatsächlich vielmehr einer "konservativen Revolution" entsprach. Nicht allein aus strategischen Gründen favorisieren die Reformer ein Zurückgehen zu den sogenannten "Urtexten". Ebenso werden in den reformerischen Bestreben traditionelle und vermeintlich unverfälschte Theorieansätze wiederbelebt. Dies soll einen ursprünglichen und "unverstellten" Zugang zu den Texten der religiösen Traditionen freilegen sowie den Ansatz zu einer Neuinterpretation ermöglichen. Tatsächlich widerspiegelt sich darin ein entscheidender Aspekt im Kontext der *Phänomenologie von Erneuerung*.

24 pPes 16,6 (33a).

Hillels Verhalten wurde als arrogant aufgefasst, da er selbst die *halacha* vergass und nicht fähig war, die an ihn gestellten Fragen zu beantworten.[25]

> *Sie sagten zu ihm: Was ist mit dem Volk zu tun – sie haben ihre Messer nicht (zum Tempel) gebracht?*[26]

Die Widersacher Hillels ahnten nicht, dass ein Babylonier imstande sein könnte, die Meinung der Priester zu widerlegen. Und deshalb interpretierten sie das Verhalten der Besucher im Tempel in der Annahme, dass die Priester die Schlachtung der Opfer selbst vornehmen würden.

Gemäss dem talmudischen Verständnis von Hillel existierte die Auffassung, dass auch am *shabbat* das Pessach-Opfer von den Laien geschlachtet werden kann. Zugleich waren sämtliche Vorbereitungen vor dem *shabbat*, also am 13. *nisan* zu leisten. Doch auf diese neue Situation waren die Laien nicht vorbereitet, so dass sie ihre Messer nicht zum Tempel mitführten – so dachte man. Die Priester waren angesichts des vermeinten Ausgangs dieser Entwicklung erleichtert, und obwohl sie nun formal dem Bedürfnis der "Laien", selbst an der Schlachtung des Pessach-Opfers teilnehmen zu wollen, zustimmen konnten, verwiesen sie zugleich auf die Unmöglichkeit zur Durchführung des Rituals durch die Laien:

> *Er (sc. Hillel) sagte zu ihnen: Diese halacha habe ich (zwar) gehört, aber ich habe (sie) vergessen. Aber verlasst euch auf Israel; wenn sie (auch) keine Propheten sind, sind sie (doch) Kinder von Propheten.*[27]

2.   Reform und Tradition – Rabbinisches Judentum und die Laien

Die Aussage: " ... verlasst euch auf Israel ..." entspricht einer ausgesprochen radikalen Formulierung, da den Überzeugungen der "einfachen" Juden die Bedeutung eines prophetischen Ausdrucks zugemessen wurde. Ihre Leistung, selbst ohne eine aktive Teilnahme an der Polemik, so Hillels Schlussfolgerung, zeigte sich in der Hervorbringung einer echten, authentischen Tradition. Dies tangierte einen wichtigen Aspekt, denn die Entstehung des rabbinischen Judentums war eng mit den realen Bedürfnissen der jüdischen Gemeinden verbunden. Die Rabbiner beziehungsweise rabbinischen Gemeinden konstituierten sich zum überwiegenden Teil aus den "unteren" Schichten der

---

25   Selbst der geachtetste Gelehrte konnte sich ein arrogantes und damit unethisches Verhalten nicht gestatten, da die untrennbare Einheit von Ethik und Wissen eine Grundüberzeugung der Rabbiner bildet. Die Annahme, dass Rationalität einerseits und ethische Überzeugungen andererseits existieren, stellt für die Rabbiner eine unannehmbare Form des Daseins dar. Eine unethische Person kann somit nicht als ein Gelehrter gelten, da mit aufkommenden Arroganz, so ihre Überzeugung, gleichermassen die Fähigkeit zur Erkenntnis verloren geht.

26   pPes 16,6 (33a).

27   ebd.

Bevölkerung, so dass dieser soziale Gegensatz ebenso die Auseinandersetzung mit den Priestern prägte.[28]

> *Sofort steckte jeder, der sein Pessach(-Lamm) führte, es (sc. das Messer) in dessen Wolle.[29] (So) hing es zwischen den Hörnern des Lammes, und es wurde gefunden (sc. es geschah), dass ihre Pessach (-Lämm)er ihre Messer mit sich brachten. Sobald er (sc. Hillel) (dieses) Tun sah, erinnerte er sich an die halacha. Er sagte: So habe ich (es) von Shmaja und Awtaljon gehört.[30]*

Der Auseinandersetzung mit den konservativen Priestern, nach denen verschiedene Gebote nicht übertreten werden durften, wichen sie geschickt aus, um doch ihre Interpretation der Tradition durchzuführen.

3. Die Auseinandersetzung zwischen beth Hillel und beth Shamai

In der Analyse des folgenden Textes soll von der Person Hillels, dem Kollegen von Shamai, zum Verständnis des Verhältnisses von *beth Hillel* und *beth Shamai* übergegangen werden.

Shamai war ein Kollege von Hillel und beide verkörperten eine historische Erscheinung, ein sogenanntes *sug* (Paar), im rabbinischen Judentum. Danach existierten eine Reihe von Gelehrtenpaaren, welche eine bestimmte Traditionslinie ausbildeten. Vor allem die an einer institutionellen Beschreibung der rabbinischen Religionsgeschichte interessierten Autoren verfassten zahlreiche Kommentare über die Erscheinung des *sugot*. Ohne jedoch die Spekultationen zu stark auszuweiten, würde ich sagen, dass die *sugot* die Person des Leiters am Kalender-Gerichtshof sowie dessen Stellvertreter widerspiegelten. Shamai gilt als der Partner von Hillel, wobei er sich

. . . .

28   Das rabbinische Judentum ist keineswegs mit einer "einfachen" oder "völkischen" Religiosität zu identifizieren, doch die Polemik der Rabbiner, zum Beispiel mit den Sadduzäern zeigt sehr häufig eine Interessennahme für die unteren Schichten der Bevölkerung. Luis Finkelstein erweiterte diese These sogar zu der Schlussfolgerung, dass der Charakter der Auseinandersetzung zwischen den Pharisäern (die Pharisäer werden sehr oft mit den Rabbinern gleichgesetzt, dies entspricht auch der heute in Israel verbreiteten Auffassung) und den Sadduzäern oft den Formen eines Klassenkampfes glich. Bis heute stellt diese These, welche diesen Abschnitt der Religionsgeschichte in den Kontext sich einander widersprechender sozialer Interessen zu rücken, eine äusserst produktive Idee dar. Es soll jedoch hinzugefügt werden, dass die Religiosität, welche in einem breiten Kontext mit der einfachen Bevölkerung stand, nicht das pharisäische, sondern das rabbinische Judentum charakterisierte. Auch in diesem Sinne kann die besondere Stellung von Jesus von Nazareth erklärt werden. Wenn man analysiert, mit welchen Personen er in Verbindung stand, so waren es zumeist die einfachen und armen Juden, so dass er auch aus diesem Grund als eine Person, welche im Kontext des rabbinischen Judentums wirkte, gelten kann. Die Vertreter des rabbinischen Judentums waren an seinen Auslegungen interessiert und wurden sogar zum Teil zu seinen Anhängern. In diesem Sinn ist Hillel überzeugt, dass auch und insbesondere das einfache Volk als eine Quelle der *torah* verstanden werden kann.

29   Um so das Verbot des *shabbat*, etwas im öffentlichen Bereich zu tragen, zu umgehen.

30   pPes 16,6 (33a).

angeblich durch seine strenge halachische Haltung von Hillel unterschied und damit zum Repräsentanten der überlieferten, konservativen halachischen Tradition bestimmt wurde. Hillels Äusserungen hingegen erwiesen sich, auf der Grundlage seiner allgemein geachteten Gelehrsamkeit und Anerkennung als *zadik* (Gerechter), weitaus innovativer. Die Möglichkeit und Fähigkeit zur Ausarbeitung neuer Traditionen gründete sich wesentlich auf seine Akzeptanz als einer geachteten religiösen Persönlichkeit.[31] Im Zusammenhang mit Hillel wurde deshalb die Frage der Autorität erneut in den Vordergrund gerückt, wobei nicht mehr Hillel und Shamai selbst, sondern deren Schulen beziehungsweise Lehrhäuser *beth Shamai* und *beth Hillel* (entstanden im 1. Jahrhundert d. Z.) deren Standpunkte vertraten.

Es entspricht einer historischen Tatsache, dass sich als ein *charakteristisches Merkmal des rabbinischen Judentums die öffentliche und mitunter kontrovers geführte Diskussionsfähigkeit innerhalb der jüdischen Gemeinden herauskristallisierte*, so dass die Darstellung unterschiedlicher und oft auch gegensätzlicher, dabei völlig gleichberechtigter Auffassungen auf dieselbe Tradition verweisen konnten und in demselben Text zitiert wurden.[32]

Deutlich kann als Grundlage zur Entstehung des rabbinischen Judentums, wie bereits anhand des ersten Makkabäerbuches ersichtlich, die Vielfalt der unterschiedlichen Standpunkte erkannt werden. Auch wenn das Ziel eines Textes auf eine Entscheidungsfindung gerichtet war, bildete die Darstellung der existierenden Meinungsvielfalt selbst einen wichtigen Teil der Formulierung.[33]

. . . .

31　In diesem Sinn ist auch Hillels Leistung für die Konzipierung der *halacha* von *prosbul* zu werten: Gemäss der biblischen Vorschriften musste eine Bearbeitung des Landes in Erez Israel in jedem siebenten Jahr ausgesetzt werden, ebenso galt es, alle ausstehenden Verpflichtungen, welche man gegenüber anderen Personen zu begleichen hatte, aufzuheben. Diese Forderungen verloren nach Ablauf der sechs Jahre ihre Gültigkeit und konnten nicht mehr zurückgefordert werden. Diese Festlegung diente vor allem den Mittellosen, die hierdurch eine Chance zur Befreiung und eine Möglichkeit zur Entschuldung erhielten. Eine Gesellschaft mit einer funktionierenden Mittelschicht, Kaufleuten etc. basiert jedoch auf einem komplexen Kreditwesen. Ebenso war ein internationaler Handel ohne die Vergabe von Krediten nicht möglich. Zunächst existierte zwar eine ausgesprochen grosszügige *halacha*, gemäss welcher in jedem siebenten Jahr die Kredite gegenüber Anderen nicht zurückgezahlt werden musste. Doch unter dieser Bedingung kann es schliesslich zu einer allgemeinen Auflösung der Kreditbeziehungen kommen. Bereits in der Zeit Hillels gab es innerhalb der jüdischen Gemeinschaft in Erez Israel eine funktionierende Mittelschicht, denn in der römischen Welt waren Handelsbeziehungen mit den Phönikern, Griechen und ebenso Juden und anderen selbstverständlich. Aus diesem Grund wurde die Ausarbeitung einer *halacha* erforderlich, welche die Bestimmungen und Rechte der Kaufleute zum Inhalt hatte. Die Mittelschicht war auf Kredite angewiesen und Hillel begründete zu diesem Zweck den *prosbul* als ein Rechtsmittel, um Forderungen auch nach Ablauf von sieben Jahren einzufordern. Nur Hillel als eine anerkannte und fromme Persönlichkeit, an dessen Integrität kein Zweifel bestand, war in der Lage, eine derartige Änderung für dieses Gesetz durchzusetzen.

32　Im Gegensatz dazu wird in der Hebräischen Bibel eine Auseinandersetzung zwischen den "wahren" und den "falschen" Propheten dargestellt, nie wird jedoch eine Diskussion oder gar Auseinandersetzung zwischen gleich legitimen Standpunkten, zum Beispiel der Propheten, angeführt. Diese Darstellungsweise zeichnet jedoch das rabbinische Judentum aus, welche verschiedene Auffassungen als gleich legitim erscheinen lässt.

33　Bereits vor *beth* Shamai und *beth* Hillel wurden Meinungsunterschiede öffentlich artikuliert und zum Gegenstand eines neu entstehenden Selbstverständnisses gemacht. Leider sind nur wenige Textbeispiele überliefert, wie zum Beispiel die polemisch vorgetragene

Ein grosser Teil der früheren, öffentlich ausgetragenen Meinungsunterschiede ist mit den Lehrhäusern *beth* Hillel und *beth* Shamai verbunden. Die in beiden Lehrhäusern geführten Diskussionen verdeutlichen bereits die Entstehung der überlieferten literarischer Quellen und mit ihnen die Geburtsstunde der *Mischna* – eine geistesgeschichtliche Periode, welche die weitere Herausbildung des rabbinischen Judentums markiert.

In diesem Kontext wird ein Text, welcher gleichsam die Frage der Autorität zum Gegenstand hat, analysiert. Als Überlieferer steht Shmuel, ein Gelehrter in Babylonien, in der zweiten Hälfte des 3.Jahrhundert d. Z. und damit zweihundert Jahre nach der Tätigkeit von *beth* Shamai und *beth* Hillel:

> *Es sagte R. Aba, (dass) Shmuel sagte: Drei Jahre (lang) waren bet Shamaj und bet Hillel geteilt(er Meinung).*[34]

Es wird deutlich, dass es sich nicht um die Wiedergabe eines historischen Ereignisses handelt, zumal der Zeitraum der geistigen Auseinandersetzungen wahrscheinlich nur künstlich, im Sinne von exakt "drei Jahren", festgestellt werden kann. Kein historischer Text über *beth* Hillel und *beth* Shamai enthält eine ähnliche Bemerkung hinsichtlich der zeitlichen Begrenzung dieser Diskussion. Diese literarischen Quellen dokumentieren vielmehr eine langanhaltende Auseinandersetzung, die selbst noch hundert Jahre später fortwirkte. Der oben genannte Text hingegen wurde in der Absicht verfasst, den Leser von der vorgeblichen Irrelevanz dieses Streites (zwischen den Häusern) zu überzeugen.

> *Diese sag(t)en: Die halacha ist gemäss unserer (Meinung), und jene sag(t)en: Die halacha ist gemäss unserer Meinung. (Da) ging ein Echo hervor und sagte: (Die Meinungen von diesem und (von) jenen sind Worte des lebendigen Gottes ... .*[35]

Danach wurde also beiden Auffassungen eine adäquate Berechtigung zugesprochen. Eine moderne Interpretation würde deshalb lauten: Von der Gültigkeit einer abstrakten und allgemein verbindlichen *halacha* kann keineswegs ausgegangen werden. Vielmehr kann erst die Analyse *einer konkreten, spezifischen Situation* die Grundlage einer Entscheidung bilden. Allein diese Voraussetzungen weisen darauf hin, dass *jede*

· · · · · · · · · · · · · · · · · · ·

Diskussion um Akawia ben Mahalalel. Insgesamt reichen die literarischen Texte, welche die Entstehung des rabbinischen Judentums dokumentieren, selten vor das 1. Jahrhundert d. Z. zurück. Die vorliegenden Untersuchungen verweisen auf die Spuren dieser Entwicklung, so dass eine allmähliche Herausbildung des rabbinischen Denkens vor dem 1. Jahrhundert d. Z. anhand späterer Texte rekonstruierbar wird. Aus dem 1. Jahrhundert d. Z. liegt gegenüber dem vorliegenden Zeitraum eine relative Vielzahl von Texten vor. Mit dieser Vielfalt geht gleichzeitig eine Darstellung der Meinungsunterschiede beziehungsweise der einander widersprechenden und polemisierenden Texte einher.

34   bEr 13b.
35   ebd. Die Vorstellung eines himmlischen Echos erinnert an die Erzählung über R. Elieser ben Hyrcanus und den *tanur von achnai*. Im Rahmen dieser Erzählung entwickelte sich eine Auseinandersetzung über die Frage, ob das himmlische Echo als ein gültige Autorität anerkannt werden kann.

konkrete Situation einer unterschiedlichen Prüfung, Bewertung und schliesslich Entscheidung bedarf. Eine absolute, abstrakt gefasste *halacha* vermag die Wirklichkeit und damit vor allem deren Konkretheit und Veränderlichkeit nicht abzubilden und muss immer als ein Widerspruch zu dieser empfunden werden.

4. Die torah entfaltet und verwirklicht sich in der Vielfalt der Meinungsäusserungen.
Demut und eine halachische Entscheidung

Eine Gemeinde trifft demnach auf der Grundlage einer konkret historischen Situation eine bestimmte Entscheidung. In einer anderen Gemeinde und einem veränderten Kontext kann diese Entscheidung hingegen ganz anders ausfallen. Insbesondere eine notwendige Berücksichtigung der unterschiedlichen Standpunkte eines jeden, gelehrten Einzelnen, sowie eine sachliche Diskussion der *konkreten Erfahrungen, Kenntnisse und Traditionen* verweist auf einen wesentlichen Aspekt des rabbinischen Judentums. Die *torah* gerät in diesem Kontext nicht zum Ausdruck einer absoluten Wahrheit, denn die Vielfalt, Differenziertheit und Widersprüchlichkeit der konkreten realen Lebensverhältnisse sind in der Dimension einer einzigen, absoluten Regel beziehungsweise Gesetz nicht erfassbar. Die Theologie der rabbinischen Wirklichkeit mündet deshalb in der Erkenntnis: *Die torah entsteht und verwirklicht sich in der Vielfalt der Meinungsäusserungen*. Doch auf welche Weise konnte letztlich die folgende Entscheidung herbeigeführt werden? Der talmudische Text sagt weiter:

> *... aber die halacha (gilt) gemäss (der Ansicht von) beth Hillel.*[36]

Das Wesen des rabbinischen Judentums besteht zwar in der Hervorhebung und nicht Unterdrückung von Meinungsunterschieden. Die *torah* zeigt und entfaltet sich somit in der Auseinandersetzung um verschiedene und konkret erlebte Überzeugungen der religiösen Person. Die religiös-ethisch handelnde Person oder Gemeinde muss jedoch, in dem Zwang des Handelns eine Entscheidung treffen. Es entsteht deshalb ein Widerspruch zwischen der Pluralisierung der Wahrheit und der Eindeutigkeit eines spezifischen Handelns.

> *(Die Meinungen von) diesem und (von) jenem sind die Wörter des lebendigen Gottes, aber die halacha (gilt) gemäss (der Ansicht von) bet Hillel.*[37]

Doch wenn beide Meinungen als gleich legitim vorgestellt werden, weshalb sollte ausgerechnet und immer der Standpunkt von Hillel (vorgebliche) Grundlage der Entscheidung sein? Oder anders formuliert, nach welchen Kriterien wurde letztlich die Entscheidung getroffen?

---

[36]   bEr 13b – dies ist die Fortsetzung der Rede des "Echo" (vgl. vorherige Anmerkung).
[37]   ebd.

Nachdem aber (die Meinungen von) diesen und jenen Worte des lebendigen Gottes sind, warum sind (die Angehörigen des) bet Hillel würdig, die halacha gemäss ihrer (Ansicht) festzusetzen? Weil sie sanftmütig und demütig sind und ihre Worte und die Worte des bet Shamai lehren. Und nicht nur dies, sie lassen auch die Worte des bet Shamai ihren (eigenen) Worten vorausgehen.[38]

Im rabbinischen Verständnis setzte sich somit die Erkenntnis durch, dass einer Entscheidung in der *halacha* nicht eine absolute Berechtigung zukommen kann. Die Ausgangslage der Entscheidungen bilden *immer konkrete Personen* in ihrer Tätigkeit, Handlung, welche sich im Kontext ihrer Tradition oder eines spezifischen Kanons der Texte und mündlichen Überlieferung begreifen. Entstand jedoch auf der Grundlage einer Interpretation der traditionellen Quellen eine Auseinandersetzung, sollte diese unter der Voraussetzung einer ausnahmlos sachorientierten Diskussion geführt werden. Dies schloss zum Beispiel eine Forderung: "Dies ist meine Interpreation und ich verlange, dass diese allgemeine Verbindlichkeit für alle erlangt" konsequent aus. Im Gegenteil wurde die Notwendigkeit eines Dialoges, eines Austauschs sowie die Prüfung aller existierenden Argumente gefordert. Im Rahmen der Verteidigung oder Widerlegung der Argumente bildete sich schliesslich eine Argumentationsgemeinschaft im Sinne einer hermeneutischen Gemeinde heraus, welche die Grundlagen eines universalen Diskurses erst ermöglicht. Im Vordergrund steht deshalb immer die Akzeptanz einer transparenten und für jede Person offenen Argumentationskultur, da nur in diesem Kontext die Möglichkeit zur Entwicklung neuer Standpunkte und Ideen gegeben wird.

Wenn jedoch versucht wird, den notwendigen und gleichberechtigten Diskurs der Argumente zu verhindern oder zu unterdrücken, so bestand die Gefahr, dass die Ernsthaftigkeit der grundlegenden Fragen der Gemeinde unterschätzt und die *halacha* einer willkürlichen Interpretation preisgegeben werden konnte.[39]

Beth Hillel war vorgeblich bereit, aufgrund eines Arguments oder sachlichen Einwandes den eigenen Anspruch in der Wahrheitsfindung zurückzunehmen. Deshalb findet sich inmitten dieser grossen Auseinandersetzung zwischen *beth* Shamai und *beth* Hillel eine zutreffende Beschreibung der *halachischen* Phänomenologie, welche im Wirkungskreis der Rabbiner grundlegend Verbreitung fand. Das Anliegen des Textes war darauf gerichtet, sowohl die Legitimität des Standpunktes von *beth Hillel* als auch von *beth Shamai* festzustellen. Es war nicht möglich, eine zweifellose Auffassung zu ungunsten der einen oder der anderen vorzuziehen, so dass letztlich das intellektuell-ethische Argument überzeugte: *beth* Hillel verhielt sich *sanft- und demütig* gegenüber dem Standpunkt des Lehrhauses von *beth* Shamai, und achtete und schätzte deren Argumente. In diesem Sinne existiert keine einzige, absolut verbindliche und unveränderliche *halacha*, so dass als *die* Ebene der Entscheidung die religiö-

---

38   ebd.
39   In diesem Sinne kommt die Form eines ausgesprochen lähmenden Fundamentalismus zum Ausdruck, in dessen Kontext der Buchstabe wirklich tötet und auch das Schlimmste im Rahmen einer abstrakten und lebensfernen *halacha* zu rechtfertigen sei.

se Hermeneutik der ethischen Handlung selbst fungieren muss.[40] Weil die Lehre von bet Hillel vorgeblich dieses Verständnis der *halacha* verkörperte, fordert dieser Text gerade, ihrer Tradition zu folgen.

5. Halachische Fiktionen und eine kritische Frömmigkeit – mEdujot 4,8

Der folgende Text aus dem Mischna-Traktat *Edujot* rückt nochmals den Konflikt zwischen *beth* Shamai und *beth* Hillel in den Mittelpunkt der Diskussion. Dabei handelt es sich um einen ausgesprochen komplexen Text. Doch gerade die exakte und detailgetreue Analyse von Alltagsfragen verleiht diesen Texten ihre hohe Glaubwürdigkeit.

Gemäss dem biblischen Gesetz soll eine kinderlose Frau im Falle des Todes ihres Mannes mit dem Bruder ihres Mannes verheiratet werden. Dieses Gebot spiegelte vor allem die materielle und soziale Abhängigkeit der Frau wider. Heiratete demnach ein Mann mehrere Frauen, ist im Falle seines Todes sein Bruder verpflichtet, die Leviratsehe (*jibum*) einzugehen und die Frau des Verstorbenen zu heiraten. Wenn er dies jedoch ablehnte, musste er sich der *chaliza*-Prozedur unterwerfen. *Chaliza* stellt ein öffentliches Ritual dar, in dessen Kontext der Mann, der seiner Pflicht zur Leviratsehe nicht nachkommt, öffentlich gedemütigt werden sollte. Die Frau zieht dem lebendigen Bruder die Schuhe aus und spuckt in sein Angesicht, da er seine Verantwortung nicht wahrnehmen wollte.[41] Ist die Frau des verstorbenen Bruders jedoch aus anderen verwandtschaftlichen Gründen dem lebendigen Bruder verboten, so ist sie von der Verpflichtung des *jibum* und *chaliza* befreit. Es entstand jedoch die Frage, ob die Nebenfrauen des Verstorbenen ebenso befreit waren, oder durften sie im Gegensatz zur verbotenen Frau doch den lebendigen Bruder heiraten? Schliesslich geriet diese Frage hinsichtlich des Verständnisses von *jibum* und *chaliza* in den Lehrhäusern von Hillel

. . . .

40   Es existiert eine Auffassung, wonach während des Krieges gegen die Römer im Jahre 64-70 d. Z. unter den rabbinischen Juden eine Auseinandersetzung hinsichtlich der Frage entstand, ob man gegen die Römer Widerstand üben sollte oder nicht. Indirekt wird diese Konstellation auch in der Frage an Jesus, ob man an die Römer Steuern zahlen soll oder nicht, formuliert – Soll man die Autorität der römischen Macht akzeptieren? Wie bekannt stellt diese Frage ein wichtiges Kapitel in der Geschichte theologischen Denkens dar. Es finden sich mehrere Annahmen, wonach möglicherweise das Lehrhaus von Shamai die Auseinandersetzung mit den Römern nachhaltiger unterstützte als das Lehrhaus von Hillel. Historische Zeugnisse belegen ebenso, dass das Haus von Shamai vor der Auseinandersetzung mit den Römern eine Mehrheit bildete und in Folge der Vernichtung durch die Römer allerdings in eine Minderheit geriet. Wenn man erfahren will, ob die *halacha* tatsächlich gemäss beth Hillel festgelegt wurde, ist der Text der Mischna heranzuziehen. R. Eliezer ben Hyrcanus etwa war im Sinne der talmudischen Tradition Mitglied des Hauses von Shamai. Dieser Versuch stellte demnach eine Bemühung dar, die *halacha* gemäss *beth* Hillel festzustellen, was allerdings nicht immer erfolgreich war. Auch innerhalb des rabbinischen Judentums gab es somit den Versuch, eine zentrale, für alle verbindliche Autorität gemäss einer Mehrheitsbestimmung festzustellen,wie schon beschrieben – undgerade in der Jawne-Zeit (auswelcher dieser Text stammt). Dies scheiterte jedoch auf der theologischen und praktischen Ebene, wie am Beispiel von R. Eliezer ben Hyrcanus gesehen.

41   Im rabbinischen Judentum setzte sich in Folge eines aufklärerischen Impulses die Erkenntnis durch, dieses Ritual nicht mehr durchzuführen. Schliesslich erhielt das Ritual zunehmend formellen Charakter, so dass die Witwe lediglich dem Bruder die Schuhe auszog und

und Shamai zum Gegenstand einer Kontroverse. *Beth* Shamai vertrat danach die Auffassung, dass die Nebenfrau einer verbotenen Frau den Bruder ihres verstorbenen Ehemannes heiraten darf. *Beth* Hillel hingegen verneinte dies entschieden.[42] Die Mischna lautet:

> *(Die Angehörigen des) bet Shamai erlaubten die Nebenfrauen (einer verbote-nen Frau) den Brüdern (des verstorbenen Mannes zur Leviratsehe), aber (die Angehörigen des) bet Hillel verboten (dies). Haben sie die chaliza vollzogen, erklären (die Angehörigen des) bet Shamai (die Frauen) für untauglich, ei-nen Priester zu heiraten, (die Angehörigen des) bet Hillel aber erlaubten (dies). ... Obwohl (es so war), dass diese (es) verbieten aber jene (es) erlaub-ten, diese (sie)für untauglich erklärten aber jene (sie) für tauglich erklärten, hielten sich (die Angehörigen des) bet Shamai nicht davon zurück, Frauen vom bet Hillel zu heiraten. Und (auch die Angehörigen des) bet Hillel (hiel-ten sich nicht davon zurück), Frauen vom bet Shamai zu heiraten. Und (be-züglich) aller Reinheiten und Unreinheiten, die diese für rein erklärten und jene für unrein erklärten, hielten sich diese nicht davon zurück, Reinheiten auf (den Gegenständen von) jenen zu machen (obwohl dadurch dasReine unrein werdensollte – wenndie entgegengesetzte Meinung von dem anderen nicht respektiert würde).[43]*

Der Wahrheitsgehalt dieses Textes drückt sich in der gegenseitigen Akzeptanz *beider* Seiten aus, obwohl sie gegensätzliche Auffassungen vertraten. Dies spiegelt eine cha-rakteristische Praxis im rabbinischen Judentum wider – eine getroffene Entscheidung bildet das Ergebnis einer öffentlichen und sachlichen Auseinandersetzung in einer rabbinischen Gemeinde; gelangte eine andere Gemeinde begründet zu einer anderen Auffassung, so ist diese genauso legitim, selbst wenn andere, unterschiedliche Auffas-sungen diese begründen.[44]

> *(Die Meinungen von) diesem und (von) jenem sind die Wörter des lebendi-gen Gottes ...*[45]

. . . .

vor ihm auf den Boden spuckte. Wie wurde jedoch das Ritual durchgeführt, wenn ein Mann verstarb und mehrere Frauen zurückliess? Dies konnte sich zu einem echten Problem ent-wickeln. (Im rabbinischen Hebräisch findet sich für die Bezeichnung "Nebenfrauen" auch das Wort *zarot*, abgeleitet von dem Wort "Leiden" oder "Feind").

42   Da die zu *jibum* stehende Nebenfrau die *chaliza* durchführen musste, war es ihr nicht erlaubt, einen Priester zu heiraten, ähnlich einer geschiedenen Frau. Gemäss der Auffas-sung von *beth* Shamai durfte die Nebenfrau keinen Priester heiraten, nach der Auffassung von *beth* Hillel wurde es ihr jedoch erlaubt, da sie keine *chaliza* benötigte.

43   mJeb 1, Ende; bJeb13a f.; mEdujot 4,8.

44   Bis in die Gegenwart *sollte* seitens der Gelehrten im rabbinischen Judentum an dieser Überzeugung festgehalten, zum Beispiel hinsichtlich der Frage des Übertritts zum Juden-tum. Zwar existieren unterschiedliche Anforderungen und Kriterien innerhalb der Vielzahl jüdischer Gemeinden, doch im Judentum wird anerkannt, dass ein legitimiertes Gericht fraglos den Übertritt zum Judentum autorisieren kann. Ähnlich trifft dies auch auf Entschei-dungen von Heirat und Scheidungen zu – die Gültigkeit dieser Entscheidung wird nicht infrage gestellt, wenn das Gericht eine entsprechende Legitimation besitzt und die Entschei-dung auf der Grundlage einer sachlichen Diskussion getroffen wurde.

45   BEr 13b.

Siebentes Kapitel

Zur Reinterpretation der Tempel-Religiosität

1. Die rabbinische Kritik und Interpretation des Tempels

1.1 Die Entstehung eines nichtörtlichen Judentums – Grundlage für das Judentum nach der Zerstörung des Tempels

Mit der Persönlichkeit Hillels kommt zugleich ein anderes Kapitel rabbinischen Denkens – *bezüglich des Charakters der rabbinischen Religiosität* – zum Ausdruck.

In diesem Zusammenhang ist ein Text aus bSuk 53a aufschlussreich, in welchem die Darstellung der Feierlichkeiten anlässlich des Laubhüttenfestes (Sukkot) im Mittelpunkt steht.[1] Gemäss der rabbinischen Auffassung wurde aus Anlass des Laubhüttenfestes statt Wein Wasser vor den Altar gegossen. Möglicherweise verweist dies auf die Bedeutung beziehungsweise den Beginn der Regenzeit. Den Moment des Ausgiessens des Wassers am Laubhüttenfest beschreibt der Talmud als eine ausgesprochen freudvolle Handlung. Danach gilt das Laubhüttenfest als der freudvollste jüdische Feiertag überhaupt – ausser dem Versöhnungstag Jom Kippur[2] – wie eine rabbinische Bemerkung hinzufügt.[3]

Der Brauch des Wassergiessens vor den Altar wird *simchat beth ha-shoeva* genannt. Der *beth ha-shoeva* ist ein Wasserbrunnen. Mit einem Gefäss wurde ausserhalb Jerusalems Wasser aus dem *beth ha-shoeva* entnommen und im Rahmen einer feierlichen Prozession an jedem Tag (von sechs Tagen) zum Tempel nach Jerusalem geführt. Ebenso in dieser feierlichen Zeremonie wurde das Wasser anschliessend vor den Altar gegossen, ein Zelebrieren, welcher den ganzen Tag andauern konnte. Während dieses Rituals wurde ausgelassen getanzt und gesungen, und gemäss den Überlieferungen ganz Jerusalem von den Lichtern des Tempelhofes erleuchtet war.[4] Der folgende Text, dessen *literarische Form* auf den Beginn des 3. Jahrhunderts d. Z. zurückgeht, thematisiert diesen feierlichen Anlass von Sukkot:

> *Es wird gelehrt: Man sagte über Hillel den Älteren: Als er sich beim Fest des Wassergiessens (simchat bet ha-shoeva) freute, sagte er so(lches): Wenn ich hier bin – sind alle hier; und wenn ich nicht hier bin – wer ist hier.*[5]

Im Mittelpunkt des Textes steht damit die *Bedeutung und Einzigartigkeit des konkreten, zelebrierenden Individuums*, welches durch keine andere Person ersetzt werden kann, so dass in diesem Kontext ebenso dessen Verantwortung als unübertragbar konzipiert wird. Und weiter heisst es:

. . . .

1 Sowohl der inhaltliche Reichtum als auch die Bedeutung dieses Festes lässt sich nicht auf einfache Weise erschliessen. Selbst nach dem Besuch unterschiedlichster Synagogen am Laubhüttenfest kann man nicht sofort ein Verständnis des eigentlichen, religiösen Gehaltes dieses Feiertages gewinnen. Ebenso kann man die rabbinischen Texte studieren, ohne den tatsächlichen Inhalt dieses Feiertages wirklich verstehen zu können.

2 Der Versöhnungstag Jom Kippur zeichnet sich durch einen grossen Ernst aus und da die Rabbiner die Handlungen an diesem Tag als den Ausdruck eines wichtigen Aspektes der Befreiung von der Sünde begriffen, gilt er zugleich als der grundlegendste und deshalb auch gemessen an der Bedeutsamkeit als einer der "freudvollsten" jüdischen Feiertage.

3 MTan 4, Ende.

4 mSuk 5,1ff. und bSuk 50a ff.

5 bSuk 53a.

Er pflegte so(lches) zu sagen: Zu dem Ort, den ich liebe, dorthin führen mich meine Füsse. Wenn Du zu meinem Haus kommen wirst – werde ich zu Deinem Haus kommen; wenn Du nicht zu meinem Haus kommen wirst – werde ich nicht zu Deinem Haus kommen, wie es heisst: "An jedem Ort, da ich meinen Namen erwähnen lassen werde, werde ich zu dir kommen und dich segnen." (Ex 20,24b) [6]

Bei Ex 20,24b handelt es sich um ein originales Textfragment mit beinahe "häretischem" Grundgehalt. Historisch betrachtet entstand der Text vor der Auserwählung Jerusalems, denn es wird *nicht* die Existenz Jerusalems, sondern die Bedeutung *jedes Ortes* betont – an *jedem Ort*, den du (als religiöse Person oder Gemeinde) auswählst dorthin" werde ich zu dir kommen und dich segnen:" Wird der Namen Gottes letztendlich nur durch den Mensch erwähnt.

Als David auf der Basis geopolitischer Erwägungen Jerusalem zum heiligen Ort schlechthin erklärte, wurde der Text in der Weise interpretiert, als ob hiermit Jerusalem gemeint wäre. Hillels Interesse ist zwar auf einen bestimmten Ort und zwar auf den Tempel in Jerusalem gerichtet – obwohl mit einem anderen Ortsverständnis als von David. Worauf wollte Hillel die Aufmerksamkeit mit der Aussage: "Wenn Du zu meinem Haus kommen wirst ... ." lenken? Die Überzeugung: "Wenn Du zu meinem Haus kommen wirst, werde ich zu Deinem Haus kommen" wirft einige Fragen auf. Ein "Kommen des religiösen Individuums" könnte noch als Ankunft an einem konkreten Ort begriffen werden, doch wie verhält es sich mit einem "Kommen Gottes" im rabbinischen Verständnis? Welche Bedeutung kommt demnach dem Ausdruck "Dein Haus" zu? –

Der Ort ist hier letztendlich zugleich der Tempel und nicht der Tempel, denn die Formulierungen "Dein Haus" und "mein Haus" werden komplementär gebraucht und zugleich differenziert bestimmt. Welche Erwartung spricht Hillel somit in der Forderung: "Wenn *Du* zu *meinem* Haus kommen wirst, werde *ich* zu *Deinem* Haus kommen" aus ? – Dies kommt einer Mahnung gegenüber Gott gleich, denn Hillel ist davon überzeugt, dass er nur deshalb zum Tempel kommt, weil er an diesem Ort eine Begegnung mit Gott erwarten kann. Sobald Gott für diese Begegnung bereit ist, erscheint es notwendig, dass er (Hillel beziehungsweise die religiöse Person überhaupt) zum "Tempel" kommt. In der Aussage: "Wenn Du zu meinem Haus kommen wirst ..." wird implizit die Erwartung einer Begegnung ausgesprochen. "Mein Haus" fungiert damit gleichsam als "Tempel". Hillel kommt also zum "Tempel" ("deinem Haus") in der Erwartung, dass auch Gott zu seinem Haus (dem Haus von Hillel) kommt, so dass "Dein Haus" (Gottes) zu "meinem Haus" (der religiösen Person) wird und umgekehrt, und damit wird der Tempel zu "jedem Ort", an welchem eine Begegnung zwischen Gott und der religiösen Person stattfindet. [7]

. . . .

6   ebd.
7   Man könnte eventuell die Frage stellen, ob mit den Begriffen "Dein Haus" und "mein Haus" eine Art gemeinsames "Ich" gemeint ist. Doch dies muss verneint werden. Jede Person konstituiert sein eigenständiges "Ich". Die Begriffe "Dein Haus" und "mein Haus" verweisen vielmehr auf einen Aspekt des *Sehnens. Jede Person* betritt den Tempel als ein "Ich". Die Überwindung einer solipsistischen Einsamkeit des Menschen ist nur dann möglich, wenn der Andere ebenso als ein "Ich" wahrgenommen wird, nicht als ein unpersönliches

Das Geheimnis der sehnenden Festlegung Hillels wird also offenbar, wenn man festhält, dass "Dein Haus" und "mein Haus" den selben Ort beschreibt, der jedoch kein Ort in der dumpfen Gegebenheit seiner Mauern darstellt. "Mein Haus" ist hier nicht der Ort, welchen Hillel mit seinem Betreten in der blossen räumlichen Anwesenheit bezeichnet. Deshalb ist "Dein Haus" (das Haus Gottes) auch nicht in seiner einfachen Bestimmung als Tempel gemeint. Dieses wird jedoch ebenso nicht zum Gotteshaus durch die blosse räumliche Anwesenheit Gottes. Gott kommt nur zu "meinem Haus", wenn die religiöse Person Hillel bewusst ist und eine derart tiefe Erfahrung von der göttlichen Anwesenheit in "Deinem Haus" erhalten hat, dass er diese als einen Besuch in "meinem Haus" wahrnimmt. Dieses Haus wird doch nur zu "meinem Haus" durch die Erwartung dieses Besuches, genauso wie das Gotteshaus zu diesem nur durch die Mühe des Menschen wird. Und Hillel kommt nur zu "Deinem Haus", wenn die Anwesenheit Gottes in "meinem Haus" den Eintritt in "Dein Haus" derart unwiderstehlich macht, dass "zu dem Ort, den ich liebe, dorthin führen mich meine Füsse" beinahe unfreiwillig erfolgt. Der "Ort" fungiert hier als einer, in welchem sich Sehnen und Unwiderstehlichkeit miteinander verbinden.

Im Kontext der rabbinischen Religiosität kommt einer Abbildung von theophanen Ereignissen weniger Bedeutung zu.[8] Handelt es sich jedoch um den Aspekt eines "inneren Sehens", erhält diese Wahrnehmung eine völlig andere Bedeutung, insofern diese nicht auf die Widerspiegelung eines hart konturierten Gegenstandes gerichtet ist. Im Mittelpunkt steht hier vielmehr die Reflexion einer inneren (mystischen) Erfahrung, welche sich durch eine spezifische Form von Innerlichkeit auszeichnet und nicht als ein geographischer Ort in einem gefügten Koordinatensystem zu beschreiben ist. Ebenso kann darin nicht ein objektives Gottesverständnis als präexistierend gedacht werden. Die Vorstellung beziehungsweise das Verständnis, "Gott sehen zu können"

. . . .

"Es" oder auch "Du" im Sinne M. Bubers. Möglicherweise beschreibt dieses Verhältnis die grundsätzliche Konstituierung menschlichen Daseins. Eine Gemeinschaft bildet die Voraussetzung zur Wahrnehmung der anderen Person als ein "Ich", da sie den Anderen als ein "Ich" vor Gott begreifen lässt. Von einem religiösen Standpunkt aus verkörpert die Fähigkeit, den Anderen als ein "Ich" wahrzunehmen, den ethischen Moment schlechthin. Aus diesem Grund ist die Bestrebung nach einem gemeinsamen "Ich" im menschlichen Zusammensein nicht zutreffend, denn die Wahrnehmung eines anderen "Ich" schliesst die Wahrnehmung eines ganz anderen, von der eigenen Existenz selbst differenzierten Daseins ein. Ähnlich soll hier nicht die Verschmelzung mit Gott in einem gemeinsamen "Ich" gemeint sein, weil dies das eigene Selbst auflöst, und ermöglicht nicht die Wahrnehmung eines anderen (menschlichen) "Ich", schliesst damit die göttliche Möglichkeit aus.

8   Doch die Frage ist umstritten, inwiefern im rabbinischen Judentum ein "Bild Gottes" erhalten werden kann. Daniel Boyarin (siehe folgende Fussnote) versuchte zwar eine tatsächliche Möglichkeit der Abbildung Gottes im rabbinischen Judentum aufzudecken, im rabbinischen Verständnis ist eine Formulierung "Sehen Gottes" jedoch vakant. Doch auch D. Boyarin hätte das "Sehen Gottes" interpretieren müssen, nicht im Sinne eines objektiven theophanen Ereignisses, so dass die Sicht des einen Betrachters direkt von einer anderen Person nachvollzogen und bestätigt werden könnte. Nicht ein Sehen im gewöhnlichen Verständnis als eine Sinneswahrnehmung ist gemeint, sondern wesentlich ein "inneres Sehen". Der Bezug auf eine Innerlichkeit des Individuums schliesst so auch die Möglichkeit einer einfachen Bestätigung durch Andere aus. Diese Schlussfolgerung hat D. Boyarin allerdings nicht gezogen.

steht vielmehr mit einer *bestimmten Form der Erfahrung* des Individuums im Zusammenhang. Deshalb kann eine These von D. Boyarin[9], wonach im rabbinischen Judentum vorgeblich die Möglichkeit des Sehens von Gott konzipiert wurde, keine Bestätigung finden. Vielmehr kommt jedoch die Dimension und Perspektive einer inneren, mystischen Erfahrung zum Ausdruck.[10]

Der *Begriff der Erfahrung in der philosophischen Mystik* schafft das Verständnis für eine doppelseitige Verwendung der Idiome "dein Haus" und "mein Haus". Wo entsteht eine solche Behausung? – in einer *inneren Landschaft*! Diese innere Landschaft ist *gleichzeitig* in "deinem Haus" und "meinem Haus" präsent. Es erhält die Bedeutung des Hauses von Gott, weil Gott zu diesem "Ort" kommt.[11] Das äussere Haus der Person stellt den privaten Lebensraum dar und ist als solcher sichtbar. In der inneren Landschaft muss das Haus der Person keinen Widerstand zu dem äusseren Haus, in welchem er sich geborgen fühlt, bilden. In diesem Text koinzidiert die innere Landschaft tatsächlich mit einem äusseren Haus in einer äusseren Landschaft, in welcher die religiöse Person "zu Hause" ist. Der Tempel entspricht hier dem äusseren Haus. Das religiöse Ereignis, welches beschrieben wird, entfaltet sich nicht an einem beliebigen Ort; für Hillel bleibt dieses Ereignis mit der Konstellation und gleichzeitigen Bedeutung des Tempels verbunden, so dass der Text von Hillel noch deutlich auf eine Beschreibung einer Tempel-Religiosität gerichtet ist. Doch in dem Verständnis einer Anwesenheit Gottes (im Tempel) im Sinne einer inneren, religiösen Erfahrung erreicht die Darstellung des Tempels ihren Höhepunkt und zugleich ihre Aufhebung. *Der Tempel wird damit tatsächlich als ein Ort erfahrbar, an welchem eine Begegnung mit Gott im Verständnis eines "Nicht-Ortes" stattfinden kann.* Diese Interpretation des Tempels schafft zugleich die Grundlagen für eine theoretische und praktische Aufhebung des Tempels selbst. Die Koinzidenz der Bereiche setzt ja gerade voraus, dass beide Seiten, sowohl das "Haus Gottes" als auch das "Haus der religiösen Person" zur gleichen Zeit und am gleichen Ort entstehen, sich überschneiden und schliesslich eine Identität bilden, wobei jedoch deren Realität allerdings neu zu bestimmen ist und damit nicht in der sterilen Gegegebenheit eines plastischen Ortes verbleibt.

· · · · · · · · · · · · · · · · · · · ·

9   Daniel Boyarin, *The Eye in the Torah: Ocular Desire in Midrashic Hermeneutic*, in: Jahrbuch für Religiöse Anthropologie, *Ocular Desire, Sehnsucht des Auges*, hrsg. v. Aharon R. E. Agus u. J. Assmann, Berlin 1994, S. 30-49. Und siehe die frühere Fussnote.

10   In gegenwärtigen Überlegungen trifft diese Schlussfolgerung nicht auf Verwunderung, da bereits Gershom Scholem die Meinung vertrat, dass die Wirkung jüdischer, mystischer Traditionen mindestens bis in das 2. Jahrhundert d. Z. zurückverfolgt werden können. Danach liegen bereits in der Zeit von R. Akiwa ausgearbeitete mystische Texte vor. Allerdings sind diese Einsichten heute in der wissenschaftlichen Literatur umstritten. Es ist jedoch nachweisbar, dass mittelalterliche, jüdische Mystiker die rabbinischen Texte rezipierten und kritisch verarbeiteten. Dieses interessante und zugleich wichtige Thema geistesgeschichtlicher Entwicklung kann aber auf Grund der Komplexität in diesem Rahmen nicht ausführlicher behandelt werden und sollte deshalb Gegenstand einer eigenständigen Untersuchung bilden.

11   ... was ja eigentlich dem Verständnis Gottes, welcher an jedem Ort ist, nicht widerspricht: in einer inneren Landschaft muss das "da" nicht anstatt eines "dort" fungieren.

Obwohl Hillel davon ausgeht, dass dieses Ereignis mit dem Ort als Tempel verbunden ist, wird die theoretische Voraussetzung dafür geschaffen,[12] eine innere Geographie des religiösen Subjekts und der Gemeinde auch ausserhalb des Tempels denken zu können.

Im Kontext dieses Midrasch (zu Ex 20,24) wird zwar noch nicht eine komplexe, innere, religiöse Landschaft entdeckt,[13] aber dieser Text markiert den Übergang zu einer entwickelten Interpretation des Tempels im Sinne einer mystischen, inneren Erfahrung, welche sich (theoretisch) auch an *jedem anderen Ort* konstituieren kann. Nach der Zerstörung des Tempels verblieb einzig die Möglichkeit, den heiligen Ort an jedem Ort und damit vor allem im Inneren des religiösen Subjekts selbst aufzufinden. Der Text legt somit die Grundlagen für den Übergang der Tempel-Religiosität (welcher bereits vor der eigentlichen Zerstörung des Tempels begann) zu einer Religiosität, welche sich sowohl in "Deinem" als auch in "meinem Haus" ereignen kann. Die Voraussetzung für eine Begegnung mit Gott in der Synagoge und zu Hause, wo die Architektur der Heiligkeit nur innerlich ist, ist damit gegeben.

Das rabbinische Judentum ist nicht in der blossen Nachbarschaft petrifizierter Institutionen wahrzunehmen, wie man zuvor im Zusammenhang mit dem Verständnis der Gerichtsbarkeit in Erez Israel erkennen konnte. Ebenso bildet die Vorstellung eines starren, geographisch verstandenen, "heiligen Ortes" als "Ort Gottes" eine abzulehnende Vorstellung. Vielmehr ist die, von der Ästhetik "Masse und Macht" entfremdete innere Architektur mit der Entstehung sowie dem Wesen des rabbinischen Religiosität untrennbar verbunden.[14]

1.2 Auserwählung Jerusalems und die Konzeption eines einzigen heiligen Ortes – "König David". Die Wiederkehr der Davidischen Theologie der Ortsverbundenheit

Deshalb liegt die Schlussfolgerung nahe, dass das rabbinische Judentum die Religion des Tempels nach dessen Zerstörung offiziell ablöst. Doch bereits lange zuvor wurde mit der Leistung einer Neuinterpretation des Tempels eine Kritik der bestehenden Tempel-Religiosität vorweggenommen und dessen innere Aufhebung eingeleitet. Die Neuinterpretation des Tempels sollte nicht nur ein religiöses Leben, eine religiöse Existenz, sondern vor allem eine Begegnung mit Gott ausserhalb des Tempels gewährleisten. Dieser Prozess begann jedoch bereits in dem Jahrhundert *vor* der Zerstörung des Tempels selbst.

Hervorzuheben ist im Kontext dieser Auslegung, dass Hillel in dem oben zitierten Abschnitt aus bSuk 53a einen Vers aus der Hebräischen Bibel zitiert, welcher historisch-kritisch betrachtet in einer Periode ohne einen auserwählten Ort (Gottes)

---

12   Im Zentrum steht eine *innere Landschaft*, welche die Perspektive einer Verbindung von "deinem Haus" und "meinem Haus" zu entwerfen vermag.

13   Die Wurzeln dieses Themas reichen jedoch weit in die Geschichte Israels bis zu den Psalmen selbst zurück.

14   Die Gegenthese geht viel eher von einem Fetischismus der Institution und des Ortes als Physiognomie der Herrschaft aus.

verfasst wurde. Es handelt sich damit um einen Text vor der Auserwählung Jerusalems als heiliger Ort schlechthin. Dies offenbart eine alte Tradition in Erez Israel, in deren Kontext die Festlegung eines "einzigen Ortes Gottes" grundlegend abgelehnt wurde und worin sich zugleich eine Differenz zu dem politischen Verständnis offenbarte, welches mit dieser "Auserwählung" verbunden war. Die Absicht Davids hingegen, den Tempel in Jerusalem zu errichten, führte zu mehreren Gegenargumenten in der Bibel. In einer Version wird betont, dass David als ein Soldat und Kämpfer mit der Waffe seine Hände mit Blut befleckte, und es ihm deshalb überhaupt nicht möglich sei, einen Tempel zu errichten (siehe 1. Chr. 22,7-8 und vgl. 1.Kön 5,17f.). Gemäss einer anderen Version wird dem Propheten Nathan für David veroffenbart: "Solltest du mir ein Haus bauen, dass ich darin wohne? Habe ich doch in keinem Haus gewohnt von dem Tag an, da ich Israel aus Ägypten herausführte bis auf diesen Tag, sondern in einer Zeltwohnung bin ich umhergezogen." (2.Sam 7,5-6) Diese Aussage bestätigt die Annahme, dass in der Zeit Davids eine Tradition existierte, gemäss derer eine Errichtung des Tempels mit theologischen Argumenten widersprochen wurde. Schliesslich geriet diese Tradition angesichts des Davidischen Anspruches in den Verdacht einer Häresie, denn David selbst befestigte seine politische Legitimität und Alleinherrschaft vor allem auf die Grundlage der "Auserwählung" Jerusalems als einziger heiliger Ort. Damit offenbarte sich David im Grunde als ein Usurpator, so dass die Übernahme der Monarchie durch ihn und seine Söhne wesentlich mit der Errichtung des Tempels in Jerusalem und damit eines einzigen, auserwählten "Haus Gottes" verbunden war. Er versuchte, diesen politischen Symbolisierung noch zu seinen Lebzeiten zu vollenden. Die Auswahl Jerusalems als Hauptstadt der Monarchie erfolgte wesentlich aus geopolitischen Gründen. Jerusalem befand sich nicht nur im Land Judäa, sondern bildete eine Schnittstelle an den Einflussgebieten anderer Stämme, wie zum Beispiel von Benjamin. Jerusalem avancierte damit zu einem Ort, welchem ein Machtanspruch nicht allein in den Grenzen Judäas, sondern darüber hinaus in ganz Erez Israel zufallen sollte. Zugleich aber wurde Jerusalem als Hauptstadt ebenso eine herausragende religiöse Bedeutung zugesprochen, als ein Ort, an welchem der einzige Tempel errichtet werden sollte.[15] Diese Entscheidung wurde also wesentlich von einem politischen Bedürfnis getragen, obwohl auch Gläubige zum Teil von der Idee eines auserwählten Ortes überzeugt wurden und sich für sie die Vorstellung einer Pilgerschaft zum Gott Israels verband.[16] Politisches Kalkül zusammen mit der religiö-

. . . .

15   Im Gegensatz dazu wurde die Tradition, welche einen einzigen auserwählten Ort allein theoretisch ausschloss, mit dem Stigmata der Häresie versehen, während die Theologie Davids hingegen bis heute zu einem zentralen Bestandteil religiösen Selbstverständnisses in Israel, jedoch im Kontext einer späteren Neuinterpretation, gerechnet wird. Aus diesem Grund entspricht die Überzeugung, welche diese Theologie grundsätzlich infrage stellt, mit hoher Wahrscheinlichkeit einer authentischen, überlieferten Tradition, denn eine Gewichtung dieser Tradition hätte man versucht, zu verhindern oder gar zu unterdrücken. Aus diesem Grund werden bis in die Gegenwart zwei unterschiedliche, einander divergierende religiöse Traditionen bewahrt. Die erste, relativ frühzeitig entstandene Tradition schliesst aus, dass es einen einzigen auserwählten Ort gibt, während die zweite, zu einem späteren Zeitpunkt entstandene Tradition hingegen an dessen Existenz festhält und eine solche politisch und religiös statuiert.

16   Wie die Bedeutung des Pilgerns überhaupt einen nicht zu unterschätzende Bedeutung in der Religionsgeschichte zukommt. Abwegig erscheint danach die Vorstellung, Gott könne

sen Glaubwürdigkeit eines"einzigen Ortes" für einen "einzigen (legitimen) Gott bildeten damit die Grundlage der Davidischen Entscheidung, Jerusalem zum Zentrum des
(vorgeblich) vereinigten "Volkes" zu erklären. Schliesslich setzte sich der Gedanke
einer Auserwählung Jerusalems endgültig mit der Zerstörung der Stadt im Jahre 70 d.
Z. (sic!) durch, insofern dieses Ereignis als ein sublimer Ausdruck der Unmöglichkeit
einer geographischen Existenz des "Ortes" Jerusalem gewertet werden musste. Denn
Jerusalem wurde jetzt vielmehr zum Inbegriff eines eschatologischen Ereignisses, so
dass der eigentliche Wiederaufbau des Tempels nun einzig in einer "inneren Landschaft" oder im Inneren der religiösen Person und Gemeinde erfolgen konnte. Paradoxerweise wurden mit der Vorstellung Davids zur Auserwählung eines einzigen, heiligen Ortes zugleich die theoretischen (und theologischen) Grundlagen dafür geschaffen, dass ausserhalb einer inneren Wahrnehmung kein auserwählter "Ort Gottes"
gedacht werden kann.

1.3 Gott ist an jedem Ort – die Eschatologisierung Jerusalems

"Wenn ich hier bin – sind alle hier." Dieser Ausspruch Hillels in bSuk 53a könnte
anscheinend als eine solipsistische Aussage verstanden werden. Doch vor dem Hintergrund einer mystischen Dimension kommt dieser Überzeugung eine völlig andere
Bedeutung zu. Insbesondere innerhalb der Tradition der philosophischen Mystik erhält die Kategorie des "Ich" eine entschiedene ontologische Relevanz, insofern in
dieser eine äusserliche Begegnung mit Gott aufgehoben ist.[17]

In den klassischen mystischen Texten wurde die Begegnung des Menschen mit
Gott durch den Begriff des "Sehnens" demonstrierbar, wobei der Akt des "Sehnens"
nicht in den Bereich der Phantasie versetzt oder gar als jenseitig der menschlichen
Erfahrung interpretiert wurde. Sehnen fasst vielmehr selbst einen Erfahrungsbereich
des Menschen, so dass im Horizont des Erfahrungsbegriff des "Sehnens" die Kategorie des "Ich" eine zentrale Stellung einnimmt. Ohne das "Ich" kann ein Sehnen nicht
gedacht werden. Innerhalb der rabbinischen Religiosität wird in der Kategorie eines
"Ich" erst das Problem und die Tragweite einer *inneren Erfahrung* offengelegt.

. . . .

man "auf der Strasse" im alltäglichen Dasein begegnen. Vielmehr ist es notwendig, diesen
aufzusuchen, selbst wenn sich diese Art des Pilgerns nur mit viel Phantasie sich realisieren
lässt. Ein ideales Bild dafür bieten die Berge Jerusalems, die einen direkten Zugang zur
Hauptstadt nicht ermöglichen und vielmehr ein spiralförmiges Aufsteigen erfordern – eine
adäquate Entsprechung für eine religiöse Suche dieser Art. Ausserdem entspricht dies der
Verkörperung einer ausgesprochen israelitischen Idee, dass man Gott nicht direkt ohne
weiteres in der Natur oder in der Gesellschaft entdecken kann. Es besteht immer die Aufforderung, Gott bewusst aufzusuchen. In einer späteren Interpretation wird dieser Akt des
Aufsuchens in die Sphäre einer inneren Landschaft verlegt, aber diese Entwicklung vollzieht
sich erst zu einem späteren Zeitpunkt.

17   Die innere Begegnung mit Gott erfolgt nicht unter Zeugenschaft und äusserer Bestätigung.
Auffassungen, wonach äussere Ausdrücke mystischer Erfahrung wahrgenommen werden
können, in deren Folge unter anderem Zeichen auf dem Körper entstehen oder Wunder
geschehen lassen, widerspiegeln eigentlich bereits eine Degeneration eines echten mystischen Verständnisses. In eine authentischen mystischen Konzeption beziehungsweise
einerErkenntnis kann eine mystische Begegnung nicht von aussen, so zum Beispiel von
einem Zeugen, wahrgenommen oder bestätigt werden. Die mystische Begegnung (zwischen religiösem Individuum und Gott) findet wesentlich im Inneren eines *selbst*bewussten
"Ich" statt.

Wenn Hillel von der Überzeugung ausgeht: "Wenn ich hier bin, so sind alle hier" verweist dies auf die zentrale Verantwortung des Individuums in seiner Begegnung mit Gott. Erst wenn das Individuum seine Bedeutung und Verantwortung erkennt, vermag diese Beziehung real zu werden. Die Realität dieser Beziehung wird in der ethischen Wahrnehmung von anderen "Ich – Wesen verkörpert: Alles andere als ein Solipsismus!

Das rabbinische Judentum konnte somit die Voraussetzungen für die Möglichkeit einer Herausnahme des Tempel-Ereignisses aus dem Tempel herausarbeiten und durch die Entdeckung des Bereichs der Innerlichkeit zugleich ein Überleben des Judentums nach dessen Zerschlagung im Jahre 70 d. Z. garantieren. Der Gegensatz zur überlieferten Tempel-Religiosität erschliesst sich deshalb vor allem in der Abweisung eines einzigen, auserwählten heiligen Ort.[18] Wie entwickelten sich jedoch die Grundlagen und das Selbstverständnis des Judentums einer Religiosität, welche nicht auf der Auswahl eines geographischen, heiligen Ortes basierten? Da die Konzeption einer "inneren Landschaft" eine Bestimmung eines einzigen auserwählten Ortes ausschliesst, konnte das religiöse Ereignis (im Kontext des rabbinischen Judentums) nun sowohl in der Synagoge (das heisst innerhalb *jeder* Gemeinde), aber ebenso im Lehrhaus (*jeshiwa*) sowie *an jedem anderen Ort, an dem sich eine religiöse Person* aufhält, stattfinden. Die Entdeckung der inneren Dimension der religiösen Person und damit des "Ich" als eine religiöse Kategorie trug somit wesentlich zur Entstehung des Selbstverständnisses des rabbinischen Judentums bei. *Dieses ist deshalb vor allem auf die Frage des konkreten Individuums gerichtet.*[19]

Doch dies bezeichnet nicht das einzige Thema, in dessen Horizont die Kategorie des "Ich" Relevanz erlangte.

1. Im rabbinischen Judentum wird so zum Beispiel das Verständnis der Sünde stets in der Formulierung "Ich habe gesündigt" oder "Wir haben gesündigt" gefasst, wobei stets der individuelle und personale Bezug immanent ist.[20]
2. Ebenso erlangte die Kritik hinsichtlich eines vermeintlich einzigen, heiligen Ortes eine massgebliche Bedeutung für das theologische Verständnis des Begriffs des Landes" Israel". Wenn (theologisch) nicht "ein" Ort des Tempels bestimmt werden

. . . .

18 Diese Form entspricht, wie bereits betont, einer äusseren Landschaft – eine Pilgerfahrt zu einem bestimmten Ort, den Erwerb von Land (für die Kirche), die Errichtung einer entsprechenden Kultstätte, sowie ein politisch-religiöses Verständnis zur die Etablierung einer ganzen priesterlichen Hierarchie, um die "Funktionsfähigkeit" des Hauses aufrecht zu erhalten.
19 Aus diesem Grund spielt im rabinischen Judentum die Biographie eine solch herausragende Rolle. Gegenstand der Biographie ist die Entwicklung des religiösen Lebens und Bewusstseins dieser bestimmten Person, um das Wesen dieser Person in ihrer Genese, ihren Widersprüchen und Konflikten zu begreifen. Indem die Person vor Gott steht, erlangt auch dessen Wirkung auf die Person eine Bedeutung, woraus sich die Schlussfolgerung ergibt, dass im Zusammenhang der rabbinischen Literatur ein bestimmtes Genre von Biographie Bedeutung erlangt, eine Biographie, welche sich schliesslich mit der Entfaltung rabbinischer Theologie selbst verbindet. Vgl. auch: Aharon R. E. Agus, *Hermeneutic Biography in Rabbinic Midrash: The Body of this Death and Life*, de Gruyter, Berlin, New York, 1996.
20 Die Bedeutung der Kategorie des "Ich" ist tief in dem Begriff der Sünde verankert. Eventuell ist es möglich, dass der Komplex der Erbsünde ohne ein zureichendes Verständnis eines "Ich" thematisiert werden kann, doch eine Interpretation christologischer Voraussetzungen ist in diesem Kontext nicht zu leisten.

kann, dann ist gleichsam die Existenz eines Ortes, welcher ausschliesslich das Land "Israel" sein soll, problematisch.[21]

3. In unserem Text wird das Verständnis einer *Reinterpretation des Tempels* im Kontext einer mystischen Kategorie des Individuums ("Ich-vor-Gott") entwickelt. Aus der Unmöglichkeit eines einzigen, heiligen Ortes ergaben sich zugleich entsprechende Konsequenzen für die existierende, priesterliche Hierarchie. Die Aufhebung des Tempels schliesst sogleich auch eine Aufhebung dieser ein; die Individualisierung der Gotteserfahrung macht ein Priestertum (im Sinne eines physischen Erbes) sogar unvorstellbar.

4. Welche Schlussfolgerungen ergaben sich hieraus für das Verständnis des "*Volkes*" *Israel*? Es konnte nicht der Begriff eines einzigen, auserwählten Volkes in einem "nationalen" Kontext begründet werden. Die vorliegenden Texte schufen die Voraussetzungen dafür, dass "Israel" nicht im Sinne einer nationalen Kategorie, sondern vor allem als *eine Gemeinde der Gläubigen* verstanden werden konnte. Die rabbinische Theologie rekurrierte danach auf einen freien Zugang jeder Person in die Gemeinde, so dass vielleicht sogar der überwiegende Anteil der Mitglieder der rabbinischen Gemeinden Personen waren, die ursprünglich von "aussen" oder als Nicht-Juden in diese eintraten.[22] Israel bildete, wenn dieses stimmen soll, zum überwiegenden Teil eine Gemeinde von Übergetretenen. Das rabbinische Judentum entfaltete sich letztlich als ein Judentum ohne einen Tempel, vor allem auch weil die geschichtlichen Ereignisse eine solche Entwicklung notwendig determinierten. Aber das Judentum war schliesslich befähigt, eine religiöse Perspektive ohne die Existenz des Tempels zu entwickeln, da sich die Idee zur Aufhebung des Tempels oder einer Reinterpretation der Tempel-Religiosität als ein wichtiger Aspekt in der rabbinischen Theologie herauskristallisierte. Das jüdische "Volk" vermochte auch trotz seiner Zerschlagung zu überleben, weil sein Nachwuchs auch ausserhalb der physischen Erbfolge rekrutiert werden konnte.[23]

. . . .

21　Mitunter erscheint es notwendig, von einem rein theoretischen Standpunkt ausgehend, die Grundlagen des jüdischen Selbstverständnisses zu überprüfen. Auch wenn der bisher entwickelte Gedanke sich zum Teil nur schwer mit einem bestimmten nationalen Eigenbild vereinbaren lässt, so entspricht es einer Tatsache, dass das rabbinische Judentum als eine *Exil-Religiosität* zweitausend Jahre existierte. Eine zweitausendjährige Wirklichkeit kann auch nicht durch ein absichtsvolles und vorurteiliges Verständnis einer nationalen Idee des Landes Israel übersehen werden, was ja zugleich einer Verengung der eigenen reichhaltigen, überlieferten theologischen Tradition gleichkäme.

22　Andererseits war es ebenso möglich, dass die Gemeinde jederzeit ohne weiteres verlassen werden konnte, was nicht selten geschah. Ein Jude, der sich öffentlich als ein Nicht-Jude verstand und entsprechend handelte, wurde im rabbinischen Verständnis ebenso nicht als ein Jude anerkannt. Eine jüdische Identität aufgrund der Geburt und Abstammung wurde so von einer individuellen ethisch-religiösen Haltung des religiösen Individuums und seiner Anerkennung durch eine Gemeinde abgelöst.

23　Die Voraussetzungen dieser Theologie wurden bereits in der Zeit der Bibel entfaltet. In biblischer Zeit nicht *ein Volk Israel*, sondern vielmehr eine Ansammlung verschiedener Stämme existierte. Nicht nur ein Konzept petrifizierter Institutionen und eine forsalisierte Ortsverbundenheit musste demnach dekonstruiert, sondern auch der Begriff "des Volkes Israel" musste (re-)theologisiert werden, um die Grundlagen des rabbinischen Judentums entwickeln zu können.

Auch zum Zeitpunkt der Entstehung des Talmud existierte eine Vielfalt unterschied-lichster Gemeinden. Trennungsversuche und das Bedürfnis zur Selbstständigkeit be-ziehungsweise Selbstbestimmung wurden so als Realität einer pluralistischen Gemein-schaft begriffen und interpretiert. Die überlieferten Texte dieser Zeit bezeugen nach-haltig eine derartige Praxis. Man kann sogar zu der Schlussfolgerung gelangen, dass im Grunde jede Gründung einer Gemeinde bereits den Keim einer Neugründung in sich enthielt. Diese verstanden sich hauptsächlich nicht als ein Ort der Abgrenzung oder vorrangigen Infragestellung einer Tradition, sondern drückten das religiöse Be-dürfnis der Rabbiner – *"machloket le-schem shamajim"*[24] – eine Auseinanderset-zung zum Zweck der Wahrheit auszuführen.

1.4 Psalm 22 – Gebete Israels als die eigentliche Substanz des Tempels

(Hillel sagte): Wenn ich hier bin – sind alle hier.[25]

Vor der Interpretation des folgenden Textes soll ein weiterer (paralleler Text) zitiert werden, was eine vielschichtige Wahrnehmung des genannten Problemkomplexes ermöglichen soll. Dieser findet sich in einem Traktat des Talmud Jerushalmi:

> *Hillel der Ältere pflegte uns, als er uns zusah, (wie wir das Feiern des Wassergiessens) mit Ausgelassenheit taten, zu sagen: Wenn wir hier sind – wer ist hier?! Bedarf er (sc. Gott) denn unserer Huldigung? Steht nicht ge-schrieben: "Tausendmal Tausende dienten ihm und zehntausendmal Zehn-tausende standen vor ihm" (Dan 7,10). Als er uns zusah, (wie wir das Feiern des Wassergiessen) mit Angemessenheit (sc. mit Begeisterung) taten, pflegte er zu sagen: Wenn wir nicht hier wären – wer wäre hier? ... .*[26]

Zunächst wurde deutlich, dass die Gestaltung des Textes auf einer Gemeinschaft von Menschen, einem "Wir-Verständnis" beruht und die Stellung des Einzelnen in diesem Kontext integriert ist. Die *Substanz* oder den Träger der Erfahrung bildet jedoch hier-bei das "Ich", während die Landschaft von einem "Wir" konstituiert wird. Die Idee eines reinen Individualismus wird in diesem Rahmen abgewiesen, da erst in der Ver-bindung mit einer bewussten, ethischen Handlung (– also ein In-der-Welt-sein mit Anderen), einem Prozess des Werdens, welcher dem Zustand blosser Gegebenheit entgegengerichtet ist, die Kategorie des "Ich" entsteht und sich eine tragfähige "Sub-stanz" der (feierlichen) Handlung herauskristallisiert. Der Text lautet weiter:

> *... denn obwohl es vor ihm (sc. Gott) viele Huldigungen gibt, sind die Huldi-gungen Israels geliebter als alle (anderen). Was ist der Grund (hierfür)?*

---

24   Wörtlich.: "Eine Auseinandersetzung um des Himmels willen."
25   bSuk 53a.
26   pSuk 5,4 (55b).

(Der Grund ist, dass es heisst): "Ein Liebender (sic!) der Lieder Israels" (2. Sam 23,1) (und): "(Gott) sitzt (über) den Lobgesängen Israels" (Ps 22,4).[27]

Dieser Midrasch eröffnet ein Verständnis für den Begriff "Israel". Danach ist in den beiden Versen weder der geographische Begriff noch sind diejenigen, welche "dort" wohnen, gemeint, sondern vielmehr *eine Gemeinschaft von Individuen, von denen jeder die Auffassung vertritt: "Wenn wir nicht hier wären – wer wäre hier?" Oder mit anderen Worten: "Wenn wir nicht das unsere tun, wird ein menschliches Handeln fehlen, welches unersetzbar ist." Damit wird die Verantwortung jeder Person als unteilbar und unübertragbar gefasst.*[28]

Der Text aus dem *Talmud Jerushalmi* bildet einen Midrasch auf Ps 22,4. Eine intensivere Lesung dieses Textes im Kontext des Ps 22 ermöglicht ein tiefergehendes Verständnis des theologischen Komplexes, welcher den Hintergrund dieses Midrasch bildet – ein Aspekt, dem im folgenden Abschnitt nachgegangen werden soll.

1.5 Ein Aspekt der Thronwagen (merkawa) – Theologie. Metaphorisierung des Tempels – geographischer und innerer Ort

... Mein Gott, mein Gott, warum hast du mich verlassen? Fern von meinem Heil sind die Worte meines Schreiens! Mein Gott, ich rufe am Tag, du aber antwortest nicht; und (selbst) in der Nacht gibt es für mich kein Stillschweigen! Du aber bist heilig, (der du) sitzt (über) den Lobgesängen Israels![29]

Gott wird gehuldigt und er "sitzt" gleichsam über den Lobgesängen (Huldigungen) Israels? Dass Gott auf den "Lobgesängen Israels" getragen wird, entspricht dem Heraufbeschwören einer biblischen Ikonographie. Diese erinnert an den *merkawa* (Thronwagen Gottes), so dass eine intertextuelle Beziehung zur Thronwagen-Vision in *Jesaja* 6 und in *Ezechiel* 1 ff. entsteht. Allerdings wird die Frage, ob es sich in diesem Psalm um die Lobgesänge, in welchen man Gott oder Israel preist, bewusst offen gehalten.[30] Auf diese Weise bleiben die unterschiedlichen Möglichkeiten und Ansätze zur Interpretationen (dieses Text) erhalten; eine eindeutige und einzige Formulierung der inhärenten Fragestellung wird verneint, um der inneren Spannung und möglichen Vielfalt der Interpretation dauerhaft Ausdruck verleihen zu können.

Hillel zitiert diesen Text in einem bestimmten Kontext – *"Israel"* beziehungsweise die *Gemeinde der Gläubigen* gelangt zum Tempel, um Gott zu huldigen. Auf die

---

27 pSuk 5,4 (55b-c). Gott bevorzugt die Huldigungen des Menschen (vielmehr als diejenigen von den Engeln), da der Mensch allein aufgrund seines freien Willens zwischen "gut" und "böse" unterscheiden kann und Gott in freier Selbstbestimmung huldigt. Die Engel dagegen leisten ausnahmlos den Willen Gottes.

28 Eine "lexikographische" Definition des rabbinischen Begriffs "Israel" müsste deshalb einen solchen Text notwendigerweise einbeziehen bzw. sich aufgrund dieser Quelle herausbilden.

29 Ps 22,2-4.

30 *"tehilloth jisrael"* könnte genauso gut Letzteres bedeuten; vgl. die grammatische Form in Jes 63,7; und 60,6; Ps 78,4 und 145,21.

Intertextualität des verwendeten Midrasch bauend, stellt der *mit Menschen besetzte Tempel eine Verkörperung des Thrones Gottes dar – Gott sitzt in (oder auf) dem Tempel. In diesem Verständnis wird der Tempel (samt seiner Frommen) nicht als ein (blosser) Ort, sondern vielmehr als ein Ereignis gefasst, dessen Substanz in den Gebeten Israels (zur Huldigung Gottes) besteht.*

Da die Ernsthaftigkeit der Gebete vor allem einen Aspekt der Innerlichkeit zum Ausdruck bringt und nicht Inbegriff einer kultischen Handlung ist, ist diesem neuen Verständnis des Tempels zugleich eine "sich nach innen wendende Substantialität des Tempels" inhärent. Der "aufrechtstehende Tempel" wird stattdessen in der Innerlichkeit des Menschen entdeckt, so dass die Hölzer und Steine des alten Tempels eine (neue) Substanz bilden, dessen Untergang nicht zugleich das Ende der jüdischen Identität implizierte. Der eigentliche Thronwagen (Gottes) – *merkawa* – wurde damit nicht als Tempelhof oder Gebäude, *sondern als ein Ort interpretiert, welchen "Israel" durch seine Innerlichkeit erzeugt.*

Wenn angenommen werden sollte, dass hiermit lediglich eine Vision beziehungsweise phantastische Vorstellung zum Ausdruck gelangt, wird noch auf eine weitere rabbinische Quelle verwiesen:

> *Es sagte R. Shimon ben Lakish: Die Vorväter (sc. Abraham, Isaak und Jakob), sie sind der Thronwagen.*[31]

Der Text spiegelt auf faszinierende Weise den gesamten dargestellten Problemkomplex wider: *Denn in diesem Verständnis symbolisiert jeder Gerechte den Thronwagen Gottes,* da die Vorväter, Abraham, Isaak und Jakob, als die paradigmatischen Repräsentanten der Gerechten Israels gelten. Im Kontext dieser Schlussfolgerung wird die grundlegende Frage einer Reinterpretation des Tempels, insofern *eine Metaphorisierung des Tempels selbst stattfindet,* entdeckt.[32]

Welche Bedeutung und Funktion kommt jedoch dem Bild des Thronwagens zu? Ezechiel erkannte in diesem eine für ihn entscheidende Konstellation, denn unmittelbar vor sowie im Prozess der Zerstörung des Tempels beschreibt er in einem (nachfolgenden) Text die Aufrichtung und Entfernung des Thronwagens ins Exil. Dies verweist wiederum auf einen zentralen theologischen Einwand Ezechiels – denn er formuliert diese Vision nicht in Jerusalem, sondern *im Exil:* Lesen wir einen Text im Kontext:

> *Und es geschah im dreissigsten Jahr, am vierten (Monat) am fünften (Tag) des Monats, (als) ich unter den Exilierten am Fluss Kevar war, (da) wurden die Himmel geöffnet und ich sah Anschauungen Gottes.*[33]

Ausgerechnet im Exil erhielt Ezechiel diese brisante Offenbarung! Dieser Komplex bildet somit selbst eine überzeugende Auslegung des, zunächst beinahe unver-

---

31   GenR 82 zu 35,13 (ed. Theodor-Albeck, Bd. II, S. 983).
32   Insofern diesem eine ganz andere Realität zukommt.
33   Ez 1,1.

ständlich erscheinenden Textes. Ezechiels Formulierung verweist[34] auf die Entstehung einer Religiosität, die sich nicht im Kontext eines geographischen Ortes, sondern vielmehr in einer inneren Landschaft (der religiösen Person und Gemeinde) vollzieht und sich aus dieser heraus verwirklicht. Der *geographische Ort wurde so zu einem, im Inneren der religiösen Person erzeugten Ort.*[35]

Zurück zum Midrasch zu Psalm 22: Grundlegend erscheint in diesem Psalm selbst jedoch nicht der Ansatz einer Reinterpretation des Tempels, sondern die Rekurrierung auf einen Begriff Gottes, in dessen Kontext die Frage formuliert werden kann: "Warum hast du (Gott) mich verlassen?" Dies schliesst ein Gottesverständnis ein, welches nicht mit der Ordnung der Welt oder Israels im Sinne einer gegebenen Realität oder einem geographischen Ort identisch sein kann. Solche Psalmen schaffen die Voraussetzungen zur Entdeckung eines anderen Raumes beziehungsweise eines anderen "Daseins", welches nicht im Sinne einer blossen Gegebenheit oder Substanz existiert, sondern sich wesentlich in der Seins-Kategorie des "Ich" (im Zusammenhang mit den Psalmen auch des "du" und des Anderen) und damit in den Handlungen einer konkreten Person entfaltet.

Aus diesem Grund kann der Psalmist sehr wohl fragen, "mein Gott, mein Gott, warum hast du mich verlassen?" Die *Anwesenheit* Gottes wird in dem überzeugenden Handeln des Menschen gemessen; und die Abwesenheit Gottes ist genauso überzeugend wie die Verzweiflung der religiösen Person – eine Verzweiflung, die genauso tief wie ihr Glaube an Gott ist.

Gott erscheint danach nicht als derjenige, welcher in Pracht, Ästhetik und Macht gegründet ist – im Verständnis des rabbinischen Judentum gelten solche Ausdrucksformen als nicht adäquat.[36] In dieser Akzentuierung tritt meines Erachtens eine differenzierte religiöse Wahrnehmung im Christentum und Judentum zutage, insofern die Geschichte der europäisch-christlichen Religion zum Beispiel ohne eine ästhetische Dimension nicht denkbar ist.[37] Grundsätzlich erscheint die ästhetische Dimension in der europäischen Religionsgeschichte von zentraler Bedeutung, während in der Geschichte des Judentums, insbesondere in der zentralen Stellung der Religiosität der Lehrhäuser (und hassidischen Stübl) dieser eine vergleichsweise geringe Bedeutung zukommt.

Entscheidend wurde vielmehr die Entdeckung einer inneren Landschaft beziehungsweise einer inneren religiösen Wahrnehmung der Welt, die sich wesentlich innerhalb einer Gemeinde sowie im Handeln der Mitglieder dieser Gemeinde selbst entfaltete.

· · · · · · · · · · · · · ·

34 Insbesondere angesichts einer immer längeren Existenz und Entwicklung im Exil.
35 Damit soll nicht formuliert werden, dass diese Schlussfolgerung bei *Ezechiel* selbst angelegt ist, aber der Text Ezechiels konstituiert den Teil eines letztendlich noch weiterreichenden Komplexes, welcher jedoch in *Ezechiel* bereits begründet und entscheidend interpretiert wird.
36 Auch aus diesem Grund ist das, was man gemeinhin als jüdische Kunst versteht, nicht originär jüdischen Inhalts, sondern wurde durch die Gegebenheiten und Traditionen der kulturellen Umgebung, zum Beispiel durch christlich-katholisch, orthodoxe, islamische, protestantische etc. Einflüsse in Architektur, Symbolik, Grabkunst u.a. geprägt.
37 Auch zahlreiche protestantische, mystische bzw. hermetische Traditionen nahmen eine bewusste Veränderung der ästhetischen Perspektive vor.

2. Vom Tempelritual zur Religiosität der Person

Die Texte Hillel des Älteren standen im Mittelpunkt der vorhergehenden Betrachtung, wobei zwei Fragen besondere Aufmerksamkeit zukam:

1. Das Problem einer Neuinterpretation des Tempels.
2. Die literarische Beschreibung des religiösen Phänomens einer *mystischen Erfahrung*.

Vor dem Hintergrund dieses Themas soll auf einen weiteren Text im Traktat *Sukka* verwiesen werden, welcher in enger Verbindung mit dem bereits zitierten Text des vorangegangenen Teils steht. Im Anschluss daran folgt eine Diskussion zur inhaltlichen Bestimmung des Tempels, wobei der Zusammenhang einer *Reinterpretation des Tempels* mit den Impulsen einer mystischen Denkweise erneut zutage tritt. Die Analyse dieser Texte spiegelt somit die Beschreibung der Entwicklung *von der Tempelreligiosität zu einer konkreten Frömmigkeit der Person* wider.

2.1 bSuk 53a: Selbstverantwortung und Schicksal –
Die innere Dimension des Menschen als Grund der Freiheit

Hillel erblickte, gemäss dieser tannaitischen Quelle einen Totenschädel auf dem Fluss und er sagte:

> *Weil du (eine andere Person) ertränkt hast, hat man dich ertränkt. Und (derjenige), der dich ertränkt hat, wird (auch) ertrinken.*[1]

Hillel ist davon überzeugt, dass das menschliche Dasein einer bestimmten Gesetzmässigkeit, selbst angesichts des Momentes besonderer Grausamkeit, unterliegt. Der anonyme Schädel gilt zwar als Symbol eines furchtbaren Ereignisses, dieser erlaubt jedoch keine Rückschlüsse auf den Täter selbst. Obwohl die Tat vergessen scheint, wendet sich Hillel gegen jeden Versuch einer Gleichgültigkeit beziehungsweise Nivellierung der menschlichen Existenz. Vielmehr fordert er dazu auf, jede Handlung (des Menschen) im Kontext einer göttlicher Dimension wahrzunehmen. Doch Hillels Auffassung wird *nicht* von Argumenten getragen, wie etwa: Es ist nicht tragisch, denn Gott wird für das Wirken der Gerechtigkeit Sorge tragen.

Um die Bedeutung dieses Textes entdecken zu können, soll eine weitere Quelle zitiert werden. Der Talmud sagt weiter:

> *R. Jochanan sagte: Seine Füsse sind ein Führer des Menschen; sie sind für ihn verantwortlich – zu (dem Ort), an dem er gebraucht wird, dort(hin) tragen sie ihn.*[2]

. . . .

1   bSuk 53a und Av 2,6.
2   bSuk 53a. – Es sei darauf aufmerksam gemacht, dass die Aussage Hillels in Hebräisch formuliert wird, während die von R. Jochanan im Aramäischen erscheint.

R. Jochanan genoss in Erez Israel in der zweiten Hälfte des 3. Jahrhunderts d. Z. die Anerkennung eines sehr geachteten Gelehrten.[3] Seine Formulierung weist Ähnlichkeiten zu der bereits zitierten Aussage Hillels auf: "Zu dem Ort, den ich liebe, dorthin führen mich meine Füsse".[4] Doch in der Formulierung R. Jochanans wird eine andere Tendenz deutlich, da er nicht sagt: " ... zu dem Ort, den er liebt ...", sondern: " ... zu dem Ort, *an dem er gebraucht wird.*" Zwar handelt es sich um eine parallele Aussage, welche eine Paraphrase beziehungsweise eine Abwandlung des älteren Textes von Hillel darstellt, doch es wird eine neue Haltung, ein neues Bewusstsein inauguriert. Nach dem Text R. Jochanans folgt im Talmud die folgende Erzählung:

> *Es waren zwei Kushiten, die vor Salomo standen, (nämlich) "Elihorep und Ahia, (die) Söhne Schischas" (1. Kön 4,3); sie waren Schreiber Salomos. Eines Tages (nun) sah (Salomo) den Todesengel, der betrübt war. Er sprach zu ihm: Warum bist du betrübt? (Da) sprach er zu ihm: Weil man von mir diese zwei Kushiten fordert, die hier sitzen. (Daraufhin) übergab (Salomo) sie (sc. seine beiden Schreiber) Dämonen (und) sandte sie zur Stadt Lus (ein mythischer Ort, an dem Mensch nicht sterben). Als sie in der Stadt Lus ankamen, starben sie. Am nächsten Tag sah (Salomo) den Todesengel, der fröhlich war; er sprach zu ihm: Warum bist du fröhlich? (Da) sprach er zu ihm: An den Ort, (an dem) man (die beiden) von mir forderte, dort(hin) hast du sie gesandt. Sofort öffnete Salomo (seinen Mund) und sprach: Seine Füsse sind ein Führer des Menschen; sie sind für ihn verantwortlich – zu (dem Ort), an dem er gebraucht wird, dort(hin) tragen sie ihn.[5]*

Obwohl diese Erzählung von einer beinahe humorvollen Stimmung getragen wird, erscheint die Erkenntnis von der Unentrinnbarkeit des Schicksals immanent. Denn je nachhaltiger der Akteur der Handlung den Versuch unternimmt, diesem Schicksal zu

---

3   Also etwa 250 bis 300 Jahre nach dem Wirken Hillels. Das Spektrum der Tätigkeiten der *jeshiwa* von R. Jochanan war in dieser Zeit ausserordentlich breit gefächert, so dass einige Gelehrte vorwiegend halachische, andere jedoch aggadische Texte bearbeiteten. R. Jochanan wurden in seiner Funktion als Leiter der *jeshiwa* zahlreiche Texte zugeschrieben, obwohl sich seine tatsächliche Autorenschaft nicht immer eindeutig bestätigen lässt, so dass deshalb oft die Frage nach dem eigentlichen Verfasser der Texte entsteht.

4   bSuk 53a.

5   bSuk, ebd.
    König Salomo wurde als weiser König gerühmt. Gemäss der rabbinischen Tradition war es ihm deshalb möglich, sowohl mit den Engeln als auch dem Todesengeln zu sprechen. Der Todesengel versuchte jedoch, König Salomo zu verführen, indem er von seiner Aufgabe, die zwei Schreiber zu töten, berichtete. Zugleich ist ihm jedoch klar, dass dies Salomo nicht gelingen wird. König Salomo reagierte rasch und versuchte seinerseits den Todesengel zu überlisten. Der Leser erfährt implizit, dass es sich bei dem Ort *Lus* um einen Platz der Unsterblichkeit handelt (vgl. hierzu GenR 69 zu 28,19) Allerdings kann man dorthin wohl nur mit der Hilfe der Dämonen gelangen. Da Salomo seine Diener retten wollte, schickte er diesen mit den Dämonen nach *Lus*. Dieses Vorhaben misslang jedoch, weil genau an diesem Ort der Todesengel seine Aufgabe erfüllen sollte.

entrinnen, um so stärker wird er in dieses verstrickt. Zwei Momente werden hierbei relevant:

1. Die Betonung der Freiheit des Menschen wird in einer späteren Generation von der Betonung der Unfreiheit abgelöst.[6] Für die Rabbiner stellte der Gedanke der Freiheit des Menschen zweifellos eine grundlegende Forderung dar, obwohl sie eine Einschränkung dieser oft genug hinnehmen mussten.[7] Deshalb erscheint die Schlussfolgerung dieses Textes folgenreich. Jedes Streben nach Freiheit lenkt zunächst den Blick auf deren äussere Rahmenbedingungen, die sehr enttäuschend sein können. Hinsichtlich des Verständnisses des Tempels kann der Mensch jedoch als frei verstanden werden. Die religiöse Person sucht den Tempel freiwillig auf, wobei jedoch nicht einzig der Ort beziehungsweise die Bedeutung des Tempels selbst relevant erscheint. Vielmehr wird eine charakteristische rabbinische Grundhaltung hervorgehoben: durch die *innere Dimension des religiösen Subjekts* kann die Freiheit gedacht und real werden, wobei eine (blosse) Anwesenheit im Tempel dabei nicht entscheidend ist.

2. In dem Text wurde deutlich, dass Hillel unmittelbar "im Tempel" *eine innere Begegnung mit Gott* erlebt. In der vorigen Darstellung wurde die Bedeutung der Begriffe "dein Haus" und "mein Haus" im Kontext *einer von dem Inneren bestimmten Geographie des Individuums* entwickelt. Der Ausdruck "Ich komme zu deinem Haus und du kommst zu meinem Haus" wird adäquat zu dem Ereignis "... meine Füsse sind für meine Handlungen verantwortlich" gefasst. Im Kontext dieses inneren Ereignisses spiegelt die Verantwortung des Menschen zugleich den Begriff von einer Handlung, die durch das Innere bestimmt wird, wider, so dass im Zusammenhang mit diesem Text deshalb als eine wesentliche *Quelle der menschlichen Freiheit der Aspekt der Innerlichkeit des Menschen entdeckt wird.*

Die Ironie der Geschichte von Lus wird zur Ironie der falsch gedachten Freiheit: In der äusseren Welt, in welcher der Mensch seine Kraft und Macht vermutet, ist er oft nicht frei – siehe die Betonung von R. Jochanan. Gerade in einer, von der Innerlichkeit bestimmten Welt, wo die menschlichen Mittel von Zwang und Gewalt nicht funktionieren und deshalb als impotent abgeschrieben werden müssen, ist die Freiheit gross und mächtig bewegend – nach innen und nach aussen.

Individualismus spiegelt ebenso eine Funktion der Innerlichkeit des Menschen wider. Nur wenn ein inneres Vermögen des Menschen vorausgesetzt wird, vermag dieser als ein Individuum zu handeln. Individualismus wird daher als ein philosophi-

---

6   Als ein Schüler der klassischen Wissenschaft des Judentums würde auch ich zunächst die Ansicht vertreten, dass die früheren Gelehrten des talmudischen Judentums, wie Hillel oder andere Zeitgenossen, stärker einer rationalen Argumentation verpflichtet waren, während die Gelehrten später die Welt oft als ein schicksalsvolles Geschehen abbildeten. Doch der tiefere und eigentliche Gehalt dieser Texte verweist auf eine spezifische Denkweise im rabbinischen Judentum, welche dieses Vorurteil nachhaltig infrage stellt.

7   Auf Grund dieses Handlungsrahmens ist es dem Menschen möglich, seine Verantwortung einzuschränken beziehungsweise diese zu begrenzen: "Siehe, dieser Kontext begründet die Kreatürlichkeit des Menschen, so dass auch Gott eine Verantwortung für meine negativen Handlungen trägt."

scher Begriff von einem Verständnis der Innerlichkeit determiniert. Die Konzeption der Innerlichkeit als eine Quelle der menschlichen Freiheit wiederum wurde wesentlich in den Leistungen der philosophischen Mystik entdeckt, so dass diese *in einem radikalen Sinn den Inbegriff der inneren Freiheit des religiösen Subjekts entfaltet*. Die Orientierung des *klassischen* mystischen Sehnens ist in dem Streben zur *unio mystica* begründet ist, welche zugleich die Aufhebung der Existenz als "Ich" einschliesst. In diesem Kontext wird die Freiheit des Menschen als ein Vermögen, die eigene Existenz nicht als ein Schicksal, sonderns als eine innere, freie Entscheidung zu begreifen, begründet. Insbesondere die Tradition der mystischen Erfahrung bildete hierzu den Begriff der Aufhebung der Existenz des "Ich" aus. In diesem Moment wird der Zustand der Freiheit erreicht, weil nur dann das "Ich-sein" als eine freigewählte Entscheidung verstanden werden kann. Der Mensch begreift sein individuelles Vermögen, da er sich in seiner *konkreten Handlung* ebenso für eine andere Form des Daseins zu entscheiden vermag. *Insbesondere in der abendländischen Kultur wurde deshalb die Konzeption der inneren Freiheit in der Verbindung mit dem Begriff des Individuums im Kontext der philosophischen Mystik entdeckt.*[8]

Die äussere Welt wird realistisch widergespiegelt: "Weil du (eine andere Person) ertränkt hast, hat man dich ertränkt. Und (derjenige), der dich ertränkt hat, wird (auch) ertrinken"[9], so dass die menschliche Freiheit begrenzt erscheint. Dies fasst zugleich eine passive Rolle des Menschen, ohne die Fähigkeit, eine Gerechtigkeit in dieser Welt entdecken zu können. Dieser passiven Wahrnehmung der Realität stellt Hillel jedoch eine Interpretation gegenüber, welche das Ende der Handlung offenlässt: Der Mensch ist zwar oft zur Passivität gezwungen, trotzdem ist dieser Welt eine ethische Dimension inhärent. Die innere Dimension der Freiheit existiert demnach selbst in einem Raum, in welchem sich die Möglichkeiten einer äusseren Freiheit als ausserordentlich begrenzt darstellen. *Doch Hillel entdeckt die Möglichkeiten der Freiheit als eine wesentlich im Inneren des Menschen begründete Erfahrung.*[10] Wie wir schon schlussfolgern konnten, ist das mystische Sehnen Hillels *nicht* auf die *unio mystica* gerichtet. Das "Ich" Hillels muss bestehen bleiben. Und dass dieses immer (rabbinisch gedacht) ein Ich-bin-in-der-Welt ist, wird die Überzeugung der Auswirkung des Inneren auf das Äussere nie aufgeben – es sei denn in einer eschatologisch ausgerichteten Verzweiflung. Die, von dem Inneren bestimmte Freiheit wird zur Pflicht des Handelns.

2.2 Das Herausgehen aus dem Tempel

Der Text, in welchem Hillel sein Handeln scheinbar passiv beschreibt, fasst den tiefen Ausdruck der im Inneren bestimmten Freiheit. "Zu dem Ort, den ich liebe, dorthin

---

8 Vgl. hierzu auch: S. Wollgast, *Philosophie in Deutschland 1550-1650*, 2. Aufl.,Berlin 1993, S. 601-741.

9 bSuk 53a.

10 Die Herausbildung der bürgerlichen Gesellschaft und der damit verbundenen Begriffe Freiheit und Individualismus stellen damit nicht die eigentliche Quelle dieser Entwicklung dar, sondern verweisen auf den früheren Impuls einer religiösen Wahrnehmung. Die Form innerer Freiheit wird damit im Rahmen der bürgerlichen Gesellschaft manifest, aber die Quelle dieses Gedankens ist nicht in der bürgerlichen Gesellschaft selbst aufzufinden, sondern widerspiegelt sich innnerhalb einer geistesgeschichtlichen Entwicklung.

führen mich meine Füsse."[11] – so dass einzig seine Liebe darüber entscheidet, an welchem Ort, welchem Platz er sich befindet. Dies spiegelt zumindest seine religiöse Erfahrung wider, nicht jedoch das Schicksal seines Lebens selbst. Eine Neuinterpretation des Tempels jedoch schliesst vor allem ein, dass der Ort des Tempels nicht mehr im Sinne eines geographischen Ortes verstanden wird. Dieser Ort wird jetzt wesentlich als ein, im Inneren bestimmten Raum gefasst. Die Neuinterpretation des Tempels geht also mit der Entdeckung eines "innerlich, gefassten religiösen Raumes" einher, so dass dieser erst die Voraussetzung zur Befreiung von einem bloss äusseren Ort schuf. Der Mensch wird damit von einer autistischen äusserlichen Konstellation durch *die Entdeckung einer inneren Dimension* befreit. Diese Erkenntnis stellt ein wichtiges Kapitel im Kontext der Entstehung des rabbinischen Judentums dar. Im Rahmen der Auslegung und Interpretation verschiedener Texte wurde darauf verwiesen, dass sich das rabbinische Judentum inbesondere in der Erkenntnis und Formulierung eines *Herausgehens aus dem Tempel* konstituierte, so dass dieses Thema nachfolgend im Mittelpunkt der Untersuchung steht.[12]

Mit dem Ereignis der Zerstörung des Tempels im Jahre 70 d. Z wurde deutlich, dass sich das rabbinische Judentum im Blick auf das Spezifische seines Herausgehens aus dem Tempel bereits *vor* der Zerstörung des Tempels entfaltete. Mit der Zerstörung des Tempels entstand eine neue Realität, so dass die Entstehung des rabbinischen Judentums scheinbar mit der Zerstörung und damit der Nichtexistenz des Tempels zusammenfiel. Doch diese Perspektive erscheint nicht realistisch, insofern Religionen, die sich wesentlich aufgrund der Existenz eines Tempels beziehungsweise eines konkreten Ortsverständnisses definieren, oft mit der Zerstörung ihrer Kultstätten gleichsam der Vernichtung anheimfallen, da diese für ein derartiges Trauma nicht vorbereitet sind. Die Überlebensfähigkeit und Entwicklung des rabbinischen Judentums wurde jedoch von Voraussetzungen getragen, die sich bereits vor der Zerstörung des Tempels herauskristallisierten. In dem hier entwickelten hermeneutischen Verständnis findet sich deshalb eine Widerspiegelung realer Lebensvorgänge, einer bestimmten Realität, so dass der Tempel in seiner traditionellen Funktion zwar wahrgenommen, zugleich jedoch als ein anderes Phänomen erkannt beziehungsweise interpretiert wurde. *Dieser hermeneutische Akt bildet damit keinen begrenzten Moment, sondern die Kristallisation eines bereits sich lange zuvor herausgebildeten Prozesses des Daseins selbst.* Die Analyse des folgenden Textes vermag deshalb, einen adäquaten Ausdruck dieses hermeneutischen Übergangs von der Tempel-Religiosität zu einer anderen Form des religiösen Bewusstseins zu vermitteln.

. . . .

11   bSuk 53a.
12   Die Uminterpretation des Tempels nach der Zerstörung des Tempels geschah derart, dass ein Sehnen nach einer Rückkehr zu der Zeit des Tempels formuliert wurde, ohne jedoch die Perspektive einer tatsächlichen historischen Verwirklichung zu entwerfen. Das Sehnen nach dem Tempel wurde so zu einer *eschatologischen Kategorie.* Eschatologie wiederum erweist sich somit als ausserordentlich folgenreich, da die hierin formulierte Energie nicht eine Phantasie, sondern einen deutlich kritischen Akzent hinsichtlich bestehender Verhältnisse zum Ausdruck bringt.

2.3 Pesikta de-Rav Kahana: rabbinisch-hermeneutische Beziehung zu den Propheten und Schriften

Das Werk, aus welchem der folgende Text zitiert wird, gilt als einer der ältesten und zugleich gelehrtesten Werke des Midrasch Haggada. Diese Quelle beinhaltet weder Sammlungen populärer Behauptungen noch völkische Predigten, sondern wurde innerhalb der Lehrhäuser (*jeshiwot*) verfasst. Dabei handelt sich um einen Text aus der *Pesikta de Rav Kahana*, dessen äussere Form von Leopold Zunz am Ende des 19. Jahrhunderts aufgrund theoretischer Überlegungen rekonstruiert werden konnte. Später aufgefundene Manuskripte bestätigten die von Zunz erdachte Gestalt. Dabei handelt es sich um einen amöräischen Midrasch, und zwar einen *Midrasch Haggada*[13] also eine Auslegung ungesetzlicher Abschnitte beziehungsweise Teile der Hebräischen Bibel. Die *Pesikta de Rav Kahana* ist nach wichtigen *shabbatot* geordnet: Diese enthält daher nicht Texte für jeden wöchentlichen *shabbat*, an dem turnusmässig Texte aus dem Pentateuch und den Propheten vorgelesen werden, sondern für besonders feierliche *shabbatot*. Die erste literarische Quelle verweist auf den Feiertag von *Chanukka*[14]. Die Pesiktot beginnen sehr oft mit einer Diskussion zu einer Textstelle in der Hebräischen Bibel ausserhalb des Pentateuch, wie zum Beispiel aus den Psalmen. Dies wurde unter anderem mit einem literarischen Erfordernis begründet, was jedoch nicht überzeugend erscheint. Der Midrasch beginnt vielmehr mit einem Text ausserhalb des Pentateuch, da eine Auslegung der Hebräischen Bibel nicht auf der Grundlage des Pentateuch, sondern eines Textes, welcher sich für die Idee des Midrasch als zentraler erweist, erfolgen sollte. Dies tangiert zugleich die Bedeutung des Kanons und der darin implizierten hierarchischen Textstruktur. Die grundlegende hermeneutische Energie des Midrasch wird demnach nicht nur hinsichtlich des Pentateuch, sondern auch für andere Texte, wie die Psalmen oder das Hohelied wirksam. Interessant erscheint die Tatsache, dass in diesem Midrasch die Einheit des Textes (eventuell aufgrund der Redaktion oder früherer Impulse) grösser als bei anderen Texten, wie zum Beispiel im *Genesis Rabba,* ist.[15] Anlässlich des Feiertages von *Chanukka* wird in der Synagoge der Text, welcher den Aufbaus des Tempelzeltes durch Mose in der Wüste beschreibt, gelesen.[16] Die Pesikta zu *Chanukka* beginnt mit einem Zitat aus dem Hohelied und es entsteht sofort die Frage nach dem Zusammenhang dieses Textes mit dem Feiertag von *Chanukka*. Die genannte Pesikta stellt demnach eine Auslegung

. . . .

13 Die in Erez Israel entstandene *Pesikta de-Rav-Kahana* ist vom Redaktionsstandpunkt aus betrachtet ein amöräischer Text und wurde damit wahrscheinlich spätenstens am Anfang des 6. Jahrhundert d. Z. redigiert. Angesichts dieses Umstandes muss die ganze Frage der Kanonisierung der Texte im rabbinischen Judentum neu gestellt werden, da sich die Hierarchie der Texte oft nicht in den dogmatischen und zum Teil auch erstarrten Formen zeigt, wie dies oft gelehrt wird.

14 In der kritischen Ausgabe von B. Mandelbaum.

15 Es ist aber möglich, dass ein wichtiger Teil dessen Inhalts zurück zur tannaitischen Periode reicht.

16 Beginnend mit Num 7,1: "Und es geschah an dem Tag, da Mose das Aufstellen des Zeltheiligtumes beendet hatte, ...", liest man an den 8 Chanukka-Tagen in acht Teilen den Bericht über die Einweihung des Zeltheiligtumes (bis Num 7,89) zur Erinnerung an die Wiedereinweihung des Tempels in der Zeit der Hasmonäer.

des Hoheliedes dar. Dies offenbart zugleich das grundlegende Interesse des Autors, die Konzentration des Lesers (oder Hörer am *shabbat*) auf ein Thema ausserhalb des Pentateuch zu lenken, indem ein Vers aus dem Hohelied 5,1 zitiert wird.

2.4 Rabbinisches Verständnis des Hoheliedes als ein mystischer Text – Nichtdualistische Natur des Sehnens

Das Verstehen sowie eine Interpretation des Hoheliedes erweist sich im rabbinischen Judentum keineswegs als unkompliziert. Bereits Gershom Scholem vertrat die Auffassung, wonach das Hohelied im Kontext einer mystischen Tradition kanonisiert wurde. Es entspricht einer allgemeinen Erkenntnis, dass in bestimmten mystischen Konzeptionen erotische Begriffe und Symbole zur Beschreibung einer mystischen Erfahrung herangezogen werden. Darin erfolgt keineswegs die Reflexion einer Allegorie (wie viele meinen), vielmehr tritt eine spezifische mystische Anthropologie in den Vordergrund, welche den Mensch wesentlich als ein geistiges aber nicht dualistisches Wesen interpretiert. Der Ausdruck einer *solchen* Geistigkeit besteht vor allem in der Unfähigkeit, sich in einem festgelegten, endgültig bestimmten Dasein zu definieren. Der Mensch begreift sich danach nicht mehr als nur "dieses" Wesen, er ist zugleich in der Möglichkeit, *auch ein anderes* zu werden, insofern ihm sozusagen eine andere Dimension inhärent ist. Für Kierkegaard ist *die Möglichkeit der Möglichkeit* dem Menschen als Ausdruck seiner Transzendenz inhärent. Darin besteht das Paradox des Seins als "Ich" – der Mensch kann (im Sinne der mystischen Idee) nur existieren, weil er als ein "Ich", das heisst in seiner konkretesten Individualität, im Kontext der Möglichkeit des Sehnens gefasst wird. Schliesslich bedeutet dieses Sehnen ein Streben nach der *unio mystica*, jedoch zugleich eine Überwindung und Aufhebung der Existenz des "Ich", wie in der klassischen Mystik formuliert.

Wenn also die Konzeption der philosophischen Mystik die Beziehung zwischen Mensch und Gott aufgrund einer erotischen Terminologie bestimmt, so ist dies meines Erachtens als eine direkte Konsequenz der anthropologischen Vorstellung zu begreifen. Dass 1. Der Mensch ein sehnendes Wesen ist. 2. Das Sehnen nach Gott im Grunde in dem selben Bedürfnis nach dem Geliebten wie das erotische Sehnen gewurzelt ist, oder besser gesagt umgekehrt. 3. Deshalb kann man die mystische Erfahrung erotisch verstehen.

In der hebräischen Überlieferung beginnt die uns interessierende Einheit in dem zweiten Vers im fünften Kapitel mit folgenden Worten:

Ich schlafe, aber mein Herz ist wach ... [17]

· · · · · · · · · · · · · ·

17   Hld 5,2. Es wird nicht mit dem fünften Kapitel begonnen, da die Teilung in nummerierte Kapitel, wie bereits betont wurde, von nichtjüdischen Übersetzern vorgenommen wurde. Die Hebräische Bibel verweist auf ihre eigene Überlieferung von Kapiteln oder Einheiten, welche ebenso auf einer Interpretation basiert und die durch die optische Unterteilung des traditionellen hebräischen Textes erkannt wird. Im Allgemeinen kann man davon ausgehen, dass diese überlieferte Teilung näher am rabbinischen Verständnis der Bibel steht, aber *nicht immer*.

Damit wird sogleich eine Dimension der Innerlichkeit relevant.

> *Horch, mein Geliebter klopft:*
> *"Öffne mir, meine Schwester, meine Freundin, meine Taube, meine Reine!*
> *Mein Kopf ist voll Tau, meine Locken (voll) Nachtropfen."[18]*

Und die Geliebte antwortet:

> *Ich habemein Kleid (schon) abgelegt-*
> *wie soll ich es (wieder) anziehen?*
> *Ich habe meine Füsse (schon) gewaschen -*
> *wie soll ich sie (wieder) beschmutzen?[19]*

Die Geliebte hat sich bereits für den Schlaf vorbereitet. Die "Tür" muss geöffnet werden, so dass die Dringlichkeit dieser Öffnung ebenso den erotischen Drang beider Partner fasst: Die Geliebte soll aufstehen, um sich für ihren Geliebten vorzubereiten, doch im Halbschlaf sind ihr Handeln und Sehnen noch nicht identisch. Sie ist für ihn "bereit" allein in ihrer inneren Dimension, so dass sie sich noch im Zustand des Nicht-Handelns befindet:

> *Mein Geliebter streckte seine Hand durch[20] die Luke;*
> *da bebte mein Herz[21] ihm entgegen.[22]*

Der hebräische Text vermittelt eigentlich das unmittelbare Zurückschrecken des Geliebten (Gottes) im Moment des Umfassens und Berührens der Luke, da die Geliebte nicht bereit war, ihn zu empfangen. Die Geliebte spürt lediglich in ihrem Unterbewusstsein, dass sie ihren Geliebten begehrt, doch im Moment seiner Abkehr kehrte ihr volles Bewusstsein zurück und sie erschrak, als er sich von ihr abwandte:

> *Ich stand auf, meinem Geliebten zu öffnen.*
> *Da tropften meine Hände (von) Myrrhe und meine Finger (von) ausfliessender Myrrhe*
> *am Griff des Riegels. Ich öffnete meinem Geliebten:*
> *Doch mein Geliebter war weg, fortgegangen.*
> *Meine Seele ging aus wegen seiner Sache;[23]*
> *ich suchte ihn, aber ich fand ihn nicht.*
> *Ich rief ihn, aber er antwortete mir nicht.[24]*

---

18 Hld 5,2.
19 Hld 5,3.
20 Wörtlich: von.
21 Wörtlich: "meine Eingeweide".
22 Hld 5,4.
23 D.h.: weil er verschwunden war.
24 Hld 5,5.

Die Geliebte ging hinaus auf die Strasse in der Nacht. Doch die Wächter entdeckten die verwirrte und nur spärlich bekleidete Frau, welche auf der Suche nach einer Realität war, die nur sie kannte:

> *Da fanden mich die Wächter, die in der Stadt herumgehen;*
> *sie schlugen mich, sie verletzten mich.*
> *Sie entrissen mir meinen überwurf, die Wächter der Mauern.*
> *Ich beschwöre euch, Jerusalems Töchter:*
> *Wenn ihr meinen Geliebten findet – was sollt ihr ihm sagen? -*
> *Ich bin krank (vor) Liebe.*[25]

In verschiedenen mystischen Beschreibungen, wie auch in der christlichen Tradition, bildet dies einen paradigmatischen Ausdruck der unvollzogenen und damit unendlichen Liebe zwischen Gott und dem Menschen. Insbesondere in mittelalterlichen Wahrnehmungen wurde der Inbegriff wahrer Liebe mit dem Zustand einer unvollzogenen und damit zugleich tragisch endenden Beziehung gleichgesetzt. In einem anderen rabbinischen Text wird dies so formuliert: "Als ich (Gott) wollte, wolltest du nicht; nun, da du (Moses) willst, will ich nicht."[26] Diese Beziehung ist demnach von einer tragischen Konstellation belastet. Obwohl sich der religiöse Mensch durch ein Sehnen nach Gott auszeichnet, erscheint die Erlangung oder gar Erfüllung dieser Liebe unmöglich. Die Liebe und das Sehnen nach Gott wird deshalb immer von einer unüberwindbaren Distanz geprägt. Wesentlich erscheint allerdings das Verständnis des *Sehnens* als eine mystischen Beziehung zwischen Gott und dem Menschen. In der mystischen Wahrnehmung spiegelt dies nicht eine phantastische Vorstellung wider, sondern ist Bestandteil des menschlichen Daseins selbst. Im Kontext dieser Tradition führt das *Sehnen* des Menschen nach Gott nicht zur Konzeption einer dualistischen Natur des Menschen, welche etwa nur das geistige Vermögen des Menschen berücksichtigt. Im Gegenteil, die Bedeutung der Kategorie des Sehnens basiert auf dem grundliegenden Verständnis der Einheit der menschlichen Natur. Diese Einheit der menschlichen Natur wird für den Mystiker gerade in dem erotischen Sehnen des Menschen sichtbar – ein Sehnen nach dem Anderen und nach Gott.

Der Autor unserer *Pesikta* beginnt mit dem letzten Vers der früheren Einheit (gemäss der hebräischen Überlieferung):

> *Ich kam in meinen Garten, meine Schwester, (meine) Braut ... .*[27]

Die midraschische Lesung assoziiert hier den "Garten" mit dem Ort, in welchem die nachfolgende Liebeszene stattfindet. Die hebräische Überlieferung hatte die Szene des Gartens, welcher 4,12 begann und bis 5,1 reichte, von der Liebeszene im fünften Kapitel getrennt – möglicherweise um die Diskontinuität der erotischen Wahrnehmungen und Ereignisse hervorzuheben. Der Autor des *Pesikta* stellt jedoch die Liebe-

. . . .
25   Hld 5,7.
26   bBer 7a.
27   Hld 5,1.

szene als einen Moment in "dem Garten" dar, da im rabbinischen Verständnis das "In-der-Welt-Sein" der Person eine Einheit darstellt – es sei denn, die Entschiedenheit der Personen bricht diese.

> *Ich pflückte meine Myrrhe samt meinem Balsam, ich ass meine*
> *Wabe samt meinem Honig, ich trank meinen Wein samt meiner*
> *Milch, esst, meine Freunde, trinkt und berauscht euch, meine Lieben.*[28]

Die midraschische Auslegung führt beide Texte zusammen, um die Bedeutung des "Gartens" hervorzuheben. Dieser wird als der Ort, in welchem das Zusammenkommen stattfinden soll, konzipiert. Der "Garten" wird zu dem Ort, wo der Haarschopf des Geliebten in dem langen Warten und Sehnen mit Tau bedeckt wurde. In der rabbinischen Lesung sagt Gott deshalb zu Israel oder der religiösen, mystischen Person:

> *Ich kam in meinen Garten, meine Schwester, (meine) Braut;*
> *ich pflückte meine Myrrhe samt meinem Balsam, ich ass meine*
> *Wabe samt meinem Honig, ich trank meinen Wein samt meiner*
> *Milch, esst, meine Freunde, trinkt und berauscht euch, meine Lieben.*[29]

Und im Midrasch heisst es:

> *"Ich kam in meinen Garten, meine Schwester, (meine) Braut" (Hld 5,1):*
> *R. Asarja sagte im Namen R. Simons: (Dies gleicht) einem König, der*
> *über seine Frau (wrtl. Matrone) zürnte, sie verstiess und aus seinem*
> *Palast herausgehen liess. Nach (einiger) Zeit wünschte er, dass sie*
> *zurückkehrt.*[30]

Der König war zwar verärgert, doch seine Sehnsucht überwog, so dass er versuchte, sie zurückzuholen, doch sie war nicht ohne weiteres dazu bereit.

> *(Da) sprach sie: Er möge mir eine Sache erneuern und danach lasse er mich*
> *zurückkehren.*[31]

Es muss demnach eine Veränderung, eine Erneuerung stattfinden:

> *(Eben)so ist (der Fall, dass) der Heilige, gesegnet sei Er, in der Vergangenheit*
> *Opfer von oben annahm, wie es heisst: "Und der Herr roch den angenehmen*
> *Duft" (Gen 8,21) – nun aber nimmt er sie von unten an: "Ich kam in meinen*
> *Garten, meine Schwester, (meine) Braut" (Hld 5,1).*[32]

- - - - - - - - - - - - - -

28   Hld 5,1.
29   Hld 5,1.
30   PRK 1,1 (ed. Mandelbaum, Bd. I, 1).
31   ebd.
32   ebd.

Im Zentrum des Midrasch steht der Tempel oder das Zeltheiligtum, welcher hier mit der Bezeichnung des "Gartens" symbolisch beschrieben wird. Dies klingt beinahe wie eine Allegorie, obwohl eine solche nicht vorliegt; die symbolische Brisanz eines "Gartens" ist bereits in Genesis vorhanden. Gott verfügt nicht mehr über einen Ort, wo er die Opfer von aussen akzeptiert. Jetzt gelangt er zu "seinem Garten", zum Tempel und er akzeptiert die Opfer dort. Im Mittelpunkt des Midrasch steht jedoch nicht das Opfer, sondern die ursprüngliche Entfernung zwischen Gott und dem Menschen sowie deren Aufhebung im "Tempel".[33] Der Mensch sehnt sich nach Gott, weil beide ein ursprüngliches Zusammensein bilden. Hinsichtlich des angeführten Textes wird ein weiterer Aspekt relevant. Das Streben nach Gott widerspiegelt ein natürliches Sehnen, insofern die Gottesliebe einen Ausdruck der geistigen Natur des Menschen konstituiert. Danach folgt ein ausgesprochen radikaler Midrasch:

> *Es sprach R. Chanina:*
> *Die torah lehrt dich Anstand, (nämlich) dass der Bräutigamm nicht*
> *in das Brautgemach eintritt, bis dass die Braut ihm (die Erlaubnis*
> *(hierzu) gibt: "Es komme mein Geliebter in seinen Garten" (Hld 4,16);*
> *und danach (erst heisst es): "Ich kam in meinen Garten" (Hld 5,1).[34]*

Im Zusammenhang mit den bereits zitierten Texten heisst dies: Gott "vermag" den Menschen zu suchen, doch er wird ihn solange nicht auffinden, bis der Mensch selbst Gott sucht. Er ist dazu aufgefordert, Gott "einzuladen" – erst dann kann Gott ihn auffinden und "... zu seinem Garten" kommen. Obwohl diese Konstellation tragisch endet, insofern diese hier unerreicht bleibt, beruht ihr Sehnen stets auf dem Prinzip der Gegenseitigkeit, so dass gerade in deren Tragik im Sinne einer Unannehmbarkeit die Hoffnung der Begegnung besteht. Oder wie ein anderer Text in dem Midrasch dies formuliert:

> *Es steht hier nicht geschrieben: "Ich kam in den Garten" sondern: "Ich kam*
> *in meinen Garten" (Hld 5,1). (D.h.: Ich kam) in mein Brautgemach, an einen*
> *Ort, da er ursprünglich war.[35]*

---

33 Diese Darstellung findet sich parallel zu diesem Text über Hillel. Interessant ist, dass der Mensch sich Gott nähern kann, weil sich "die Matrone" ursprünglich in dem Palast befand. Sie kommt demnach zu ihrem natürlichen Ort zurück und man erkennt daran den Mythos Platons, in welchem er den Ursprung der Liebe beschreibt. Danach war der Mensch zuerst ein Androgynos. Schliesslich trennte der Demiurg oder die Götter den Menschen und entfernten beide voneinander. Deshalb sehnen sich der weibliche und der männliche Aspekt des Menschen nochmals nach einer Vereinigung. Es war Platon bewusst, dass ein Sehnen oder die Einheit zweier Teile, die nicht ursprünglich zueinander gehören, nicht gedacht werden kann. Für Platon ist jedoch die Konkretheit des Menschen nicht wesentlich, deshalb dominiert schliesslich das Denken der Einheit. Doch die platonische Idee wird auch hier entscheidend.
34 PRK 1,1 (ed. Mandelbaum, Bd. I, 1).
35 ebd.

Dies impliziert, dass Gott ein ursprüngliches Zusammensein mit dem Menschen genoss, so dass *eine Reinterpretation des Tempels nicht im Kontext eines geographischen Ortes, sondern in der Perspektive eines völlig anderen Ereignisses, nämlich der Innerlichkeit der religiösen Person entdeckt werden kann.* In der, im Inneren des Menschen gewurzelten religiösen Hermeneutik der Welt vermag der "Garten" aufgefunden werden, indem die religiöse Person ein mystisches Zusammensein mit Gott entfaltet.

Achtes Kapitel

Die Nichtörtlichkeit
des rabbinischen Judentums
– eine neue Anthropologie

1. Pesikta de-Rav Kahana zu Chanukka[1].
Die Konkretisierung des Individuums und deus absconditus

Im Mittelpunkt des vorherigen Kapitels stand die Interpretation des Midrasch *Pesikta de-Rav Kahana* zu Chanukka, welcher in engem Zusammenhang mit Num 7,1 ff.steht. Diese Verse beschreiben die Einweihung des Zeltheiligtums in der Wüste – als eine Vorform des Tempels in Jerusalem. Das Thema des Tempels oder Zeltheiligtums erfuhr schliesslich durch den interpretatorischen Verweis auf das Hohelied eine entscheidende Erweiterung.

Ich kam in meinen Garten, meine Schwester, (meine) Braut ... .[2]

Die Verbindung von zwei Versen aus differenzierten Kontexten, 1. ein Text, welcher einen konkreten Zeltheiligtum beschreibt und in der Entwicklung des Judentums zum Inbegriff des Tempels in Jerusalem wurde und 2. ein Text des Hoheliedes, nimmt bereits eine Interpretation des Tempels im Sinne eines Übergangs von einem geographischen zu einem, im Inneren bestimmten Ort rabbinischer Religiosität vorweg. Im Kontext einer langen geistesgeschichtlichen Entwicklung wurde die Auslegung des *Tempels als ein, im Inneren begründetes Ereignis* bereits vorbereitet.

"Ich kam in meinen Garten, meine Schwester, (meine) Braut" (Hld 5,1)

sagt "Gott" im Hohelied. Damit "war er" , so sagt der Midrasch, bereits vor der Sünde und der daraus resultierenden, wachsenden Differenz zwischen Gott und Mensch in "dem Garten", also an dem Ort der Begegnung. Dies reflektierte jedoch nicht die Existenz des Tempels in geographischer Perspektive, sondern drückte wesentlich ein, in der inneren Landschaft des Menschen, begründetes Ereignis aus. Obwohl diese Schlussfolgerung im Midrasch selbst nicht vorliegt, denn der Text wurde nicht mit dem Ziel einer Polemik gegen die priesterliche Kaste verfasst, *rekurriert die Metaphorisierung des "heiligen Ortes" auf die Zeit der Existenz des Tempels.* Lediglich die literarische Form des Midraschs entstand nach der Zerstörung des Tempels, so dass eine Polemik erst recht unwesentlich erscheint und die Nichtörtlichkeit des Tempels bereits eine anerkannte Selbstverständlichkeit darstellte.[3] Der Text die-

---

1   Zum Teil besteht die Auffassung, dass die *Pesikta de-Rav Kahana* lediglich eine beliebige Sammlung von Predigtfragmenten für die Feiertage und damit ein Kompendium zur Verfertigung vorgefertigter von populären Vorträgen für besondere Anlässe darstellt. Eine eingehende Analyse des Textes zeigt jedoch, dass keine blosse Sammlung, sondern ein wiederkehrender Zyklus grundlegender Ideen, Motive und Auslegungen der jüdischen Feiertage vorliegt. Darin wird das Verständnis der Feiertage innerhalb eines bestimmten Kreises des rabbinischen Judentums entwickelt, wobei dieses jedoch nicht ohne Einschränkungen als eine allgemeingültige Haltung des gesamten rabbinischen Judentums verstanden werden kann. Ähnlich verhält es sich mit anderen midraschischen Texten, wie den *Genesis Rabba* und den darin entwickelten Themenkomplexen.

2   Hld 5,1.

3   Der Tempel als ein absolut festgelegter Ort gerät allerhöchstens zur phantastischen Verklärung oder nostalgischen Rückerinnerung.

ses Midrasch entstand in einer Zeit, als der Tempel nicht mehr existierte und sich das *Judentum bereits als eine Religion ohne Tempel konstituierte.*

Obwohl die Identität des *Ortes der Begegnung mit Gott als ein, im Inneren begründeter Ort* allgemeine Anerkennung fand, ist sich der Autor der tatsächlichen Bedeutung seines kritischen Ansatzes sowie der Modifizierung des historischen Tempel-Begriffs nicht vollständig bewusst. Die Metaphorisierung und Veränderung des Tempel-Verständnisses entstand in seiner *literarischen* Form somit nach der Konzipierung des Midrasch. Auf dem Höhepunkt der midraschischen Entwicklung wird ein beinahe klassischer Begriff der Metaphorisierung und damit Verwandlung des Tempels in eine andere Realität konzipiert. Deshalb stellt die begriffliche Fassung des *Herausgehens aus dem Tempel* eine derart klare Form des neuen Standpunktes einer, *im Inneren gegründeten Geographie* dar. Der Midrasch widerspiegelt nicht den darin inhärenten ideengeschichtlichen Prozess, doch in den Texten Hillels, welcher in der Zeit des Tempels in Jerusalem wirkte, wurde bereits die Verwandlung und Neuinterpretation des Tempels vorweggenommen. Unser jetziger Midrasch fasst die Auswirkung dieser Gedankenrichtung in eine theologische Idee,[4] so dass der nachfolgende Text in *Pesikta de-Rav Kahana* 1,1 lautet:

> *R. Tanchum, der Schwiegersohn R. Elasar ben Awina (sagte) im Namen R. Shimon ben Josni: Es steht hier nicht geschrieben: "Ich kam in den Garten", sondern: Ich kam in meinen Garten" (Hld 5,1). (D.h.: Ich kam) in mein Brautgemach⁵ (d.h.: Er kam) an einen Ort, wo er ursprünglich war. – Ursprünglich war sie shechina (= göttliche Anwesenheit) bei den unteren (Wesen). Dies ist es, was geschrieben steht: "Und sie hörten das Geräusch des Herrn, Gottes, usw" (Gen 3,8). – Es sprach R. Aba bar Kahana: Es steht hier nicht geschrieben: "(Sie hörten das Geräusch des Herrn, Gottes,) gehend", sondern "sich ergehend" (Gen 3,8). (Das meint): Springend und aufsteigend. "Und es versteckte sich der Mensch (=Adam) und seine Frau" (Gen 3,8): Es sagte R. Aibu: In jener Stunde, (da sie sich versteckten), wurde die Grösse Adams verringert und wurde zu 100 Ellen⁶. Es sagte R. Jizchak: es steht geschrieben: "(Die) Gerechten erben (das) Land (und wohnen für immer in ihm.)" (Ps 37,29). Und die Frevler – wo sind sie? Fliegen sie in der Luft? (Dem ist nicht so), vielmehr:*

. . . .

4   Die Abbildung theoretischer Entwicklungen gestaltet sich ungleich komplizierter, insofern diese zum Zeitpunkt ihrer Entwicklung oft nicht bewusst thematisiert werden. Nachhaltige Ideen stellen sich nicht als ein Ergebnis blosser theoretischer Überlegungen in einem hermeneutisch abgeschlossenen Komplex dar, sondern vollziehen sich wesentlich innerhalb eines historischen Prozesses, dessen Daseinslogik aufzudecken ist.

5   Im Hebräischen beruht diese Auslegung auf einer lautlichen Ähnlichkeit der Begriffe "Garten" und "Brautgemach", das sich im Deutschen nicht wiedergeben lässt.

6   Dies ist eine Anknüpfung auf einen Midrasch, laut welchem Adam bei seiner Erschaffung "von einem Ende der Welt zum anderen" oder "von der Erde bis zum Himmel" reichte (vgl. GenR 8 zu 1,26 (ed. Theodor-Albeck, Bd. 1, 55); bChag 12a; bSan 38b). – Die oben angeführte Ansicht R. Aibus findet sich auch in GenR 19 zu 3,8 (ed. Theodor-Albeck, Bd. 1, 178).

Was bedeutet: "sie wohnen für immer in ihm" (Ps 37,29)? (Es bedeutet: Die Gerechten) veranlassen die shechina im Land zu wohnen[7] ... .[8]

Im dritten Kapitel von Genesis heisst es:

> *Da wurden die Augen der beiden geöffnet und sie erkannten, dass sie nackt waren, und sie nähten Feigenblätter (zusammen) und machten sich Schurze. Und sie hörten das Geräusch des Herrn, Gottes, gehend im Garten zum Wind des Tages, und es versteckte sich der Mensch (=Adam) und seine Frau vor dem Herrn, Gott, im Gehölz des Gartens.*
>
> *Da rief der Herr, Gott, den Menschen und sprach zu ihm: Wo bist du? Und er sprach: Ich hörte dein Geräusch im Garten, und ich fürchtete mich, weil ich nackt bin. (Deshalb) versteckte ich mich.*[9]

In welchem Zusammenhang stehen diese Verse mit der Vorstellung von der "Anwesenheit Gottes in dem Garten" zu Beginn des Textes in *Pesikta de-Rav Kahana*? Es handelt sich um eine sehr subtile Auslegung des Genesis-Kapitels: Adam und Eva vernahmen ein Geräusch, sie erschraken und versteckten sich. Schliesslich "hörten" sie, wie Gott *springt* und *aus dem Garten aufsteigt*, was einer gegenteiligen Darstellung des biblischen Textes entspricht. Im Mittelpunkt steht also nicht die Wahrnehmung der Anwesenheit Gottes in dem Garten, sondern seine *allmähliche Entfernung und Distanzierung.* Und der Autor des Midrasch ist überzeugt: Die Entfernung und Distanzierung Gottes implizierte seine ursprüngliche Anwesenheit. *Erst in der Entfernung und Distanzierung von Gott kann die eigentliche Bedeutung und die Dimension der Anwesenheit Gottes (also wesentlich negativ) begriffen werden.* Diese entscheidende Einsicht, welche später im Begriff des Sehnens nach Gott den wahren Gehalt rabbinischer Religiosität aufgreift, bereitete somit auch die Interpretation einer "Nichtörtlichkeit des Tempels" vor. Der Midrasch berücksichtigt den mythischen Rest in dem biblischen Text und verwandelt ihn in eine theologische Auslegung.

> *"Und es versteckte sich der Mensch (= Adam) und seine Frau" (Gen 3,8): Es sagte R. Aibu: In jener Stunde, (da sie sich versteckten), wurde die Grösse Adams verringert und wurde zu 100 Ellen.*[10]

Adam – der erste Mensch – war im Sinne der rabbinischen Überlieferung ursprünglich ein Gigant, ein Kosmos, doch als Gott den Garten verliess, schrumpfte er auf das Mass "von einhundert Ellen" zusammen. Im Vergleich zu seiner ursprünglichen Grösse bedeutete dies eine deutliche Einschränkung und philosophisch formuliert den Prozess einer *zunehmenden Konkretisierung.* Eine vergleichbare Darstellung der Grösse Adams findet sich auch in GenR 8 zu 1,26 (ed. Theodor-Albeck, Bd. 1, 55). In bChag 12a und in bSan 38b reichte *Adam der Erste* vor dem Sündenfall "vom Himmel bis

---

7   Dieser Auslegung nutzt eine Umpunktierung des hebräischen Verbes, die aus dem Kal "wohnen" den Hifil "wohnen lassen" macht.
8   PRK 1,1 (ed. Mandelbaum, Bd I, 1f).
9   Genesis 3,7-10.
10 PRK 1,1 (ed. Mandelbaum, Bd. I, 2). Vgl. auch Fussnote 6.

zur Erde" oder "von Ost nach West", was die Vorstellung einer Identifikation mit der Kosmos-Vorstellung impliziert. Dabei ist die Darstellung von *Adam dem Ersten* differenziert zur späteren Adam-Figur im Garten Eden, denn die universelle Bedeutung Adams des Ersten existierte, vergleichbar zu derjenigen Gottes, unabhängig von Zeit und Raum. Sein Dasein erschliesst sich nicht im Kontext eines bestimmten Ortes, sondern vielmehr in dem, was später als eine Einheit von Makro- und Mikrokosmos, "in allem und durch alles" verstanden wurde.

Der Midrasch greift dieses Thema auf und erweitert es in einer anderer Richtung. Die Vorstellung, dass Adam der Erste vor Gott floh und sich in den Bäumen des Gartens verbarg, verdeutlicht danach die ganze Tragweite der in "Sünde" gegründeten Entwicklung. Adam der Erste – ein Gigant, der das ganze Universum umfasste, musste sich auf der Flucht vor Gott verringern, einschränken. Adam "schrumpft" nicht, *weil* er vorgeblich sündigte (so die Überzeugung des Midrasch), sondern *er beging eine Sünde, als er kleiner wurde, sich einschränkte, begrenzte und konkret wurde. Dies fasst den Kern des "Sündenbegriffs"* hier.

Gott "verlässt" den Garten, was eine zunehmende Distanzierung zwischen Gott und dem Menschen impliziert, jedoch die Existenz Adams als einen Teil dieser Welt zugleich ermöglicht. Der Mensch tritt auf diese Weise in diese "Welt" ("hinein im Gehölz des Gartens"), in welcher Gott anderseits zum *"deus absconditus"* gerät. Im Prozess der zunehmenden Konkretisierung und Vergegenständlichung Adams des Ersten sowie des "Abscondierens" Gottes wird zugleich die Aufhebung seiner Absolutheit exemplarisch. Gott entfernt sich mit der zunehmenden Konkretisierung des Menschen, wobei beide Seiten zwei Momente eines ursprünglichen Zusammenseins ausdrücken. Eine unmittelbare *Begegnung* zwischen Gott und dem Menschen erscheint deshalb möglich, da in der Neuentstehung des Zusammenseins von Adam dem Ersten und Gottes beide als zwei Seiten eines Absoluten begriffen werden. Die Widerspiegelung dieser genetischen Entwicklung bildet gleichsam die Grundlage einer Annäherung zwischen Gott und dem Menschen.

2. Bergpredigt (Matthäus 5,3-12) und der Psalm 37 in seiner rabbinischen Auslegung

Obwohl die *Pesikta de-Rav Kahana* Zitate unterschiedlicher Autoren enthält, fasst ihr Autor beziehungsweise Redakteur die verschiedenen Quellen in einem Text zusammen, so dass sich die folgende Interpretation auf diese einheitliche Darstellung beziehen kann. In der weiteren Lesung des Midraschs treten auch andere Themen in den Vordergrund, die selbst einen faszinierenden Gegenstand religionswissenschaftlicher Untersuchungen darstellen. Hier handelt es sich um ein Zitat aus dem 37. Psalm, wobei die rabbinische Auslegung biblischer Texte eine ausgesprochen subtile und ebenso energievolle Lesung ganzer Textkomplexe erfordert:

> *(Ein Psalm) Davids: Erzürne dich nicht über die Frevler, ereifere dich nicht über die Übeltäter, denn wie das Gras werden sie schnell welken, und wie grünes Kraut werden sie vertrocknen.*[11]

. . . .

11 Ps 37,1f.

Im rabbinischen Verständnis assoziiert die Formulierung: "Ein Psalm Davids" einen weitreichenden Gehalt und steht oft im Kontext einer eschatologischen Dimension:

> *Vertraue auf den Herrn und tue Gutes, bewohne (schekhan) (das) Land und*
> *weide (in) Sicherheit!*[12]

Das hebräische Verb *schakhon* (bewohnen) wird in diesem Psalm mehrfach wiederholt und bildet ein *mila mowila*, ein "führendes Wort". Dies entspricht einer literarischen Technik des biblischen Textes. Die mehrfache Wiederholung bestimmter Wörter und Wurzeln verweist immer auf ein zentrales Thema des Textes. *Erez* (= Land) steht in dem Psalm möglicherweise für Erez Israel, und *schekhan* und ähnliche Formulierungen wie auch *erez* (=Land) werden ständig wiederholt. Insbesondere diesen Aspekt greift der angeführte Midrasch auf und entwickelt diesen weiter.

> *Freue dich über den Herrn, der wird dir geben, was dein Herz wünschet.* [13]

Und dann der neunte Vers und nachfolgend lautet:

> *Denn (die) Bösen werden ausgerottet werden; die auf den Herrn Hoffenden*
> *aber werden das Land erben (oder "besitzen").*
> *Und noch ein wenig, dann gibt es keinen Frevler (mehr) – und (wenn) du auf*
> *seine Stelle blicken wirst, ist er nicht (mehr da). Aber die Demütigen (anawim)*
> *werden das Land erben (oder "besitzen) und sich freuen über (die) Fülle des*
> *Friedens.*[14]

Die geeignete Übersetzung von *anawim* im elften Vers ist "die Demütigen". Möglicherweise sind diejenigen gemeint, welche in der Bergpredigt als: "... die geistlich Armen ... ." (also diejenigen, die arm, unbedeutend nur in ihren eigenen Augen (oder Geist, Pneuma) sind) bezeichnet werden (Mat 5,3). Es ist möglich, dass die Bergpredigt eine Paraphrase dieses Verses in der Reflexion des Inhalts dieses Midrasch darstellt. Worin liegt jedoch die Bedeutung der Bezeichnung: diejenigen, "... die geistlich Armen ..."? Jesus von Nazareth verweist insbesondere auf diejenigen, die sich bewusst demütig verhalten (also *wesentlich* demütig – in ihrem Geist sind). Dies stellt einen ausgesprochen interessanten Midrasch zu Psalm 37,11 dar, da dieser in mehrfacher Weise ausgelegt werden kann:

> *Aber die Demütigen (anawim) werden das Land erben und sich freuen über*
> *(die) Fülle des Friedens.*[15]

Dies greift die Aussage von Jesus von Nazareth auf, jedoch lediglich hinsichtlich der Subjekte: "Selig sind die geistlich Armen" (Mat 5,3). Eine Deutung des Wortes "selig"

. . . .

12   Ps 37,3.
13   Ps 37,4.
14   Ps 37,9-11.
15   Ps 37,11.

(*makarioi*) erweist sich als problematisch, denn man muss davon ausgehen, dass Jesus von Nazareth die Hebräische Bibel in Aramäisch oder Hebräisch kannte. Deshalb steht die Bezeichnung "selig" in dem Matthäus-Text parallel zu dem hebräischen Wort "*wehitangu*", was in Psalm 37,11 "sich freuen" bedeutet. Die zweite Hälfte des Verses in Matthäus 5,3 "... denn ihrer ist das Reich der Himmel." entspricht aber weder der ersten Hälfte des psalmistischen Verses noch dem zweiten Teil: "... und sich freuen über (die) Fülle des Friedens" – oder zumindest *nicht ohne weiteres*. Um die Aussage von Jesus im Zusammenhang mit dem Psalm 37 also verstehen zu können, muss noch ein Aspekt hinzukommen:

> *Denn die Bösen werden ausgerottet werden; die auf den Herrn Hoffenden aber werden das Land erben (oder "besitzen").*[16]
> *Denn seine Gesegneten werden das Land erben (oder "besitzen"), aber seine Verfluchten werden ausgerottet werden.*[17]
> *Weiche vom Bösen und tue Gutes und wohne (ushekhon) für immer.*[18]
> *(Die) Gerechten erben (oder "besitzen") (das) Land und wohnen (wejishkhenu) für immer in ihm.*[19]

Nicht die Demütigen, sondern die Gerechten werden mit der Vorstellung "für immer" verknüpft. Jesu Bergpredigt im Matthäus-Evangelium bildet danach einen Midrasch, in welchem verschiedene Texte aus Psalm 37 verbunden, sowie eine Identität zwischen den Demütigen und den Gerechten hergestellt werden; so dass nur jene Personen das ewige Erbe erreichen oder wie Jesus sagt: "... denn ihrer ist das Reich der Himmel." Auf welche Weise entsteht eine Verbindung zwischen den "Demütigen" und den "Gerechten"? Die Demütigen sind jene, die nicht aufgrund eines Zwanges die Haltung der Demut einnehmen, sondern weil sie sich wesentlich als Gerechte verhalten, da sie *sich in ihrer Existenz bewusst und frei demütig verhalten wollen*. Dies entspricht einem Aspekt der rabbinischen Erwartung, wie es in der *Pesikta* zum Ausdruck kommt, so dass Psalm 37 und die Intertextualität der Bergpredigt sich als aufschlussreich erweist. Doch kehren wir zum Text der *Pesikta* zurück:

> *Es sagte R. Jizchak: Es steht geschrieben: "(Die) Gerechten erben (das) Land (und wohnen für immer in ihm)" (Ps 37,29). Und die Frevler – wo sind sie? Fliegen sie in der Luft?*[20]

Die Ironie des *Pesikta*-Textes gegenüber dem psalmistischen Textes ist unüberhörbar. Eine fragende Lesung dieses Psalms entdeckt Grundzüge heidnischer Theologie, insofern eine siegreiche Aneignung des Landes durch die "Guten" auf der Basis der Vernichtung "des Bösen" angestrebt wird. Jedoch die kritische Frage des rabbinischen

---

16   Ps 37,9.
17   Ps 37,22.
18   Ps 37,27.
19   Ps 37,29.
20   PRK 1,1 (ed. Mandelbaum, Bd. I, 2).

Lesers richtet sich auf das Wissen, dass dies wohl nicht geschehen wird und in der Realität der Geschichte können die Bösen nicht weggedacht werden. Was bringt diese Aussage, wonach die Gerechten immer in dem Land in Frieden wohnen werden, tatsächlich zum Ausdruck? Der Midrasch eröffnet eine völlig andere Perspektive:

> *(Dem ist nicht so), vielmehr: Was bedeutet: "Sie wohnen für immer in ihm"*
> *(Ps 37,29)? (Es bedeutet: Die Gerechten) veranlassen die shechina (göttliche*
> *Anwesenheit) im Land zu wohnen.*[21]

Man könnte zu der Schlussfolgerung gelangen und dies wäre für den rabbinischen Midrasch nicht untypisch, dass damit eine Veränderung und Verwandlung des Textes selbst vorliegt. Im Vers 29 erscheint das hebräische Wort "*jishkenu*" – in der Übersetzung: "bleiben", "leben" oder "wohnen" als eine Intransitiv-Form; der Midrasch verändert diese Form jedoch zu "*jashkinu*", eine Transitiv-Form. Dabei entsteht der Eindruck, als ob der rabbinische Leser den eigentlichen Gehalt dieses Textes nicht erfassen konnte und das Verb in eine transitive Form deshalb veränderte. Die Übersetzung lautet dann nicht "... sie (selbst) wohnen dort ..." sondern "... *sie veranlassen (Gott) zu wohnen dort*". Freilich soll dem Leser eine derartige Missachtung der textuellen Struktur nicht unterstellt werden. Die Frage nach der Existenz des Bösen wird bewusst formuliert und darf in dem Bewusstsein der Interpretation nicht fehlen.[22]

Die Akzentuierung des menschlichen Daseins vor Gott führt zu einem Verständnis, in welchem die "ursprüngliche" Anwesenheit des Menschen in der Welt im Sinne eines anderen Seins begriffen wird. Dieses totale "Zuhause" des Menschen im Universum und damit der Zustand des Menschen "vor der Sünde" entspricht[23] zugleich der universellen göttlichen Anwesenheit. Das kosmische "Zuhause-Sein" des Menschen ist zu dem Sein Gottes kongruent. Die zunehmende Entfernung und Distanzierung Gottes nach dem Sündenfall (Gott als *deus absconditus*) und die allmähliche Einschränkung und Konkretisierung Adams führen zwar zu einer zunehmenden Entfremdung des Menschen in der Welt (er muss sich in einer "Ecke des Gartens" verbergen, um seine Existenz vor Gott nicht zu offenbaren), ermöglicht jedoch zugleich auch dessen *Konkretisierung* beziehungsweise *Existenz*. Sein neues Dasein bildet ja dieses Dasein als ein konkretes "Ich"-Individuum, dessen Substanz, insofern es sich um eine neue handelt, die Einmaligkeit und Unverwechselbarkeit *dieses* Menschen bildet.

---

21 PRK 1,1 (ed. Mandelbaum, Bd. I, 2).

22 Diese Frage spiegelt nicht allein das Verständnis gegenüber dem Text wider. Ein heiliger Text formuliert nicht bloss wohlklingende Selbstverständlichkeiten, sondern bedeutet zugleich immer eine Herausforderung und löst zuweilen Entsetzen und Erschrecken aus. Die Frage des rabbinischen Lesers ist nicht allein auf die Anwesenheit Gottes in der Welt, sondern wesentlich auf das Problem der Gegebenheit und Existenz des Menschen selbst orientiert.

23 ... im Sinne des rabbinischen Midrasch.

3. Die Struktur eines nichtentfremdeten Daseins des Menschen

Nur wenn es dem Menschen gelingt, aus seinem begrenzten Dasein auszubrechen, und in dem Bewusstsein seiner Entfremdung die Beschränkungen seines Seins aufzuheben, so dass er die Voraussetzungen für sein In-der-Welt-Sein als ein konkret handelndes Individuum begreift, kann er zu einem "Gerechten" werden und "... veranlassen die göttliche Anwesenheit im Land zu wohnen." In der hierdurch erreichten Distanzierung des eingeschränkten Daseins überwindet er seine Entfremdung als blosser Teil eines autistischen Universums. Darin offenbart sich der eigentliche Gehalt des Midraschs – nicht allein *in der Anwesenheit Gottes in der Welt, sondern in der Struktur eines nichtentfremdeten Daseins der Individuen.*[24]

Gerade in der Entfremdung entdeckt der Mensch eine andere Form des Daseins, eine andere Existenz, welche die Nähe zu Gott einschliesst. Eine Überwindung der Entfremdung wird mit einem wirklichen Zuhause-sein in der Welt gefasst. Wenn die Geographie des menschlichen Daseins lediglich in einer äussere Gestalt entfaltet wird, dann ist die Gefahr einer Entfremdung der menschlichen Existenz immanent. Wird das Dasein des Individuums jedoch durch eine authentische, innere "Geographie" charakterisiert, ist die Möglichkeit eines Zuhauseseins in der Welt erfahrbar, ohne jedoch einen Verzicht auf die Identität als "Ich", was zugleich eine Aufhebung der Entfremdung gegenüber Gott einschliesst. Der Ansatz mystischen Denkens begreift so die menschliche Identität wesentlich als ein "Ich", ein Subjekt, welches ungelöst von seinem konkreten In-der-Welt-Sein existiert. Der Inhalt des Sündenfalls, nämlich die Entstehung des konkreten Individuums bleibt bestehen, wird jedoch positiv herausgearbeitet.

4. Die Reinterpretation des Tempels und die Konstituierung einer neuen Anthropologie

Die Umwandlung und Reinterpretation des Tempels ist also eng mit einer Reinterpretation der Existenz des Individuums, der Ausbildung einer neuen Anthropologie verbunden. In der Ausrichtung dieser neuen Anthroplogie, der Struktur dieses neu gedachten Daseins wird die These vom Tempel-Gebäude als *der* Ort Gottes schlechthin aufgehoben. Denn die Bestimmung menschlicher Existenz beschränkt sich nicht nur auf einen Ort oder Raum, sondern begreift sich in komplexen Zusammenhängen, in einer Möglichkeit der Möglichkeiten. Die Aufhebung einer Begrenzung und Einschränkung der Individuen setzt zugleich auch die Möglichkeiten einer tatsächlichen universellen (im Sinne einer zu jedem Ort geöffneten) Existenz und *damit die Wirkung Gottes an jedem Ort frei.* In der Pesikta wird dies zwar in einer

---

24   Jesu' Aussage in der Bergpredigt ist kohärent zu dieser Gedankenentwicklung, indem er den Ausdruck "... selig sind die geistlich Armen ..." verwendet. Denn eine Bezeichnung dieser als "arm" und zugleich "selig" verweist eigentlich auf eine ganz diesseitige Ontologie. In diesem Sinne ist Jesu' "Himmelreich" (in einer rabbinischen Lesung) diesseitig. Die Bergpredigt von Jesus von Nazareth enthält demnach tieferes Echo dieses *Pesikta*-Midraschs.

eschatologischen Perspektive konzipiert, aber ungeachtet dessen spiegelt es die rabbinische Herausforderung hinsichtlich des konkreten Individuums wider: *In der rabbinischen Religiosität bildet der religiöse Moment immer die Vorwegnahme eines eschatologischen Ereignisses.*

Im Zentrum einer neuen Anthropologie steht somit die Auffassung einer neuen Örtlichkeit sowohl Gottes (!) als auch des Menschen.

Der Text in *Pesikta de-Rav Kahana* lautet weiter:

> *Ursprünglich war die shechina (= göttliche Anwesenheit) hauptsächlich bei den Unteren (tachtonim).*[25]

Mit dem Ausdruck *"ha-tachtonim"* sind die "Unteren" im Sinne der *Existenz in der Welt* gemeint. Es ist eine negierende Umschreibung und bezeichnet all das, was das "Obere" nicht ist. Was demnach das "Obere" ist, bleibt unbestimmt.[26] Im Mittelpunkt des Seins der Welt steht die menschliche Existenz. Wodurch zeichnet sich jedoch der Charakter der menschlichen Existenz aus? Diese wird *negierend*, als Gegensatz zu einer anderen Art des Daseins begriffen. Das Wesen der Existenz der Individuen wird nicht einem positiven Begriff (zum Beispiel einem "Wesen"), sondern wesentlich in dessen Negation gefasst, indem es sich in einer tatsächlichen Freiheit gegenüber dem "Oberen" zu einer Konkretheit zu konstituieren vermag. Insbesondere in der Unbestimmtheit dieser Formulierung kommt ein klares nichtmetaphysisches Verständnis zum Ausdruck, so dass die "Oberen" in ihrer Unbestimmtheit immer eine Andersheit gegenüber der menschlichen kontingenten Existenz entfalten, wie es im Midrasch formuliert wird:

> *Als Adam der Erste sündigte stieg sie (sc. die shechina) zur ersten (himmelsfeste auf. Es entstand die Generation Enoschs und sündigte, (da) stieg sie von der ersten zur zweiten auf. (Es entstand) die Generation der Flut und sündigte, (da) stieg sie von der zweiten zur dritten auf. (Es entstand) das Geschlecht der Teilung (sc. des Turmbaus zu Babel) und sündigte, (da stieg sie) von der dritten zur vierten (auf). (Es entstanden) die Ägypter in den (Lebens)tagen unseres Vaters Abraham und sündigten, (da) stieg sie von der vierten zur fünften auf. (Es entstanden) die Sodomiten und sündigten, (da stieg sie) von der fünften zur sechsten (auf). (Es entstanden) die Ägypter in den (Lebens)tagen Moses (und sündigten, da stieg die shechina) von der sechsten zur siebten (Himmelsfeste auf).*[27]

. . . .

25   PRK 1,1 (ed. Mandelbaum, Bd. I, 2).

26   In logischer Konsequenz im Gegensatz zum "Unteren" stehend – dies entspricht einer klassischen rabbinisch-talmudischen Denkweise, in deren Kontext eine Substantialisierung der (philosophischen, religiösen) Begriffe sowie der Versuch einer metaphysischen Ontologisierung des Seins ausgeschlossen ist und von einer Einheit und Immanenz der Welt, nicht jedoch von deren Dualität und damit Transzendenz ausgegangen wird.

27   *Pesikta de Rav Kahana,* ebd.

Eine ganze Reihe apokryphischer Literatur beschreibt die Charakteristik und den Aufbau der "sieben Himmel". In dieser Auslegung der Rabbiner erweist sich das Thema jedoch von untergeordneter Bedeutung und stellt vielmehr ein literarisches Mittel dar, um die eigentliche Frage erörtern zu können. Dies eröffnet die Perspektive für ein grundlegendes rabbinisches Thema sowie die Auslegung bestimmter rabbinischer Texte. Man könnte, so scheint es, zunächst schlussfolgern, dass es sich wirklich um einen *deus absconditus* handelt, welcher sich absolut entfernt.

> *Aber ihnen entsprechend entstanden sieben Gerechte und liessen sie (sc. die shechina) (wieder) zur Erde hinabsteigen. Es entstand unser Vater Abraham, (war) würdig und liess sie von der siebten zur sechsten (Himmelsfeste) hinabsteigen. Es entstand Isaak, (war) würdig und liess sie von der sechsten zur fünften hinabsteigen. Es entstand Jakob, (war) würdig und liess sie von der fünften zur vierten hinabsteigen. Es entstand Levi, (war) würdig und liess sie von der vierten zur dritten hinabsteigen. Es entstand Kehat, (war) würdig und liess sie von der dritten zur zweiten hinabsteigen. Es entstand Amram, (war) würdig und liess sie von der zweiten zur ersten hinabsteigen. Es entstand Mose, (war) würdig und liess sie zur Erde hinabsteigen. Daher heisst es: "Und es geschah am Tag, da Mose beendete usw." (Num 7,1).[28]*

Im Gegensatz zur Konzeption einer Theologie, in deren Verständnis die göttliche Anwesenheit oder besser gesagt der Begriff Gottes im Sinne des Unendlichen, Ewigen, Absoluten zunehmend transzendiert, das heisst in einem Dualismus von "oben" und "unten", "Endlichkeit" und "Unendlichkeit" gerinnt, wird im rabbinischen Gottesverständnis die Erfahrung der *shechina* als eine Funktion der *Wirklichkeit*, im Sinne einer *ethischen Konkretheit*, das heisst wesentlich in der Individualität der handelnden Gerechten oder leidenden Individuen, welche die Erhaltung der Welt garantieren und tragen, gefasst.

Entscheidend ist gleichfalls, dass auf der Grundlage der zitierten Quellen, in deren Interpretation, die Auffassung von einem absoluten, einzigen Ort Gottes überwunden und aufgelöst wird, sowohl im Sinne eines Tempelortes als auch im Sinne eines Ortes der totalen Andersheit. In diesem Text wird der *Ort Gottes zugleich im Sinne jedes und keines Ortes* definiert, was erneut die Relevanz einer, *im Inneren gedeuteten Geographie* gegenüber einem äusseren Ort der äusseren Gegebenheit zum Ausdruck bringt. Denn nur im Kontext einer inneren Geographie kann Gott sowohl im "siebenten" als auch im "ersten Himmel" oder gar auf der Erde anwesend sein – entscheidend ist allein die Möglichkeit des *inneren Ortes* selbst. Hinsichtlich

---

28 PRK 1,1 (ed. Mandelbaum, Bd. I, 2f). Sogar die klassischen Kommentatoren fanden keine Erklärung der Beschreibung, nach welcher sich die göttliche Anwesenheit zur selben Zeit in unterschiedlichen Höhen befinden muss. Auch Mandelbaum als Herausgeber der hier verwendeten kritischen Ausgabe der *Pesikta de-Rav Kahana* ist überfordert. Manchmal (leider zu selten) wird auch ihm bewusst, dass seine und die von seinem Mentor Margulies (der Herausgeber, der mit der *Pesikta* stark verbundenen *wajikra* (Levitikus) *rabba*) vorgenommen Vereinfachungen nicht schlüssig erscheinen, was auf die ungeahnte Komplexität dieser Themen sowie die Notwendigkeit, ihren verborgenen Gehalt aufzufinden, verweist

seiner blossen äusseren Geographie ist das Individuuum festgelegt, "verortet" und es ist ihm zumeist nicht möglich, verschiedene Bestimmungen gleichzeitig zu entfalten. In einer inneren Geographie wird diese Beschränkung aufgehoben, so dass der Mensch als ein volles "Ich" überall (und immer) handeln oder sich zumindest so zu erfahren vermag.

5. Örtlichkeit und Ortlosigkeit – "...die Vorväter, sie selbst sind der Thronwagen (Gottes)."
Von Hesekiel zum rabbinischen Judentum

In einer äusseren Geographie wird die göttliche Anwesenheit in unendliche Entfernung gerückt und damit für das konkrete Individuum als unerreichbar konzipiert. Unser Text lenkt deshalb die Aufmerksamkeit auf die Bedeutung einer inneren Örtlichkeit des Individuums, in welcher die Distanz zur göttlichen Anwesenheit allein von der (Selbst-) Bestimmung des Individuums determiniert ist. Abraham kann deshalb in die Nähe Gottes gelangen, ja sein "Selbst" kann gleichermassen zum Ort der Begegnung mit Gott werden. Die Bezeichnung des "fünften" oder "siebenten Himmels" fungiert dabei nicht als Substanz der Örtlichkeit, sondern dient lediglich als Metapher der menschlichen Dynamik. In der Feststellung, dass Abraham Gott "vom siebenten in den sechsten Himmel" zurückführte, wird die Tendenz und dynamische Bewegung des Individuums in eine göttliche Richtung zum Ausdruck gebracht. Die "Nähe Gottes" symbolisiert danach vor allem eine Funktion der menschlichen Wahrnehmung und Handlung und allein die Entscheidung des Individuums (zum Handeln) bewirkt einen grösseren Abstand von "sieben Himmel" oder die Nähe von "keinem Himmel". Oder wie ein Midrasch in Erinnerung an das Motiv des Thronwagens bei Jesaja und Hesekiel formuliert:

Die Vorväter, sie selbst sind der Thronwagen (Gottes).[29]

Ihre Anwesenheit bedeutet zugleich die Anwesenheit Gottes, in jeder konkreten Existenz, jedem zeitlichen Kontext von ihr, sowie jeder Umgebung (ihrer sozialen Verortung). Diese "unhistorische", in keiner konkreten Zeit oder Ort gefangenen Aus-

---

29   GenR 82 zu 35,13 (ed. Theodor-Albeck, Bd. 2, 983). Gemäss dem Verständnis des Midrasches in der Pesikta begründen "die Vorväter" eine "Nähe Gottes". Obwohl eine Wahrnehmung dieser göttlichen Anwesenheit eine Funktion der inneren Geographie darstellt, ist seine Wirkung als Thronwagen und Tempel nicht verblasst. Im Gegenteil, die Begegnung Gottes wird jetzt in der Veränderung des Lebens selbst, in der Beziehung zu den Gerechten und in der gerechten Handlung jeder einzelnen Person wahrgenommen – die "Vorväter" bilden hier eine Typologie. Der Thronwagen Hesekiels hat das Exil endgültig erreicht. Dieses bildet einen langen Weg, seit die Israeliten, wie im Buch Joshua erzählt, mit einem Krieg drohten und als ein Teil von ihnen versuchte, einen Altar Gottes auf der äusseren Grenze von Erez Israel zu bauen. Als der Prophet Hesekiel den Thronwagen Gottes wahrnehmen konnte, trotz oder gerade in dem Exil, hat er den ersten Schritt in der Befreiung Israels von einem ortsgebundenen Verständnis Gottes unternommen.

strahlung begreift die Voraussetzungen einer Anwesenheit Gottes in der Ausübung der Gerechtigkeit *an jedem Ort, zu jeder Zeit*.[30]

Es ist die Entfremdung von dem Land Israel, die schmerzhafte Trennung von einem bequemen Zuhause in der Welt und die Zerstörung des zweiten Tempels, welches die unendliche Wahrnehmung des menschlichen Leidens der Rabbiner zum Grundbestandteil ihrer Religion endgültig werden lässt. Insbesondere diese Erfahrung der Entfremdung befreit sie von einer Reduzierung und Verklammerung mit einem einzigen Ort und Zeit und ermöglicht ihnen, eine Begegnung mit Gott in den verborgensten Winkeln des Exils aufzufinden. Die innere Geographie der religiösen Person vermag auf diese Weise, zu einer grenzenlosen Geographie zu werden.

Was bei Ezechiel (siehe den zweiten Teil des ersten Kapitels dieses Buches) mit der Entschiedenheit des Ich-bin-in-der-Welt-in-der-Gegenwart als der Substanz der Sünde und der Freiheit für das Individuum angefangen hat, wird hier zu einer Realität, die, gerade weil diese im Inneren gegründet wird, so mächtig wirkt, dass sie zum "Tempelort" oder sogar zum Thronwagen Gottes wird. Für Ezechiel erscheint der Thronwagen in dem Exil. Für die Rabbiner wird hier das Exil selbst, in dem Leiden der Entfremdung, zu einem Ort der Befreiung und Rückkehr, wo Gott gleichfalls von der Existenz des Exils erlöst wird. Die Energie der handelnde-religiösen Person bleibt jedoch genauso atemberaubend wie bei Ezechiel.

Der Text des Verses, der am Ende des oben angeführten Midraschs aus *der Pesikta de-Rav Kahana* steht, lautet:

> *Und es geschah am Tag, da Mose das Aufstellen des Zeltheiligtums beendete, es salbte und es und alle seine Geräte heiligte – und auch den Altar und alle seine Geräte salbte und sie heiligte, (da ...).*[31]

Worin besteht also die Bedeutung des Zeltheiligtums, das Mose in der Wüste errichtete? Es stellt zwar ein Tempelzelt dar, drückt jedoch in seiner symbolischen Bedeutung vielmehr die Konkretisierung einer inneren Landschaft aus. Die Faszination und Wiederaufnahme des Motivs des Tempelzeltes bot sich für die Rabbiner wesentlich aufgrund ihres Verständnises einer dynamischen, sich stetig verändernden Örtlichkeit an. Das Symbol eines Zeltes in der Wüste bewahrte danach die Bedeutung des Ortes als einen *Nicht-Ort*, welcher weder festlegbar noch begrenzbar ist und damit an "jedem Ort", zu jeder Zeit "errichtet" werden kann.

Der Gedanke einer Negation der Örtlichkeit Gottes verbindet sich nicht einzig mit der Existenz Israels, sondern ist im Verständnis nomadischer Völker ebenso präsent. Die Vorstellung, wonach jeder Ort als der Ort schlechthin wahrgenommen werden kann, geht auf mythische Bilder prähistorischer Zeiten zurück. In einer *magischen* Handlung kann jedoch *der Ort* oder *die Zeit* heraufbeschworen werden. Der Magier, als Repräsentant der gesellschaftlichen Ordnung und Macht führt mit Hilfe

· · · · · · · · · · · · · · · · · ·

30   Die "siebenfältige Identität der Gerechten" unterstreicht die *Wirkung eines jeden Gerechten* sowie eine innere Geographie der göttlichen Anwesenheit, die vor allem individuell bestimmt und nicht örtlich oder zeitlich festgelegt ist.

31   Num 7,1.

von Einweihungsriten (deren grausame Aspekte oft die Dimension der sozialen Strukturen widerspiegeln) die Rekonstruktion einer äusseren Landschaft aus. Einzig mit Hilfe der Magie lässt sich dann die Distanz zu *dem* Ort oder zu *der* Zeit überwinden, die letztlich jedoch äusserlich und lediglich im Sinne einer Rekonstruktion und Wiederherstellung des gegebenen Ortes verbleibt.

Das Symbol der Errichtung des Zeltheiligtums enthält zu Beginn unseres Textes einen Rest prähistorischen Denkens, insofern eine magische Reise zu dem *einen Ort* unternommen wird. Doch im Mittelpunkt der rabbinischen Auslegung und Fortentwicklung des Textes steht eine Reise zu einem Ort, welcher bereits nicht *auf einen Ort*, sondern auf ein, *im Inneren begründetes Ereignis* gerichtet ist. Hierin erweist sich die Unzulänglichkeit der Magie als eine Vermittlung und Aufhebung der Distanz zu *dem Ort* und *der Zeit*. Nicht *der Ort* vor dem Hintergrund *von allen Orten*, sondern *der Ort* auf der Landkarte *von keinem Ort* soll erreicht werden.

Gleichsam mit der Auflösung der Notwendigkeit und Wirksamkeit der magischen Verortung ist auch die Voraussetzung einer Gesellschaft, welche das Recht zur Gestaltung und Bestimmung der menschlichen Existenz allein einfordert, aufgehoben. Die Konstruktion und Herausbildung einer, im Inneren gewurzelten Landschaft, welche das Handeln der Individuen fasst und interpretiert, erfordert ein ganz anderes Gemeinde-Verständnis, welches die innere und universale Bestimmung des Menschen nicht einschränkt, sondern diese erst ermöglicht und die Grundlagen einer freien Entscheidungperspektive des Menschen freilegt. *Die Reinterpretation des Tempels in einem neuen Begriff der Örtlichkeit im rabbinischen Judentum ist deshalb eng mit der Verwandlung und Veränderung des Charakters ihrer Institutionen verbunden,* wie am Beispiel der rabbinischen Gerichtsbarkeit deutlich wurde.

In der rabbinischen Auslegung von Chanukka konnte deshalb das Chanukka-Licht sowohl als ein konkreter[32] als auch ein symbolischer[33] Ausdruck einer Reinterpretation des Tempel-Leuchters begriffen werden. In diesem Sinne könnte man sagen, dass eine Reinterpretation des Tempel-Lichtes erfolgte – als des Lichtes der *torah* oder der Weisheit – zum Verständnis eines, nach aussen strahlenden *inneren* Lichtes, so dass das "Tempel-Licht" jetzt auch ausserhalb und unabhängig vom Tempel an *jedem Ort* leuchten und wahrgenommen werden kann. Insbesondere in Folge der Entheiligung des Tempels durch die Seleukiden und ihre jüdischen Anhänger, als der Tempel schliesslich seine Bedeutung als ein heiliger, absoluter Ort schlechthin verlor, entstand das Bedürfnis zur Wahrnehmung einer authentischen religiösen Landschaft.[34] Aus diesem Grund erschliesst sich meines Erachtens *das grundlegende Thema*

---

32 *Konkret* hinsichtlich eines jeden Ortes als ein *Nicht-Ort*, nämlich an einer konkreten Tür oder im Fenster eines jeden Hauses, wo der Chanukka-Leuchter gemäss dem rabbinischen Brauch aufgestellt werden soll.

33 *Symbolisch* bezüglich seines Inhalts.

34 Die *halacha* von Chanukka schreibt vor, dass die Leuchter an einem Ort aufgestellt werden sollen, wo sie von *jeder Person* gesehen werden können (zum Beispiel neben der Haustür oder im Fenster eines Hauses). Gelehrte Juden zünden sogar je einen Chanukka-Leuchter für jede Person im Haus an. Der verbreitete Brauch, wonach sich in jedem Haushalt nur ein Chanukka-Leuchter befindet, entspricht nicht der ursprünglichen bevorzugten Tradition.

von Chanukka *insbesondere in einer Reinterpretation der Tempel-Religiosität,* insofern dieser nicht mehr mit einem spezifischen, einzigen und absoluten Ort identifiziert werden kann, sondern *überall,* an *jedem Ort* entdeckt werden kann und der Leuchter – das Herz des Tempels, welcher im rabbinischen Verständnis der Inbegriff der *neshama* (Odem oder Seele) eines jeden Menschen ist – zum wesentlichen Bestandteil eines, im Inneren begründeten Raumes wird:

> *Der Odem (neshama) des Menschen, ist eine Leuchte des Herrn; sie durchspäht alle Kammern des Leibes.*[35]

· · · · · · · · · · · · · · · ·

35 Spr 20,27. Maharal von Prag verfasste in der Reflexion dieses Verses seine Schrift *ner haschem* über Chanukka, in welchem er ebenso auf die zentrale Stellung des Leuchters im dem Tempel hinwies. Mit dieser Reinterpretation des Tempels gelangte das Licht (oder der Leuchter) an jeden Ort, wurde somit öffentlich und für jede Person sichtbar. Dabei ist diese Interpretation von Chanukka als eine Reinterpretation des Tempels im heutigen Israel durchaus nicht allgemein bekannt und beinahe in Vergessenheit geraten. Gegenwärtige Tendenzen in Israel wurden bereits im Kontext einer Rekonstruktion beziehungsweise den Bemühungen um einen Wiederaufbau des "dritten Tempels" in bestimmten Kreisen erörtert. Dies könnte als eine Karrikatur eines viel verbreiteten "Fehlers der falschverorteten Konkretheit" im Sinne von Whitehead verstanden werden. Die Idee des Zionismus wurde ebenso von der Notwendigkeit einer Örtlichkeit für das jüdische Volk nach den Ereignissen des Zweiten Weltkrieges getragen. Dies darf jedoch das Verständnis des *rabbinischen Judentums im Sinne einer Religiosität der Nichtörtlichkeit* nicht infrage stellen. *Es ist deshalb notwendig, die Spannung zwischen einer Suche nach echter Frömmigkeit und den Zwängen der historischen Existenz auszuhalten.*

Anhang

Abkürzungsverzeichnis

Biblische Bücher

Am	Amos		Lev	Levitikus
1. Chr.	1. Chronik		Mal	Maleachi
2. Chr.	2. Chronik		Mi	Micha
Dan	Daniel		Nah	Nahum
Dtn	Deuteronomium		Num	Numeri
Esra	Esra		Obd	Obadja
Est	Ester		Pr	Prediger
Ex	Exodus		Ps	Psalmen
Ez	Ezechiel		Ri	Richter
Gen	Genesis		Ru	Rut
Hab	Habakuk		Sach	Sacharja
Hag	Haggai		1. Sam	1. Samuel
Hld	Hohelied		2. Sam	2. Samuel
Hos	Hosea		Spr	Sprüche
Ijob	Ijob		Zef	Zefanja
Jer	Jeremia			
Jes	Jesaja			
Joel	Joel		Röm	Römer
Jona	Jona		Matth	Matthäus
Jos	Josua		Mark	Markus
Klgl	Klagelieder			
Koh	Kohelet			
1. Kön	1. Könige			
2. Kön	2. Könige			

rabbinische Literatur:

m	Mischna
t	Tosefta
j/p	jerusalemischer/ palästinischer Talmud
b	babylonischer Talmud

Talmud-Traktate

Av	Avot		Ned	Nedarim
Aws	Awoda Sara		Nid	Nidda
BB	Bava Batra		Pes	Pesachim
Ber	Berachot		RoHash	Rosh haShana
BM	Bava Mezia		Sach	Sacharja
Chag	Chagiga		San	Sanhedrin
Chul	Chullin		Shab	Shabbat
Dem	Demai		Shek	Shekalim
Er	Eruwim		Sot	Sota
Ket	Ketubot		Suk	Sukka
Kid	Kiddushin		Taan	Ta'anit
Mak	Makot			
Mech	Mechilta			
Meg	Megilla			
ExR	Exodus Rabba			
GenR	Genesis Rabba			
HldR	Hohelied Rabba			
JalSh	Jalkut Shimoni			
LevR	Levitikus Rabba			

Verzeichnis der Primärtexte

Bibel

Avot de-Rabbi Nathan (ed. S. Schechter, Wien, 1887) (ND: New York, 1967)
Exodus Rabba (ed. A. Shinan, Jerusalem, 1884).
Genesis Rabba (ed. J. Theodor und C. Albeck, Berlin 1903-1936)
   (ND: Jerusalem, 1965.
Ginze Midrasch (ed. Z. M. Rabinovitz, Tel Aviv, 1976).
Lamentations Rabba (ed. S. Buber, Vilna 1899).
Leviticus Rabba (ed. M. Margulies, Jerusalem 1953-1960).
Mekhilta (de-Rabbi Ishmael) (ed. H. S. Horovitz und I. A. Rabin,
   Frankfurt 1931) (ND: Jerusalem, 1960).
Mekhilta de-Rabbi Simeon ben Jochai (ed. J. N. Epstein und E. Z. Melamed,
   Jerusalem 1955).
Midrasch Lekah Tov, (ed. S. Buber, Lemberg 1884) (ND: Jerusalem 1960).
Midrasch Rabbah (zum Pentateuch und Fünf Megillot) Vilna 1878.
Midrasch Tannaim (ed. D. Z. Hoffmann, Berlin 1909).
Midrasch Tehilim (Psalms) – Shoher Tov (ed. S. Buber, Vilna 1891).
Midrasch Zuta (ed. S. Buber, Berlin 1894).
Mischna
Pesikta de-Rav Kahana (ed. B. Mandelbaum, New York, 1962).
Pesikta Rabbati (ed. M. Friedmann, Wien, 1880).
Seder Eliyahu Rabba (ed. M. Friedmann, Wien 1902, (ND: Jerusalem, 1969).
Seder Eliyahu Zuta (ed. M. Friedmann, Wien 1902-1904)
   (ND: Jerusalem, 1969).
Seder Olam, The Order of the World (ed. A. Neubauer, Oxford 1895)
   (ND: 1967).
Semahot, Tractat (ed. M. Higger, New York 1932) (ND: Jerusalem, 1970.
Sifra (ed. A. H. Weiss, Wien 1862).
Sifre-Deuteronomy (ed. L. Finkelstein, Berlin 1940) (ND: New York 1969).
Sifre-Numbers (ed. H. S. Horovitz, Leipzig 1917) (ND: Jerusalem 1966).
Ta'anit, Tractat (ed. H. Malter, New York 1930) (ND: Jerusalem 1973).
Talmud (Babylonischer), Rom, Wien 1880-1886.
Talmud (Palästinischer), Venedig 1523; Krotoschin 1866.

Targumim:

(Pseudo) Jonathan (M. Ginsburger, Pseudo-Jonathan (Targum Jonathan ben Usiel
   zum Pentateuch, Berlin 1903 (ND: Hildesheim, 1971).
Yerushalmi; Das Fragmententhargum (M. Ginsburger, Berlin 1899).
Neofti; Codex Vatican (ed. Neofti I, Jerusalem 1970).
Jonathan to the Prophets (ed. A. Sperber, Leiden 1959, 1962).
Jonathan to the Writings (ed. A. Sperber, Leiden 1968).

Tosefta (ed. M. S. Zuckermantel, Jerusalem 1937).
Yalkut Shimoni, Saloniki 1521 1526; Warschau 1876-1877; (ed. A. Hyman, I. N.
   Lerner, I. Shiloni, Jerusalem 1973-).

Register

Aba bar Kahana, R., 240
Abbild, Gottes, 213
Aberglaube, 16
Abraham, 75, 249
Abraham ben Dawid,
von Posquières, R., 19
Absolutes, 48, 248
Absolutheit, Gottes, 51
Absonderung, 120
Affirmation, 44
Akawia ben Mahalalel, 147 ff.
Akiva, R., 20, 163, 166
Albeck, Chanoch, 20
Alexander der Grosse, 71, 102
Allegorie, 230
Alon, Gedalyahu, 15, 130
Alon, Menachem, 19
Ältesten von Betera, 195
Altar, 125
am ha-arez, 178, 131
Anbetung, Gegenstand der, 13
Andersheit, 112
Andersheit,
• des Daseins, 111
• des Daseins in der Welt, 145
• des eigenen Bewusstseins, 145
Aneignungsprozess, affirmativer, 37
Anfang, absoluter, 42
Angst, der Begriff der, 30
Anthropologie, 23, 57, 63, 246
• mystische A.
• religiöse A., 26
• theologische A., 25
Anthropomorphismus, 25
Anwesenheit Gottes, 145, 213, 246
a priori, 27
Arbeit, 112
Artefakte, 13 ff.
Arme, 60
Armut, 116
Ashkenasim, 186
ashkenasisches (europäisches), und
sephardisches (orientalisches) Judentum,
183 ff.
Assmann, Jan, 63
Ästhetik, 71, 100
• von Masse und Macht, 215
• des Tempelbaus, 14
Antinomismus, 29
Augustin, 30
Auferstehung, 16
• diesseitige, 66
• der Toten, 22

Aufhebung des Tempels, 219
Auseinandersetzung, siehe: *machloket*,
105
Auserwählung Jerusalem´s, 212
Auslegung biblischer Quellen, 35
Auslegungspraxis, 188
Äusseres, 17
Autonomie des Menschen, 64
Autorität, - en, 13, 17, 104, 159, 160,
161, 162, 168 ff., 193
• ashkenasisches Verständnis
der A., 185
• historische A., 147
• institutionelle A., 18
• Konstituierung einer zentralen
rabbinischen A., 176
• des Lehrers, 187
• rabbinische A., 103, 141, 166 f.
• zentrale A., 93, 148, 158, 171 f.,
182 ff., 198
avoda, 111
Babylonien, 136, 180-81, 193
Babylonier, 71, 76
• Herrschaft der B., 38
Babylonischer Talmud, 170, 180 ff.
Bann, 153, 165, 171
Bar-Kochba-Aufstand, 106, 127, 130,
178
Barmherzigkeit Gottes, 50
Befreiung, 54
• von der Vergangenheit, 50
• von einer weltlichen Gesetzlichkeit,
101
Begegnung,
• mit Gott, 212
• mystische B., zwischen Gott und dem
Menschen, 217
Benjamin, 216
Besitz, 63
• Aufgabe von, 99
beth-din ,148, 159f.
(siehe Gerichtshof)
beth Hillel, 193 ff.
beth Shamai, 193 ff.
beth Hillel und *beth* Shamai, 200, 202
Bewusstsein, 27, 103, 133
• neues, 225
Bibliographie, 21
Biographie, 218 f.
Biographien, der Ahnen, 97
Boyarin, Daniel, 25, 214
berachot, 83
Bräuche, 13, 97

• und Gesetze in Erez Israel, 184
Böse, 75, 128, 244
• Enstehungsgrund des –n, 53
Bund,
• mit Gott, 51
• neuer B., 51
Bundesgerichtshof, 157
Caro, Joseph, 104
chaliza, 205
Chanukka, 69, 72, 78, 80-82, 85-87, 229
chassidim ,74
Chassidismus, 156
chawer, -im, 119, 120-121, 123-125 f.,
    136
• Judentum, 135 f.
• Religiösität, 128, 130, 134 ff., 154
chessed, 97-99, 104-105
Christentum, 30, 100, 106
• und Judentum, 66
Chronologie, 35
• klassisch, 15 f.
diachronische
chullin bi-tahara, 119
chumasch, 74, 95
Cohen, Hermann, 16 ff., 22, 24, 26, 29
Daniel, 58
Dasein, 45, 48, 100, 101, 112, 132,
    246
• in der Gegenwart, 63
• nichtentfremdetes D., 246
David, König, 158, 212 ff., 215 ff.
David ha-Lewi von Galizien, R., 188
De- und Entritualisierung des Tempels, 87
Dekonstruktion des Sterbens, 16
Demokratie, 169 f.
demai ,115 f.
Demut, 203, 244
• vor Gott, 57
Denken,
• eschatologisches D., 158
• religiöses D., 112
deus absconditus 242
Dewey, John, 28
Dialog,
• Notwendigkeit eines D.-es, 204
Dichotomie,
• von *halacha* und *haggada,* 18
• von Körper und Seele, 26
• von Konkretem und Absolutem, 111
Diesseitigkeit, 128
Differenz,
• zwischen Juden und Nichtjuden, 118
Dimension,
• eschatologische D., 16
• ethische D., 133
• hermeneutische D., 14

• religiös-ethische D., 60
din, 111
Diskurs,
• antropomorpher, 24
displacement
• eschatologisches d., 29, 54
Distanzierung
• von dieser Welt, 100
Divination, 44
Dualismus, 65
• von Diesseits und Jenseits, 129
• von "oben" und "unten", 248
Einweihungsrituale, 144
Elasar ben Awina, R., 240
Elieser ben Hyrcanus, R., 162, 165, 172
Elite, religiöse, 194
emet (siehe:Wahrheit), 111
Empirismus, 28
Endlichkeit, 40, 248
Energie, -eschatologische, 31
Entdeckung, der Person, 66
Entfremdung 54, 246, 250
• in der Welt, 100
• der Juden, 19
Entfremdungsprozess, kultureller, 83
Entscheidungen, 159, 202
• Sammlungen von E., 173
Entstehungsschema der rabbinischen
    Religiösität, 55
Entwicklung, 45
Entwicklungsgeschichte, theologische, 36
Erbe 156
Erbfolge 94, 194
Erbsünde 30
Ereignis, 102, 143
• eschatologisches E. 247
• ein im Inneren begründetes E. 239
Erez Israel 102, 131, 170, 180, 195
Erfahrung,
• mystische E. 224, 230
• theologische E. 111
Erinnerung, Dimension der 63
Erlösung, 39, 54
• aus Ägypten 37
Erlösungsfeiertag 193
Erlösungsgeschichte, 44, 45, 56
• alte, 52
• neue, 41
• Gegebenheit der E., 37
Erlösungstheologie, 37
Eschatologie, 66, 86
Eschatologisierung, 66, 81
eschatologische Herausforderung, 54
Essener, 104, 120, 129
Ethik, 63
• religiöse, 64, 65

Ethos, 35
Europa, urbane Stadtkultur in, 186
Evangelium, Geschichte des, 136
Ewigkeit, 40
Exil, 14, 54, 71, 181, 222, 250
• Notwendigkeit des E.´s, 45
• Ort des E.´s, 142
• Religiösität des E.´s, 219
Existenz, 245
• ewige, 66
• individuelle, 65
• der Welt, 81
• als Sklaven, 50
• menschliche, 40, 132, 247
Ezechiel, 59, 64, 66, 223
Feiern,
• der Gegebenheit, 57
• der Gegenwart, 37, 47
Feiertag der Lichter, 86
Feuerbach, Ludwig, 24
Fetischismus des Textes, 16
Fichte, Johann Gottlieb, 62
Finkelstein, Louis, 15
Flüchtling, (siehe: *palit*), 59
Fossil, 14
Freiheit, 224, 226 f., 250
• religiöse, ethische, 161
Frieden, 39, 244
Frömmigkeit, 21
• jüdische, 25
• kritische, 205 ff.
• der Person, 224
Frühe Neuzeit, 76
frührabbinische Gemeinde, 116 ff.
Gamaliel, Rabban, II, 163 ff.
gaon, 19
Gebet, 111 ff.
• von Salomo, 49
Gebete Israels, als die eigentliche Substanz
des Tempels, 220 ff.
Gegebenheit, 81, 111, 112, 132, 223
• blosse, unbewusste G., 132
• Existenz in blosser G., 44
• Feiern der G.,35, 57
• der Gesellschaft, 65
• Israels, 74
• Überwindung der G., 87
Gegenwart, 37, 44, 54, 57, 62, 111
• radikale Kritik der G., 44
Geist, 26, 129
• neuer, 65
Geistesgeschichte, 30, 36
Gelehrte, 173 f.
Geblübde (siehe auch: *nädär*), 124
Gemeinde, 17, 102, 103 f., 128, 152,
156, 166, 169, 218

• Dasein, 17
• frührabbinische, 116
• Gottes, 145
• der Gläubigen, 219
• heilige, 144
• hermeneutische, 76, 77
• Israels, 145 f.
• jüdische, 97, 201
• rabbinische, 101, 173, 184, 206
• religiöse, 94
Gemeindeverständnis, 168
Gemeinschaft von Individuen, 221
gemilut – chassidim, 111
Geographie,
• des Individuums, 226
• innere G., 215, 249
Gerechte, der (siehe auch: *zadik*), 114,
201
Gerechtigkeit, 53, 60, 106
• Gottes, 53
Gericht, rabbinisches, 148
Gerichtsbarkeit, 106
Gerichtshof (siehe auch: *beth-din*), 93,
148, 157 ff., 159, 160
• jüdischer G., 180
• Konstituierung eines G.´es, 179
• Leiter des G.´s, 198
Geschichte, 26, 27, 31, 50, 87
• Begriff der G., 29
• des Judentums, 20
• Uneindeutigkeit der G., 29
Geschichtstheologie, 52
Gesellschaft, 134
Gesetz, -e, 97, 101, 106, 111, 159
• der *chawerim,* 130
• "imaginäre" G., 18
• rabbinische G., 19
• der Reinheit und Unreinheit, 117
• ritueller Reinheit, 119
• talmudische G., 180
Gesetzgebung,
• der *halacha,*188
Gesetzlichkeit,
• gesellschaftliche G., 63, 101
Gesetzmässigkeit, 224
Gesetzesverständnis,
Differenz des, 183
Ginzberg, Louis, 27
Gleichheitsgrundsätze, 104
Goldenes Zeitalter, 37
Gott, (-es), 25, 42, 44, 141, 143, 146,
212 ff., 234 ff.
• Anwesenheit von G., 213, 223,
241, 246
• Annäherung zwischen dem Menschen
und Gott, 242

• autonom vor G., 64
• Begegnung mit G., 212, 214 ff., 250
• Begriff, 72, 223
• Bild, 144, 213
• Dienst, 99, 111
• Entfernung und Distanzierung von G.,
  72
• Erbarmen, 56
• Haus, 29
• Liebe, 51
• Name, 212
• Ort, 216 ff.
• Rache, 44
• Schöpfer des Menschen, 41
• Schöpfer der Welt, 144
• "ist Sein", 22
• Streben nach G., 234
• der Unterdrückten, 72
Götter, 142
Griechen, die, 71, 79, 142
Grimm, Jakob und Wilhelm, 19
Gute, das, 39
ha'asinu, 50
• Gesang, 45
• Theologie von h., 40, 43, 45, 46, 50
haggada ,18, 31
Hagiographien, 96
halacha, 18, 21, 31, 35, 97, 115, 127,
  132, 134 147, 151, 158, 162, 170,
  171, 180, 197
• von prosbul, 201
halachische Literatur, 103
halakhot gedolot, 186
Hananja, 39
Handlung, 57, 62, 76, 84, 102, 116, 143,
  160, 223 231
• in der Gegenwart, 45
• Gottes, 51
• individuelle H., 63
• des Sehnens, 51
Haus,
• Gottes, 29
• des Herrn, 39
Hasmonäer, 80
Häresie, 216
Hebräische Bibel, 35, 52, 56, 96
Hegemonie,
• des Islam, 185
• der rabbinischen Gelehrten, 131
Heidegger, Martin, 100
Heiden, 117
Heiden – Christen, 116
Heidentum, 29
• Ort des (-es), 74
heidnisch, 23, 37
Heilige Schrift, 18

Heiligkeit, 215
• eines Ortes, 146
Heiligtum 80
Heilsgeschichte 35,
Heinemann, Isaak, 28
Hellenisierung, 71
• Prozess der, 84
Hellenisten, 79
• Auseinandersetzung mit den, 78
Herausnahme des Tempelereignisses, 218
Hermeneutik, 85
• der Ablehnung des religiösen
  Monopols des Tempels, 128
• biblische H., 197
• der Gegenwart, 37, 50
• der Entfremdung, 22
• von "Innen" nach "Aussen", 17
Herrschaft, 112
• über das Böse, 100
Herz, neues, 65
Hesekiel, 249 f.
Hierarchie, 14 ff., 142
• kanonische H., 95
• priesterliche H., 14, 218
• der Texte, 55
Hillel, 94, 193, 195 ff., 198, 200,
  212 ff., 215 f.,
  217, 224 ff., 227
• der Ältere, 93
• sieben Regeln von H., 20, 195 ff.
Himmel und Erde, 46
Hiob, (siehe auch: Ijob), 58
Historiographie, 101
Ich,
• "Ich – bin", 62
• Ich – vor – Gott, 219
• Kategorie des I., 217
• Seineskategorie des I., 223
Idee,
• freudianische, 41
Ideen, 26
Identität
• jüdische I., 132, 136, 149
• nationale I., 145
• religiöse I., des Individuums 71
Ideologie, 25
Immanenz (Gottes), 141
In-der-Welt-Sein, 13, 20 ff., 24, 27, 57,
  67 129, 246
Individuum, 53, 59, 60, 111, 146, 169,
  249
• autarkes I., 66
• in der Gegenwart, 65
• vor Gott, 59
• konkretes I., 29, 218, 246
• als neue Substanz der göttlichen

Handlung, 62
Individualismus, 226
Innere, das 17
• der Person, 223
innere
• Dimension des religiösen Subjekts, 226
• Geographie, 215
• Landschaft, 214, 223, 239
Innerlichkeit, 222
• der religiösen Person,. 235
• des Menschen, 226
Institution, 13, 17, 112, 158, 174, 194, 251
• petrifizierter, 215
Institutionengeschichte, 20
Institutionalisierungsprozess,
• der Religion, 21
Intelligenz, 66
Interpretation, 20, 85, 102
• des Tempels, 211
• der Tradition, 200
Interpretationsprozess, 56, 102
Isaak, 75
Israel, 42, 44, 51, 74, 75, 83, 120, 123, 142, 148
• als das Volk des *torah*, 73
Israelis, moderne, 13
Jakob, 75
Jawne, 162, 163, 169
• J.-Periode, 175, 179
Jehuda, R., 118
Jehuda *ha-nasi*, 106
Jenseits, das
• des Todes, 16
Jenseitigkeit, 132
Jeremia, 38, 43, 44, 58
Jerusalem, 45, 119, 146
• Auserwählung von J., 36, 212
• als Hauptstadt, 216
Jesaja 58
jeshiwa, 157, 173, 178, 183, 225
jeshiwot, in Sura und Pumbidita, 181
Jesus von Nazareth, 78, 104, 117, 128, 142, 244, 246
Jetzt, das 62, 63
jibum, 205
Jiddisch, 186
Jizchak, R., 240
Jochanan, R., 226
Jochenan ben Sakai, R., 162
Jom Kippur, 124, 211
Jose ben Jochanan, 105
Joseph Karo, R., 188
Josephus Flavius, 85 ff., 129, 135
Judäa, 45f., 73, 216

Jude, von Geburt, 152
Juden,
• (-) Christen, 116
• und Nichtjuden, 118
• sephardische, 104, 188
Judentum, das
• ashkenasisches J., 187
• ashkenasisches u. orientalisches J. ,188
• und Christentum, 35
• dichotonomische Beschreibung des J. 18
• in seiner Entstehung, 13
• des Orients, 185
• pharisäisches J., 31
• rabbinisches J., 31, 35, 45, 66, 78, 83, 87, 93, 93, 95, 102, 131, 251
• talmudisch – rabbinisches J., 85
• ohne Tempel, 219
Jüdischer Krieg gegen die Römer, 85
Kadushin, Max, 27
Kalender, 103
• Aufstellung des K., 93, 148
• Entscheidung über den K., 158
• Festlegung des K., 198
• (-) Gerichtshof, 106
• Leiter des K.-Gerichtshofes, 200
Kanon, 14 ff., 55
Kanonisierung, differenzierte, 35
Kanonisierungprozess, 56
Kant, Immanuel, 28
Kafka, Franz, 41
Kaste, priesterliche, 17
Kierkegaard, Sören, 30
Kirche, 94
kol – nidre – Gebet, 124
Kommunikationstheorie, 28
Konkretheit, ethische, 248
Konzeption, anthropologische, 40
Königtum, böses, 168
Körper, 129 f.
Kosmosvorstellung, 242
Kreationslandschaft, 41
Krieg zwischen den Juden und den Römern, 168
Kritik, Verlust von, 44
ktuvim, 96
Kult, 106, 111, 120
Laien, 119, 195 ff.
Landschaft, ursprüngliche, 41
Laubhüttenfest, 211
Legenden, 18
Lehrer, 94, 156
Lehrhaus, 126, 166
Leibowitz, Jesaja, 21
Leiden, Nichtakzeptanz der, 60

Leiter,
• des Exils (*rosh galuta*), 181
• des Gerichtshofes, 198 f.
Leuchter 79
• des Tempels, 82, 86, 87
Leviten, 114
Leviratsehe, 205 ff.
Levy –Brull, Lucien, 28
Liebe,
• zwischen Gott und dem Menschen,
  48, 232
• Gottes für Israel, 48
Liturgie, 83
Locke, John, 28
Lust und Unlust, 24
Luther, Martin, 97, 101, 103, 198
massej-avot, 97
ma'aser, 114-117
machloket (siehe auch: Auseinanderset-
  zung), 105
Macht, 60, 86, 111, 142f., 223
Magie, 251
Maimonides, 19, 24, 104, 148, 158,
  186, 187, 195
Makkabäer, 71, 72, 85
Mangelhaftigkeit, 40
Marx, Karl, 133
Martyrium, 74, 85
• Geburt des M., 75
• von Jesus von Nazareth, 101
Martyriumstheologie, 85
masoret, 97
mazzot, 193 ff.
Mehrheit, 155, 165, 171, 177
• und Minderheit, 71, 162, 173 ff.
Meinungsvielfalt, 185, 201
Melanchton, Philipp, 76
menorah, 79
Mensch, 63
• der auferstandene, 75
Mentalität, des Märtyrers, 75
merkawa (Thronwagen Gottes), 221 ff.
Messianismus, 53
Metaphorisierung
• des heiligen Ortes, 239
• des Tempels, 222
Metaphysik, 26
Metaphysierung, 21
Methode, 16 ff.
Midrasch Haggada, 18 f.
Minderheit, 74, 143
minhagim, 97
Mithra – Kult, 143
mizwa (Gebot), 164
Moore, George Foot, 14
Mose, 40, 93, 94

• Sammlung der Ältesten um M., 157
Motiv,
  eschatologisches, 28
Möglichkeit
• eines In-der-Welt-Seins, 16
• der Möglichkeit, 230
mündliche *torah,* 95
Mystik, philosophische, 214, 217
Mysterienreligionen, 143, 144
Mythologie, 37
Mythos, 23, 157
Mythen, 18
Nachkommen, 59
nasi, 93, 101, 112, 182
Natan, R., 165
Nathan, der Prophet, 216
Natur, 133, 134
Naturgötter, 142
Name, Gottes, 212
nädär (siehe auch: Gelübde,
  Versprechen), 124 ff.
Nebenfrau, 206
ne'eman, 114, 115 f., 117
Neoorthodoxie, 19, 172
Neues Testament, 148 f.
Neuinterpretation, des Tempels, 215,
  224, 240 ff.
Neusner, Jacob, 31 f.
nevi'im, 96
Nichtakzeptanz, des Leidens, 60
nicht-heidnisch, 37
Nichtjuden, 117, 120, 135, 219
(Nicht) – Ort, 41
Nichtörtlichkeit, 252
• des rabbinischen
  Judentums, 239 ff.
• des Tempels, 241
Nichts, ewiges, 23
Nietzscheanismus, Jüdischer, 19
Noah, 58
nomos, 101
Oberschicht, 84
ochlej chullin bi-tahara, 119
Offenbarung, 111, 112, 134, 222
Offenbarungsreligion, 111
Opfer, 125, 195, 234,
Opfer – Kult, 29
Ordnung, gesellschaftliche, 60
Ort, 135, 212, 218, 246, 250
• geographischer O., 223
• Gottes, 216
• heiliger O., 144, 146, 215
• innerer O., 248
• des Tempels, 146, 218
Ortlosigkeit, 249 ff.
Örtlichkeit, 29

Palästina, 71, 74, 83
palit, 59
Patai, Raphael, 26
Paradies, Vorstellung vom, 42
Paulus, 19, 30, 97, 101, 118, 136
Pentateuch, 56, 96
Person, 62, 102, 212
• handelnde P., 146
• konkrete P., 204
• religiöse P., 64, 214 ff., 217, 223
• Selbstbewusstsein der P., 134
Persönlichkeit, 66
Perspektive, eschatologische, 57
Pessach-,
• Fest, 195
• Opfer, 194, 198, 199
Pflicht gegenüber Gott, 22
Pharisäer, 15, 129,193, 200
Phänomenologie, 30
• der Entfremdung, 132
• von Erneuerung, 198
• halachische P., 204
Philosophie, platonische, 22
Physiognomie, des Denkens, 26
Plan, kosmischer, 40
Platon, 234
Pluralismus, 155
pluralistischer Charakter,
des Judentums, 178
Pluralität,
• der Entscheidungen, 175
• des Gesetzesverständnisses, 146
• der halachischen Wahrnehmung, 169
Praxis, juristische, 179
Priester, 76, 120, 127, 195, 199, 200
Priesterreligion, 76
Priestertum, 125, 219
priesterliche und rabbinische
Religiösität, 111
Problemgeschichte, 78
Propheten, 56, 75, 96, 229
• "wahre" und "falsche", 201
Prophezeiung,
• echte P., 38, 39 f., 43f.
• von Vernichtung, 38, 44
Proselyten, 149
Prozess, 111
• der Einweinung, 144
• der Entscheidungsfindung, 175
• gesetzlicher P., 60
• säkularer P., 112
Qumran (-), 104
• Gemeinde, 128
• Texte, 119
"Rabbi", Titel von, 147, 163
Rabbiner, 82, 84, 93, 102, 124, 136,

183, 193, 200
Rache, Gottes, 44
Rav und Shmuel, 184
Realität, 37
• der blossen Gegebenheit, 60
• zionistische R., 20
Realverhältnisse, 111
Recht, 53, 105, 111
Reform und Tradition, 199
Reformationsbewegung, 75
Regeln, 197
• hermeneutische R., 20, 195
• sieben R. von Hillel, 195 ff.
Regierung, 112
Reichtum, 116
• ungerechter, 60
Reinheit, 100, 117
• Begriff der R., 84
• rituelle R., 120
Reinheit und Unreinheit, 84, 119, 127,
135, 163
Reinheits- und Unreinheitsgesetze
• bzw. –gebote, 97, 100, 101, 115,
132, 134, 154,
161 ff.
Reinigung, rituelle, 117
Reinterpretation, 84
• des Tempels, 87, 219, 222, 235, 251
• des Tempel-Lichts, 69
• der Tempel-Religiösität, 126, 194 ff.,
252
Religion, 13 ff., 31 f.
• biblische R., 56
• und politische Macht, 74
• rabbinische R., 25 f.
• säkularisierte R., 22
• ohne Tempel, 240 ff.
Religionsgeschichte, institutionelle
Beschreibung der, 200
Religionskrieg, 72
Religiösität, 13 ff., 20 f., 31, 51
• eschatologische R., 57
• liberale R., 153
• der Person, 224
• priesterliche R., 111, 119
• rabbinische R., 29, 100, 111, 156,
211, 213, 239 f.
• Wesen der R. ,76
religiöse Phänomenologie der Entfremdung, 132
Renaissance, 186 f.
Responsa – Literatur, 103
Reuchlin, Johannes, 76
Richter, 182
Ritual, 13, 84, 135, 149 ff., 199, 205
• der ersten Frucht, 39

• jüdisch-priesterliches R., 78
• -religiöses R., 194
rituelle Angelegenheiten, 179
Ritus, 87
• des Tempels, 98, 99
Rosenzweig, Franz, 22 f.
rosh gola, 181
Römer, 85, 131, 136, 162, 168, 183,
   185, 205
Rückeroberung, Jerusalems, 72
Sabbatai Kohen von Vilnius, R., 188
Sadduzäer, 129, 130
Safrai, 15
Salomo, König, 225
sanhedrin (siehe auch: Versammlung,
   Sammlung), 148, 157, 158, 159-162,
   175-176, 179
sarid, 58
Säkularisierung, 21
Säkularisierungsprozess, 112
Schäfer, Peter, 31
Schema,
• heidnisches, 35
• historisches, 35
schema-jisrael Gebet, 22
Schicksal, 104
• jüdische Existenz als ein S., 136
• Magie des S., 21
• der Sünde, 45
• Unentrinnbarkeit des S., 225
Scholem, Gershom, 31, 214
Schöpfung, 81, 82
• neue S., 81
• der Welt, 81
Schöpfungslandschaft, 42, 48
Schöpfungsprozess, 87
Schöpfungstheologie, 80
Schuld, 159
Schüler-Lehrer-Verhältnis, 156
Schrift, 26, 56
schriftliche *torah,* 95
Schwur, 125
Sehnen, 16, 57, 213, 217, 228, 231
• eschatologisches S., 29
• nach Gott, 230 ff.
Sehnsucht,
• nach Erlösung, 16
• eschatologische S., 87
Sein, das 22
• als Ich-vor-Gott, 64
• religiöses S., 66
• (-) Sollen, 27
• nach dem Tod, 23
• der Welt, 247
• zentrale Kategorie des S.´s, 62
Seinskategorie des Ich, 223

Selbstfeiern, der eigenen
   neuen Aristokratie, 73
Selbstreflexion, 26
Selbstverpflichtung, Israels, 51
Selbstverständnis, pluralistisches, 183
Selbstzufriedenheit, 44
sense-perceptions, 28
shabbat, 73, 74, 77, 95, 194, 199
shalom, 111
shechina, 141, 143, 241, 248
Sherira Gaon, Rav, 158
Shimon ben Gamaliel, R., 106 f., 112
Shimon ha- Zadik, 98
Shimon ben Lakish, R., 222
shmone – esre Gebet, 83, 153, 167
siddur, 85
Sinai, 93, 94
Sklaven, 50
Sodom und Gomorra, 99
Solipsismus, 218
Soloveitchik, Joseph Dow
   Ha-Lewi, R., 19
Sozialgeschichte, urchristliche, 71
Spätantike, 129, 136, 143
• Religion der S., 66
Spinoza, Baruch de, 24
Speisegesetze, 132, 134
Sprache, 66
Staat und Religion, Trennung von, 21
Standpunkt, antimetaphysischer, 28
Stegemann, E.W., W., 71
Stehen vor Gott, 59
Strafe, 63, 106
Studium, 84
Subjektivität, 18
• des religiösen Denkens, 20
Substantialisierung der (philosopischen)
   Begriffe, 247
sug (siehe auch: Gelehrtenpaare), 200
sukkot, 194, 211
Sünde, 41, 52, 53, 56, 159, 242, 245,
   250
• des Menschen, 44
• Verantwortung für die S., 59
• Vergangenheit der S., 50
• Verständnis der S. 218
Sündenbegriff, 56, 63, 129
• rabbinischer, 30
Sündenfall, 241, 245
Sündentheologie, 46, 53, 55
Sündenopfer, 159-160
Symbol, 17, 132, 251
Synagoge, 122, 131, 153, 166, 215
takanot, (Erlasse), 29
tana kama, 178
tanur von *achnai,* 161, 175

tachanun – Gebet, 167
Taubes, Jakob, 31
Tanchum, R., 240
Taufe, 161
Taxonomie, 21
Tempel, 72, 81, 119, 128 f., 135, 143-144, 212,
  • 222, 226 f., 239
  • Aufbau des T., 49
  • in Jerusalem, 130, 193
  • Ort des T., 218
  • Reininterpretation des T., 29
  • rekonstruierter T., 13
  • Vernichtung des T., 29
  • Wiederaufbau des T., 45
Tempel-,
  • Architektur, 143
  • Berg, 78
  • Dienst, 98, 106
  • Ereignis, 79, 87
  • Gesetze, 132
  • Kult, 22
  • Licht, Reinterpretation, 251
  • Liturgie, 114
  • Neuinterpretation, 215
  • Periode, 134
  • Religiösität, 76, 87, 126, 134 ff., 194 f., 214 ff., 218
  • Ritual, 224
teshuwa (siehe auch: Umkehr), 137, 159
Text,
  • erlösungsgeschichtlicher T., 36
  • Fetischismus des T., 16
  • heiliger T., 22
Theologie, 24
  • anthropologische, 59
  • des Bundes, 47
  • von Deuteronomium, 26, 47
  • von *ha'asinu* ,40
  • kanonische, 46
  • kosmogonische, 47
  • öffentliche, 38
  • des Pathos, 42
  • psalmistische, 53
  • rabbinische, 35 f., 51 ff.
  • der Treue,47
  • der rabbinischen Wirklichkeit, 203
Theologisierung, 43
Tod, Überwindung des, 66
tohu wa bohu, 41
torah, 75, 77, 84, 86, 94, 97, 102 f., 111, 141 f.,
  143, 145, 146, 156, 203
  • Begriff der t., 74
  • Elemente der t., 101
  • Empfängnis der t., 94

  • Ethos der t., 106
  • Gemeinde, 77
  • *she-bi-al-pe*, 95
  • *she-bi-chtaw*, 95
  • unendliche t., 196
Toten,
  • Begleitung der T., 99
  • die Berührung der T., 227
Tradition, 30, 86, 97, 102, 105, 184, 201
  • biblische T., 57
  • rabbinische T., 101 f., 155ff.
  • und Reform, 199
  • theologische T., 219
Traditionsprozess, 102
Transformationsprozess, 112
  • der Kosmologie, 40
Trauer,
  • Ausbruch von T.,, 166
  • und Klage, 167
Trägheit 64
Trennung von der Welt, 132
Trennlinie, zwischen Christen-u. Judentum, 103
Trennungsmentalität, innerhalb des Judentums, 119
trumah, 114, 119, 120
Übergang vom Tempel zur Synagoge, 144
Überlieferung, 21
Überwindung des Todes, 66 f.
Umkehr (siehe auch: *teshuwa*), 137, 159
Unendlichkeit, 248
Unendlichkeit, innerhalb des Judentums, 112
unio mystica, 230
Unmöglichkeit zu Werden, 54
Unreinheit, 100, 117
Unreinheits- und Reinheitsgesetze, 101
Unsterblichkeit, Begriff der, 66
Unveränderlichkeit, 40 f.
Unvollendetheit des Menschen, 44
Urbach, Ephraim Elimelech, 16, 28 f.
Urchristentum, 104, 117
  • Entstehung des U.´s, 74
Urteil, 60, 176 ff.
Urtext, 76
Urzeitlandschaft, 41
Verantwortung, 160, 221
Vergangenheit, 36, 52, 63
  • Befreiung von der V., 51
  • Verankerung in der V., 45, 54
verisimilitude, 153
  • historische, 27 ff.
Vermes, Geza, 87
Vernichtung, 43, 52, 58

Vernunft, metaphysische, 19
Versöhnung, 44
Versöhnungstag, 212
Versprechen (siehe auch: *nädär*), 124
Verstaatlichung des Judentums, 21
Vielfalt der Meinungsäusserungen, 112,
    203
Volk, 62
    • Gottes, 51, 75
    • Israel, 77, 94, 145, 219
Volksgeist, 19
Vorhersage, typologische, 35
Vorväter, Abraham, Isaak, Jacob, 222,
    249 f.
Wahrheit, 61, 65, 76, 86, 106, 111, 120
    • Begriff der, 60
Wahrnehmung,
    • der Andersheit, 134, 142
    • der Person als "Ich", 56
    • religiöse W., 63
"Weisen", die, 104, 173 f.
Weisheit, 86
    • die W.'s Sprüche, 87
Welt, jenseitige, 128
Weltanschauung, rabbinische, 31
Weltgesetzlichkeit, universale, 40
Werden, Unmöglichkeit zu, 54
Welthierarchie, 17
Wesen, unvollendetes, 41
widui-bikkurim, 35 ff.
    • Theologie von, 39, 56
Wille, 26, 63
Wirklichkeit, 44f., 248
Wissenschaft des Judentums, 14 ff.,
    35, 56
Wüste, Ort der Gefahr und der Liebe, 48
zadik (siehe auch: Gerechter), 114, 201
zedaka (für Arme bestimmte Gaben), 114
Zehnten, 117
Zeit, 250
    • Achse der Z., 14
    • historische Z., 54
Zeitlichkeit, 29
Zeitlin, Solomon, 15 f.
Zentralismus, von Rabban Gamaliel, 177
    f.
Zeltheiligtum, 239, 251
Zerstörung des Tempels, 130, 135 f.,
    154, 168, 183, 215, 239, 250
zidkato, 53
Zöllner, 136
Zukunft, 37, 44 f., 52, 54, 62
Zunz, Leopold, 14 ff., 28, 29
Zweiter Tempel, 75